菊池紳一［著］

加賀前田家と尊経閣文庫

文化財を守り、伝えた人々

勉誠出版

序言

公益法人財団法人前田育徳会は、通称を尊経閣文庫といわれ、近世大名である加賀金沢藩前田家が蒐集し、伝えてきた文化財を管理・運営する財団である。「育徳」は、江戸上屋敷（本郷邸）にあった庭園である育徳園に由来し、「尊経閣」は、五代藩主前田綱紀（松雲公《しょううんこう》）の蔵書名（尊経庫蔵書・尊経閣蔵書）に由来している。

文庫名を通称とすることから連想できるように、収蔵品の中核は典籍や古文書等であるが、実は古墳からの出土物をはじめ、大名道具といわれる武具甲冑や茶道具・文房具等や近代の西洋絵画等も数多く架蔵している。また、典籍の半分以上が漢籍（大部分は明版・清版等）によって占められていることはあまり知られていないようである。一方、江戸時代の藩政史料の大半は、戦後まもなく金沢市に寄贈されたが、尊経閣文庫にも幕末のものを中心に若干残されている。近代史料としては、前田侯爵家の事業や家政等に関わるものが多く残り、近代華族の家の経済活動を知る上で重要な史料群である。その中でも、明治天皇の行幸に関わる記録は興味深く、それに関連する道具類や写真等もこれを裏付ける史料として重要であろう。

これらの中で中核となるのが、五代藩主綱紀が蒐集した典籍・古文書等とそれにに関わる史料であろう。綱紀は、祖父利常、続いて岳父保科正之の後見を受け、叔父徳川光圀の影響もあり、利常の文化政策を継承して各地に残る文化財の調査、確認、蒐集を進めた。この時の記録や備忘等が文庫に伝来している。こうした綱紀の事蹟に感動し、私淑して、その事業を継承したのが十六代前田利為《としなり》である。利為は、石川県に残されていた書籍を回収して整備し、綱紀の事蹟を顕彰、一方で郷土の子弟の教育を援助するなど、次々と文化事業を展開した。関東大震災は、利為ばかりではなく周囲の前田家評議員まで動かすことになり、結果、大正十五年二月に現在の財団の前身である育徳財団の設立が認可され、前田家が所有する文化財の維持管理と貴重書の複製作製頒布を主な事業とする公益法人が活動を始めた。

本書は、第一部に、尊経閣文庫伝統の事業が成立する過程を記述した。三代藩主前田利常の文化事業から説き起こし、その影響が五代藩主綱紀が進めた文化財（書物・古文書・武具・道具等）蒐集に到る背景を述べた（一章）。次いで、近代の十六代利為の事蹟と財団設立までの苦難の道（「尊経閣叢刊」作製・頒布や財団創設に至る経緯等）を述べた。

第二部は、前田家のルーツから始め、初代前田利家（高徳公）・まつ（芳春院）夫妻のエピソードを述べている。前田家が外様大名でありながら御三家に次ぐ家格を維持できたのか、その背景を考えてみた。そこには、綱紀の祖父利常の文化事業の展開や後水尾天皇の存在、綱紀の岳父保科正之（三代将軍徳川家光の異父弟）の後見という事実があり、保科家とは江戸時代を通して親戚付き合いが行われていた。

次に、綱紀の書物等探索の例として、参勤交代途中の北武蔵（埼玉県内）の事例と鎌倉（神奈川県鎌倉市）の事例を紹介した。綱紀の書物等探索の姿勢等が垣間見られ興味深く感じられるのではなかろうか。板橋にあった下屋敷の役割の変化も興味深い。最後に、近代になって、明治天皇の本郷にあった前田邸への臨幸の概略を記述した。この時期の和館と洋館の役割と昭和の初めに建てられた東京都目黒区駒場の前田侯爵邸（目黒区立駒場公園）とを比較すると、その役割が変化している点に気付く。洋館が接待の場から生活の場へ変わり、和館が生活の場から接待の場へと変化しており、その背景を考えると面白い。

第三部は、尊経閣文庫の蔵品を中心に紹介するというコンセプトでまとめてみた。最初に古文書関係（第一～四章）を配し、次に古記録（第五～六章）、次に系図（第七～九章）、その他（第十～十三章）という構成である。

第三章は、尊経閣文庫の蔵品に関係がないように見えるが、実際文庫には持明院家旧蔵書がかなり多く架蔵されている。『松雲公採集遺編類纂』は、森田平次が前田家の旧蔵書をもとに編纂したものであり、尊経閣文庫の蔵書を考える上で重要な史料も含まれている。第二部第五章・第六章もこれに含まれる記録である。

尊経閣文庫には、国宝・重文が百点近くあり、文化財としての優品が数多く伝来していることはよく知られている。しかし、前田綱紀の事業に関わる指定を受けていない品々もたくさん残されていることも忘れてはならない。本書では、尊経閣文庫の伝統の事業を紹介しつつ、こうした忘れがちな史料にも着目し、少しでも前田家そして尊経閣文庫の活動に光を当てることができたとすれば、幸甚である。

平成二十七年七月

財団法人前田育徳会
元常務理事

菊池紳一

目次

第二部　前田家の歴史とエピソード

第一部　尊経閣文庫伝統の事業

第一章　前田家の図書蒐集【近世】

一、図書蒐集の淵源

加賀前田家の図書蒐集が始められたのは加賀金沢藩三代藩主利常（一五九三～一六五八）の時からと考えられる。この時期は江戸幕府が確立し、ちょうど武断的政治から文治的な政治へと転換する時代に当たっていた。利常は、文禄二年（一五九三）初代藩主利家の四男として金沢城に生まれた。二代藩主利長の三十一歳年下の異母弟である。利常は慶長六年（一六〇一）九月正式に兄利長の世嗣となって金沢城に入り、緯を利光（のち利常と改名）とし、徳川幕府二代将軍徳川秀忠の二女珠姫（天徳院）を娶った。同十年利常は兄利長の譲りを受け、十三歳で第三代藩主となった。同十九年・二十年の大坂冬の陣・夏の陣には利常も参戦して戦功をあげ、戦後参議に任じられた。現在尊経閣文庫（以下、「文庫」と略す）にはこの両陣に関する合戦図や首取状等の史料が数多く残されている。

寛永八年（一六三一）金沢城が焼失し、利常は城の修復のため金沢に下った。丁度この時前将軍秀忠は病気であった。帰国した利常は、城の修復以外に、大坂の陣に功績のあった家臣の追賞や親衛隊の組織化、軍船の購入などを行った。そのため、幕府から謀反の疑いを懸けられてしまった。利常は、急遽老臣横山長知の子康玄を江戸に派遣して弁明に当たらせるとともに、自信も江戸に下って事なきを得た。いわゆる「寛永の危機」といわれる事件である。そして同十年には、嗣子光高に三代将軍家光の養女（水戸の徳川頼房の女）を娶り、さらに江戸城総郭の修造等を行うことなどによって幕府の信用を回復するよう尽力したのである。利常が文化的施策や産業育成に意を注ぐことになったのはこの寛永の危機を契機としてのことであった。同十六年利常は家督を光高に譲り、富山藩（次男利次）・大聖寺藩（三男利治）を分封し（この二藩に上野七日市藩を加えて御三家という）、小松城に隠居した。

しかし、正保二年（一六四五）四代光高が享年三十歳で急逝したため、わずか三歳の嗣子綱紀が五代藩主になり、利常は後見として藩政を見ることになった。利常は慶安四年（一六五一）から明暦三年（一六五七）にかけて農政の大改革である改作法を完成させた。以降幕末までの農政の基本として継承され、藩財政の安定化に寄与したのである。万治元年（一五六八）孫綱紀の夫人に将軍家光の弟保科正之の息女摩須姫を迎え、同十月十二日早朝、脳溢血のため安心したように亡くなった。六十六歳であった。

利常の進めた文化的施策としてはまず建築があげられる。寛永六年の将軍家光の本郷邸御成のため御成書院を新築し殿閣を整備した。それは江戸諸侯中第一と称されるほどであった。また同十年の光高と家光養女との婚姻の時には辰口に新たに豪華な殿舎を建築している。一方領内では社寺建築に力を注ぎ、母のために建てた能登国羽咋郡の法華宗妙成寺（石川県羽咋市）、荒廃を見かねて再興した加賀国の真言宗那谷寺（石川県小松市）、兄利長の冥福を祈るために建てられた越中国高岡の曹洞宗瑞龍寺（富山県高岡市）、加賀国小松の梯天満宮（現小松天満宮、石川県小松市）の造営等が知られる。こうした建築には京都等から名工を招いて指導を仰ぎ、これが現在の加賀象嵌や加賀蒔絵等、伝統産業の基礎を築くことになったのである

前田氏はもともと本姓が藤原氏であり、利家・利長の時には羽柴氏を名乗ったが、利常のときから積極的に菅原道真の後裔として菅原氏を主張するようになる。寛永六年の将軍御成の時の記録によると、利常が茶席や書院に飾った什宝のほとんどが平安王朝時代とその流れをくむ定家様のものによって占められていることは、利常の理想とした文化のあり方を示すものとして興味深い。こうした利常の思想の背景には後水尾天皇を中心とした独特の宮廷文化の影響が大きかったことが考えられる。前述の梯天満宮の造営の際、法性房筆の菅公像に後水尾院（一五九六～一六八〇）の賛を賜っているのもその現れであろう。

こうした人脈から、茶道の小堀遠州との交友が始まり、茶道の心について遠州から多く教示を受け、また茶器の購入についても遠州が相談にあずかったことが、現在文庫に残る両者の書状や茶器の箱書等からうかがうことができる。

利常はまた、当時長崎を窓口として輸入される中国や南蛮等の文物にも興味を持っていた。寛永十四年（一六三七）家臣に命じて、近畿と長崎を中心に名物裂を蒐集するよう命じている。この時価格に関わりなく集められたのが文庫に現蔵する名物裂である。その他中国の陶磁器類や漢籍類、また東印度会社を通しての購入も行われた。こうして利常によって江戸に勝るとも劣らない文化を形成する基礎が築かれたのである。

二、前田利常の蒐集品

寛永六年（一六二九）四月二十六日に三代将軍徳川家光が、同二十九日に前将軍秀忠が相次いで、当時前田家の上屋敷であった本郷邸に来臨（御成）したことがあった。この時の対応に利常の文化的指向が現れている。御成御殿が新築され、その他の殿舎・庭園も整備されるが、その豪華さは、文庫に残る釘隠（重文「百工比照」に収める）等から垣間見ることができる。この時の記録に「寛永六年御成之記」がある。内容は、四月二十六日将軍家光御成の時の贈答品、同二十九日前将軍秀忠御成の時の贈答品、二十六日将軍御成の時の数寄屋への御供衆と所々座敷のしつらい、両日の御能番組、両日の御料理献立、両日の書院における色掌の御膳が記されている。このうち、所々座敷のしつらいの中に、将軍父子に披露した利常の蒐集品（書物や茶道具、美術品等）が記されている。

書院や茶席等の装飾を見ると、御数寄屋内に密庵の墨蹟、伊賀焼きの水指、高麗の茶碗、利休の茶杓等が、「鎖之間」（茶室）には筆架・筆・丸硯等の文房具のほか、俊成・西行・定家三人の筆になる「記詞集」、富士茄子の茶入等が、「鎖次之間」には養叟の墨蹟、定家と古筆の歌書二冊、池坊の砂物等が、二階の下「だうこの間」には蒔絵の御厨子棚三嶋茶碗、利休の茶杓等が、二階の上の書院には定家筆の「土佐之記」、古筆二冊（一冊は定家之記）、金襴の褥、紫檀の透かし彫りの刀掛、蒔絵の厨子棚、東野州の「三代集」、「新古今」、「清少納言枕草子」、唐の青貝の文台等が、白木書院の御成の間には鴨の香炉や珊瑚珠銀梨子地の硯箱等のほか、「後撰集」・「拾遺集」・「詩歌集」・「金葉集」・「千載集」・「後拾遺集」・「八雲集」等の書物が、黒書院にも瓦硯・硯屏・象牙軸の筆等の文房具のほか、「定家之十五首」・「新古今」・「続古今」等の書物が並べられていた。

また、万治元年（一六五八）閏十二月十日、利常の遺命により将軍以下の幕閣大名や諸侯、家臣たちに遣わされた書物（「御遺物遺帳」による）には、「定家仮名文」、「詞花集」（為重筆）、「定家四首之歌」、「松花集巻物」（浄弁筆）、「百首巻物」（後小松院御筆）、「新続古今集」（栄雅筆）、「古今」（為遠筆）、「古今集」（公頼筆）、「後拾遺集」（定為筆）、「歌書巻物」（堯仁筆）、「貫之集」（為氏筆）、「定家歌書」、「拾遺集」（為相筆）、「伊勢物語」（為相筆）、「詞歌集」（為右筆）、「詠歌大概」（為秀筆）、「百巻巻物」（為重筆）、「和漢朗詠集」（後伏見院宸翰）などがあった。

前述したように、これら書物のほとんどが和歌に関わるもので、定家様のものによって占められており、利常の理想とした文化のあり方を示している。文庫に現蔵する「万葉集巻三・六残巻」（通称「金沢万葉」、一帖）、「古今集巻十九残巻」（高野切、一巻）、「十五番歌合」（一巻）、「広田社歌合」（三巻）、「土佐日記」（藤原定家写、一帖）、「古今和歌集」（二帖）、「枕草子」（四帖）等、現在国宝や国指定重要文化財（以下、「重文」と記載する）に指定されている典籍の多くはこの時期に蒐集されたものである。孫の五代藩主綱紀の蒐集した典籍と比較して優品が多く、限定されたものであることがわかる。

また、利常は美術工芸の分野でもその振興に力を入れていた。寛永年間に京都からは五十嵐派の流れを汲む五十嵐道甫を、江戸からは清水派の祖となる清水九兵衛を招き、加賀蒔絵の基礎を築いた。なお、五十嵐派の作品については、竹内奈美子「江戸時代前期五十嵐派作品について――前田家関連遺品を中心に――」（『東京国立博物館紀要』四〇号、二〇〇五年）がある。興味のある方は参照されたい。

以下、利常の時代に蒐集されたものの中から、著名なものをいくつか紹介してみたい。なお、写真は『前田利常展――寛永の加賀文化――』（石川県立美術館展示図録、一九七六年十月）に多く掲載されている。

①「十五番歌合」（一巻、国宝）

藤原公任（九六六～一〇四二）の撰で、寛弘五年（一〇〇八）頃の成立と推定されている。公任自筆と伝えるが、藤原行成の孫伊房自筆とする説が有力である。公任は、関白藤原頼忠の子、四条大納言あるいは北山入道大納言と称された。有職故実に通じ、能書家としても知られた。有職故実の書「北山抄」の著者である。

歌合は、歌人を左右に分け、一首ずつ対（番）にして優劣を競う競技である。本書は、時代の異なる古今の歌人三十人を撰び、歌合の形式を用いた秀歌撰で、左方には、紀貫之・素性・在原業平・壬生忠岑・源公忠・藤原兼輔・紀友則・小野小町・坂上是則・藤原仲文・斎宮女御・藤原道綱母・源重之・平兼綱・柿本人麻呂、右方には、凡河内躬恒・伊勢・遍昭・大中臣能宣・壬生忠見・藤原朝忠・藤原清正・清原元輔・藤原元真・菅原輔昭・小大君・藤原伊周母・源順・中務・山部赤人の順で対になっており、好取組になるよう結番されている。

料紙には、蠟牋や雲母摺りの型文様のある色替り紙二十二紙が貼り継がれており、このうち十三紙は散佚したため、江戸時代に後補されている。後補者は中院通村（一五八八～一六五三）と伝える。なお、昭和七年（一九三二）十二月に、「尊経閣叢刊」として複製が作られ、頒布されている。

［参考］写真は、『週刊朝日百科 日本の国宝96 前田育徳会尊経閣文庫』（朝日新聞社、一九九八年十二月）参照。

②「土佐日記」（一帖、国宝）

「土佐日記」は、紀貫之が承平四年（九三四）に土佐守の任期が終わり、土佐国（現高知県）から帰洛する際の船旅を仮名で書いた日記である。この写本は、鎌倉時代の「新古今和歌集」の撰者のひとりとして有名な藤原定家（一一六二〜一二四一）の手（書写）になる。

この「土佐日記」が収められる箱は外箱・中箱・内箱の三重になっており、内箱は、利常によって京都から金沢に招かれた蒔絵師清水九兵衛の作になる優品「屏風蒔絵箱」で、豪華な仕上げとなっている。

書写された文字は「定家様」といわれる定家独特の文字であり、用紙には鳥子・唐紙が用いられ、これを綴葉装（数枚の料紙を重ねて半分に折ってそれを一括とし、数括りを重ね、表紙を加えて糸でかがった書物）にしている。装幀は富田金襴（茶人富田知信が豊臣秀吉から拝領したことから名付けられたという）と呼ばれる布の表紙が付けられ、見返しには型摺で、籬に夕顔の図があしらわれている。

この本の末尾に記される定家の奥書によると、定家（文暦二年〈一二三五〉、当時七十四歳）は、はからずも紀貫之自筆の「土佐日記」（蓮華王院〈現三十三間堂〉宝蔵の本）を見る機会があったとして、その特徴を書き記している。貫之自筆本は巻子仕立てで、紙は打紙ではない白紙であり、界線（罫）は無く、縦一尺一寸三分、横一尺七寸二分の紙二十六枚を貼り継いでおり、軸はなかったという。書様は、和歌を別行にせず、和歌の頭の前を少し空け、和歌の後は空けずに地の文に続けて書かれていたと説明し、さらに紀貫之が書き上げてから三百一年間、紙は朽ちず文字も鮮明であるが、読めない部分も多かった。ただ本書のままに書写したと問題点も記している。

この奥書の前に「その手跡の形態を知らしめるために、形のままに写し留めた。謀詐の輩が、他の手跡を貫之の筆と称しているのは奇恠と謂うべきだ」と記して、紀貫之の真跡を模写（臨模であろう）している。これは、現在紀貫之の手跡を知る上で貴重な資料である一方、当時の貫之の偽書の横行を示しており、定家の憤りが伝わるようである。

なお、昭和三年（一九二八）七月、「尊経閣叢刊」として複製が作製され、頒布されている。

［参考］写真は、『国宝　土佐日記』（財団法人前田育徳会編、勉誠出版、二〇〇九年一月）、『週刊朝日百科 日本の国宝96　前田育徳会尊経閣文庫』（朝日新聞社、一九九八年十二月）等参照。

③「後水尾天皇賛　天神画像」（一幅）

絹本着色。画像は菅原道真と縁のある延暦寺座主法性寺尊意の筆と伝える。画像の上方に唐紙を貼り継ぎ、それに明暦三年（一六五七）の染筆と考えられる後水尾院自筆の色紙を貼っている。歌は「四季物語」などに天神の詠歌として見えるが、信憑性はない。後水尾院は道真の真作を書くのは畏れ多いとしてこの歌を用いたという。添付される十一月二日の坊城入道（俊完、法名常空）書状によると、官庫に納められていた画像が度々奇瑞を現したので、後水尾院から宸筆に添えて利常に賜ったもので、篤く信仰するよう伝えている。利常は、この宸筆と画像を幅に仕立てさせ、それを納めるため五十嵐派に命じて松梅の蒔絵の箱（「松梅梨子地蒔絵箱」）を作成させたのである。

［参考］写真は、『利家とまつ　加賀百万石物語展――前田家と加賀文化――』（石川県立美術館展示図録、二〇〇二年）参照。

④「七十一番職人歌合」（古本、三巻）

「職人歌合」としては今日、「東北院職人歌合」（二種ある）・「鶴岡放生会職人歌合」・「三十六番職人歌合」・「七十一番職人歌合」の四種が知られている。これらは、諸種多様な職人を網羅しその風俗を主題として描いた「職人尽絵」の一種で、各々の職人についての和歌を添え、それを歌合の対の形式として描いたものである。「番」とは「つがう」の意味で、各職人が左右に対で描かれ、各々がその職業にちなむ和歌を詠って優劣を競う形式をとっている。文庫には、このうち「鶴岡放生会職人歌合」（模写、一巻）と「七十一番職人歌合」（古本・新本の二種、各三巻）が伝来する。

この古本は「七十一番職人歌合」の優品で、慶安元年（一六四八）三月に後水尾院から三代利常が拝領したものである。利常は同年七月にこの絵巻を越中国高岡の瑞龍寺（兄二代藩主利長の菩提所、富山県富岡市）に寄進したが、明治になって瑞龍寺から前田家に戻されている。

詞書きは、上巻（一番～二十三番）が藤原（高倉）永慶（一五九〇～一六六四）、中巻（二十四番～四十六番）が藤原（飛鳥井）雅章（一六一〇～七九）、下巻（四十七番～七十一番）が源（白川）雅陳（一五九一～一六六三）である。

この絵巻を納める「蒔絵蓮図箱」は、前述した初代五十嵐道甫の作である。蓋表には中央上部に金文字で「職人歌合」と書き、下から右上部にかけて、主に金高蒔絵で、蓮の花・葉・茎などを描いている。蓋裏には利常の奉納銘が金文字で記されている。なお、第三部第十二章も参照されたい。

［参考］写真は、『前田育徳会尊経閣文庫所蔵　七十一番職人歌合』（前田育徳会編、勉誠出版、二〇一四年）参照。

⑤「巌浪蒔絵真鳥羽簞笥」（加賀蒔絵、清水九兵衛作）

この簞笥は五代藩主綱紀が選び整理分類したという真鳥羽（鷹の羽）が納められているもので、前述した清水九兵衛の晩年の作である。高蒔絵の技法を駆使して、怒濤逆巻く荒磯模様を表現している。九兵衛作の蔵品にはほかに「屛風蒔絵箱」（国宝「土佐日記」箱）・「山水蒔絵箱」（国宝「広田社歌合」箱）・「老松蒔絵硯箱」等がある。

［参考］写真は『別冊歴史読本　前田一族』（新人物往来社、二〇〇一年十二月）参照。

⑥「後藤家刀装具」

後藤家は、室町時代に将軍足利義政に仕えた祐乗が初代で、代々刀の細工を生業とした。五代徳乗が徳川家に仕え、その孫七代顕乗と上後藤家の覚乗が三代前田利常に召し抱えられて、交替して金沢で製作にあたった。こうして金沢は彫金の盛んな地として有名になった。文庫には、初代祐乗の「牡丹獅子造小さ刀拵」（重文）をはじめとして、初代から九代にかけて（八代即乗を除く）の刀装具が伝来している。

「牡丹獅子造小さ刀拵」は、室町将軍家の伝来の宝器と伝え、その後豊臣秀吉に渡り、その子秀頼から大坂冬の陣後に、和議成立の謝礼として本多正信に贈られ、その次男政重から利常に献上されたものである。また、「倶利伽羅龍三所物」（後藤祐乗作）は、織田信長の家臣秋田愛季が所持したものと伝え、「秋田龍」ともいわれる。なお、第三部第十三章も参照されたい。

［参考］写真は『別冊歴史読本　前田一族』（新人物往来社、二〇〇一年十二月）を参照。

⑦「名物裂」

宋から清の中国や十六～十七世紀に東南アジアで製作された染織品が、室町時代～江戸時代初頭にかけて日本に輸入された。これら高級な染織品は、茶道の世界で珍重され、茶器の袋や書画の表装裂に使用された。これらの染織品を名物裂と称している。前田利常は、茶道に傾倒しており、寛永十四年（一六三七）には家臣を長崎に派遣し、名物裂を購入させた。種類としては金襴・緞子・広東・錦・印金・金紗・モール等があるが、文庫にはほとんどの種類が残っている。

［参考］「有栖川錦」（鹿文）の写真は『別冊歴史読本　前田一族』（新人物往来社、二〇〇一年十二月）、「花文尽裂」の写真は『ふるさと石川歴史館』（北國新聞、二〇〇二年六月）を参照。

三、前田綱紀の図書蒐集

「加州は天下の書府なり」とは、江戸中期の朱子学者であり政治家でもあった新井白石（一六五七～一七二五）の言葉と伝えられる。白石は、はじめ加賀金沢藩五代藩主前田綱紀に仕え、のち幕府の儒者となった木下順庵（一六二一～九八）に朱子学を学んだが、ある時、この順庵の紹介で綱紀の蔵書（尊経閣蔵書）を閲覧したとき、その感慨をこう表現したという。

加賀金沢藩五代藩主前田綱紀（初名綱利、松雲公：一六四三～一七二四）は、寛永二十年（一六四三）江戸で生まれた。正保二年（一六四五）四月五日、父の四代藩主光高（一六一五～四五）が急逝したため、綱紀は三歳で襲封し、藩政は小松城に隠居していた祖父利常（一五九三〜一六五八）が後見することになった。綱紀はこうした祖父のもと、恵まれた環境の中で育っていった。さらに、前述したように利常が没する直前に保科正之（一六一一〜七二）の娘を娶っており、義父正之が後見役となり、水戸の徳川光圀（一六二八〜一七〇〇）が母方の叔父という、幕藩体制確立期の大物に囲まれて成長したのである。綱紀の時代は江戸中期、文化の爛熟期にあたり、祖父の見識、父の儒学のほか、義父正之の学問と『大日本史』を編纂した光圀の学術的な影響も見逃せない。

綱紀はみずからが学者であり、儒学者の林羅山を始めとする林家の人々や幕府儒者の木下順庵・室鳩巣、神道の田中一閑・吉川惟足、本草学者の稲若水、黄檗宗の僧高泉・悦山等の知識人と交友を持ち、学識を深めていった。また藩政の充実と士風の振興のため学問を奨励したため、家臣の中にも多くの学識者が生まれた。特に林羅山の孫鳳岡との交渉の記録は「林家往復書簡」として文庫に残っている。概要は『籠手田文書』（史料纂集古文書編、八木書店、二〇一三年）を参照されたい。

綱紀の文化的施策の中で最も高く評価されるのが、典籍・文書等の図書の蒐集と書物の編纂であろう。図書の蒐集は綱紀十七歳の万治二年（一六五九）頃から始められており、寛文年間（一六六一〜七三）には本格化していた。延宝元年（一六七三）に刊行された「百人一種」には「書物集メハ松平加賀守綱利」とあり、綱紀の集書はこの当時すでに広く知られていたのである。(1)

その蒐集方法は、数人の書物奉行を置き、各地に書物調奉行（一名書物方覚奉行）を派遣している。家臣の津田光吉を鎌倉や京都等に派遣して書物等の所在確認とその貸借に当たらせたり、京都の公家に対しては後藤演乗・達乗に仲介を依頼して蔵書の貸借交渉に当たらせたりしている。

図書蒐集の方途の具体例を『加賀松雲公』（十六代前田利為の編纂）を参考に見てみたいと思う。まず、京都・奈良方面の寺社や公家について紹介する。

京都・奈良には古くからの寺社が多くあり綱紀の調査の対象になった。京都五山では、南禅寺慈照院の祖縁が藩士佐々木定之の子であり、兄定賢・定保は綱紀に仕え、室鳩巣門下であった。この関係から綱紀に依頼された祖縁は、みずから捜索した書物の目録を献上している。現在『尊経閣古文書纂』に「南禅寺慈照院文書」が残るのはこの関係からであろう。

石清水八幡宮にも綱紀は調査を依頼しており、同社にはその時の綱紀の書状が残っている。文庫には、同社所蔵の書物の模写本が多く残り、百通余の同社の古文書を現蔵する〈詳細は『尊経閣文庫所蔵石清水文書』〈史料纂集古文書編、八木書店、二〇一五年〉の解説参照〉。また、賀茂社・仁和寺心蓮院・宝菩提院・東福寺・長福寺・大覚寺・大光明寺・天竜寺真乗院等の古文書を所蔵するのも、こうした書物探索が背景にあってのことであろう。

特に東寺の古文書のことはよく知られている。延宝年間（一六七三～八一）綱紀は、東寺が古文書を多く所蔵することを聞き、後藤演乗に命じて調査させた。演乗は寺僧の承認を得て、まず宝蔵にあった古文書の目録を作成し報告した。綱紀はこの報告をもとに寺僧にその原本の借用を依頼し、みずから閲覧して一部を書写させた。次いで同寺の東の宝蔵にあった未見の書物・文書等を調査し目録を作成させ、写本を作らせている。更に虫害を防ぐため、大小の書櫃（百合）を製作して、これら書物・古文書を分類して収蔵し、貞享二年（一六八五）十一月に東寺に返納している。これが後世「東寺百合文書」といわれる文書群である。

また、奈良の調査については、天和元年（一六八一）に行っている。綱紀は津田光吉等を奈良に派遣し、奈良奉行溝口信勝の協力を得て、東大寺の各所に収められる書籍を調査し、その周辺の寺院も調査し目録を作成した。

次ぎに、公家関係を見てみよう。書物に関して調査し、あるいは情報を交換した公家は、近衛家・九条家・二

条家・一条家・三条西家・正親町家・四辻家・大炊御門家・飛鳥井家・野宮家・持明院家・冷泉家・竹屋家・勧修寺家・坊城家・芝山家・油小路家・庭田家・中院家・西洞院家・平松家・高辻家等の多くにわたる。

このうち三条西家との関係がよく知られている。この家は正親町三条家から分かれた家で、室町時代末期に実隆・公条・実枝と好学の人物を輩出したため、多くの蔵書を持っていた。綱紀は、元禄八年（一六九五）大納言西洞院時成を仲介として、三条西実教に交渉し、その所蔵する書物を借用することができた。元禄十四年冬、実教が没すると六歳の公福が嗣いだが、幼少のため家司河村権兵衛が家政を補佐し代行した。この河村は前述の後藤演乗と懇意であったので、綱紀は河村が三条西家の蔵書を綱紀の援助で修補したい希望を持っていることを聞くと、即座に応答し協力を申し入れさせている。二年後の元禄十六年四月、「続日本紀」等が届けられたのをきっかけに、綱紀は以降数年に渉って同家の書物をみずから閲覧している。その間、傷んでいる書物の修補を行い、同家の書庫を修築、次いで新築している。公福は綱紀に深く感謝し、父と仰いで綱紀の養女を娶った。この間のやりとりは「三条西蔵書再興始末記」（「書札類稿」所収）に詳しく記されている。

現在文庫に残る「西宮記目録」・「西宮記」（大永本）・「北山抄」（巻子本）・「北山抄」（冊子本）・「江家次第」（巻子本）・「江家次第」（冊子本）・「秘府略」・「二中暦」・「類聚国史」（古本）等の多くの書物が、三条西家から文庫に入っていることが確認できる。

一方、関東では鎌倉周辺の図書探索がある。詳細は第二部第六章で後述するが、延宝五年（一六七七）に津田光吉が鎌倉近辺で行った調査についての記録（「相州鎌倉書籍等捜索書」）によると、同年十月二十八日に江戸を出発した津田は、十一月一日、鎌倉に入って各所を訪ねて挨拶廻りを済ませ、翌日から十四日にかけて荏柄天神社・鶴岡八幡宮等の神社や円覚寺・建長寺・極楽寺等の寺院を訪ねて所蔵の書物や武具を見、十五日には金沢称名寺を訪ねて図書の調査と保存のための援助を申し入れ、十二月六日に江戸に帰っている。この時津田が見たもののうち、「相承院本太平記」や「荏柄本天神縁起」（重文）等が現在文庫に所蔵されている。この時津田は称名寺の書物を見ることはできなかったが、数カ月後の翌年三月には書物を借用して書写しており、その結果「古語拾遺」（一巻、重文）、「建治三年記」（一巻、重文）、「新猿楽記」（一巻、重文）等の「金沢文庫」の旧蔵書が多量に文庫に現蔵されることになった。

このようにして集められた文書・典籍類の鑑定・選択は、木下順庵が中心となって行ったが、綱紀自信も必ず目を通し、手元に留めるもの、書写して返却するもの、そのまま返却するもの等の区別を家臣に指示していた。文庫に現蔵する文書・典籍類には、本体に綱記自身が識語を書いているもの（これを「梅墩集」と称する）、包紙に備忘が書かれているものなどが数多く残されている。一方書写を指示したもの（これを「模写本」と称する）は、大概三回から五回の校正が行われており、中には綱記自身が校正したものも存在し、また綱紀自筆の識語が書かれているものもある。

綱紀のこのような集書の目的は、『大日本史』編纂のためという徳川光圀の場合と違い、現在の図書館や公文書館的な意味での蒐集事業であった。三条西家に対しては、書物を借用し、傷みのあるものは修補し、保存のための文庫を建てている。東寺については古文書を借用して整理し、保存管理するための書櫃を作成するなど（「東寺百合文書」）、文書・典籍の保存に気を配っていた。綱紀の集書事業は、斜陽の皇族や公家、社寺等、散逸の危険のあった貴重書を守るためにはきわめて有益な事業であったのである。

この他、集めた書物を参考に、綱紀自信が著作し編纂したものが数多くあり、現在文庫には、「桑華字苑」（学術に関するノート）、「秘笈叢書」（内外古書の紹介）、「古蹟文徴」（古文書集、現在は「尊経閣古文書纂」に再編し管理されている。[2]「好祐類編」（綱記の疑問に対する回答集）、「家範類稿」（藩の制度）、「策名便覧」（家臣の名簿）、「武家百家譜」（系図の集大成）等が残る。[3]

次に文庫の蔵品のうち、綱紀の時代に集められたもののいくつかを紹介しよう。なお、写真を掲載する書籍・図録等は個々に紹介したが、『開館五周年記念――加賀文化の花――前田綱紀展』（石川県立美術館展示図録、一九八八年十月）にその多くが掲載されているので参照されたい。

①「日本書紀」（巻十一・十四・十七・二十、四巻、国宝）

この「日本書紀」は平安時代の古写本で、文庫には巻十一（仁徳天皇紀）・巻十四（雄略天皇紀）・巻十七（継体天皇紀）・巻二十（敏達天皇紀）の四巻が伝来する。もと三条西家に伝来したが、同家の困窮をみかねた綱紀が書物の整理・修補・保存等について援助を行い、その過程で前田家の所有となったものの一つである。文字の四隅に付された朱点（漢文の読み下しを示す乎古止点）、訓みに付される声点があり貴重な伝本である。

なお、大正四年（一九一五）に前田家より、『影本日本書紀第十一』が作製、頒布されている。詳細は、『日本書紀』（『尊経閣善本影印集成』第四輯〈古代史籍〉、八木書店、二〇〇二年二月）を参照されたい。

［参考］写真は、『週刊朝日百科 日本の国宝96 前田育徳会尊経閣文庫』（朝日新聞社、一九九八年十二月）参照。

②「建治三年記」（一巻、重文）

「建治三年記」は、鎌倉幕府の評定衆で問注所の執事であった三善康有の公務日記（一巻）である。記事は建治三年（一二七七）正月一日から十二月二十七日にわたり、書名は端裏に記される「建治三年記」による。冒頭の右端に「金沢文庫」（重郭墨印）が捺されており、もと金沢文庫の蔵書であった。綱紀は、延宝五年（一六七七）十一月、津田光吉を鎌倉方面に派遣して図書・什器等の調査を行い、称名寺にも立ち寄り図書の調査・保存を申し入れている。翌年三月には調査が行われ、「称名寺書物之覚」（目録）と書写が行われた。本書はその過程で前田家の所有に帰したものの一つである。昭和二十七年（一九五二）七月、最後の「尊経閣叢刊」として、複製が作製され、頒布されている。

【参考】写真は、『国宝　水左記』（公益財団法人前田育徳会編、勉誠出版、二〇一三年三月）参照。

③「宝積経要品」（一帖、国宝）

「宝積経要品」は、折本の写経で、足利直義による康永三年（一三四四）の奥書がある。それによると、足利尊氏の弟直義が、或人（直義本人か尊氏といわれる）の見た霊夢によって得た「南無釈迦仏全身舎利」の「な／む／さ／か／ふ／つ／せ／む／し／む／さ／り」の十二字を頭にする和歌の作成を、北朝の光明院を初めとして歌人・公卿・武将等二十七人に依頼した。各人がこの十二字を白紙の短冊（縦三一・五センチ、横一〇・六センチ）の中央上部に大書し、その下に和歌を書いた。その中には北朝の光明院以下、尊氏・直義兄弟（各十二首）、高師直らの武将、二条・冷泉の歌道の人々の他、頓阿・（吉田）兼好・浄弁・慶運のいわゆる和歌四天王のものを含む二十七人の真跡（百二十首）からなっており、早くから稀世の名品として珍重された。

冒頭の歌人は、足利尊氏（な）、足利直義（む）、光明院（さ）、高重茂（か）、二条為明（ふ）、細川顕氏（つ）、藤原有範（せ）と続く。三番目の短冊（「さ　さためなき……」で始まる）には名を欠くが、光明院の御製である。

形態は折本で、この短冊四枚を一折とし、三十折（短冊百二十枚を継ぎ重ねたもの）に白紙六折を加えた三十六折で一帖としている。この料紙の裏に、高さ二四・六センチ、幅二～二・一センチの金泥で界線を引き、足利尊氏・同直義・夢窓疎石の三人が仏道結縁のため仏教の経典を書写した。冒頭の六十八行を直義が、次の百二十四行を夢窓疎石が、末の百四十三行を尊氏が書写し、末尾に直義が康永三年十月八日付の奥書を記している。書写した経典が大宝積経の肝要な品（章や段のこと）を抜粋したものなので「宝積経要品」の名称がある。表紙は金泥繊細な仏教画で飾り、さらに黒い荘重な包背紙（くるみ表紙）を施し、綺の紐で結ぶ。見返には金泥・銀泥で蔓草の花を画く。外題は光明院の御筆と伝える。

康永三年三月十八日足利尊氏は弟の直義とともに公卿や武士等を率いて高野山（和歌山県）に登り、金剛三昧院に参籠し、歌会が行われ、十月八日に奉納したのが本書であった。しかし、細川和氏のように歌会以前の作も含まれている。この金剛三昧院は建暦二年（一二一二）に北条政子が夫源頼朝の菩提を訪らうために建立した塔頭で、当時在住の実融に尊氏・直義兄弟も帰依していた。

加賀金沢藩三代藩主前田利常は再三本書の入手を希望したが金剛三昧院に断られている。その孫五代藩主綱紀（松雲公）は、元禄五年（一六九二）に小判二千二百三十六両・銀二十二匁を金剛三昧院の堂舎修繕費として寄進することとし、ようやくこれを手に入れることができたのである。昭和四年（一九二九）十月、「尊経閣叢刊」として複製が作製され、頒布されている。

［参考］写真は、『週刊朝日百科　日本の国宝96　前田育徳会尊経閣文庫』（朝日新聞社、一九九八年十二月）・『国宝　宝積経要品　高野山金剛三昧院奉納和歌短冊』（財団法人前田育徳会編、勉誠出版、二〇一一年三月）等参照。

④「三朝宸翰」（二巻、国宝）

三朝とは伏見・花園・後醍醐の三代の天皇を指す。すなわち第一巻は持明院統の花園天皇（一二九七～一三四八）の消息十二通（二十四紙）を、第二巻は大覚寺統の後醍醐天皇（一二八八～一三三九）の消息十通（十八紙）と花園天皇の父伏見天皇（一二六五～一三一七）の消息二通（三紙）を貼り継いだものである。

各天皇の末尾に、伏見天皇の皇子で、花園天皇の弟に当る、お家流（青蓮院流、尊円流ともいう）の祖で能書としても名高い青蓮院門跡尊円入道親王（一二九八～一三五六）の極書がある。また巻末には近衛前久（龍山、一五三六～一六一二）の識語がある。紙背には紙継目ぎとに「某」の黒印がある。極書と識語から、これらの消息は後世蒐集したものではなくすべて青蓮院門宮に賜った消息と考えられる。上下が裁断され、紙裏に経文を摺写した痕跡が残っているところから、尊円入道親王が三天皇の追善のため、その消息を集め、その裏に経文を印刷し成巻したもので（これを消息経という）、後にその消息を表に復したものと推定される。

第一巻の十二通のうち十一通には花園天皇の花押がある。元弘二～三年（一三三二～三三）のものが大半で、内容は持明院統の動静、すなわち山門（延暦寺）の諸堂回禄（火事）や御所警固のこと、ほかに楠木氏のこと、後醍醐天皇の隠岐脱出に関すること、伯耆国（鳥取県西部）大山寺のことなど政治・宗教等の情勢のほか、個人的な内容も見られ、すべて弟の尊円入道親王宛の消息と考えられている。末尾に「已上廿四枚、花園天皇御筆也」という極書がある。

第二巻の後醍醐天皇の消息のうち二通に「尊治」の署名がある。ほかの八通も書風から後醍醐天皇の宸筆と考えられる。内容は山門のこと、後醍醐天皇の叔父青蓮院門跡慈道法親王のこと、修法受戒のことなどで、すべて慈道法親王宛の消息と推定されている。なお、尊円入道親王の極書には「以上十九枚／後醍醐天皇御筆也」と記されているが、現在は十八枚で、表に復したときか後世の修補時に一紙欠失したと考えられる。現在、各紙の右端、紙継目に一〜十八のうち一・二・四・七を除く漢数字の墨書が確認できる。

巻末の伏見天皇の消息には二通ともに花押が据えられている。内容は慈道法親王と尊円入道親王の不和（門跡の継承に関する相論）の和談（和議）に関するものである。末尾に「以上三紙、伏見院御筆也／以之配当品、非無深意耳」という極書がある。

この二巻は総梨地面取の箱に納められているが、それを納める桐箱の表には、中央に「三朝宸翰　二巻」と題し、その上部左右に「花園　後西酉（醍醐）」「伏見」と、下に「尊円奥書」「龍山跋語」という墨書がある。これらはすべて前田綱紀（松雲公）の自筆で、おそらく綱紀のときに入手したものと考えられる。

［参考］写真は、『週刊朝日百科 日本の国宝96 前田育徳会尊経閣文庫』（朝日新聞社、一九九八年十二月）参照。

⑤「相承院本太平記」（二十冊）

綱紀は、叔父徳川光圀の影響もあって、若い頃から南朝の事跡に興味を持ち、南朝に関する書物や古文書を蒐集している。文庫には「太平記」の古写本や版本が数多く伝来している。代表的なものだけでも、相承院本・梵舜本・織田本・前田本・玄玖本や三種の古活字本がある。この相承院本は、鎌倉の鶴岡八幡宮二十五坊の一つ相承院に伝来したものである。この写本の存在は、延宝五年（一六七七）の津田光吉による鎌倉方面の調査のとき確認されている。各冊の冒頭部分には相承院の朱印が捺されている。相承院の僧中納言法印融元が世田谷（現東京都世田谷区）にいた吉良氏の蔵書を書写した写本である。

［参考］写真は、『ふるさと石川歴史館』（北國新聞、二〇〇二年六月）参照。

⑥「荏柄天神縁起」（三巻、重文）

「荏柄天神縁起」は、天神として祀られた菅原道真の伝記で、京都の北野社の縁起を描いた全巻彩色の絵巻物である。三巻からなる。鎌倉の荏柄天神社の別当寺一乗院に伝えられたのでこの名がある。下巻の末に鎌倉時代末期元応元年（一三一九）十二月一日の年紀と藤原行長の跋がある。この頃の制作と考えられ、土佐派の画風である。延宝五年（一六七七）の津田光吉による鎌倉方面の図書等調査のとき確認され、借用を申し入れたが、火事の危険があるとして謝絶された。その後、一乗院から売却の申し入れがあり、百両で引き取ったという。昭和十年（一九三五）十月、「尊経閣叢刊」として、複製が作製され、頒布されている

［参考］写真は、『ふるさと石川歴史館』（北國新聞、二〇〇二年六月）参照。

⑦「一遍上人絵伝」（十二巻、重文）

「一遍上人絵伝」は、時宗の開祖一遍（一二三九～八九）の行状を描いた絵巻物である。当時の風物・情景を克明に描写するため、絵画資料として高く評価される。文庫の絵巻は、南北朝頃の書写で、奥書から京都の御影堂（新善光寺）に伝来したことがわかる。全十二巻のうち、巻一・二・四・九・十・十二の七巻は前田家の所有と帰し、残り巻三・七・八は模写している。

［参考］写真は、『ふるさと石川歴史館』（北國新聞、二〇〇二年六月）参照。

⑧「程氏墨苑」（十五冊）

漢籍は主に五代綱紀の時に蒐集されたものが多く、現在も文庫の書籍の中核をなしている。寛文年間（一六

六一〜七三）以降、長崎奉行に依頼し清の漢籍や欧州の医学・植物学に関する書籍を求め、延宝年間（一六七三〜八二）には、対馬の宗氏に依頼し朝鮮版等を蒐集している。この「程氏墨苑」は、明末の万暦十五年（一五八七）の序がある漢籍で、この時期の代表的な画家丁雲鵬他の版下画が掲載されている。

［参考］写真は『別冊歴史読本　前田一族』（新人物往来社、二〇〇一年十二月）を参照。

⑨「百工比照」（十一箱・付属二箱、重文）

「百工比照」は、五代藩主前田綱紀が蒐集・整理・分類した工芸全般に渉る見本資料の集大成である。名称は綱紀が諸種の工芸（百工）と比較対照する意（比照）を合わせて命名した。材質は多岐に渉り、例を示すと、第一号箱には紙・漆・木・革・染織・竹が納められ、第二号箱には羽織から始まって旗指物・甲冑・馬具・作紋等の絵図（デザイン）が、第三号箱には江戸屋敷や小松城で使用されたものを中心とした金具類が納められている。五号箱に収められる釘隠は、小松城で使用したものと考えられるものの一つで、その一つ「双寿帯鳥釘隠」の裏二箇所に「時計屋」と刻銘がある。

［参考］写真は、『開館十周年記念特別展　前田育徳会の名宝　百工比照』（石川県立美術館展示図録、一九九三年九月）・『別冊歴史読本　前田一族』（新人物往来社、二〇〇一年十二月）・『ふるさと石川歴史館』（北國新聞、二〇〇二年六月）等参照。

⑩「華桑字苑」（前田綱紀筆、八十三冊・三帖）

「華桑字苑」は、五代藩主前田綱紀が座右に置いて折に触れて書き込んだ雑記帳で、「桑華字苑」四十一冊、

「芸閣余録」三冊、「桑華書志」三十一冊、「桑華雑記」四冊、「王台一覧抜粋」一冊、「三光院内府詠藻」一冊、「公用弁権門貴家及高僧盛請書目」一冊、「嶺南衛生方」一冊、「常用字林」二帖、「書籍目録」一帖の八十三冊・三帖からなっている。中を四つに仕切られた桐の箱（乾・坤、二合）に納められる。

「桑華字苑」は、主として語彙や文字に関することが、庚午（元禄三年：一六九〇）から庚子（享保五年：一七二〇）にかけて年を追って記載されている。なかには植物や動物の絵もあり、博物学としても興味深い。

「華桑書志」は書物に関することが記載されている。はじめから「求遺書」・「家蔵書」・「見聞書」の三種類の冊子を用意し、探索書や調査した書物などの情報を分類、平行して記載している。文庫の蔵書の来歴や由来が記されている場合も多い。中には、綱紀が、慶長八年から万治元年にいたる祖父利常の蔵書を「小松蔵書」、父光高の蔵書を「金沢蔵書」、万治二年以降の自分の蔵書を「尊経閣蔵書」と称したことを記載する部分もある。

［参考］写真は『開館五周年記念——加賀文化の華——前田綱紀展』（石川県立美術館展示図録、一九八八年十月）や『別冊歴史読本　前田一族』（新人物往来社、二〇〇一年十二月）・『ふるさと石川歴史館』（北國新聞、二〇〇二年六月）等参照。

⑪「**木下順庵画像**」（一幅）

木下順庵（一六二一～九八）は、京都の人。藤原惺窩の高弟松永尺五に学んだ。名は貞幹という。万治三年（一六六〇）加賀金沢藩に出仕。五代藩主綱紀が講義を受けた儒者である。文庫の蔵書には「梅墩集」という分類があり、綱紀の識語が記されるが、多忙な綱紀の代理として記された順庵の識語も見える。天和二年（一六八二）五代将軍綱吉に請われて幕府の儒官となった。弟子には、新井白石や室鳩巣らがいる。画像の上部に記される賛は、元禄九年（一六九六）二月に、順庵みずから書いたものである。

［参考］写真は『開館五周年記念――加賀文化の華――前田綱紀展』（石川県立美術館展示図録、一九八八年十月）参照。

⑫「**有沢永貞画像**」（一幅）

有沢永貞（一六三九〜一七一五）は、江戸時代の兵学者で、加賀金沢藩士孫作俊澄の子。武田流の故実を学び有沢流と称された。元禄十年（一六九七）四月小姓から御細工奉行に任じられ、宝永五年（一七〇八）九月御先弓頭に任じられるまで在職した。永貞は江戸勤番の機会が多く、全国の城郭に関する情報を得ることが可能であった。金沢市立玉川図書館蔵加越能文庫には、永貞著の「諸城主記」等があり、文庫にはそれに増補した「増補諸城主記」や「諸国居城図」等がある。この画像は、永貞没後に描かれたものの写で、賛は小瀬復庵の作、永貞作の歌と賛は山本基庸の筆である。

［参考］写真は『開館五周年記念――加賀文化の華――前田綱紀展』（石川県立美術館展示図録、一九八八年十月）参照。

⑬「**両京新記**」（国宝）

七二二年（中国唐の開元十年）に、韋述によって編まれた地誌である。内容は唐の長安・洛陽両京の盛況を記している。もと五巻（四巻ともいう）からなり、日本には平安初期に伝来するが、中国では伝本が散佚したという。文庫には鎌倉初期の写本（巻第三）が所蔵されている。江戸時代までは武蔵国称名寺の金沢文庫（横浜市金沢区）に所蔵されていた。

［参考］写真は、『週刊朝日百科 日本の国宝96 前田育徳会尊経閣文庫』（朝日新聞社、一九九八年十二月）参照。

注

（1）綱紀は、自分の蒐集書を「尊経閣蔵書」あるいは「尊経庫蔵書」と称している。現在の尊経閣文庫の名称の由来はここから来ており、その蔵書のうち、綱紀の時代に集められたものがその中核を占めている。

（2）文庫の古文書については、太田晶二郎「前田育徳会尊経閣文庫所蔵の古文書」（初出『古文書研究』六号、一九七三年、後に『太田晶二郎 著作集』第四冊に所収）、本書第三部第一章（初出「尊経閣文庫所蔵文書と『鎌倉遺文』」、『鎌倉遺文研究』十四号、二〇〇四年十月）参照。

（3）綱紀の事蹟については、近藤磐雄編『加賀松雲公』（三冊、一九一〇年）、「開館五周年記念――加賀文化の華――前田綱紀展――」（石川県立美術館展示図録、一九八八年）を参照されたい。

第二章　前田家の文化事業【近代】

一、編輯方の設置とその足跡

加賀前田家十四代前田慶寧《よしやす》（一八三〇～七四）は、明治二年（一八六九）十二月加賀金沢藩と前田家の歴史を編纂することを目的として、邸内（金沢城内）に家録方を設け、史料の蒐集を始めた。この時家禄編輯職の一人に任じられた人物に、森田平次（柿園、一八二三～一九〇八）がいた。明治四年九月の廃藩置県により、前田家が東京に移住した時、森田は書籍旧記の取り調べ主任を勤め、前田家より処分された図書の若干を給わり、金沢県庁の所有になった図書のうち二十六箱を譲与されたという。前田家は、この時所有した図書の多くを金沢に残して東京に移住して行ったと考えられる。

森田平次は、明治九年四月に官吏を辞し、以降加賀金沢藩の事蹟に関する書物の編纂に従事した。同十八年〜三十一年の間は、前田家の嘱託として編纂に従事し、退任後も前述の編纂を続けて行った。代表的な著作・編纂物に、『古文雑纂』、『加越能古文叢』、『松雲公採集遺編類纂』、『温故遺文』等がある（『加能郷土辞彙』）。

明治十六年（一八八三）三月二十八日、前田家十五代当主利嗣は、父慶寧の遺志を継承して事業を進めるため、本郷邸内に編輯方を設けた。その目的は、「旧藩史の編輯」であった。この時雇用された人物に、編纂方主附（主員）に金沢の儒学者野口之布、雇員に富山県平民石埼謙、石川県士族永山近彰がいる（「淳正公事蹟史料」十四、明治十六年三月二十八日条）。なお、この編輯方は、大正元年（一九一二）末に廃止された。編輯方に関する史料としては、文庫所蔵の近代史料の中に、明治十七年〜大正元年までの間の「編輯方日記」、「編輯方御用申送帳」、「癸丑以来事con取調方日記」、「御蔵書方日記」、「図書係日記」、「図書日誌」等が残っている。

利嗣はこの時「旧藩史編輯目途」を作成しその方針を示している。その二、三を紹介すると、まず、対象となる期間は、初代利家から第十二代斉広まで、それ以後と夫人伝以下は資料の編輯に留めることとし、編輯は紀伝体とすることを基本に置き、文体は漢文を用いることとした。まず職官、制度、学政、刑法、租税、貨幣、軍旅、宗教、風俗、物産、地理、災異の十二項目の編纂資料を作成する。着手の順序は、「編史ノ材料ニ供スヘキ書籍ヲ編輯スルコトヲ先トス」とし、まず東京にある文庫の書類を点査し、それを基に編史の目次を作成し、金沢に送る。金沢にも編輯専任者を置き、東京同様に金沢の文庫にある蔵書を点査して編史の目次を作成し、東京より送付の目次と突き合わせて、不足の資料を渉猟するなどと定められている（「淳正公事蹟史料」十四、明治十六年三月二十八日条）。明治十八年九月、野口之布等は、命によって加越能三カ国を巡り、史料を収集した。こうして利嗣が編集を命じた『加賀藩史稿』（八巻）は、同三十二年（一八九九）四月二十五日に至って完成し、皇室に献上され、各所に寄贈された（「淳正公事蹟史料」卅三、明治三十二年四月二十五日条、「加賀藩史稿献上及配布姓名録」）。

編輯方で書写された史料の分野は多岐に渉るが、そのほとんどは藩政関連史料であり、昭和二十四年（一九四九）に、十七代当主利建《としたつ》から金沢市に寄附された加越能文庫（現在金沢市立玉川図書館所蔵）にその多くが含まれており、一部が編輯方本として文庫にも存在する。加越能文庫の内容は、金沢市立図書館編『加越能文庫解説目録』（上・下二冊、一九八一年三月）を参照されたい。

なお、前田利嗣を出版者、校訂者を川田剛・栗原寛・飯田武卿とする「享禄本類聚三代格」の板行が企画され、明治十六年四月七日に出版届けが許可され（「淳正公事蹟史料」十四、明治十六年四月七日条）、同十八年七月八日に製本が完成し（「淳正公事蹟史料」十七、明治十八年七月八日条）、翌年にかけて各所に寄贈されている。なお、この時使用された版木の一部が文庫に伝来している。

明治三十三年（一九〇〇）に襲爵した前田利為《としなり》（一八八五〜一九四二）は、加賀前田家の分家上野国七日市藩前田家の出身で、十五代利嗣に嗣子がいなかったため、その娘渼子を娶って利嗣の養子になり、十六代当主となった人物である。[1]

利為は、義父利嗣の意志を嗣ぎ、育英事業・編纂事業などの事業を継承して行うほか、文書・典籍や美術品・什器類の蒐集も行った。育英事業では育英社事業の振興、敬義塾の英才教育等が代表的なものである。編纂事業としては、祖先の偉業の顕彰のため行われた『加賀松雲公』等の編纂、慶寧・利嗣の意志を継承して行った『加賀藩史料』の編纂等がある。文庫の創設は、すなわち育徳財団（現在の前田育徳会・尊経閣文庫）の創設であり、これに伴って蔵書・美術品等の蒐集も行われている。次節以下、前田利為の行った文化事業について概略を述べることにする。

二、育英事業

明治十二年（一八七九）育英社が創設された。明治維新の推進が薩長土肥等の旧西国雄藩出身者を中心に進められており、一部の旧藩士の間では、立ち後れていた加賀金沢藩出身者の人材育成のため、後進育英の必要性が求められていた。これを知った加賀前田家十三代斉泰（当時隠居）はみずから一万円を寄付し、また、明治七年に家督を継いだ十五代利嗣に二千円を寄付させ、育英事業振興の基金とし、ようやく育英社が発足したのである。翌年、社則と設立趣意書が発表され、社員と資金の募集が開始された。同十六年、東京遊学の宿泊所である学生寮久微館が建てられ、初めて二名の給費生が採用されて育英事業が始まった。同十七年、富国強兵の国策に添って急増した陸海軍志望者に対し東京遊学資金の交付を開始、兼六園内に金沢学校を創設して予備教育を行った。なお、物価上昇に伴い、一般給費生に対する給付額の増加をしたため一時基金難に陥ったが、利嗣はさらに二万五千円を寄付している。

明治十八年（一八八五）育英社は利嗣の社長就任を要請した。これを受けた利嗣は社長就任とともに様々な改革を推進した。まず、同二十年給費制から貸費制へ移行させた。次いで同年政府の学制改革に乗じて、高等中学校（後の第四高等学校）の金沢誘致を実現するため、金沢学校の施設等の一切と明治二十三年までの育英社に対する醵金の全部を石川県に寄贈した。同二十九年、富山県の育英機関である旧誼社を合併、加能越三州一体の育英社として社則を改正、総裁に前田利嗣侯爵、副総裁に旧富山藩前田利同伯爵と旧大聖寺藩前田利鬯子爵が就任した。こうした育英社による育英事業の成果は明治三十年最高潮に達し、帝国大学・陸軍士官学校・海軍士官学校への石川県出身者の進学者数は、全国でも上位にランクされている。

明治三十三年（一九〇〇）利嗣が他界し、当時十五歳の利為が育英社の総裁に就任し、利嗣の事業を引き継ぐこととなった。同三十五年に育英社は事業拡充要項をまとめて利為に提出した。利為はこれを推進するため、「三州人士諸君ニ告グ」で始まる一文を草し協力を呼びかけた。これによって、折から日露の対立が深まる中、前田家を中心とする旧藩士民の団結が強まり、石川・富山両県知事は明治三十八年から各五千円の補助を決定し、育英事業はますます盛んになっていった。

明治四十年（一九〇七）利為は文京区表町に土地を購入して育英社にこれを無償提供し、それに学生の宿舎を建設することを決意した。これを知った林賢徳はみずから多額の建設資金を醵出して宿舎建設に奔走し、翌四十一年九月明倫館が建設された。名は旧加賀金沢藩校明倫堂にちなむものである。十月の開塾にあたって、「明倫館々則」と「明倫館綱領」とが制定されている。このように育英事業は拡充されてはいたが、日露戦争の終結に伴う不況は深刻となり、石川・富山両県からの援助も打ち切られるなど、育英社は財政的にも精神的にも困難な危機的様相を見せ始めていた。

明治四十三年（一九一〇）十二月、利為は翌年から十五年間毎年七千五百円を育英社に寄付すること及び同社改革の要望を幹事長柴野義広に伝えた。育英社は審議の結果、翌年四月に、総裁の権限強化、貸費生の選考と品行・学業監督の基準の見直し、育英社組織の見直しを骨子とする改革案を利為に提示し、一方石川・富山両県民に対しては育英事業の重要性を訴えるとともに、進んで参画してほしい旨の要望書を各方面に送付した。前田家からの寄付と中断していた石川・富山両県からの援助が復活し、育英社は危機を脱したのである。同社は同四十五年三月から中学校卒業生中の優等生に対し、侯爵賞と賞品（銀時計）を贈与することとし、向学心の向上をめざしている。以降、同社の事業は安定し、多くの人材を養成し、全国有数の進学率を誇るまでになった。昭和四年十月には育英社創立五十周年記念式典が挙行されている。

昭和六年（一九三一）十二月三日育英社は、財団法人加越能育英社に改組された。当時は満州事変勃発の前夜であり、不景気と社会不安、様々な統制強化等、物心両面において混迷に向かう時代であった。利為は「時局艱難を予想されるが故に、益々基礎を法的に安定ならしむるを要す」として改革に乗り出した。利為は同年正月、新幹事長に三州出身者で初めて大臣（陸軍大臣）となった男爵木越安綱中将を迎え、育英社事業の見直しを始めていた。法人成立に先立つ十二月二日新役員を委嘱し人事を刷新している。その中には後述する敬義塾の出身者である石黒文吉がいた。認可された寄附行為は総則、社員、財産及会計、総裁及副総裁、役員、会議の六章からなり、第三条に目的として「石川・富山両県出身者並ニ其ノ子弟ノ学術ヲ奨励シ人材ヲ養成スルヲ目的トス」、第四条にその目的を達成するための事業として、健康で学術優等な学生に学費の全部または一部を貸与すること、海外留学費の一部を貸与すること、学術品行優秀な学生を表彰奨励すること、有益な発明発見か著作をした者を表彰すること、学生のため寄宿舎明倫館を経営することが記されている。同時に育英社規則・会計給与規定等の諸規定も定められ、利為の企図した事業永続の基礎が固まった。

しかし、昭和六年は不景気のもと、満州事変が勃発、日本の国際連盟での孤立化など、世相は急激に軍事的色彩が濃くなっていった。加越能育英社でも陸海軍の軍人志望者が急増し、利為はこれに対応するため育英社評議員会に検討を指示し、軍人志望者奨励規定要項が制定され、両県下に公布された。これによる第一回の募集は昭和八年から開始され、同年六十二名、翌年五十八名と、応募者のうち約半数が採用され、久しく不振であった軍人志願者が増加した。昭和八年には後述する前田家の敬義塾が閉鎖され、加能越三州の育英事業は育英社が担うこととなった。こうして育英社の事業は、経営基礎の安定とともに、多忙な利為の直接指導を仰ぐ必要がないまでに成長していった。

昭和十七年（一九四二）九月五日利為はボルネオで戦死し、総裁は嗣子利建が就任した。利為の育てた育英事業は、その精神を受け継いだ財団法人加越能育英社によって、現在も育英事業を進めており、昭和五十四年（一九七九）には創立百周年を迎えている。

三、敬義塾の英才教育

前田利為は、明治三十三年（一九〇〇）六月十五日の襲爵当時まだ未成年であったため、朗子後室が親権者として前田家の家政は運用されることとなった。利為の教育は、親族の近衛篤麿公爵が教育全般を、金沢出身の官吏織田小覚が直接傅育にあたった。そして明治三十五年六月、織田氏の建議により、利為教育の場として大久保村（東京都新宿区）に前田家塾舎が建設され、敬義塾と名付けられた。以降、利為は織田師傅とこの塾舎で寝食を共にして勉学・剣道・禅道の修行に励んだのである。

敬義塾創設のもう一つの目的には、旧藩子弟の英才教育道場、すなわち人材養成所とすることがあった。設立当初は利為の修練が主体となり、塾生は利為修練の相手としての色彩が濃かったが、成人するに従って利為は、政財界で立ち後れている旧加賀金沢藩出身者の人材育成のため、子弟教育の振興の必要を感じ、既述の育英社の加越能三州出身子弟の育英事業とは別に、敬義塾を徹底した人間教育を行う場、すなわち特に秀でた青少年に限定して教育を施し、将来の国家を担う人材を養成する場と考えるようになった。

明治四十四年（一九一一）以前の利為の相手として入塾した人々を敬義塾第一期生と称し、その中に外交官として活躍した笠間杲雄や小樽市長となった河原直房がいた。それ以降入塾した者は敬義塾第二期生と称された。二期生は利為の方針に従って、金沢第一・第二中学校の優等卒業生の中から、校長並びに役場推薦の者十三名を選んで採用し、河村善益塾監のもと剣道指南、漢学・国史学等を学ばせた。その中には大蔵大臣となった広瀬豊作、長野県知事となった郡山義夫のほか、茨城県出身で土浦市長となった天谷虎之助がおり、石黒文吉・広瀬豊作らは後に前田家の家政や育徳財団・育英社を支えた人たちである。第二期生は大正八年（一九一九）までにそれぞれ大学を卒業し、社会に巣立っていった。

大正デモクラシーの最中、利為は敬義塾創設の目的並びに塾生の目標を明示するため、大正八年九月塾生が遵守すべき「敬義塾申合規約」を制定し、入塾選考基準を学術優秀者から思想信条確固たる人材に改めた。こうした厳格な諸規定にもかかわらず、入塾希望者は四十数名にものぼり、第三期生十数名が選ばれている。この中には最高裁判事となった草鹿浅之介、東京電機大学教授で同短大助教授となった宇野辛一、日本軽金属株式会社社長となった安田幾久男らがいた。利為は大久保別邸を訪れたときは必ず道場に足を運ばれ塾生に稽古をつけたという。

第三期生は大学生と高校生を対象とした英才教育であったが、大正十三年八月一日で中止された。これは嗣子利建《としたつ》の教育のため、中学生を主体とする教育に重点が移ったためである。新しい入塾者は石川・富山両県下の中学校希望者を募り、書類選考の上、傅育者伊藤文次郎は嗣子利建を伴って両県下の中学校を訪ね、面接の上十人が選定された。選定された中学生は、九月一日入塾、同日開成中学校に入学し、学術・武芸等に励むことになった。自治統率訓練のため週番制が採用され、当番は塾生日誌をつけることになっていた。利為は、早朝時々弁当の中身を吟味したり、献立表を点検されるなど、塾生の健康管理に注意し、また剣道練習の指導もしたという。

昭和六年（一九三一）九月一日、約三十八年間続いた敬義塾が閉鎖された。これは、嗣子利建が成人に達してその存在意義が薄れたことと、利為が公務繁多で塾生を指導する時間がなくなってしまったことによる。敬義塾で学んだ学生は通計四十八名にのぼった。

太平洋戦争中の昭和十七年四月、当時貴族院議員であった利為は、国家百年の大計を考え、敬義塾の再興を前田家の評議会に諮問した。侯爵前田家育徳財団からの寄付で運営することとし、塾頭は元学習院教授山田巌に委嘱することになった。入塾者は利為の三男利弘等四名であった。九月三日菊子夫人・嗣子利建臨席のもと開塾式が行われたが、ボルネオ守備軍司令官として赴任していた利為は、その二日後ボルネオの海で他界した。こうして敬義塾の運営は嗣子利建に委ねられることになった。

四、編纂事業

明治三十三年（一九〇〇）襲爵した加賀前田家十六代利為は、同三十九年の元旦、結婚記念事業として、家政の刷新、前田家中興の祖五代藩主前田綱紀（松雲公）事蹟の編纂、前田文庫の設立の三事業の実行を決意した。綱紀事蹟の編纂要領は正月十七日に定められている。それによると、編纂は近藤磐雄が担当し、近藤が選定した書記と筆生数人を使用して起稿し、世良太一もしくはその他の人の校閲を受け、また適当な人物に修辞を依託すること、完成は最長五か月とし、編纂費は一か月六十円、総額三百円の予算とし、紙数は菊版三百頁内外とすることになっていた。

しかし、綱紀没後二百年を経過し、明治維新の混乱における史料散逸も多く、編纂作業は容易に進まなかった。評議会からは批判もあったが、利為は完成時期に拘泥することなく事蹟研究と完全なる編纂を命じている。時折り編纂者に作業進捗状況の報告と事蹟の講義を命じ、早川評議員、学事顧問織田小覚両氏とともにこれを聴講し、明治四十年十月四日の日記に「実ニ此ノ事タル松雲公ノ御偉業、御名声ヲ天下ニ発揚シ、我史上ニ一大異彩ニ加フベキモノナレバ、充分注意スベキコトナリ」と記している。さらに同六日には井上・早川両評議員や織田顧問と協議して、近藤の名をもって『加賀松雲公』を刊行し、別に藤岡作太郎の名で一般向けの書（後の『松雲公小伝』）を配布することを決定した。

こうして近藤磐雄編『加賀松雲公』（上・中・下、三冊）は明治四十二年二月に刊行された。構成は、上・中・下の三冊からなり、上は綱紀八十二年の在世中におきた事件を編年体で叙述して「行実」と題し、中は文学・政治の偉業の主なものを叙述し「事業」と題し、下は文武の修行、勤王佐幕の事実を叙述して綱紀の本質を明らかにして「学芸及性行」と題した。本書は皇室を始め関係有志に頒布され、専門家といえどもあまり知ることのなかった綱紀の事蹟が世に公開されたのである。現在文庫には、このとき寄贈した山県有朋、西園寺公望、土方久光等からの礼状が一巻にまとめられ伝えられている。

同年九月、一般の人が読みやすいように配慮された藤岡作太郎編『松雲公小伝』が刊行され、これも頒布された。利為は、明治四十一年十二月十三日の日記に「松雲公ノ稿ハ今正ニ成ラントス。次デ予ハ微妙公、瑞龍公ヲ世ニ公表シマツラントスルノ念勃然トシテ起ル」と記し、世にあまり知られていない祖先の遺業を探求し、これを顕彰しようという意欲を示している。この意欲は、大正三年（一九一四）に二代利長の『瑞龍公世家』、同六年に初代利家夫人の『芳春院小伝』、同十年に十五代利嗣の『淳正公家伝』、同十一年に三代利常夫人の『天徳院小伝』として結実している。

昭和二年（一九二七）三月、利為は祖父慶寧・義父利嗣の行っていた遺業の継承完成を決意した。初代前田利家の生まれた天文七年（一五三八）から明治四年（一八七一）に至る編年体の史料集の編纂が企画されたのである。翌年四月、神宮皇学館を卒業し、当時石川県史の編纂に従事していた日置謙を編輯方に採用し、加賀藩史の編纂を依頼した。日置謙は早速編纂に取りかかり、明治二年（一八六九）以来前田家編輯方（もとの家録方）で蒐集した史料を整理し、翌四年二月には早くも第一編の編纂事業が終わった。こうして『加賀藩史料』第一編は同年四月に刊行された。以降昭和十八年五月までに第二編～第十五編までと編外備考、併せて十六冊が編纂、刊行された。奥付によると、著作者は前田家編輯方、発行者は石黒文吉（前田家理事）であった。しかし、太平洋戦争の勃発と利為の戦死で編纂・出版が不可能となり、幕末の嘉永以後の二十数か年は未完のままであった。

戦後、石川県の協賛援助を得て、未完部分の編纂が再会され、昭和三十三年四月、藩末編上下二冊が完成し、全巻刊行することができた。この二冊の著作者は財団法人前田育徳会、発行者は財団理事長広瀬豊作、就業（著述担当者）は財団嘱託日置謙と奥付に記されている。

また、結婚記念事業の一環として、前田家所蔵「遼東志」の翻刻頒布が企画され、大正元年（一九一二）十二月に刊行されている。この「遼東志」は満州地方の地誌として重要なもので、我が国にはこの本のみが存在し、中国でも貴重なものという。この本は皇室を始め政府・軍関係の各機関等に配布されたが、全国からの頒布希望が多く、五月には製本分五百部がなくなったという。また、この「遼東志」の翻刻は「尊経閣叢書」という角書きを冠称して行われたことは、後述する「尊経閣叢刊」の刊行につながる事業の出発点であったといえよう（「遼東志一件記録」等、文庫蔵）。

その他、大正七年（一九一八）九月に遣英使節東伏見宮の随員としてイギリスに渡り、翌年一月に帰国したときの記録は『皇華随伴録』としてまとめられて同十年六月に頒布され（「皇華隨班録一件書類」等、文庫蔵）、大正十二年パリで亡くなった渼子夫人の遺詠集である『花匡《はながたみ》』（重文）は同十三年四月十五日完成し縁故の方々に贈呈された。また、後述する『武家手鑑』（重文）・『野辺のみどり』（重文）が作成されている。

五、資料の収集と財団の創設

前田利為は、前述のように結婚記念として三大事業の実行を宣言しているが、その中に、前田文庫の設立があった。利為は、歴代藩主の蒐集した典籍・什器類を公開することは、祖先の遺業を顕彰し、国益にも資するものと考えており、明治四十年（一九〇七）七月頃は、図書館・美術館を建設しようと考えていた。そのため、寸暇を惜しんで各地の文庫・図書館等を訪ね、一方で前田家蔵品の詳細な調査を命じている。その結果、明治維新の版籍奉還・廃藩置県等の際に大量の典籍・古文書類の散逸があることを知った。そこで利為は、これら散逸した典籍・古文書類の捜索と回収に力を注いでいった。明治四十一年二月、金沢の勧業博物館倉庫に散逸したと見られる多くの古文書・図書類が死蔵されていることを聞いた利為は、織田・永山等の諸氏を派遣して図書類の閲覧を請い、前田家旧蔵書であることを確認したうえ、石川県知事村上義雄に書簡を送り、図書類の復帰を要望した。村上知事は同年九月県議会に無償譲渡を提案し可決された。利為は知事及び議会の処置に感謝し、石川県立図書館建設資金として一万円を寄贈している。続いて、石川県立師範学校にも同様の散逸図書類が存在することが判明し、知事の尽力によりこの入手にも成功している。

明治四十五年二月、前田利為は評議員とともに、前田家の図書、什器庫をつぶさに巡視し、あらためて図書館・美術館建設に関して前田家の評議会に諮問した。しかし、当時は日露戦争後の不況下であり、財政上の理由から断念せざるをえなかった。下って、大正八年（一九一九）二月にも図書館・美術館建設を含めた所蔵品の保管・公開に関する施策について、早川家政相談役と織田学事顧問に意見を求め、評議会に諮問したが、第一次世界大戦後の不況を理由に否決されている。

大正十二年八月フランスから帰国した前田利為は、家政刷新のため新たに什器図書整理委員を任命した。しかし、その直後の九月に起きた関東大震災によって、前田家所蔵の文化財（図書・什器等）の保存・利用等について新たな問題が提起され、再考せざるを得ない状況になった。この地震の際利為は、多くの典籍やその他の文化財が失われるのを目の当たりにした。当時東京都本郷にあった邸宅では家蔵の文化財の保全ができないと考え、まず前田家伝来の貴重な古典籍を複製頒布することによって、万一の原本の亡失に備えようと財団設立を決意する。

利為は、これまで財源問題で評議会の賛同を得られなかった図書館・美術館建設企画を実現するため、現有資金や予備財産を損なうことなく建設資金を捻出することとし、不要な蔵品を速やかに処分して必要な蔵品の保存・管理を進めることにし、早急にこの態勢を整えることにした。しかし、評議員・家職員の大部分はこれに反対し、実現のためには困難を極めることになる。前田家の危機という保守的感情論との対立となり約一年間わたり、紛糾することになった。この間利為は隠忍自重してみずからは動かず、中川総務に適時的確な指示を与えて大勢を誘導していったのである。

一方、蔵品の整理委員は、不要什器類の検討を急ぎ、大正十三年六月には約四百点の処分候補品を選んで評議会に提出した。これらの品はことごとく普通品以下のもので評議会も意義なく議決され、七月と九月に競売にかけられ売却された。

次いで蔵器整理方針が整理委員によって策定され、同年十二月の評議会で、前田利為の裁可を得て決定された。その概要は、保存すべきものとしては、大典太（太刀）や富士茄子（茶入）など前田家と由緒が深いもの、古文書・典籍のうち歴史に関係深く史料として重要なもの、技術上の参考模範となる美術品などとされている。一方処分すべきものとしては、茶器・能衣装の多くと、茶幅に属する書画類、古筆類の一部が候補とされた。この蔵器処分に関する評議会は三回開かれた。初回は事前に説明がなかったため紛糾したが、二回目は中川整理委員から前田家蔵品の概要等、専門的な観点からも説明がなされた。ただ評議員の意見は厳しく、整理の時期は適当な時を選ぶという付帯事項を付けて、ようやく可決された。そして三回目になって具体的な処分品目の提案と売上金の用途について提案がなされ、後者については、公益法人を設立し、さらに余力があれば学芸技芸の奨励と育英のための費用とし、また閲覧所を設けて蔵書を研究者の閲覧に供することとなった。こうして公益法人設立の方針が明確に示されたのである。

大正十四年（一九二五）五月、下見と入札が行われ、約百九万円の売り上げとなった。引き続き同年七月にも整理のすんだ品々の競売が行われ、前田利為多年の宿願であった図書館建設資金は、前田家の財政を圧迫することなく準備されたのである。

同年十二月十三日、前田家評議会に諮問した公益法人設立の件が承認され、同年十二月二十五日、育徳財団設立願と設立趣意書及び寄附行為が文部省に提出された。翌十五年二月二十六日文部省の認可が下り、三月十三日には登記が完了して、財団が発足した。この時利為によって財団設立のための資金五十万円が寄附されている。

財団設立の目的は、前田侯爵家の所蔵品を中心に、日本の古書籍・古文書等の複製を作製して、その保存と頒布行うことにあった。初代の理事長は清水澄、理事に武部欽一、中川忠順、石黒文吉、永山近彰の四人、監事に広瀬謙次郎、逸見知久の二人、相談役に中川友次郎、二上兵治、織田小覚の三人が名を連ねていた。

この間現在の文京区本郷にあった前田邸の敷地（現東京大学構内）と現在の目黒区駒場にあった東京帝国大学農学部用地との交換が成立した。昭和二年（一九二七）七月利為は駐英大使館附武官を拝命し、九月イギリスに向け出発した。翌三年、かねてから前田家駒場邸内に新築中であった育徳財団用建物が完成し、四月十一日育徳財団は本郷から移転した。移転当初は前田家図書館一棟と倉庫一棟が前田家から無償貸与され、「寄附行為」第三条に基づく業務が本格的に開始された。

六、財団の事業とその展開

育徳財団の中核となる事業のひとつは図書館事業であり、図書目録の作成が急がれた。尊経閣文庫の蔵書のうち漢籍については、昭和九年（一九三四）三月二十五日『尊経閣文庫漢籍分類目録』が発行されていたが、利為は同十年十二月、前田家所蔵品の保管と閲覧の便のため、蔵品の総点検を命じた。大野木克豊に尊経閣の蔵書整理を委嘱し、同氏は翌年五月「尊経閣国籍目録作成計画」を立案して蔵書の目録作成作業を開始した。同十三年一月蔵書カードの分類・配列と索引作成がほぼ終わり、翌十四年十月五日に『尊経閣国書分類目録』と『尊経閣文庫加越能文献書目』として刊行された。一方什器は、同十二年四月青木外吉を嘱託として総点検が開始され、翌十三年十二月什器点検報告書提出が提出された。こうした蔵書・什器の点検によりその全容が判明し、また目録・索引等が完備されて、利為による実状把握が容易となったのである。

もうひとつの中核となる事業は、「寄付行為」第三条に記載された複製（「尊経閣叢刊」）刊行事業であるが、これは利為がイギリスから帰国した昭和五年九月までに十三種にのぼり、順調に進展している。詳細は次節で述べることにしたい。

昭和十二年（一九三七）二月評議会を召集した前田利為は、育徳財団の改編について諮問した。その骨子は、寄付行為を改正して財団の事業を拡張し、前田家の古美術品その他の什宝を無償で預かり保管すること、図書の編纂及び出版をすること、従来前田家で行っていた公益のための寄付を財団が行うことであった。同年九月財団改正に関する評議会が開催され、中川総務から焦点である前田家の財団に対する寄付に関して理由及び条件を説明し、会議の了承を得た。寄付条件は明文化され、その確認書は前田家、育徳財団双方保管することになった。直ちに「改正ヲ要スル理由書」と「財団法人侯爵前田家育徳財団寄付行為」が文部大臣に提出され、同年十月二日には文部大臣の認可を受けた。こうして、育徳財団は総裁に前田家の当主をいただき、侯爵前田家育徳財団と改称された。その目的として寄付行為第三条には「本財団ハ侯爵前田家ノ所蔵物ヲ主トシテ本邦ニ於ケル古文書、古書籍及古美術品等ノ保存ヲ図リ特志者ノ研究ニ資シ、又ハ之ヲ複製シテ無償若クハ営利ニ渉ラザル方法ニヨリ頒布シ又必要ト認メラルヽ図書ノ編纂出版ヲナスト共ニ、併セテ祭祀・学芸・教育・育英其他ノ公益事業ヲ後援助成スルヲ以テ目的トス」と記されており、これまでの複製制作中心の財団から前田家の蔵品を管理・保管する財団へと成長していった。このとき寄付された土地五百坪・倉庫二棟・建物一棟は、現在の前田育徳会の中核部分を占めている。

昭和十六年（一九四一）十二月一日、利為は金沢の成巽閣の管理について財団と委託契約を結んだ。これ以前の同十三年七月成巽閣は文部省により国宝指定を受けており、時局の緊迫化と家職員の減少もあって、その保存・管理を全うするため利為は財団に委託したのであった。育徳財団による成巽閣の管理は、昭和三十七年（一九六二）に財団法人成巽閣が設立され、前田利建から土地・建造物すべてが同財団に寄付されるまで続いた。この時成巽閣にあった蔵品については前田家、成巽閣、前田育徳会で分けられたが、昭和五十七年（一九八二）十月一日に至り、前田育徳会と成巽閣との間で「文化財貸借に関する契約書」を作成し、展示・保管・利用等の条件が定められている。

これより先、利為は日独伊三国同盟締結により日本が世界の動乱に介入することを予想し、昭和十五年（一九四〇）十月清水・永山・中川の諸氏を自邸に招き、育徳財団に保管を依頼した前田家の宝物等の永久保存方法について検討を諮問した。幾度かの検討の結果、情勢の如何にかかわらず前田家の宝物等を財団に寄付し、財団の財産として保存・管理することが最良の方法であるという結論に達した。そのため移管の準備を進めていた昭和十七年九月五日、利為搭乗機の行方不明の報に接し、九月九日評議会は「前田家ニ由緒アルモノ及性質上是非共永久保存スベキモノ」を育徳財団に寄付して法人の所有とすることを議決し、同月二十一日、財団は前田家より、宸翰幅物以下、画幅・画巻・屏風・武器刀剣・百工比照等八十件の寄付を受けている。さらに同十八年三月一日には嗣子利建から、宸翰以下、書画幅・屏風・陶器・調度・武具・油絵類百四十五件が財団に寄付され、同年四月一日には、豊太閤書状・後藤祐乗作小道具その他三十二件が寄付されるなど、利為の意志は継承されて順次財団への寄付が進められた。

七、「尊経閣叢刊」の刊行

昭和三年（一九二八）、かねてから前田家駒場邸予定地内に新築中であった財団用の建物が完成し、四月十一日育徳財団が本郷から移転した。移転当初は前田家図書館一棟と倉庫一棟が前田家から無償貸与されている。

財団の事業の中心のひとつは、「寄附行為」第三条に財団設立の目的として「本財団ハ前田侯爵家ノ所蔵物ヲ主体トシ本邦ニ於ケル古書籍・古文書・図画ヲ複製シテ保存ヲ計リ又ハ其ノ複製物ヲ無償ニテ若クハ営利ニ渉ラザル方法ニヨリ頒布スルヲ以テ目的トス」と記されている複製（「尊経閣叢刊」）刊行事業であった。前田利為は、関東大震災の経験を踏まえて、「世に類なく考証上貴重なる書は、万一之を滅失するときは再ひ回復し難く、遂に世上に其跡を断つべきを以て、之が複製を行ふことは誠に有効なる公益事業なり」と、各所に複製を頒布して残すことを企図したのである。こうして複製事業を中心とした業務が開始された。

前田家による複製作製は、すでに明治四十三年に始められていた。同年七月の明治天皇の本郷邸行幸を記念して作製された『小野道風朝臣筆唐白居易詩』と『楠正成公奥判文書』が初見で、同四十四年には『影本豊太閤与高山国書』及び『影本前田利家宛豊太閤書翰』が作製、頒布されている。大正四年には『影本日本書紀第十一』が五百部作製され、これは希望者が多く翌年には百部増刷されている。

前田家尊経閣所蔵品の複製である「尊経閣叢刊」の作製は、財団の設立当初から始められていた。(2) 大正十五年（一九二五）六月には『古語拾遺』（一巻）と『色葉字類抄』（二冊）が同時に完成し頒布されている。この二点は、大正十四年七月の評議会議事録に見え、財団設立前から検討されており、織田小覚・中川忠順両氏との協議によって決定されたという（「評議会議事録」等、文庫蔵）。財団の駒場移転から、前田利為が英国から帰国した昭和五年九月までの二年半の間に「尊経閣叢刊」として作製された複製は、『宝積経要品』、『枕草子』、『重広会史』、『土佐日記』、『古今集』、『桂川地蔵記』、『世説新語』、『祭礼絵草紙』、『山水幷野形図』、『兼好自撰歌集』、『拙稿千首』の十一種に及んだ。作製部数は、およそ三百～三百五十部であった（「頒布簿合本」等、文庫蔵）。以降、昭和十七年に前田利為が戦死までに、「尊経閣叢刊」として刊行、頒布されたものは四十六点を数え、前述のものを合わせて五十九点にのぼっている。そしてこの事業は嗣子十七代利建に引き継がれ、昭和二十七年（一九五二）七月刊行の『建治三年記』まで複製が作製、頒布され、総数は六十四点にのぼった（表Ⅰ参照）。「尊経閣叢刊」として刊行された典籍のほとんどは、現在国宝や国の重要文化財に指定されているものである。

【表Ⅰ　「尊経閣叢刊」収載書目（刊行順）】

1　『古語拾遺』（亮順本、称名寺旧蔵）、一巻、大正十五年六月刊
2　『色葉字類抄』（三巻本、中巻欠）、二冊、大正十五年六月刊
3　『枕草子』（附異本枕草子）、五冊、昭和二年十二月刊
4　『重広会史』（宋版）、二十冊、昭和三年一月刊
5　『土佐日記』（藤原定家筆）、一冊、昭和三年七月刊
6　『古今集』（伝藤原清輔筆、附釈文）、二冊、昭和三年十二月刊
7　『桂川地蔵記』、一冊、昭和四年七月刊
8　『世説新語』（宋版、「金沢文庫」印記）、五冊、昭和四年十月刊
9　『宝積経要品』（足利尊氏・同直義・夢窓疎石合筆、紙背名家短冊）、一帖、昭和四年十月刊
10　『祭礼絵草紙』（伝土佐光重筆）、一巻、昭和四年十月刊
11　『山水并野形図』（仁和寺旧蔵）、一巻、昭和五年四月刊
12　『兼好自撰家集』（草稿本）、一冊、昭和五年五月刊
13　『拙稿千百』（高麗版）、二冊、昭和五年九月刊
14　『新古今集』（伝二条為親筆）、四冊、昭和五年十二月刊

15　『年中行事秘抄』（中原師世本系）、一巻、昭和六年五月刊
16　『貞永式目』（鶴岡本）、一冊、昭和六年八月刊
17　『日本霊異記』（日本国現宝善悪霊異記、巻下、仁和寺旧蔵）、一冊、昭和六年十一月刊
18　『仁和寺御室御物実録』（天暦四年菅原文時等署判）、一巻、昭和七年四月刊
19　『老子億』（王道撰、明版）、二冊、昭和七年五月刊
20　『十五番歌合』（藤原伊房筆）、一巻、昭和七年十二月刊
21　『順渠先生文録』（王道著、明版）、四冊、昭和七年十二月刊
22　『天狗草紙』（園城寺巻）、一巻、昭和八年二月刊
23　『広田社歌合』（藤原俊成筆）、三巻、昭和八年七月刊
24　『寝覚』、三冊、昭和八年八月刊
25　『中外抄』（下巻）、一巻、昭和九年三月刊
26　『一本種・自論記・徒然草百首』（前田光高撰）、四冊、昭和九年四月刊
27　『類聚国史』（巻第百六十五・百七十一・百七十七・百七十九）、四巻、昭和九年九月刊
28　『両京新記』（巻第三、佚存書、「金沢文庫」印記）、一巻、昭和九年十一月刊
29　『恵慶集』（藤原定家等筆）、二冊、昭和十年三月刊
30　『赤穂義人録』（室鳩巣撰、草稿本）、一冊、昭和十年四月刊
31　『三宝絵』（醍醐寺有雅本影写）、三冊、昭和十年七月刊
32　『道済集』、一冊、昭和十年十月刊

33 『荏柄天神縁起』（荏柄社旧蔵）、三巻、昭和十年十月刊
34 『古文孝経』（甘露寺親長筆）、一冊、昭和十年十二月刊
35 『豊明絵草子』（白描画）、一巻、昭和十一年一月刊
36 『楠木合戦注文』（附博多日記）、一巻、昭和十一年四月刊
37 『後撰集・拾遺集』（浄弁本）、二冊、昭和十一年八月刊
38 『古周易経解略』（奥村尚寛撰）、四冊、昭和十一年十一月刊
39 『大和物語』（二条為家本）、一冊、昭和十一年十二月刊
40 『冥報記』、一冊、昭和十二年四月刊
41 『二中歴』（三条西家旧蔵）、十三冊、昭和十二年六月刊
42 『節用集』（黒本本）、一冊、昭和十二年十月刊
43 『法性寺殿御集』、一冊、昭和十二年十月刊
44 『古事記』（中原祐範跋）、三冊、昭和十三年一月刊
45 『性霊集』（「聖宝」印記）、一巻、昭和十三年二月刊
46 『春草堂集』（大田錦城著）、十六冊、昭和十三年五月刊
47 『江談抄』（称名寺旧蔵）、一巻、昭和十三年八月刊
48 『方丈記』（平仮名本、古本系広本）、一冊、昭和十三年八月刊
49 『こけ衣』（四巻本）、四冊、昭和十四年二月刊
50 『入木秘書』（尊円親王撰）、一冊、昭和十四年二月刊

51 『温故知新書』（大伴広公撰）、三冊、昭和十四年十月刊
52 『中務集』（藤原定家書入本）、一冊、昭和十四年十一月刊
53 『今鏡』（巻第四・五、伝二条為明筆）、一冊、昭和十四年十二月刊
54 『閑居友』（伝冷泉為相筆）、二冊、昭和十五年四月刊
55 『南都巡礼記』（建久御巡礼記）、一冊、昭和十五年九月刊
56 『平家物語』（熱田本、真字本）、十二冊、昭和十六年一月刊
57 『斎宮女御集』（小島切）、一冊、昭和十七年一月刊
58 『定頼集』（藤原定家筆）、一冊、昭和十七年十月刊
59 『元輔集』（伝藤原俊成筆）、一冊、昭和十七年十二月刊
60 『入道右大臣集』、一冊、昭和十八年十月刊
61 『玉燭宝典』（佚存書、紙背文書）、一一巻、昭和十八年十月刊
62 『列子』（張注、宋版、「金沢文庫」印記）、三冊、昭和二十四年十月刊
63 『金剛童子法』（「興福伝法」印記）、一巻、昭和二十六年八月刊
64 『建治三年記』（太田康有記、「金沢文庫」印記）、一巻、昭和二十七年七月刊

八、戦後の改編と事業の拡大

昭和二十四年（一九四九）四月二十五日、戦後の諸情況の変化により、「財団法人侯爵前田家育徳財団寄附行為」の変更が認可され、財団法人前田育徳会と改称された。また、同四十一年（一九六六）三月十六日には「寄

附行為の一部を変更認可申請書」が文部大臣に提出された。その骨子は、寄付行為第三条に定める法人の目的を「前田利建の所蔵物を主とし、本邦に於ける古文書・古典籍及び古美術品等の保存を図り云々」から「加賀藩尊経閣に伝来した国宝・重要文化財その他古典籍・古美術品等を維持管理し」に改めることにより、前田家所蔵品の大半が財団に寄付され、前田家伝来の古典籍・古美術品等を管理する財団にその性格を変えることとなった。

なお、加賀金沢藩の藩政関係史料（三万四千冊余、現在の加越能文庫）については、昭和二十三年（一九四八）に金沢市立図書館（現在の玉川図書館）に寄贈され、翌二十四年二月八日付で市立図書館より前田利建宛に加越能文献図書の受領証が提出されている。

昭和五十五年（一九八〇）十二月二十三日、前田育徳会所有の文化財を石川県立美術館に常時展示することについて、保管・展示・利用等の条件を定めて石川県と契約が交わされ、現在約三百九十件の蔵品が県立美術館に委託され、時おり東京の財団所在の蔵品も交え、館内の前田育徳会展示室で常時公開展示されている。また、昭和五十七年十月一日には、前田育徳会と財団法人成巽閣（石川県金沢市所在）との間に「文化財貸借に関する契約書」が交換され、展示・保管・利用等の条件が定められている。

昭和二十七年（一九五二）七月刊行の『建治三年記』で断絶した複製の刊行事業は、その後、影印本の作製・刊行として引き継がれた。これは、歴史や文学関係の出版者と提携して行われたもので、昭和四十八年（一九七三）十一月から同五十年二月にかけて『玄玖本太平記』（五冊、勉誠社）が「尊経閣文庫編刊」として刊行された。その序には「今や文運また盛んなるに及んで、本会は再び蔵本の刊行を企図するに至った。ただ其の方法は、必ずしも「尊経閣叢刊」の如くに善美を尽くして卻つて研究家の入手を妨げたり翻読を不便にしたりすること無からしめ、対象典籍の性質其他に即応して、グラヴィア版・オフセット版を以てするとか、或いは釈文鉛印を以てするとかして、単一の方針は避けたいと思っている。」と述べ、研究者に手に入りやすい条件で学会に資料を提供することとしている。この後、同五十年二月には『釈日本紀』（二十九冊、吉川弘文館）、同五十三年十二月には『武家手鑑』（一冊、臨川書店）、同五十九年五月には『三巻本色葉字類抄』（三冊、勉誠社）、同六十年八月『閑居友』（一冊、勉誠社文庫）が刊行されている。

平行して、『原装影印 古典籍複製叢刊』や『原装影印 古典籍複製叢刊』（ともに雄松堂書店刊）では、前田育徳会は協賛として加わり、尊経閣文庫の蔵品が「尊経閣文庫編刊」のうちとして影印刊行された。その書目を見ると、『世俗字類抄』（六冊、昭和四十八年九月）、『青表紙原本 源氏物語 花ちるさと・かしわ木』（二帖、昭和五十三年十一月）、『白楽天常楽里閑居詩』（一巻、昭和五十六年五月）、『巻子本 吾妻鏡』（紙背「山密往来」と共に二巻、昭和五十六年十一月）、『色葉字類抄（二巻本）』（四冊、昭和五十年一月）、『和歌童蒙抄』（五冊、昭和五十年九月）、『拾芥抄』（三冊、昭和五十一年九月）等がある。

影印本の刊行はしばらく中断したが、平成五年（一九九三）十二月からは「尊経閣善本影印集成」（八木書店刊）の刊行が始まり、第一輯（儀式書）、第二輯（類書）、第三輯（字書類）、第四輯（古代の史書）、第五輯（古代の法制書）、第六輯（古代の説話）の刊行が進み、現在第七輯（平安鎌倉儀式書）の刊行中である。平成二十七年度中までには合計五十六冊が刊行される予定となっている。

【表Ⅱ　「尊経閣善本影印集成」　収載書目（刊行順）】

第一輯（儀式書）

1　『西宮記一』（巻子本）、平成五年十二月刊

2 『西宮記二』（巻子本）、平成六年三月刊
3 『西宮記三』（巻子本）、平成六年六月刊
4 『西宮記四』（巻子本）、平成六年九月刊
5 『西宮記五』（冊子本）、平成六年十二月刊
6 『西宮記六』（冊子本）、平成七年三月刊
7 『北山抄一』（巻子本）、平成七年七月刊
8 『北山抄二』（巻子本）、平成七年十月刊
9 『北山抄三』（永正本）、平成八年二月刊
10 『江次第一』（巻子本）、平成八年六月刊
11 『江次第二』（冊子本）、平成八年九月刊
12 『江次第三』（冊子本）、平成九年二月刊

第二輯（類書）

13 『秘府略』、平成九年五月刊
14 『二中歴一』、平成九年八月刊
15 『二中歴二』、平成九年十一月刊
16 『二中歴三』、平成十年三月刊

第三輯（古辞書）

17 『拾芥抄』、平成十年七月刊

18　『色葉字類抄一』（三巻本）、平成十一年一月刊
20　『節用集』、平成十一年五月刊
21　『字鏡集一』、平成十一年十月刊
19　『色葉字類抄二』（三巻本）、平成十二年一月刊
25　『温故知新書　童蒙頌韻』、平成十二年七月刊
22　『字鏡集二』、平成十二年九月刊
23　『字鏡集三』、平成十三年一月刊
24　『字鏡集四』、平成十三年五月刊

第四輯（古代史籍）

32　『類聚国史一』（古本）、平成十三年十一月刊
26　『日本書紀』、平成十四年四月刊
33　『類聚国史二』（明応本）、平成十四年七月刊
34　『類聚国史三』（大永本）、平成十四年十月刊
30　『古事記』、平成十五年二月刊
27　『釈日本紀一』、平成十五年六月刊
31　『古語拾遺』、平成十六年一月刊
28　『釈日本紀二』、平成十六年三月刊
29　『釈日本紀三』、平成十六年十月刊

第五輯（古代法制史料）

35『交替式　法曹類林』、平成十七年一月刊

37『類聚三代格一』、平成十七年六月刊

38『類聚三代格二』、平成十七年八月刊

36『政事要略』、平成十八年二月刊

39『類聚三代格三』、平成十八年八月刊

第六輯（古代説話）

40『日本霊異記』、平成十九年三月刊

41『三宝絵　日本往生極楽記』、平成十九年十月刊

45『中外抄』、平成二十年一月刊

43『三宝感応要略録』、平成二十年六月刊

44『江談抄』、平成二十年八月刊

42『新猿楽記』、平成二十二年六月刊

第七輯（平安鎌倉儀式書）

46『内裏式』、平成二十二年八月刊

49『無題号記録（『院御書』）　春玉秘抄』、平成二十三年九月刊

48『雲図鈔』、平成二十四年一月刊

52『局中宝』、平成二十四年八月刊

53　『夕拝備急至要抄　参議要抄』、平成二十四年十二月刊
54　『羽林要秘抄　上卿簡要抄』、平成二十五年四月刊
47　『本朝月令要文　小野宮故実旧例　年中行事秘抄』、平成二十五年五月刊
51　『禁秘御抄』、平成二十五年八月刊
50　『春除目抄　京官除目次　県召除目記』、平成二十七年刊行予定
55　『消息礼事及書礼事　大臣二人為尊者儀　大要抄　大内抄　暇服事』、平成二十七年刊行予定

一方、平成十二年十二月には、『尊経閣文庫蔵 諸国居城図』（新人物往来社）をカラーで影印して刊行した。これは、前田家の家臣で軍学者であった有沢永貞の蒐集にかかるもので、全国各地の城絵図の集大成である。また、同二十六年二月には、『前田育徳会尊経閣文庫所蔵　七十一番職人歌合』（勉誠出版）がカラーで影印して刊行された。これは、三代藩主前田利常が、後水尾天皇から拝領した絵巻（古本）で、最善本とされる。これに五代藩主綱紀が書写させた新本を対照させている。

活字の史料集としては、平成十六年九月には、加賀金沢藩十一代藩主前田治脩《はるなが》の日記『太梁公日記』（「史料纂集」古記録編、続群書類従完成会刊、その後八木書店に引き継がれた）の刊行を始め、現在（平成二十六年四月）五冊目まで刊行されている。また別途『松雲公記録』一（「史料纂集」古記録編、八木書店刊）の編集を進めている。一方、古文書の史料集としては、同二十五年三月に『簗手田文書』（「史料纂集」古文書編、八木書店刊）が刊行された。簗手田関係史料は、九州平戸の松浦氏の家臣簗手田氏に伝わった戦国時代の文書・武家故実書等で、綱紀が享保三年（一七一八）末頃に入手した史料群である。

平成十八年五月、私は常務理事に就任した。ちょうどこの五月に公益法人制度改革関連三法案が成立した。前田育徳会でもこの以前から新制度にいかに対応するか議論が始まっていた。また、石川県との展示契約が同二十年九月三十日に満了する時期にあたっており、新しい展示についても模索せざるを得ない時期でもあった。財団の存在意義、公益事業を社会一般にどのように発信していくか、その意味で、翌同二十一年十月〜十一月に隣の目黒区立駒場公園の旧前田邸洋館二階で行った展示（「財団法人前田育徳会の事業――複製作製を中心に――」）は、試金石であったといえよう。

一方、展示ばかりでなく、出版事業も進められた。一般の人々を対象に、文庫の蔵品を紹介する企画がそれである。当時前田育徳会には国宝・重要文化財併せて九十八点を収蔵しており、まず国宝二十二点を紹介する「国宝シリーズ」（製作・販売は勉誠出版）が企画され、平成二十一年正月、文庫のなかでも代表的な『国宝　土佐日記』が刊行され、その後毎年年度末に一冊ずつ刊行されていたが、私の退職後中断している（表Ⅲ参照）。（平成二十五年八月、文庫の建物等が、隣の旧前田侯爵邸とともに国の重要文化財に指定され、指定文化財は九十九件になっている。）

【表Ⅲ　「国宝シリーズ」　収載国宝名（刊行順）】

1	土佐日記（藤原定家筆）	平成二十一年正月刊
2	万葉集（金沢本）	平成二十一年三月刊
3	宝積経要品	平成二十二年三月刊
4	名物大典太 名物太郎正宗 名物富田郷	平成二十三年三月刊
5	水左記	平成二十四年三月刊

九、利為の蒐集品

前田利為は、前述の散逸古文書・書物等の回収から歴代藩主関係古文書の蒐集を行った。また、後述（第二章参照）するように、明治四十三年（一九一〇）の明治天皇、皇后、皇太子の行幸啓の前に本郷邸が新築されている。そのときに設えられた美術品には、「四季山水図襖絵」（橋本雅邦筆）や「緑野ニ三美人図」（ラファエル・コラン筆）をはじめとする西洋絵画（油絵）、「富士山刺繡図」（菅原直之助作）などがある。また、この行幸啓に際して制作されたものに、「昭憲皇太后懐紙」（一幅）、「梅図」（川端玉章・荒木寛畝等合作、一幅）、「天賜描金料紙箱」（一合）、「天賜描金硯箱」（一合）、「臨幸画巻」（下村観山筆、四巻）などがある。

利為は、明治四十年（一九〇七）以来禅道修行を志していたが、同四十五年河村善益の勧めによって京都大徳寺の昭隠老師を師とし、同寺の塔頭で、前田家と縁の深い芳春院で禅道修行をすることにした。利為は三月、京都高徳寺に老師を訪ねて入門を申し入れている。老師はこれに応じて前田家の敬義塾で碧巌集会を開筵し、この講座は大正十二年（一九二三）三月までの約十年間継続された。昭隠老師は大正八年二月正眼寺に移り、同十三年二月妙心寺派の管長となったが、同二十四日他界した。文庫にはこの時御遺物として正眼寺より到来した「偏界靄然和気新」（昭隠和尚書、一幅）等の書幅数点が所蔵されている。

前田利為は、駐在武官としてヨーロッパに滞在している間に、ヨーロッパの政治家・軍人・芸術家等の自筆の手紙（「オートグラフ」）を入手し、ヨーロッパコインのコレクションやトンボ玉のコレクションがあり、その他日本画・洋画等の蒐集など多岐に渉っている。左記の藏品の写真については、『前田利為と尊経閣文庫』（石川県立美術館展覧会図録、一九九八年）に多くが掲載されている。参照されたい。

①「前田綱紀（松雲公）画像」（下村観山筆、一幅）

明治三十九年（一九〇六）五月に、利為が下村観山画伯に委嘱して制作したもの。文庫には、明治四十三年三月十七日に利為から嗣子利建に誕生祝いとして与えた下村観山筆の「楠公奉勅下山図」（一幅）が所蔵される。

②「四季山水図襖絵」（橋本雅邦筆、二十八枚）

明治四十三年（一九一〇）の本郷邸への行幸・行啓の前に本郷邸が新築されている。その時に日本館用に橋本雅邦に依頼して描かせた襖絵である。昭和五年に前田邸が本郷から駒場に移転した時にも、新築された和館で使用された。なお、現在文庫には「四季山水襖杉戸下絵」（橋本雅邦筆、三巻）が残る。

③「緑野ニ三美人図」（「庭の隅」、ラファエル・コラン筆、油彩画）

明治四十三年（一九一〇）、前田家本郷邸に明治天皇の行幸にあたって、同年二月二十六日利為は、新しい洋館の装飾用に洋画を購入した。黒田清輝・野口駿尾の仲介で、富山県出身の故林忠正所蔵の洋画を遺族林薫から三万円で購入している。この絵はそのうちの一枚である。

ラファエル・コラン（一八五〇〜一九一六）は明治時代にフランスに渡って学んだ日本人画家（黒田清輝・久米桂一郎・岡田三郎等）の師として大きな功績を残している。一九八五年制作、縦一四三・九センチ、横一九五センチである。

これ以外に現在文庫には左記のものが所蔵されている。

河岸物揚所ノ図　ギョーマン筆　一面（石川県立美術館寄託品）

亜刺比亜人馬図　ジェローム筆　一面
牧場図　ルデュック筆　一面（石川県立美術館寄託品）
中古市街ノ風俗ノ図　デュモン筆　一面（石川県立美術館寄託品）
森林群犬図　サノー筆　一面（石川県立美術館寄託品）
山林ニ湖水　ギーユマン筆　一面
河景　ルブール筆　一面
洗濯婦図　ユージェス・ブウダン筆　一面（石川県立美術館寄託品）
小河図　ルデュック筆　一面
連山ノ図　サノー筆　一面（石川県立美術館寄託品）

［参考］写真は『別冊歴史読本　前田一族』（新人物往来社、二〇〇一年十二月）を参照。

④「**富士山刺繍図**」（菅原直之助作、一面）

明治四十三年（一九一〇）に六百五十円で菅原直之助から購入したものである。同七月の明治天皇御臨幸の際に玉座に掲けられた。⑧の臨幸画巻にも画かれている。

⑤「**昭憲皇太后懐紙**」（二幅）

明治四十三年（一九一〇）七月本郷邸に臨啓された時に皇后陛下がお詠みになったもの。箱は京都の伏原春芳堂に作らせたもので、蓋裏に「明治四十三年七月。臨啓吾本郷旧第。所賜。今茲昭和十一年四月。装潢成。

恭記其由。以伝後昆。陸軍少将正三位勲三等侯爵前田利為謹識」と記されている。

⑥「**梅図**」（川端玉章・荒木寛畝等合作、一幅）

明治四十三年（一九一〇）八月の行幸記念として、席上で揮毫、合作されたものである。合作した画家は川端玉章・荒木寛畝・福井江亭・池上秀畝・川端玉雪・野口駿尾である。

⑦「**天賜描金料紙箱**」（一合）及び「**天賜描金硯箱**」（一合）

両者ともに、明治四十三年（一九一〇）七月の明治天皇行幸の時、前田利為に下賜されたものである。

⑧「**臨幸画巻**」（下村観山筆、四巻）

明治四十三年（一九一〇）七月の行幸啓記念事業の一つとして画巻の制作が企画された。前美術学校校長岡倉天心を顧問に、下村観山に画の執筆を委嘱して制作された。詞書は永山近彰の記事を文学博士幸田露伴が訂正し、尾上柴舟が清書している。岡倉天心の病死や下村観山の病気等により遅延したが、昭和六年末に至り完成した。この間の制作の経緯は文庫に残る「臨幸絵巻物製作始末記」に詳述されている。なお、文庫には下村観山の下書きである粉本も残っている。

⑨「**偏界靄然和気新**」（昭隠和尚書、一幅）

昭隠和尚（一八五六～一九二四）は諱は会聡（初めは恵宗）、臨済宗の僧侶である。川島仁三郎の子として岐阜県に生まれ、十一歳で剃髪した。心洞寺、次いで岐阜の開善院、伊深の正眼寺等で修行。明治二十六年（一八九三）清泰寺住職となった。同四十年九月大徳寺管長広州の後嗣として聚光院に移り、同寺院の改築に着手。僧堂の改修工事も積極的に進めた。文庫にはこの他に、「無遮会香語」（昭隠和尚書、一幅）・「淳正公二十年祭香語」（昭隠和尚書、一幅）なども所蔵される。

⑩「ＡＴＬＡＳ（ドイツデンマーク国境付近）」（一冊）
利為が第一次世界大戦後の大正九年（一九二〇）九月に平和条約実施委員となり、デンマーク・ドイツ国境画定委員日本代表となった。この地図帳はその記念として拝領したもので、利為の識語が記されている。

⑪「**利為侯肖像**」（ウンベール筆、一面）

⑫「**渼子夫人肖像**」（バッシェ筆、一面）
利為の第三回渡欧中のパリで、大正十年（一九二一）の秋から、利為はウンベール画伯、渼子夫人はバッシェ画伯に依頼して制作したもの。翌年三月に利為の肖像が、四月末に夫人の肖像が完成している。利為の肖像画は、ウンベール画伯の要請により春季パリ絵画博覧会に出品されている。渼子夫人の肖像画はバッシェ画伯によってこの時もう一面制作されており、現在文庫に所蔵する。

⑬「**菊子夫人肖像画**」（バッシェ筆、一面）
昭和三年（一九二八）に利為の後妻菊子夫人が渡欧した折りにパリのバッシェ画伯に依頼して作製したもの

と思われる。

⑭「婦女喫煙図」（アマン・ジャン筆、一面、石川県立美術館寄託品）

利為が、在欧中の大正十一年（一九二二）七月に購入したもの。当時の記録には「仏音楽家婦人二人休息ノ画面」とある。後述（アネモネ参照）する岡見画伯の仲介によって購入した可能性が高い。現在文庫には、昭和十一年（一九三六）十一月に購入されたアマン・ジャン筆の「婦女弾琴図」（一面）も所蔵される。

⑮「アネモネ」（ルノアール筆、一面）

利為のイギリス滞在中（昭和二年～同五年）に岡見富雄画伯の仲介で購入したもの。文庫にこの間の岡見画伯から利為に宛てた手紙が残っているが、それによると、利為は初めはゴーギャンの絵を探していたようである。ルノアールについては「ルノアールの花も小品ながら素晴らしいものです。私の調べによると、千九百年の一寸前にてルノアールの最も円熟期（後期のダラケル前）にて彼の没前十九八年前のもの云々」と書かれている。

岡見富雄画伯（一八九〇～一九六五）は東京都中目黒（白銀猿町生まれとの説もある）に生まれ、大正三年（一九一四）東京美術学校洋画科卒業後、同五年渡仏し、アマン・ジャンに師事した。昭和七年（一九三二）帰国して個展を開催したが、盲腸が悪化し中目黒の自然園に住んで闘病生活をしており、橋本八百二、堀田清治らと東光会を設立している。

在仏中から利為の依頼で絵画を斡旋していた。この「アネモネ」も岡見の仲介で購入したものの一つである。その後も昭和七年六月に嗣子利建の誕辰画として油絵「セイヌ河畔」（岡見富雄筆）を購入（代金八百円）、同九年五月には利建新邸等の装飾品とするため岡見富雄筆の洋画（「仏国風景画」・「静物」）二点を代金千五拾円で購入している。

文庫に残る昭和十五年の事務方の日誌を見ると、九月二十三日岡見夫妻の来訪、十月十日・二十五日、十一月四日に岡見夫人の来訪、十一月八日岡見画伯の来訪等が、年末にかけて頻繁に記されており、親交があったようである。文庫には現在、「風景（夏山）」（岡見富雄筆、一面）・「城壁（入江にヨット）」（岡見富雄筆、一面）が所蔵されている。

⑯「能登紀行絵巻」（久保田金僊画、二巻、成巽閣寄託品）

⑰「加越紀行絵巻」（久保田金僊画、二巻、成巽閣寄託品）

「能登紀行絵巻」は、利為が昭和十五年（一九四〇）四月に行った能登の紀行を描いたもので、上巻は道筋の地図から始まり、十九日午後四時過ぎ輪島町着、輪島町の全景の図で終わる。下巻は輪島町朝の魚菜市の図から始まり、四月二十日金沢城下に戻り、金沢城石川門の図で終わっている。

「加越紀行絵巻」は、同じく利為の昭和十四年六月の金沢周辺の巡行画巻である。上巻は金沢着、金沢城石川門の図から始まり、摂社金谷神社遷座合祀祭で終わる。下巻は泉野陸軍病院傷病兵慰問の図から始まり、高岡駅の図で終わる。その他、文庫には、利為夫妻の高野詣の紀行画巻である「高野詣画巻」（久保田金僊画、一巻、成巽閣寄託品）がある。これらはともに、利為に随伴した久保田金僊画伯が画いたものである。

⑱「鯖ノ図」（「青花魚」ともいう、竹内栖鳳筆、一幅）

⑲「南支風色」（竹内栖鳳筆、一幅）

利為は竹内画伯と親交があり、文庫には竹内画伯宅を訪問した時の写真や竹内画伯から利為に宛てた手紙が残る。「鯖ノ図」（「青花魚」）は第六回帝国美術院展覧会に出品されたもので、大正十四年（一九二五）十一月に代金一万円で購入している。静岡県沼津の町を散策中に見かけた鯖を題材にしたものとされ、油ののった鯖の瑞々さを表現している。翌年十一月にも第七回帝国美術院展覧会に出品されていた栖鳳筆の「南清風物ノ図（南支風色）」を代金七千円で購入している。

［参考］写真は『別冊歴史読本　前田一族』（新人物往来社、二〇〇一年十二月）参照。

⑳「搨王羲之筆　九月十七日帖（孔侍中帖）」（一幅、国宝）

富山藩儒岡田信之の旧蔵品で、昭和二年（一九二七）九月その孫岡田震から購入した。代金は代金四万円。当時の評議会の記録に左記のように記される。

一、王羲之書　壱巻　九月十七日帖

右書聖王羲之ノ書ハ、天下ノ珍品タルハ識者ノ普ネク知ル所ナリ、宮内省蔵喪乱帳ト相並ヒテ現存二巻ノ一タリ、今回所有者岡田震氏（富山県出身ニシテ代々儒者タリ）ヨリ当家へ購買方申出アリタルハ曩キニ当評議会へ内議シタル通りリナリ、然処関西方面ニ於テ五万円ヲ以テ希望者アル旨、同氏ヨリ申述アリ、且ツ同氏ハ勤務地タル台湾へ帰任ノ日取モアリ、旁ニ交渉ノ末前掲金額ヲ以テ、双方妥当ノモノト認メ快ク売買ヲ了シタリ、追而当方調査スル所ニ依レハ、五万円ハ高価ニ失スルノ嫌アリ、三・四万円見当ニテ正鵠ヲ得タルモノト存ス、尚ホ本代金ハ先キニ処分セラレタル、蔵器売却ノ内ヨリ支払シ、当家蔵器品位向上ノ一端タラシメントス、

昭和弐年九月二十六日

右異議無之候也、

［参考］写真は、『週刊朝日百科 日本の国宝96　前田育徳会尊経閣文庫』（朝日新聞社、一九九八年十二月）参照。

㉑「尊経閣古文書纂」

現在、尊経閣文庫には「尊経閣古文書纂」として二千二百通余の古代から中世末にかけての古文書が所蔵されている。この内古代の古文書七通は国の重要文化財に指定されている。これらの古文書は、江戸時代の加賀金沢藩五代藩主綱紀（松雲公）の時に蒐集されたもので、当時は「古蹟文徴」・「事林明証」等に編成されていた。近代になって、前田家では中川忠順に委託してこの文書の再編成を行い、全体を「尊経閣古文書纂」と称し、大きく諸家文書・寺社文書・編年文書の三つに分類している。詳細は、本書第三部第一章を参照されたい。

㉒手鑑『武家手鑑』（上・中・下、三帖、重文）

五代藩主綱紀（松雲公）が作製した代表的な手鑑の一つに「武家手鑑」がある。前田利為は、昭和の初めにこの編成替えを企図し、東京帝国大学史料編纂官の相田二郎を顧問として作製した。上・中・下三帖からなり、上に平忠盛から今川国泰までの五十通、中に足利義満から松永久秀までの五十通、下に足利義昭から前田利常

までの五十通、合計百五十通が収められている。この編成替えの時にはずされたものは、現在「旧武家手鑑」として別途保存されている。

㉓手鑑『野辺のみどり』（二十八葉、一帖、重文）

昭和十二年（一九三七）に前田利為が、前田家に古くから伝わる古筆のうち、最も優れた古筆と最も珍しい古筆を選ばせて、古筆切二十八枚を押して作らせたものである。この二十八枚とは、「寸松庵色紙」（伝紀貫之）・「高野切（第一種）」・「自家集切」・「栂尾切」（伝源順筆、二枚）・「八幡切」（伝小野道風筆）・「香紙切」（伝小大君筆）・「御蔵切」・「古今和歌集六帖切」（伝藤原行成筆）・「法輪寺切」（二枚）・「金沢万葉切」（伝藤原公任筆、二枚）・「大内切」・「下絵古今集切」（伝藤原定頼筆）・「端白切」（伝大弐三位筆）・「一首帖切」（伝源俊頼筆）・「巻子本古今集切」（二枚）・「多賀切」（藤原基俊筆）・「敦忠集切」（伝藤原俊忠筆）・「了佐切」（藤原俊成筆）・「詠草切」・「色紙」（伝藤原良経筆）・「五首切」（藤原定家筆）・「詠草切」・「月輪切」（伝西行筆）・「落葉切」である。

㉕「オートグラフ」（外国有名人自筆のコレクション、二一二点）

前田利為がイギリス滞在中（昭和二～五年）に、各界各層の友人・知人に依頼し熱心に蒐集したものである。第一回は昭和三年四月にナポレオン・ネルソン・ピョートル大帝・ウェリントンの、第二回は同年十一月にリンカーン・エドワード・ナポレオンの筆蹟をロンドンで入手している。第三回は昭和四年二月パリでヘンリー八世・モンロー大統領の二点を蒐集している。総点数二一二点。内訳は元首・統治者三十五名、軍人六十一名、政治家二十五名、著作並びに詩人三十名、学者・探検家・発明家等十七名、作曲家・音楽家二十四名、芸術家・俳優・声優等十七名、その他三名である。なお、十年程前より、利為の孫に当る十八代当主利祐《としやす》氏がプロジェクトチームを作り、調査、研究を進めている。

㉖「葡萄牙（ポルトガル）国宣教師書簡」（一冊）

前田利為がイギリスのロンドンに滞在中の昭和三年（一九二八）七月に購入したものである。前田家の近代資料に「一、葡萄牙国宣教師書簡等　三拾点、葡国宣教師書簡ハ島原役直後頃ニ於ケル故国ヘノ通信文ニシテ、日本始メ東洋諸国布教ニ関スル消息及葡人ノ日本観等ヲ含ム黒板文学博士英国某書舗ニテ之ヲ発見セリ、同博士ノ説明ニ依レハ書簡其者トシテノ貴重品タルノミナラス、歴史上ノ好資料タルヲ以テ得難キ珍書ナリ、且ツ之ヲ日本ニ移入セハ益ニ其価値ヲ増スヘシト云フ、家主此ノ趣旨ヲ容レ英国ニ於テ購入セラレタリ」と見える。昭和五十年十月に「尊経閣文庫編刊」として影印本（翻刻、解説付）が刊行されている。

㉗「トンボ玉」

利為のトンボ玉蒐集は癖といわれるほど熱心であったという。昭和二年（一九二七）九月二十六日の『毎夕新聞』に「土人の首飾りを見て病みついた前田さん」という見出しで「侯爵の蒐集癖は土人の首飾りにした蜻蛉玉を見て俄に起ったもので、暇さえあれば蒐集に努めエジプト・印度・メソポタミヤ・ペルシャ・アラビア・欧州各国等の古玉・新玉。更に台湾・朝鮮・支那等古今東西珍奇な珠に加え、江戸時代の粋を凝らしたものに至るまで、その数ザット五百種、約十五万円に価する蒐集を行い、今度も蜻蛉玉掛高柳氏を連れて洋行された」と記している。

注

（1）　前田利為については、前田利為編纂委員会編『前田利為』（一九八六年）、前田利為編纂委員会編『前田利為』（軍人編、一九九一年）に詳しい。以下の前田利為に関する叙述は、主にこの伝記によっている。また、石川県立美術館展示図録『前田利為と尊経閣文庫』（一九九八年）も参照されたい。

（2）　「尊経閣叢刊」の個々の説明については、飯田瑞穂「尊経閣叢刊略外題」（『文献』五号、一九六一年六月、後に『飯田瑞穂著作集4　古代史籍の研究　下』、吉川弘文館、二〇〇一年、に所収）がある。参照されたい。

第二部　前田家の歴史とエピソード

第一部では、前田家伝統の事業として、江戸時代の三代藩主利常以来の文化政策が、現在の尊経閣文庫（以下、「文庫」と略す）の事業につながることを述べた。次に第二部では、藩祖前田利家以降の様々なエピソードを述べて、具体的にその背景を考えてみたい。

第一章　前田家のルーツ

最初に前田家のルーツと菅原姓を称することになった理由を考えてみたい。前田家は、菅原道真の子孫と称するが、実は斎藤氏の一族だったと考えられている。斎藤氏は、「今昔物語集」や芥川龍之介の「芋粥」の話で有名な鎮守府将軍藤原利仁の子孫で、利仁の子叙用が斎宮寮の長官（頭）となったことから斎藤を称した。この一族は越前国（福井県）から北陸道に進出し、一族には加賀国（石川県）の林・富樫氏等や越中国（富山県）の井口・石黒・宮崎氏等の武士がいる。一方、鎌倉時代、鎌倉幕府が京都に置いた六波羅探題の職員や、室町幕府の奉行人の中にも斎藤氏が見られる。このうち前田家と最も関係の深い斎藤氏は、美濃国の守護代となった系統で、応仁の乱で活躍した斎藤利藤（妙椿）が有名である。斎藤氏は天神を信仰していたといい、加賀前田家が菅原道真の子孫と称するようになる背景にはこうした斎藤氏の信仰があったと考えられる。

この斎藤氏の一族が揖斐川右岸の美濃国安八郡前田村（岐阜県神戸町）に住し、前田を称した。豊臣政権の五奉行の一人前田玄以はこの美濃国の前田氏の一族で、玄以の先祖斎藤彦九郎季基が土着して前田を称したと伝える。ついで美濃国から尾張国へと進出した前田氏は、海東郡前田村（愛知県名古屋市中川区）に拠り、そこに故地の名を付けたと思われる。ここは庄内川の形成した三角州の先端部分で、中世には鎌倉の円覚寺領富田荘があった。前田村はその庄域の東端にあたる。鎌倉時代末期の嘉暦二年（一三二七）に作成された「富田庄絵図」によると、前田村は神社と集落の描かれる「助光」（名古屋市中川区）の東側で、御厨余田方とある付近にあたる。

この地域に前田氏が進出した時期は不明であるが、ある「前田系図」（『侯爵前田家祖先ニ関スル事蹟』所収）によると、利家の曾祖父仲利の子に種利（与十郎、下ノ一色城主）と利成（主膳正、荒子城主）がいる。この種利の子に長種（甚七郎、前田城主）・八（蟹江城、父ト共ニ死ス）・定利（与平次、下市場城主）が見え、利成の子に右馬允が、その子に三郎四郎（東起城主）と利春（縫殿介、荒子城主）が確認できる。そして利春の子が利家（荒子城主）である（以上、括弧内は系図の注記）。これら前田一族は、現在の名古屋市中川区内の前田城・荒子城（前田の東二キロ付近）・下ノ一色城（前田の南）・東起城（下ノ一色のそば）のほか、中川区西側の蟹江町にあった蟹江城等に拠っており、現在の名古屋市中川区前田付近を中心として一族が分布し勢力を有していたことがわかる。

荒子という地名の由来を調べると、「荒子」とは、「新子」と同義で、三河国（愛知県東部）では新しく開発された田、すなわち「新田」を意味しており、三河地方ではのことを「荒子」「新子」と言っている。江戸時代に作成された絵図によると、荒子の南側は海岸線で、熱田神宮による開発地が描かれており、戦国時代に開発された地域と考えられる。

それではなぜ、菅原道真の子孫と称し、菅原姓を冒すようになったのか。前田家の「姓」については、初代利家・二代利長の時には秀吉から与えられた羽柴姓、ついで豊臣姓があり、慶長十年（一六〇五）五月には、三代利常が徳川氏から松平を称することが許され、源姓を冒すようになっている。

しかし、寛永末年から利常は、積極的に菅原道真の後裔と称して菅原姓を主張するようになる。これは、「武」の氏族であり、交替で政権を担ってきた源平両姓を避けて、「文」の神である天神の子孫と称することで天下への野望はないことを暗に示し、加賀金沢藩の文化立国という施策の転換を明示したものと考えられる。

このきっかけとなったのが、寛永八年（一六三一）に起きた「寛永の危機」といわれる事件であった。この事件は、焼失した金沢城修復のため下向した時の利常の行動に関して、江戸に不穏な浮説が流れたことが要因であった。幕府が利常の行動を疑っているという連絡を得た利常は、嗣子光高と共に江戸に向かう一方、在江戸の横山康玄をして幕府に弁明に当たらせ、どうにか疑念を解くことができたのである。前田家にとって存亡の危機であったことは確かである。

これ以降利常の行動は慎重になり、嗣子光高に家光の養女（水戸の徳川頼房の娘）を娶って徳川家との接近をはかり、さらに積極的に江戸城総郭の修造等を行うなど、幕府の信用を回復する一方、菅原道真の子孫と称し、文化的施策や産業育成に意を注ぐようになったのである。

第二章　前田家三代

一、前田利家とその家族

前田利家は、天文六年（一五三七）、父利春（利昌）と母竹野氏（長齢夫人）との間に四男として生まれた。前田氏は織田信長の筆頭家老林秀貞の与力で、父利春は尾張国荒子の城主、二千貫を領する土豪であった。通称は蔵人、のち縫殿介と称し、永禄三年（一五六〇）十月に没したと伝える。諡を休岳公道機庵主という。母の竹野氏は、天正元年（一五七三）十一月に没している。両親とも石川県七尾市の長齢寺に墓所がある。

この二人に関しては、父利春（休岳公）と母長齢夫人の肖像画が前述の長齢寺と文庫に伝来している。後者に伝来する利春の肖像画は、もと大徳寺にあったもので、明治四十三年（一九一〇）三月、当時の大徳寺派官長見性宗般から、前田家十六代の侯爵利為《としなり》に献納された。描かれた利春の姿は、侍烏帽子に剣梅鉢の紋の入った大紋姿で、上畳に右向きに座し、側には太刀が立て掛けられており、様式的には室町時代の武将像の正装にならって描かれている。肖像画とともに伝来した「前田家由緒略記」（一冊）と古文書（二通）によると、この肖像画は利家が大徳寺興臨院の寺領を復興させることを条件に、大徳寺を父の位牌所とし、その際に制作させた肖像画と推定される。すなわち、天正十三年（一五八五）七月、利家は能登国鳳至郡師岡村（石川県輪島市門前町）の年貢百石を父利春の菩提のため京都大徳寺興臨院に寄進しており、代官に今井宗久（一五二〇～九三）と山上宗二（一五四四～九〇）を任命した。両人とも秀吉のもと、茶人としても有名な人物である。

この肖像画の制作年代については、上部にある京都大徳寺一一二代玉仲宗琇の讃から、天正十四年（一五八六）十二月十三日と考えられる。この賛は傷みのため解読できない部分があるが、明治二十五年（一八九二）六月に、前田家が模写させた肖像画（篠原探谷筆、市河三兼讃）が残っており、それによって読むことができる。

この時期、前田家では同家の菩提寺等の寺院に伝来した肖像画を模写させている。長齢寺に残る利春夫妻の二幅の肖像画もこの時模写され、現在文庫に所蔵されている。

つぎに、前田利家の兄弟について見てみたい。前田利家は八人兄弟（六男二女）のうち四男にあたる。長兄は利久（通称は蔵人、?～一五八七）といい、永禄三年（一五六〇）家を嗣いで荒子城主となったが、永禄十一年（一五六八）主君織田信長の命により家督を利家に譲って牢人した。その後利家を頼って能登国七尾に至り、その保護下で御隠居様と呼ばれたと伝える。妻は滝川益氏の妹（娘ともいう）で、その間に娘（尾張国熱田の豪族加藤隼人の妻、?～一五六六）がいたが、早世したため、弟安勝の次女を養女とし、これに益氏の子利太《としたか》を婿養子として家を嗣がせている。

次兄は利玄《としはる》（通称は三右衛門）であるが、その伝記は明らかではない。娘が一人おり安見元勝に嫁した。

三兄は安勝（通称は五郎兵衛、?〜一五九四）という。利家が越前国府中にいた頃より仕えて宿老となり、のちには能登国七尾城の城代となっている。領国を留守としがちな利家は、この兄を最も信頼し留守を任せていた。加賀前田家の影の功労者といってよい人物である。安勝の画像が七尾の長齢寺に残っている。その跡は嫡子利好（良継、通称は播磨、?〜一六〇五）が嗣ぎ、七尾城代となった。長連龍の娘を妻としたが、子がなかったため、利家の庶子知好（一五九〇〜一六二八）が跡を嗣いでいる。子孫は代々家老などを務めた。安勝の長女亀は家臣青木信照に嫁し、のち奥村栄明に再嫁した。そして夫栄明没後は高畠定吉に養われたと伝える。この定吉は利家の妻まつの甥にあたる人物で、その妻は利家の末の妹津世である。

利家のすぐ下の弟は良之（初名利之、通称は藤八郎、?〜一五七二）で、佐脇藤右衛門の養子となり、織田信長に仕えたが、その勘気をこうむって牢人している。その後徳川家康に仕えたが、元亀三年（一五七二）の三方原の戦いで重傷を負い没した。娘（?〜一五九八）は利家の近臣篠原一孝に嫁している。

末弟は秀継（通称は右近、右近将監、?〜一五八五）といい、兄安勝同様に利家が越前国府中にいた頃より仕えており、のちに加賀国津幡城の城代になっている。天正三年（一五七五）秀継は越中国今石動城の城代となり、ついで同国木舟城（富山県福岡町）に移っている。しかし、この年十一月に突如起きた大地震のため木舟城が崩壊し、秀継夫妻はその下敷きとなって亡くなった。その子利秀（?〜一五九三）は今石動城の城代で、佐々成政との戦いや小田原北条氏攻めの時に戦功を挙げている。しかし、肥前国名護屋から朝鮮半島に派兵した際に、名護屋で発熱し、その帰途没している。

二人いる妹のうち、上の妹は寺西松秀に嫁し一男一女を生んだ。末の妹（一五四四～一六一一）ははじめ前田源助に嫁し、その戦死後、前述したように高畠定吉に再嫁した。

つぎに利家の子供たちを見てみたい。利家には、正室まつ（芳春院、一五四七～一六一七）ほか五人の側室との間に、六男十三女がいた。たいへんな子だくさんで、子供ができずに苦労した豊臣秀吉とは対照的である。とりわけ女子が多かったことは、婚姻関係を通じた勢力固めができる可能性が高く、その意味で、徳川家康と並んで優秀な戦国武将であったと言えるであろう。

正室のまつは、永禄元年（一五五八）十二歳で利家に嫁いで以降、約二十年間に長女幸（春桂院、家臣前田長種妻、一五五九～一六一六）・長男利長（瑞龍院、二代藩主、一五六二～一六一四）・二女蕭（瑞雲院、家臣中川光重妻、一五六三～一六〇三）・三女麻阿（祥雲院、豊臣秀吉側室、のち万里小路充房室、一五七二～一六〇五）・四女豪（樹正院、豊臣秀吉の養女、宇喜多秀家室、一五七四～一六三四）・五女与免（養泉院、浅野幸長と婚約するも早世、一五七七～九三）・二男利政（福昌院、一五七七～一六三三）・七女千世（春香院、細川忠隆の妻、のち家臣村井長次妻、一五八〇～一六四一）の他、喜意（生没年未詳）・女子（名未詳、椿庭久寿、生没年未詳）・斎（生没年未詳）の、合計二男八女を儲けた。

側室を見てみると、まず家臣笠間与七の娘岩（まつの侍女、隆興院、一五七八～一六五七）の子は、六女菊（金渓空玉、豊臣秀吉の養子、一五七八～八四、早世）と十女保知（清妙院、家臣篠原貞季の妻、一五九五～一六一四）がおり、小塚内匠の娘存（金晴院、？～一六一四）の子は、八女福（高源院、家臣長好連妻、のち家臣中川光忠妻、一五八七～一六二〇）と三男知好（大巌院、一五九〇～一六二八）がいる。越前国の上木新兵衛の娘千世（寿福院、まつの侍女、一五七〇～一六三二）の子は、四男利常（微妙院、三代藩主、一五九三～一六五八）、加賀国石浦城主山本若狭守家芸の娘於古和（明運院、？～一六四八）の子は、五男利孝（慈雲院、七日市藩祖、一五九四～一六三七）、越前国円福寺の住職の娘阿千代（逞正院、?〜一六五三）の子は、六男利貞（江月院、一五九八〜一六二〇）がいた。他に兄佐脇良之の娘（?〜一五九八）を養女とした。

男子のうち、二男利政（一五七八〜一六三三）は、文禄二年（一五九三）能登二十一万石に封じられたが、関ヶ原の合戦の際徳川方に従わなかったため所領を没収され、京都嵯峨に隠棲している。その子直之は、三代利常に仕え、小松城代を務めた。この子孫は土佐守家と言われ、老臣八家の一つとなり、代々家老等に任じ、明治になって男爵を授けられた。三男知好は利家の兄安勝の子利好の養子となり、その子孫は代々家老などを務めている。五男利孝は大坂の陣の功により、一万石余を与えられ、七日市藩の藩祖となった。六男利貞は二代利長に仕え、子孫は小松城代や家老などを務めている。

それでは、前田利家の子供たちを通した婚姻関係をみてみたい。いつの時代も姻戚関係は勢力の合従連衡に大きな意味を持つことが多かった。戦国武将の場合、天下人（織田信長・豊臣秀吉・徳川家康）との関係、他の大名家とのつながり、家臣団統制等の様々な場合に婚姻関係が活用され、その役割を担っている場合が多く見られる。

前田利家には六男十三女がおり、その意味で活用できる要素は充分揃っていた。まず娘たちの嫁ぎ先から見てみたい。娘は養女を含め十三人おり、嫁いだ娘が七人、他家の養女となった娘が二人、婚約したが早世した娘が一人、早世して記録の残らない娘が三人いる。但し、早世した娘には数え方に重複とする見方があり、娘の総人数を十二人とする説もある。嫁ぎ先をみると、天下人や大名家の関係では、豊臣秀吉の側室となった三女麻阿（母は芳春院）、宇喜多秀家に嫁した四女豪（母は芳春院）、細川忠隆に嫁した七女千世（母は芳春院）、浅野幸長と婚約した五女与免（母は芳春院）、他に豊臣秀吉の養女となった六女菊（母はまつの侍女隆興院）がいる。つぎに家臣に嫁いだ娘には、前田長種に嫁いだ長女幸、中川光重に嫁した二女蕭、村井長次に嫁した七女千世、はじめ長好連のちに中川光忠に嫁した八女福、篠原貞季に嫁した十女保知、篠原一孝に嫁した養女がいる。

大名以上の嫁ぎ先からは、豊臣政権との強い結びつきが見て取れる。宇喜多秀家は、中国方面軍の指揮官であった秀吉の猶子であり、豊臣政権の五大老の一人でもあった。浅野家も早くから秀吉に仕えた子飼の武将である。織田氏との姻戚関係は二代利長の正室が信長の娘（玉泉院）であり、徳川氏との関係は三代利常の正室が徳川秀忠の娘珠（天徳院）である。天下人の変遷という時代の推移を反映した姻戚関係であったことがわかる。

利家の娘が嫁いだ家臣はどのような家であったかみてみると、前田長種（一五五〇〜一六三一）は尾張国蟹江城主長定の子で、前田城主であったが、のち加賀国に来て利家に仕え、富山・小松城代等を務めた。子孫は老臣八家の一つとなり、代々家老等を務めた。明治になって男爵を授けられている。村井氏は尾張時代から利家の家臣であり、同じく子孫は老臣八家の一つである。中川光重（?〜一六一四）ははじめ信長の家臣であったが、利家の婿になってから前田家に仕えた。その子に光忠がいる。篠原氏は尾張国の武士で、芳春院の実家にあたる。篠原一孝の父長重が利家に仕えた。これらは皆、石高が万石以上の重臣たちである。

この娘たちの中で、麻阿と豪について詳しく見てみたい。麻阿は「摩阿」とも表記される。利家の三女として元亀三年（一五七二）生まれた。母は正室まつ（芳春院）とされるが、異説もあるという。天正十一年（一五八三）四月の十二歳のとき、越前国北ノ庄城に拠る柴田勝家に人質として送られたが、落城の直前脱出し、父の居城越前府中城に落ち延びたと伝える。天正十三年豊臣秀吉が越中国の佐々成政征伐に金沢城を訪れた時、秀吉に請われて翌年上洛し、側室となった。この時十四歳で、「加賀殿」と称された。その居所は、最初は聚楽第の天守で、秀吉が関白を辞任してからは聚楽第の前田邸、ついで伏見の前田邸に預けられ、ついで大坂城に迎えられた。慶長三年（一五九八）の醍醐の花見では母子ともに招かれている。その後麻阿は病気がちであったらしく、側室を辞退。その後公家の万里小路充房に嫁いだが、のち離別して金沢に戻った。慶長十年三十四歳で没し、京都紫野大徳寺の芳春院に葬られた。

次に、豪は「於語」とも書かれ「京」ともいわれた。利家の四女として天正二年（一五七四）生まれた。母は麻阿と同じく正室まつである。幼少の頃から秀吉の養女となり、その愛情を一身に受けた。天正十年九歳の時秀吉の猶子であった宇喜多秀家との婚約が整い、以降北政所（ねね）のもとで秀家とともに養育され、兄弟のような関係であったという。天正十八年秀家に嫁ぎ二男一女を儲けた。通称は「備前御方」「南御方」という。

豪を娶った宇喜多家では、彼女の豪奢な生活のため費用がかかり、財政が苦しくなって家中不和の原因になったと伝える。また、秀吉が、豪の病因の狐の退散を伏見稲荷に命じたことは有名である。前田家伝来の太刀（名物「大典太」）は、平安後期永保年間頃の筑後国三池（福岡県大牟田市）の刀工光世の作で、室町幕府十五代将軍足利義昭から豊臣秀吉に贈られ、利家が秀吉から賜ったものと伝えるが、豪が病気になった時、この太刀を借りて枕元に置いたら病気が治り、返却したら再発したので、三度目には秀吉が利家に与えたという伝承が残っている。

関ヶ原の役後、夫秀家と男子は八丈島に配流となり、慶長六年（一六〇一）豪は娘と共に金沢に戻り、寛永十一年（一六三四）五月六十一歳で没した。

二、前田利家の葬儀

前田利家は、慶長四年（一五九九）閏三月三日の朝方、大坂城の前田邸で亡くなった。享年六十三歳であった。時間については、卯刻（午前六時頃）とも五つ時（午前八時頃）とも伝える。

慶長三年（一五九八）八月豊臣秀吉が薨去すると、豊臣政権は五大老・五奉行の体制で運営されるようになる。

晩年の前田利家は、五大老の一人としてもっぱら秀吉の嗣子秀頼の保護・養育の任にあたっていた。同年四月利家は家督を利長に譲り、ついで上野国草津温泉に湯治に行っている。その甲斐もあって、利家の健康は一時回復したように見えたが、秀吉の死後の政局の影響もあり、年末には再び悪化し、一時重体になったこともあった。翌年正月病を押して伏見城に入り年賀の儀をすませ、ついで秀頼の大坂城移住にも従っている。しかし、三月頃になると病勢は悪化し、死期を覚悟していたと考えられ、見舞いに来た徳川家康に子の利長のことを託したと伝える。一方、この時利家は家康の暗殺を考えていたが、利長が制止したという説も伝わっている。

利家は妻まつに命じて、三月十五日には死後に分配する遺物の目録を、同二十一日には長男利長に宛てた遺言状を口述筆記させている。そして亡くなる前日にあたる閏三月二日には、納戸の奉行たちが嫌疑を受けないように、土蔵や物置等に保管する道具類の帳面を点検し、御判（花押）を据えている。

利家没後の翌閏三月四日、かねての遺言に従って、遺体は長持に納められて大坂を発し金沢に送られた。これには神谷守孝・橋本宗右衛門・篠原一孝らが付き従っていた。豊臣秀頼は朝廷に贈位を申請し、同二十四日には利家に従一位が追贈されている。法名は高徳院殿桃雲浄見大居士である。大坂から離れることができない利長は、四月三日利家の葬儀を篠原一孝・高畠定吉に一任した。同六日遺体は金沢に到着し、八日に金沢の宝円寺で葬儀が行われた。導師は二代住職象山徐芸、太刀は村井長明が持ち、位牌は篠原一孝、香は竹田宮内、天蓋は神谷守孝で、利長の名代は前田長種、利政の名代は脇田善左衛門がつとめた。利家の墓は、金沢城南方の野田山に築かれ、ここに埋葬された。棺の中には甲冑・兵器等が納められたと伝える。

同年八月大阪城から金沢に帰った利長は、金沢城の鬼門（北東）にあたる卯辰山の麓に、越中国守山に鎮座する大宮八幡を勧請し、同国阿尾の榊葉神明を合祀した八幡宮を建立し、利家の神像を安置した。明治になって金沢城内の金谷御殿跡に再建されたのが現在の尾山神社である。

三、利家（高徳公）の遺品

一般的に大名の遺品は、形見分けされて分散してしまうことが多かった。利家（高徳公）の遺品も例外ではなく、菩提寺等の寺院や、加賀国の卯辰八幡社（利家の神像を祀る、現在の尾山神社）や、そば近く仕えた家臣の子孫に遺品が伝えられた。

現在、前田家に伝来したものを保有・管理している文庫に残る遺品を例に見ていきたい。まず、前田家に伝来した遺品としては富士茄子（大名物「茄子茶入　銘富士」）と太刀（名物「大典太」）がある。茶入れである富士茄子は、慶長二年（一五九七）十一月十三日利家が秀吉から拝領したものである。その伝来は、中国からの舶来品（唐物）と考えられ、室町幕府十三代将軍足利義輝が所持し、その後医師曲直瀬（今大路）道三から京都の祐乗坊と渡り、これを上洛した織田信長が召し上げ、その没後道三の手に戻り、道三の孫翠竹から秀吉に献上されたと伝える。剣先緞子・段織モールの仕服や八左衛門広東の解袋が付属するが、利休作の茶杓が付いているのも秀吉との関係で見逃せない点である。

太刀（名物「大典太」）は、平安後期永保年間（一〇八一〜八四）頃の筑後国三池（現福岡県大牟田市）の刀工光世の作で、室町幕府十五代将軍足利義昭から豊臣秀吉に贈られ、秀吉から利家が賜ったものである。宇喜多秀家に嫁いだ利家の娘豪が病気になり、この太刀を借りて枕元に置いたら病気が治り、返却したら再発したので、三度目には秀吉が利家に与えたと伝える。

寺院に伝来し、後世前田家に献上されたものとしては、高徳公陣羽織（「刺繍菊鐘馗図陣羽織」）がある。この陣羽織は、橙黄色千千良織の絹地で、前巾には菊花、背には鍾馗の刺繍がある。この刺繍は夫人まつ（芳春院）の手製と伝え、利家が京都寺町の善長寺に参詣したおり、祈念のため同寺に寄進したものと伝える。同寺には利家夫妻の位牌や利家の肖像画も所蔵していたと伝え、明治に作成された「末森合戦絵巻」にも画かれ、五代藩主綱紀の時に献上された。

つぎに、利家の家臣に与えられ、後世前田家に献上された遺品を見てみよう。末森合戦の時、末森城に籠城して功績のあった奥村永福に、利家がその功績を賞して高徳公甲冑、高徳公鍾馗幟、高徳公馬聯等を与えた。これらはその子孫に伝えられ、綱紀の時及び近代になって前田家に献納されている。

高徳公甲冑は「末森合戦絵巻」をはじめ、末森合戦を題材にした絵には必ず利家がこれを着用した姿が画かれている。高徳公馬聯胴丸とともに、永福の曾孫和豊が綱紀の初めての入国の際献納したという。高徳公鍾馗幟も「末森合戦絵巻」に画かれている。これは太刀（銘「吉平」）とともに明治四十三年（一九一〇）三月男爵奥村則英から前田家に寄贈されたものである。

高徳公脚絆は、利家から二男利政に与えられたもので、宝永二年（一七〇五）二月に子孫の直堅が綱紀の御覧に入れた二足のうちの一つである。綱紀は一足を手許に留め、もう一足は写しを作り返却した。この写しは「高徳公陣脚絆絵形」として文庫に伝来している。返却した一足は子孫に伝えられ、現在は前田土佐守家資料館に収蔵されている。

高徳公算盤は、利家が肥前国名護屋の陣中で使用したものと伝え、兵糧の計算等に使用されたと思われる。縦六・九センチ、横一三センチの携帯用の小さなもので、五玉が二つ、一玉が五つある。利家没後、形見分けとして娘の春好院（春香院、七女千世、村井長次に嫁す）に渡り、その没後侍女の今井に与えられ、今井から綱紀に献上された。

金沢の尾山神社は、卯辰山八幡社の後身で、藩祖利家が祭神として祀られている。明治六年（一八七三）創建以来、前田家等から利家の遺品等、様々な宝物が奉納されている。卯辰山八幡社伝来の鯰尾形冑（鉄製、二頭）、十四代慶寧寄進の鉄打出二枚胴（鉄製）、十五代利嗣寄進の蒔絵朱鞘大小拵等が所蔵されている。文庫には、これら尾山神社に奉納された利家所用の刀剣や甲冑などを画いた「高徳公甲冑等図」（二巻）が伝来している。

また、中村甲刀修史館には、尾張国の荒子以来の家臣である富田景政が拝領した采配や軍扇や津田重久が拝領した萌葱糸威二枚胴が所蔵されている。

ちなみに、利家の肖像画は、文庫では近代の模写を含めて六幅所蔵している。最も古いものは、慶長十年（一六〇五）の年紀を有するもので大徳寺宗眼の讃がある。聖護院浄願寺宮二品道寛法親王の讃のある一幅もある。ただし、その他の四幅は明治になって前田家で模写させたもので、「明治二十三年の能州総持寺等ヨリ借用御像幷金沢地方之八家等先代像等目録」によると、利家関係だけでも、鳳至郡総持寺から高徳公と芳春院（利家夫人まつ）の画像や射水郡光禅寺・鳳至郡蓮江寺・士族中川典克から高徳公の肖像画、七尾長齢寺から利家の父母（休岳公・長齢夫人）の肖像画等を借用し、篠原探谷によって模写されている。利家の肖像画も前田家よりも、利家に縁のある寺院に伝来したものが多かったことが知られる。

なお、前田利家の遺品をはじめ、関連する文化財の写真や説明については、拙著『図説　前田利家――前田育徳会の史料にみる――』を参照されたい。

四、二代藩主利長（瑞龍公）

二代藩主前田利長（一五六二〜一六一四）は、父利家と同様戦国武将であり、天下分け目の関ヶ原の戦いでは徳川方について北陸を守り、ついに前田家を百万石の大大名に発展させた人物である。あまり目立たない人物だが、父の遺産を守りそれをさらに発展させた堅実な武将であったと考えてよいであろう。

利長は、永禄五年（一五六二）前田利家・まつ夫妻の長男として尾張国荒子（名古屋市中川区）で生まれた。幼名は犬千代、のち孫四郎・羽柴肥前守と称した。名は利勝、のち利長と改名した。

天正三年（一五七五）父に従って越前国府中（福井県武生市）に移るが、翌年安土城（滋賀県安土町）に入った。天正九年父が能登国（石川県北部）を与えられ七尾（石川県七尾市）に移ると、利長は父の旧領越前国府中三万石の領主となった。この年信長の娘（玉泉院、七歳）を娶っている。翌年（天正十年）信長の招きで、利長夫妻が京都に向かう途中、近江国瀬田（滋賀県大津市）で本能寺の変事を知り、利長は夫人を尾張の荒子に避難させ、自分は明智光秀討伐を画策した。

翌年（天正十一年）柴田勝家と羽柴秀吉の対立が深まると、利長は柴田軍の先鋒として、佐久間盛政軍と近江国柳瀬（滋賀県）に出陣するが、盛政軍が敗れると軍を退き、父と行動をともにしている。すなわち、利家は秀吉軍に降り、その先鋒となって加賀国に進撃した。この結果利家は、恩賞として加賀国河北・石川の二郡を加増され、利長は加賀国松任城（石川県松任市）四万石を与えられた。

天正十二年九月、越中国（富山県）の佐々成政が秀吉に背くと、父に従って末森城の攻防戦等で活躍し、翌年成政が降伏すると利長は、秀吉から越中国のうち礪波・射水・婦負三郡を与えられ、守山城を居城とした。また羽柴の姓を与えられ、従五位下に叙され、二年後には従四位下侍従に叙任されている。

天正十五年、秀吉が九州の島津氏を征討したとき、京都で留守を守る父に代わって三千人を率いて出陣し、豊前国岩石城（福岡県添田町）を攻略。恩賞として越中国のうち新川郡を加増され、富山城を居城とした。

天正十八年、秀吉が小田原北条氏を征討軍を起こすと、父利家は北国勢の総指揮者となった。利長は父に従って信濃国（長野県）から上野国（群馬県）ついで武蔵国（埼玉県）に進み、松井田城（群馬県松井田町）・鉢形城（埼玉県寄居町）・八王子城（東京都八王子市）等を攻略した。七月小田原城が陥落すると秀吉から忍城（埼玉県行田市）攻撃を命じられた。その後父に従って奥州へ下り、十一月頃守山城に凱旋した。

翌年朝鮮出兵が発令されるが、この年利家・利長父子は秀吉の御伽衆に任じられ、側近大名として取り立てられている。文禄元年（一五九二）父利家は肥前国名護屋城に向かうが、利長は豊臣秀次・徳川秀忠らとともに留守役を命じられて在京し、後方支援として、造船に必要な鉄や船材を能登国から徴収している。

利長の官位は、文禄三年左少将、肥前守を兼任、翌年左中将に進み、慶長二年（一五九七）参議となり、翌年従三位権中納言に叙任されている。同年父が隠居すると跡を嗣ぐが、能登国は弟侍従利政の封地と定められ、利長は越中国と加賀国のうち二郡を領することになった。

慶長四年閏三月父利家が没すると、利長は豊臣政権の大老に就任、大坂城に入り豊臣秀頼を補佐することになった。八月帰国すると、五奉行の石田三成・増田長盛らが利長の謀反を家康に讒言したため、家康は直ちに利長征伐の軍を起こそうとしたが、細川忠興がこれを宥め、利長も誓書を差し出し、翌年母芳春院を人質として江戸に送ることで事なきをえることができた。利長は思慮深く、剛勇果断、情けに厚い人物で、家康の様々な圧力に屈せず、隠忍自重し前田家を存続させることができたのである。

同年利長は、周囲の状況から関ヶ原の合戦には参戦できなかったが、家康の意向を受けて加賀国大聖寺城（石川県加賀市）や小松城（石川県小松市）を攻略し、北陸諸国を平定している。近江国大津（滋賀県大津市）で家康に謁した利長は、弟利常に家康の孫娘を娶ることと、石田三成に呼応した利政の封を没収することを約束し、十月家康から加賀国二郡（能美・江沼両郡）を加増され、利政の旧領能登国も合わせた約百二十万石の大大名となった。

前田家の安泰を考えた利長は、徳川・豊臣両氏の対立が深まった慶長十年（一六〇五）六月隠居し、家督を将軍秀忠の娘婿である弟利常に譲り、養老領越中国富山城（富山市）に引退、のち魚津城（富山県魚津市）を経て高岡城（富山県高岡市）に移った。利長は、慶長十九年五月二十日高岡城で没した。享年五十三歳。法名を瑞龍院殿聖山英賢大居士という。高岡市の瑞龍寺に墓がある。

五、三代藩主利常（微妙公）

前述したように、前田家の初代利家（一五三七〜九九）は尾張国の土豪の出身であり、戦国武将として織田信長（一五三四〜八二）に仕えて能登国を領する大名となった。本能寺の変後は豊臣秀吉（一五三六〜九八）の信頼篤く、五大老の一人として豊臣政権の重鎮の一人であった。二代利長（一五六二〜一六一四）は父と同様戦国武将であり、天下分け目の関ヶ原の戦いでは徳川方について北陸を守り、ついに前田家を百二十万石の大大名とした。これを受け継いだ三代利常（一五九三〜一六五八）も、大坂冬の陣・夏の陣に参戦して戦功を挙げ、その賞により参議に任じられている。しかし、時代は、戦国の気風を残す武による政治から、江戸幕府による儒教の考えを背景にした文治政治に変わろうとしていた。利常はその転換点で加賀前田家の政治を担い、金沢に加賀前田家の文化の種を植え付けた人物である。

利常は、前田利家の四男として文禄二年（一五九三）十一月金沢城に生まれた。幼名を猿千代という。兄利長の三十一歳年下の異母弟になる。母は正室まつの侍女で千世（千代保、寿福院、一五七〇～一六三一）という。文禄元年（一五九二）秀吉の朝鮮出兵のおり、利家の身の回りを世話する女性として肥前国名護屋に派遣された女性である。利常を懐妊し側室となった。

利常は、越中国守山城（富山県高岡市）の前田長種のもとで養育され、慶長三年（一五九八）はじめて父に謁している。同五年八歳のとき人質として加賀国小松城の丹羽長秀のもとに送られた。翌年九月正式に兄利長の世嗣となり金沢に入城し、幼名を犬千代と改め、緯を利光（のち利常と改名）とし、二代将軍徳川秀忠の二女珠姫（天徳院）を娶っている。慶長十年利常は従五位下侍従に叙任され、筑前守を兼任し、利長の譲りを受けて三代藩主となった。利長が若い弟に藩主の座を譲ったのは、徳川家との関係を重視したためと考えられる。その後官位は、従三位中納言、肥前守に至った。

寛永八年（一六三一）四月、金沢城が焼失すると、同年八月利常は、城の修復のため金沢に下向する。その折、大坂の陣に功績のあった家臣を追賞し、家臣の子弟の優秀な者三十人を小姓として親衛隊を組織し、多くの船舶を購入した。ちょうどこの頃江戸では前将軍秀忠が病気であり、こうした利常の行動は江戸に不穏な浮説が流れる要因となった。幕府が利常の行動を疑っているという連絡を得た利常は、十二月に嫡子光高と共に江戸に入り、老臣横山長知の子康玄をして弁明に当たらせ、どうにか疑念を解くことができた。これが前述した「寛永の危機」といわれる事件である。これ以降利常の行動は慎重になり、その政策も大きく転換していった。すなわち寛永十年には、子光高に家光の養女（水戸の徳川頼房の娘阿智子、光圀の姉）を娶って徳川家との血縁を強化し、さらに江戸城総郭の修造等を行うなどによって幕府の信用を回復していった。また、利常が、武備よりも文化的施策や産業育成に意を注ぐことになったのはこの危機を契機としてのことであったと考えられる。

寛永十六年（一六三九）、利常は家督を長男光高（一六一五～四五）に譲り、次男利次（一六一七～七四）に富山藩十万石、利治（一六一八～六〇）に大聖寺藩七万石を分封し、小松城（二十二万石）に隠居した。しかし、正保二年（一六四五）光高が急逝したため、わずか三歳の孫綱紀（初名綱利、一六四三～一七二四）が五代藩主になり、利常はその後見人を勤めることになった。慶安四年（一六五一）には農政の大改革である改作法に着手し、明暦三年（一六五七）にはほぼ完成させている。これが以降の藩財政の安定化に寄与したことは衆知のことである。万治元年（一五六八）綱紀夫人に将軍家光の異母弟保科正之の息女摩須姫を迎え、徳川家との関係を強化している。こうして利常は正之に綱紀の後見を託し、同十月十二日早朝脳溢血のため没した。享年六十六歳であった。

第一部で述べたように、利常の文化的思想の背景には、後水尾天皇（一五九六～一六八〇）を中心とした宮廷文化の影響があった。後水尾天皇の中宮は徳川秀忠の娘和子（東福門院）であり、利常夫人とは姉妹の関係にある。また利常は娘宮姫を同天皇の従兄弟にあたる八条宮智忠（桂宮第二代）に嫁がせており、利常と天皇とは近しい関係にあった。小松の梯天満宮（小松天満宮）の造営の際、法性房筆の菅公像に後水尾院の賛を賜っているのもその現れであろう。寛永六年（一六二九）幕府の圧力によって、後水尾天皇は娘明正天皇に譲位するが、その後五十一年にわたって院政を行った。この間文芸復興の風潮も盛んであり、同院を中心として独特の宮廷文化が営まれることになったのである。

後水尾院との関係から茶道の小堀遠州との交流が生まれた。利常は、茶道の心について遠州から多くの教示を受け、また茶器の購入についても遠州が相談にあずかったことが、文庫に残る書状や茶器の箱書等から窺うことができる。

また利常は、当時長崎を窓口として輸入された中国や南蛮等の文物に興味を持っていた。寛永十四年（一六三七）家臣に命じて、近畿と長崎を中心に名物裂を蒐集するよう命じている。その他中国の陶磁器類等、東印度会社を通しての購入も行われた。現在残る文房具等からその様子を窺い知ることができる。

六、前田家の御三家

利家からはじまる加賀前田家の分家には、いわゆる前田御三家といわれる富山藩・大聖寺藩・七日市藩がある。富山藩十万石の祖は、三代利常（一五九三～一六五八）の二男利次（一六一七～七四）で、母は兄四代光高と同じ徳川秀忠の娘珠姫（天徳院、一五九九～一六二二）である。寛永十六年（一六三九）六月父利常が隠居したとき、加賀・越中両国のうち十万石を分与され、のち富山城（富山市）を修築して城下町の整備を進めた。明治の廃藩置県まで十三代続き伯爵を授けられた。

大聖寺藩七万石の祖は、三代利常の三男利治（一六一八～六〇）で、母は兄二人と同じ秀忠の娘珠姫である。兄利次同様、父が隠居したとき、加賀・越中両国のうち七万石を分与され、加賀国南部の大聖寺（石川県加賀市）に居館を構えた。その後石高は、江戸時代後半に十万石になっている。廃藩置県まで十四代続き子爵を授けられた。

上野国七日市藩一万石の祖は、初代利家の五男利孝（一五九四～一六三七）で、母は側室於古和（加賀一向一揆石浦城主山本家芸の娘、明運院、～一六四八）である。慶長九年（一六〇四）二代藩主兄利長の命で江戸に向かい、人質となっていた義母芳春院に随従し、徳川・前田両氏から扶持を受けている。元和元年（一六一五）大坂の陣の功により上野国甘楽郡内で一万石余を与えられ、七日市（群馬県富岡市）に陣屋を構えた。この家は石高は一万石余であるが、本家から知行を分けてもらったのではなく、戦功によって大名に列した点、前記二家とは違い本家に対し独自性を持っていたと考えられる。分家が二家あり、旗本に列している。廃藩置県まで十二代続き、子爵を授けられた。明治になって、前田家第十五代当主利嗣（一八五八～一九〇〇）の養子となって十六代当主となった利為は、この七日市藩前田家の出身である。

第三章　まつ（芳春院）の江戸下向

前田利家の妻まつ（芳春院、一五四七～一六一七）は、篠原主計の娘として、天文十六年（一五四七）七月九日に尾張国海東郡沖の島（愛知県海部郡七宝町）で生まれた。母は利家の母の姉で、利家とは従兄弟の関係になる。四歳の時利家の父利春に養われて、荒子城（名古屋市中川区）に入ったという。永禄元年（一五五八）十二歳の時、利家と結婚し、翌年六月には長女幸が生まれている。以降、長男利長（同五年正月生）をはじめ、二男八女の母となった。

まつ（芳春院）の性格については、天正十一年（一五八三）四月の賤ヶ岳の合戦後、和議を講じるために越前国府中（福井県越前市）に入城してきた秀吉とまつ（芳春院）との応酬の話（『川角太閤記』）や、翌十二年九月の末森合戦の時、援軍派遣に慎重な家臣たちに対し、「今日の戦いは大事である。各々心を合わせて手柄を立て、名をあげなさい。もし不幸にして末森の城が陥落したら皆生きて帰るな。私たち（まつと諸将の妻子たち）も人手にかかることはない（自害するのみ）」と言ったまつの激励の話（「明良洪範」）など、多くの挿話があり、女丈夫として知られている。

一方、妻として女性的な面についての挿話もある。天正十三年八月、秀吉は越中国佐々成政を討つため、琵琶湖を舟で渡り、若狭・越前を経て加賀に入るが、まつ（芳春院）は秀吉以下諸将の接待に心を尽くしたといわれる。利家はこの時、甲冑の上に黄羅紗の陣羽織（「黄なるらしゃの御羽織御くるぶしを過るほど長きに」）を着て、松任（石川県松任市）まで出迎えた。これを見た秀吉は、「扨々見事なる武者ぶりかな、見事なる羽織なり、うらやまし」（「桑華字苑」）と言って利家の手を取ったという。この陣羽織は、「刺繡菊鍾馗図陣羽織」（公益財団法人前田育徳会蔵）と言われるもので、まつの手製と伝える。橙黄色千千良織の絹地に、前巾には菊花、背には鍾馗の刺繡が施されており、身丈一〇七・〇センチ、裄三七・〇センチであり、他の陣羽織に比べると長めのものである。まつは裁縫・刺繡に秀でており、利家のためその服をしばしば作ったという。

越中国平定後、利家・利長父子は秀吉に従って、九州・小田原征伐や朝鮮出兵に従軍し金沢を離れた。天正十九年九月、秀吉がお伽衆を定めた。「御伽衆」とは、家臣の中から、話し上手で、豊富な体験をを持つ者を選んで側近に置き、話し相手とした者のことで、戦時には軍事の相談にも預かったという。この時利家・利長父子は、細川幽斎父子とともにその中の傍輩衆に加えられた。御伽衆は決められた日に秀吉のもとに出仕することが定められており、利家父子は秀吉の側近大名として、秀吉の側にいることを義務づけられることになったのである。まつ（芳春院）は、一時上洛することはあっても、ほとんど金沢で留守を守り、前田家を支えて内助に努めていたのである。

天正十八年（一五九〇）の小田原征伐の時、まつ（芳春院）は、三月に京都の神祇大副吉田兼見に出陣した利家・利長父子の活躍と無事の祈念を依頼し、同時に十三歳になる利長の弟（利政）の眼病の治癒の祈念も頼んでいる（「兼見卿記」）。

また、利家軍が武蔵国八王子城（東京都八王子市）を攻めたとき、七尾（石川県七尾市）の留守を守る三輪吉宗の子吉富が戦死した。この八王子城攻防戦は、小田原合戦最大の激戦であり、利家や嫡子利長の家臣にも討死にした者が多かった。利家は他の家臣を差し置き、七尾の三輪吉宗に宛てて子息吉富の戦死を告げた。三輪吉宗は越前国朝倉氏の遺臣で、天正五年に利家に仕えた武将である。一方、この時京都にいたまつ（芳春院）からも吉宗の妻女に宛てた見舞状が送られている。この消息（『北徴遺文』所収）は、写《うつし》ではあるが、現在「まつ」と署名のある消息の唯一のものである。この消息でまつは、「吉富の戦死についてはは言葉もないが、利家の役に立ってくれたことを感謝し、近くにいれば慰めに行きたいが、京都にいるので手紙で見舞うこと、そのうち孫が生まれる。」などと申し送り慰めている。これも利家の妻として家臣への配慮であった。

秀吉夫妻との親交につては、利家が仲人をした話（その逆の話もある）や隣同士で日に何度も行き来していたという話が伝えられるが、これらは後世作られたもので、ほとんど信憑性はない。文禄四年（一五九五）三月、秀吉が、化粧田として芳春院に、近江国高島郡今津村・弘川村を与えたという話も、実際は利家に与えられたものであり、利家没後、芳春院領となっている。

しかし、秀吉が利家を重んじていたことは周知のことであり、まつも寧子《ねね》（北政所）と親しく、奥向きでは重んじられていたものと考えられる。文禄四年に没した蒲生氏郷の遺領相続問題で、蒲生家が二男利政妻の実家であった関係から、北政所に直訴したという話や、慶長三年（一五九八）三月の醍醐の花見の際には大名として唯一夫妻で招かれ、淀君と京極殿が秀吉の盃の順番を争ったとき、北政所とまつが仲裁をした話などはそれを物語っている。晩年（元和三年：一六一七）、人質から解放された芳春院が、京都の高台院（北政所）を訪ねたのは、こうした二人の仲を示しているのであろう。

慶長四年閏三月三日利家が没すると、まつは剃髪し芳春院と称した。その直後、前田家に危機が訪れた。利家の遺言状では、利長は大坂城を離れずに秀頼を補佐し、もし秀頼に対し謀反を起こす者がいたら金沢の利政を大坂に呼び寄せ、兄弟協力して事にあたるよう命じていた。利家没後利長は大坂を離れず、父の葬儀は家臣に指示して金沢で行っている。しかし、政局を掌握した家康方からの様々な圧力もあり、その勧めもあって、八月金沢に下向した。この時芳春院は大坂に残っている。利長下向後、家康は伏見城から大坂城に入るが、九月大坂で次のような噂が流れた。すなわち浅野長政・大野治長・土方雄久らによって家康暗殺計画が進められており、その黒幕が利長であるというものである。これを聞いた家康は、好機とばかり加賀征伐の動きを見せ、大坂にいた芳春院や利長夫人に見張りを付けるなど利長に圧力をかけてきた。これに対し利長は、最初は抗戦も考えたようであるが、最終的には家臣を何度も大坂に派遣し、家康に事実無根であると弁解に努めている。

翌慶長五年三月、ようやく家康との和議が成立し、芳春院は人質として江戸に下ることになった。この時芳春院は五十四歳であった。下向に先立つ四月、故利家の葬儀をとりおこなった金沢宝円寺の象山徐芸《ぞうざんじょうん》が隠居していた輪島蓮江寺に、芳春院は二十俵の地を寄進し、またこの年、能登総持寺（石川県輪島市門前町）に、象山徐芸を開寺とした塔頭芳春院を建立した。前者は亡き夫の供養、後者はみずからの墓所とするためではなかろうか。江戸下向の覚悟のほどが窺えよう。

出発前の五月十三日、豊臣氏の奉行人三人が、江戸に向かう芳春院のため、浜松城の堀尾忠氏に賄料の米・大豆を支出し、奥村永福と村井長頼に渡すよう命じた連署状が文庫に残っている。おそらく東海道筋にいる諸大名にこうした指示が出されていたものと考えられる。出発にあたって、芳春院は「人質に行くからには自分には覚悟がある。かまえて自分たちのことを考えて家をつぶしてはならない。我らを捨てて、家を立てることに専念しなさい。」と利長に伝言したという。お供は村井長頼・山崎長郷等で、故利家の五男利孝（上野七日市藩祖）や芳春院と同じく人質となる家臣の前田長種の娘、横山・太田・山崎らの子供達も同行していた。これらの人数を加えると、一行はかなりの人数になっていたと考えられる。

「東路記《あずまじのき》」（金沢市立玉川図書館近世史料館蔵、『おまつと利家――加賀百万石を創った人びと――』（集英社刊）に全文翻刻されている）には、この時の旅の様子が記されている。この史料は、基本的に願文の形式であるところから、慶長七年九月吉日に、当時京都にいた芳春院が、北野天神社に奉納した願文の草稿（あるいは控え）ではないかと推測されている。その記述方法は、芳春院の侍女が書いた様式を取りながら、芳春院の内面を記している部分もあり、まだ検討の余地があるようである。全体に「伊勢物語」に仮託した表現が多い。

さて、芳春院は、五月十七日伏見を発ち、六月六日に江戸に到着している。この間の街道の様子を「東路記」から垣間見てみよう。一行は京都から近江を経て、鈴鹿峠を越えて伊勢に入り、伊勢（桑名付近）から船で尾張に渡った。昔から縁のあった熱田宮（名古屋市熱田区）に参詣したところ、荒子などの旧知の人々が芳春院の通過を知って集まり、昔話に花が開いた。さらに東海道を東に進み、三河の八橋（愛知県知立市）から遠江の掛川・小夜の中山（静岡県掛川市・島田市）に到った。ここは歌枕としても有名で、芳春院は命あるうちに訪れたかったところという。そして駿河の宇津山（静岡県藤枝市岡部町・静岡市）を越えた。ここは東海道の難所で、古くから紀行文に記され、歌枕としても有名である。芳春院はここで「夢にたに思ひもかけぬうつの山　うつゝに越して今日見つるかな」という歌を詠んでいる。芳春院は和歌に堪能であったという。

ついで芳春院は海岸線に出、入り江に浮かぶ三保松原（静岡市清水区）を眺めたが、海の上から見たくて船に乗り、三保松原に上がり羽衣明神を見た。船は清見関に着き、足利尊氏の再興した清見寺に参詣した。現在国の名勝となっている庭園を見物し、その美しさを讃えている。ついで、北方の富士山を眺めつつ東行し、伊豆の三島明神（静岡県三島市）に参詣している。ここからは箱根越えである。箱根権現の御手洗といわれる芦ノ湖を見、相模の小磯・大磯を経て、江戸に入った。東海道の名刹・神社等に参詣しながらの旅であり、約二十日間かかっている。

芳春院が江戸で、人質として生活した場所は不明であるが、おそらく江戸城中かその周辺の、幕府の監視の目の届く範囲に屋敷を与えられたものと思う。慶長十年に三代利常が屋敷地を拝領し、和田倉門前に辰口邸（上屋敷）を建てたと言われており、それ以降芳春院はこの屋敷に移ったと考えられる。

同じ頃の六月、家康は上杉景勝征伐のために帰国し、九月には石田三成らの挙兵を聞いて上洛し、関ヶ原の戦いで勝利をおさめ、名実ともに天下人となった。ちなみに征夷大将軍になるのは三年後の慶長八年二月のことである。関ヶ原合戦後、利長は近江国大津（滋賀県大津市）で家康に閲し、弟利常と秀忠の娘珠姫との結婚を約し、十月には加賀・能登・越中三カ国（百二十余万石）を拝領している。翌年九月利常と珠姫が結婚し、利常は家督（嗣子）に定められた。前田家は徳川家に接近し、家の安泰を目指すようになる。一方、利政は浪人し、夫妻は京都嵯峨に隠棲することになった。

慶長七年正月、結婚の御礼言上のため利長は江戸に下り、秀忠に閲した。ついで上洛して伏見で家康にも閲している。江戸下向の際には、最初に芳春院に逢い、御礼を述べたという。利常夫妻の結婚の件や村井長明（長頼の子）のことなど、大久保忠隣や本多正信等に申し入れ、助言することがあったのであろう。この年三月、芳春院は湯治のため、摂津国有馬温泉（神戸市北区）に行くことを許されている。お供は村井長頼であった。湯治は約半年に及んだ。この間、京都に隠棲する利政を訪ね、長女の出産を祝い、北野天神社に報謝の百韻連歌を奉納している。この時の記録が上述の「東路記」である。この年正月元旦は子の日（初子）にあたっており、芳春院は「はつ春のはつねをいはふ姫小松　もとの岩根にひきもつれハや」と詠っている（「東路記」）。この年は芳春院にとってもよい年であった。利常の結婚のこともあり、芳春院に対する徳川家の処遇は手厚かったのである。

慶長十年六月には利長は家督を譲って富山城（富山市）に隠居し、利常が三代藩主となった。同十四年三月、城下町から出火し、富山城に延焼したため、五月に利長は高山右近に高岡城（富山県高岡市）の縄張りを命じ、九月これに移った。利長は、この城の地鎮祭を南光坊（天海カ）に委託して行おうとしたところ、芳春院がこのことを聞き、地鎮祭は僧侶の行うものではなく陰陽師の行うものであるとして、利長に告げて吉田右衛門を高岡に派遣し、以降吉田門流が金沢の陰陽師となったという。

この直前、芳春院は、京都大徳寺に塔頭芳春院を建立していた。同寺の百十二世春屋宗園（円鑑国師）は、高僧として名高く、利家生前から夫妻で師事し帰依していた。芳春院の院号もこの春屋宗園の撰によるものである。慶長十二年、芳春院は大徳寺内に一寺を建立したい旨を春屋宗園に諮り、大仙院の北側の地を卜して起工し、翌年竣工している。開山は春屋宗園の弟子玉室宗珀（大徳寺百四十七世、心源禅師）である。玉室宗珀はこの時芳春院の画像を作成し、春屋宗園と芳春院に自筆の賛を請い、表装を施して大徳寺に伝えた（慶長十四年仲夏の年紀がある）。春屋宗園は芳春院を評して、賛に「丈夫の面目、意気凛然、摩尼は手にあり衲衣は肩に掛く、月上を瞞却すれば、華鮮を圧倒す、亀齢鶴算、億万斯年」と記した。また、文庫には、芳春院親筆と伝える達磨図が二幅伝来しているが、両幅とも上部に玉室宗珀の賛が記されている。

慶長十五年に芳春院は、能登の総持寺の再建を企図した。芳春院は、利家没後まもなく同寺内に塔頭芳春院を建立し、利家と自分の位牌所としていたが、利家の十三回忌を期して、その冥福を祈るため再建を思い立ったものであろう。堂内には利家の木像や位牌が安置されていたという。

慶長十六年家康は上洛し、大坂に赴いて秀頼と対面した。その家臣や女房たちへの進物は美を尽くし、たいへん喜ばれたという。この年芳春院は、幕府に申し出て伊勢参詣を許された。理由は不明であるが、利家の十三回忌を祈念してか、あるいは前年三月に体に腫物ができて体調を崩している子利長の病気平癒を祈ってのことかもしれない。家康の指示で酒井左衛門尉が道中の世話を行い、芳春院の乗る輿にお供の乗り物や騎馬などが付き従った。道中の人夫や伝馬は家康が提供しており、沿道の大名からの進物もあり、名所旧跡を見学する、豪華で長閑な旅行であったと思われる。伊勢国山田（三重県伊勢市）では福井土佐守・大夫与左衛門宅に宿泊し、そこから内宮・外宮に参詣した。帰路は鎌倉に立ち寄り、江戸に戻っている（『三壺聞書』）。この年六月、利長から幕府に、自分の病状を通知して芳春院の帰国願いを提出した。一方、芳春院も幕府に帰国を願ったが許可されなかった。芳春院は、近江国の多賀大社をはじめ各地の寺社に病気平癒の祈禱を依頼している。

このようにして芳春院の人質生活は、慶長十九年六月まで続いた（時に六十八歳）。帰国のきっかけは、利長の病没であった。すなわちこの年五月二十日、利長は高岡城で没した。享年五十三歳であった。訃報が届いて数日後、幕府はようやく芳春院の帰国を許可し、芳春院は六月上旬に江戸を発して帰国の途についている。高岡には十日ほど滞在し、後家（玉泉院）を伴って金沢に向かった。

以上、伝承的な事柄やエピソードも含め、人質時代の芳春院を、時代を追って見てみた。まつの一生はいわば後世になって記されたことが多いのが特徴である。最後に、芳春院の消息（手紙）を数通紹介して、人質時代の思いや苦悩などを垣間見てみたい。上述したように、「まつ」と署名のある消息（手紙）は現在のところ一通しか知られていないが、出家後の「ほう」と署名のある消息は数多く残されている。これらは現在、芳春院に縁の深い大徳寺芳春院（京都市）・蓮江寺（石川県輪島市）をはじめ、金沢市や前田土佐守家資料館、尊経閣文庫（東京都）、お茶の水図書館成簣堂文庫（東京都）、大和文華館（奈良市）などに所蔵されている。

近年、四十四通の個人蔵の芳春院消息が発見され、射水市新湊博物館が所蔵する。この内容は、ほとんどが前述の写しに含まれるが、新出が一通あった。これで、芳春院消息の原本は、約百三十点余となった。詳細は、平成二十四年に前田土佐守資料館で開催された展示図録『前田土佐守家資料館所蔵・射水市新湊博物館所蔵　芳春院まつの書状――その消息に見る人物像――』を参照されたい。

写《うつし》は、前田家編輯方で書写した三百通近い消息の写（表題に『加賀藩史料』、その右端に「芳春院君親筆写」とある。内容は村井家文書）が文庫に一冊、同じく編輯方が書写した五百通近い消息の写「村井文書」（五冊）が金沢市立玉川図書館加越能文庫にあり、他にも『松雲公採集遺編類纂』等の編纂物にも所収されている。

このうちの大半が、金沢で暮らしていた娘の千世（春香院、一五八〇～一六四一）とその夫村井長次に宛てた消息である。天正八年（一五八〇）、芳春院が三十四歳の時に生まれた七女千世とは晩年まで親交が続き、多くの消息（手紙）が残されている。千世は、慶長二年（一五九七）細川忠隆に嫁ぎ、離縁後金沢に戻り、家臣の村井長次に再嫁した。また一方、天正六年（一五七八）に生まれた二男利政は利家夫妻鍾愛の息子で、消息に多く登場する。芳春院は関ヶ原の戦い以後の利政の境遇を気にかけており、境遇改善の祈禱や幕府と交渉したことを記す消息も残っている。

こうした手紙の内容は、私的なものが多く、近親者に対する自分の近況報告や子供たちへの思い、なかには家康に対する不満や桃雲寺の住持職についての金沢宝円寺の干渉を嘆いたものも見られる。それだけに、芳春院の心底の思いが吐露されていて、興味深い。

左記の十月六日付の消息は、娘の千世へ宛てたもので、年欠であるが、人質として江戸にいた間のものと考えられる。現在は土佐守家資料館に収蔵される。文庫所蔵の写にも収められており、もとは村井家に伝来したものであろう。年次については、追伸に、先日の飛脚で、富山にいる「もく（木工）」（『七尾市史』は高畠定吉カとする）に、「ひせん（肥前）」（前田利長）に用事があるので送った手紙について、確実に利長に渡るよう千世に頼んでいる。利長が富山城にいたのは、慶長十年六月の隠居以降、同十四年三月の火災まであり、この消息はこの間のものと推定される。

よくそ〱たひ〱《度々》人を給候、御うれしく候、まこ四郎《前田利政》事、はしめハする〱としたる御返事申され候て、いま《今》何かとの事候、せひ《是非》もなく候、そはにて人かいかほと〱せいをいれ候てもならぬ事候、かうきハすミ申候、こんと《今度》も人の御物語候か、大御所《徳川家康》さまの御くち《口》ハ、大かたよく候よし申候へ共かしく《ママ》、し《死》にてのちの事まて申され候、大かう《閤》さま《豊臣秀吉》日本のしゆ《衆》にせいし《誓詞》をさせ、いかほとの事仰おき候へ共、ミな〱《皆々》む《無》になり申候に、おかしき事ともにて候、これと申も、我身かいんくわ《因果》のほとを、なを〱かんし《感》申候、くわいふん《外聞》かめいわく《迷惑》に思ひまいらせ候、ふつしん《仏神》にもやう〱はなされ《放》たるわか《我》身と思ひまいらせ候、九月よりのとけ《喉気》さし出申、むね《胸》もいたくてけんかん《玄鑑》のくすり《薬》のミ申候事候、すき〱とよく候つるか、又さし出申候、さりなから、物ハよく〱い申候、御心やす《安》く候へく候、めてたくかしく、

又申候、一日給候ひきやく《飛脚》に、と山《富》のもくかた《高畠定高カ》まで、ひせん《前田利長》へやう《用》の事候て、あけ申候文、事つて申候か、もくハしから《叱》れ申候よしにて候、御たつね《尋》候て、その文ひせんへとゝけて給候へく候、とおき《遠》所ハあとさき《後先》となりまいらせ候、たのミ《頼》申候、かしく、

（墨引）《切封》

十月
六日

より

おちよ《千世》
御返事まいる　ちま　はう
申給へ

内容は、最初に心遣いに対して礼を述べ、家康が二男利政（孫四郎）の処置に関して、最初は支障なく認める話であったが、今になって何かと難しいと言っているのは是非もないことだ。周囲の者がいくら頑張っても無理なことだ。「大御所さま」（徳川家康）は口ではだいたいよいと言っているが、自分の死後のことまで言っている。「大かうさま」（太閤様、豊臣秀吉）が諸大名に誓紙を書かせたが、すべて無になっており、おかしなことだと批判し、自分の因果（不幸）を感じ、仏神にも見放されたと嘆いている。また、九月頃から喉が腫れ、胸も痛むが、医師曲直瀬玄鑑の薬を飲んでいるし、食欲もあるから心配はしないようにと告げている。

次の十一月十三日付の消息は、安養坊空照に宛てたもので、年次は未詳。空照は越前の人、越前波着寺は利家が府中在城中の祈禱所で、空照はのちに金沢に召寄せられ、小立野波着寺の開山となった。現在は文庫の所蔵である。金沢小立野波着寺から前田家に献納された芳春院消息の一つである。

返々、ふて《筆》に事かき申候に、よくそ給候、何とてそなたにてつかわれ候ハぬや、かのさかのこくうさう《虚空蔵》のほうすめ《坊主》ハ、なにゝなり申候もしり申さす候、とかくに、こくうさうのうつけられたるかと、思ひまいらせ候、申□候へく候、かしく、

文ミまいらせ候、しんとく《真読》とりおこなわれ候や、せつかく《折角》せい《精》に入られ候へく候、孫四郎《利政》きとう《祈祷》かんよう《肝要》に

て候、いまたそなたのてから《手柄》も、ゆめ《夢》ほともなく候、いかゝおもわれ候や、とかくにみなく《皆々》神もほとけ《仏》も
るす《留守》と見へ申候、おかしく候、しんによゐんもそくさい《息災》の事候や、事つて申候、しんとく《真読》の入よう《用》、そうほ《宗甫》
よりうけとられ候へく候、こゝろやすきに、あまりむつかしき事ハ、御むやう《無用》にて候、そうほもしよさい《如在》いわ
候ましく候、かしく、

（墨引《切封》）

十一月
十三日　　　　より
あん□《にカ》ようほう《安養坊空照》　　　　はう
御返事

内容は、芳春院が、安養坊空照に、真読、すなわち経典の文句を略さずに、きちんと読んでいるのかと咎めている。これは、利政の処遇改善の祈禱の効がなかったためで、お前の手柄も夢ほどもない（はかないものだ）、どのように考えているのか、神も仏も今は留守と見える、おかしくはないのかと責めている。最後に、真読の費用は宗甫から受け取るよう指示している。

芳春院は、次男利政のことが心配で、のちに手元に引き取って育てる利政の嫡男直之（幼名ほう）の病弱を案じ、乳母を叱った消息もある。また、利政のことについて、本多佐渡守正信の仲介で徳川家康の耳に入れたところ、国（前田家の領国）の端にでも置きなさいと言われたのを喜ぶ消息も残っている。

慶長十九年（一六一四）六月金沢に戻った芳春院は、そこで三代藩主利常に迎えられた。当時金沢には利常夫

人（秀忠娘珠、のち天徳院）や、幸・千世などの娘たちや数人の孫がおり、初対面や十五年あるいは二十年ぶりに再会した人たちもいた。利常は二之丸のうちに別館を建て芳春院の居所としている。この間大坂では冬の陣、夏の陣が起こり、豊臣氏は滅亡した。

芳春院は元和三年（一六一七）夏に最後の上洛をした。この時、嵯峨に利政を、徳大寺芳春院に師を訪ね、秀吉の廟に参詣し、高台院（北政所）を訪れている。体の不調を感じて金沢に帰ったのち、七月十六日、金沢城内で没した。享年七十一歳であった。この最後の上洛は、まさしく別れの旅となったのである。

第四章　保科正之と前田家

万治元年（一六五八）六月三日、四代将軍徳川家綱（一六四一～八〇）は、保科正之の息女（お松、摩須姫）を前田綱紀に嫁がせるよう命じた。この時から保科正之（一六一一～七二）と前田家との関係が始まる。以前より綱紀の祖父前田利常（一五九三～一六五八）は、幕府に保科家との縁組みを希望していたと伝えられている。

この両家の婚姻の背景には、徳川将軍家と前田家の姻戚関係があった。二代前田利長は織田信長の息女を娶り、三代利常は、利長の意向もあって二代将軍徳川秀忠（一五七九～一六三二）の息女を迎えている。さらに、利常は四代光高（一六一五～四五）の室に、水戸藩主頼房の息女（三代将軍徳川家光〈一六〇五～五一〉の養女）を迎えている。この娘が五代藩主綱紀の母であり、徳川光圀は綱紀にとって叔父にあたることになる。

一方、前田家にも事情があった。四代藩主光高は正保二年（一六四五）に急逝し、わずか三歳であった嗣子綱紀が五代藩主になり、利常が後見人として藩政を見ていた。利常は慶安四年（一六五一）から明暦三年（一六五七）

にかけて農政の大改革である改作法を完成させた。以降、改作法は加賀金沢藩では農政の基本として継承され、藩財政の安定化に寄与している。後見役の利常は当時六十六歳、自分に代わる次の後見役を求めていたのではなかろうか。綱紀はまだ若年の十六歳であった。

万治元年（一六五八）七月三日、幕府はこの婚礼を援助し、その助成金として一万両を保科正之に賜わっている。七月十一日結納が交わされ、同二十六日婚礼の儀が行われた。婚姻の決定から婚儀まで約二カ月というスピード結婚で、婚礼道具などは当然間に合わなかったと考えられ、後日納入されたと考えられている。同年八月十九日、保科家では前田利常・綱紀を藩邸に招いて祝宴をおこなった。

前田利常が、孫綱紀の夫人に保科正之の息女を希望した背景には理由があったと考えられる。正之は会津藩二十三万石の藩主であるが、二代将軍徳川秀忠の子で、三代将軍家光の異母兄にあたる。家光の信頼も篤く、家光が死に臨んで四代将軍家綱の後見を託した人物である。会津藩においても名君の誉れが高く、この婚礼を機に利常は孫綱紀の後見役を正之に任せたのである。利常はこの年九月に帰国し、十月十二日早朝、加賀国小松城（石川県小松市）で安心したように亡くなっている（享年六十六歳）。

当時、加賀金沢藩は難問が山積みであったが、若い藩主綱紀にとって、岳父保科正之の後見は頼りがいのあるものだったと考えられる。例えば、白山麓の所領を巡る福井藩との係争については、正之や旗本で勘定奉行などを務めた岡田善政が前田家側に立って尽力したことで知られている。

この前田家の窓口として保科家の間に立って連絡役を務めたのが、八家（加賀金沢藩で年寄職になる重臣）のひとつ本多家の政長（一六三一～一七〇八）であった。政長は、徳川家康の側近本多正信の孫で、父政重の時前田家に仕えた。この家老を務めた本多家に数点の関連文書が残っている。いずれも保科正之が綱紀の後見役であった時期のものと推定される。二通は、保科正之から本多安房守（政長）に宛てた書状で、一通には前田帯刀を通して綱紀に書付を送ったことが記されている。もう一通は、藩内の動向を、会津藩士成瀬主計（重次）を通して報じた政長に対する返書で、正之は江戸の綱紀は息災であることを伝え、また何かあれば知らせるよう指示している。前田家側の窓口が本多家、保科家側の窓口が成瀬重次であったことが確認できる。

一通は、前田綱紀から老臣たちへ宛てた書状で、保科正之の病気に関してその本復を伝えている。なお、岡田善政から本多政長に宛てた書状の写が一通有り（「本多家古文書写」四）、白山争論に関する文書と推定されている（以上、本多俊彦氏の教示による。写真・翻刻は福島県立博物館展示図録『生誕四〇〇年　保科正之の時代』参照）。

前田綱紀は、寛文元年（一六六一）十月二十五日から同十二月十二日にかけての自筆の日記「松雲公日記」を残している。この時綱紀は十九歳、七月に初めて国入りし、十月に参勤し、江戸に着いた後の諸大名への挨拶や幕府との応対などが記されている。たった二カ月に満たない記録であるが、後見人である岳父正之との交流が垣間見られる。以下、綱紀の動向を箇条書きにしてみる。

寛文元年

十月二十五日、参勤で江戸に着き保科正之夫妻、同正経などに挨拶の使者を遣わす。

十月二十七日、昨日上使が下されたことを正之に報告。

十月二十八日、登城の帰途、正之邸に参向の予定であったが、正之の指示で不参。

十月二十九日、岡田善政・前田孝矩が参向し、正之の指示を伝える。

十月三十日、保科正之邸に参向し、参勤の礼物を持参。

十一月一日、保科正貞死去につき、正之・正経等へ悔やみの使者を派遣。
十一月三日、保科正貞死去につき、正之方に参仕する。
十一月五日、正之息女祝儀につき、家臣今枝・高田両人を遣わす。
十一月六日、正之の使者成瀬重次が参り、昨日の礼を述べる。
十一月八日、正之邸に立ち寄る。
十一月九日、正之家臣成瀬重次より、中山一夢出奔につき書状。
十一月十一日、正之息女祝言につき、家臣今枝民部を遣わす。
十一月十二日、成瀬重次参上し、正之息女祝言の日程等につき説明する。
十一月十八日、保科正之の指示により、徳川光圀邸に参向する。
十一月十九日、正之に国元のことを相談する。
十一月二十一日、正之邸に参向する。
十一月二十二日、尾張徳川光友息女死去につき、正之息女の祝言延引。
十一月二十四日、正之、光友息女死去は綱紀も忌中である旨通知する。
十一月二十七日、正之息女明日祝言につき、家臣前田対馬を派遣。
十一月二十八日、正之息女祝言、綱紀忌中なので家臣を派遣する。
十一月二十九日、正之息女祝言後の振る舞いあり。
十二月三日、正之より、息女祝言無事済む旨の使者あり。

短い期間の日記ではあるが、綱紀が度々後見役正之の指示を受け、それに従って行動している姿を見ることができる。また、綱紀が喪中の様子を見ると、前田家は徳川一門に準じる待遇を受けていたことが確認できよう。また保科家側の窓口が家老成瀬重次であったことも確認できる。

寛文六年（一六六六）三月十三日、保科正之の四男正経（当時二十一歳）と前田利常の息女熊姫（久万、当時十五歳）との婚儀が行われた。この時、正之は前田家に対し、保科家に嫁入りするのであるから遠慮なく申すべしとして、熊姫の嫁入り道具について注文を付け、贅沢を戒めている。同年四月二十一日綱紀夫人が子供を産んだ。しかし、産後の具合が悪く、同二十四日没している。

同十二年閏六月十日、綱紀は、病に伏した正之の見舞の使者を遣わすが（『会津藩家世実紀』）、同年十二月十八日、江戸の三田屋敷で保科正之はこの世を去った。

『会津藩家世実紀』によると、綱紀はこの後一年間に渉り、ほぼ二カ月毎に見舞として左記の領国の特産物を会津藩に送り続けた。正之神前の供物であったのではなかろうか。

延宝元年

六月十九日	暑中見舞	輪島素麵（二籠）・能登干鱈（二十枚入り一箱）
七月三日	見舞	八構布（十疋）・鰍筋（一箱）・鯖背腸（壱壺）
九月二十六日	見舞	能州串海鼠（一箱）・福野干瓢（一箱）・鯖子（一箱）
十月二十七日	見舞	布目色杉原（二束）・熨斗鮑（一箱）
十二月二十二	寒中見廻	蜜柑（一箱）・粕漬鰻（一桶）

なお、寛文元年、保科正之は、初めて吉川惟足を召寄せ、神書講談を聞いている(『会津藩家世実紀』)。正之は以降吉田神道に傾倒し、会津藩の神社制度改革を行っており、綱紀もその影響を受けていたと考えられる。この吉川惟足は、吉田神道の萩原兼従に学び、名声が高い人物で、綱紀とも関係の深い人物であった。文庫には、延宝七年(一六七九)吉川惟足が著した「神代之系譜」や元禄五年(一六九二)に綱紀に授けた秘伝書「翁之大事」(神代神楽の作法)が架蔵されている。元禄五年九月二十一日、綱紀は江戸藩邸に吉川惟足を招いて年寄や若年寄とともに神代の講義を聴聞しているが(「前田貞親手記」同日条)、「翁之大事」はこの時授けられている。延宝五年の津田光吉による鎌倉周辺の書物等の調査の際、鎌倉に住んでいた吉川惟足がこれに協力しており、この時以降も惟足は、前田家とつながりをもって活動していたことになる。

保科家と前田家の関係は、正之没後も親戚としてその関係が続いている。例えば、延宝七年十一月、前田綱紀は叔母保科正経夫人の招きを請け、翌八年七月、綱紀は十二月十八日の正之の忌日に、土津神社の御廟に太刀・鉄燈籠などを寄進するよう命じている。

延享元年(一七四四)四月二十二日、六代藩主吉徳(一六九〇〜一七四五)の子宗辰《むねとき》(一七二五〜四六、七代藩主)は、会津藩主松平容貞の息女常姫と婚礼を行った。翌同二年八月、宗辰は家督を継ぎ、同九日容貞はお祝いの使者を遣わしている。ところが、同十一月晦日、常姫は男子を出産するが、難産であったようで母子ともに亡くなってしまった。そして翌同三年十二月十二日には、宗辰が父や妻を追うように逝去する。その際、容貞はその跡目等の世話を行ったという(『会津藩家世実紀』)。

八代藩主となったのは宗辰の母浄珠院が養育していた宗辰の異母弟重煕(一七二九〜五三)で、その治政の寛延元年(一七四八)にはいわゆる加賀騒動が起きている。同年十月二十四日、重煕は養子縁組のことを容貞に相談する。これは、異母弟勢之助（利和、吉徳三男）・八十五郎の母真如院が浄珠院（六代藩主宗辰生母）の毒殺未遂事件の主犯とされたため、弟二人は国元に幽閉されたことによる。当時重煕には子がなく弟嘉三郎を養子にすることについての相談であった。この嘉三郎はのちに八代藩主となる前田重靖《しげのぶ》（一七三五〜五三）のことである。結局、仮養子となり、宝暦三年（一七五三）重煕が亡くなった際には末期養子として藩主になっている。しかし、この年初めて帰国し、金沢で麻疹に罹り、同年六月二十九日金沢で没した。末期養子として異母弟重教《しげみち》（一七四一〜八六、七男）が十代藩主となっている。なお、同年九月には、重煕の養女と松平亀次郎（のちの容頌）との縁組みの話が起きるがこれは成就しなかった。

その後の両家の交際は、親しい親戚として続いて行く。その様子を、加賀前田家十一代藩主前田治脩《はるなが》（一七四五〜一八一〇）の日記「太梁公日記」から垣間見てみよう。治脩は、六代藩主吉徳の子（十男）で、延享三年（一七四六）四月、越中国勝興寺（富山県高岡市）の住職になることになり、宝暦六年（一七五六）に勝興寺に入り、同十一年得度して闡真と称していた。しかし、兄たちが次々と没し、後継者がいなくなったため、兄重教の命により、明和五年（一七六八）十二月還俗し、金沢に移っている。その後、病気がちの重教の養子となり、同八年四月家督を嗣いでいる。

「太梁公日記」は、その自筆本で、四十冊が文庫に残されている。その期間は、明和八年四月から安永四年（一七七五）四月までで、藩主になった当初から四年間の日記である。現在、「史料纂集」（全八冊の予定、八木書店）として一〜五まで刊行されている。記事には、当時の会津藩主松平容頌《かたのぶ》をはじめ、加賀金沢藩三代藩主前田利常の娘熊（保科正経室）、五代藩主綱紀室摩須（松、保科正之の娘）や七代藩主宗辰室常姫（正容の娘）、会津藩留守居役片岸保介・片峯勝明などの名前が散見する。ここでは『太梁公日記』一〜五冊目までに見える松平容頌の動向を中心に見てみたい。松平容頌（一七四二〜一八〇五）は、会津藩五代藩主で、同藩四代藩主容貞（保科正之の孫にあたる）の子である。

明和九年（十一月十六日安永と改元、一七七二）
九月二十五日、前田治脩、増上寺へ参詣後、出府の挨拶のため、松平容頌を下屋敷に訪ねる。
十一月九日、容頌、始めて前田邸を訪ねる。八代藩主重熙の時と同様、料理の上盃事あり。
十二月二十八日、容頌、寒中見舞いに前田邸を訪ねる。菓子を出す。

安永二年（一七七三）
正月七日、容頌、年賀のため前田邸にを訪ねる。盃事あり。
正月十一日、治脩、容頌へ松百餡一壺（伊万里焼）・鰤朝鮮漬一桶を贈る。
正月十二日、会津藩留守居役片岸保介より、昨日の礼状届く。
三月一日、治脩、城中にて容頌に逢い、屋敷へ招かれる。
三月七日、容頌より、国元より到来の雁を贈られる。
三月十五日、治脩、城中にて容頌に逢い、雁贈与の礼を申す。
閏三月十八日、治脩、城中にて容頌に逢い、再び屋敷へ招かれる。
閏三月十九日、治脩、重教に容頌方参向の日時（候補は三日）を伺う。
四月一日、城中にて容頌より、明日同屋敷に招かれ、承諾する。
四月二日、治脩、松平容頌屋敷に参る。無量の饗応、盃事あり。

四月四日、一昨日容頌と約諾した葵到来し、治脩、庭に植えさせる。

四月五日、治脩、訪問の礼として、容頌に鎧を贈ることとする。

四月十一日、治脩、明後日容頌に贈る鎧等の目録を見る。

四月十三日、治脩、鎧等を容頌に贈る。

四月二十八日、容頌、城中にて治脩を招き、先日の鎧の礼を申す。

五月一日、容頌、城中にて帰国の暇の御礼を、御三家より前に治脩に申す。

五月四日、容頌、暇乞いのため前田邸に参上する。料理の上、盃事あり。留守中のことは、井伊直幸へ相談するよう伝える。

安永三年（一七七四）
二月五日、容頌に贈る鶴来酒の添え物について、氷見の曲鮨・伊勢鯉を用意するよう命ず。曲鮨は、丸魚の腹に飯を詰め、その上を竹を編んだもので、巻鮨ともいう。
二月二十二日、容頌に贈る氷見曲鮨・鶴来酒を確認する。

以上、江戸における両家の関係が垣間見ることができよう。これ以降も、天明元年（一七八一）五月には容頌の養子容詮（容章の子）と治脩の養女穎姫（重教の娘）との縁組が調い、同八年四月七日、治脩は会津藩邸に穎姫を訪ねている（「政隣記」）。

下って、文政十一年（一八二八）二月十三日には、十二代藩主前田斉広の娘厚姫が、会津藩主松平容敬に嫁いでいる（「諸事留牒」他）。その後も、天保十二年（一八四一）七月二十日、十三代藩主斉泰が会津藩邸に松平容敬を訪ね、翌年三月には斉泰が松平容敬夫人らを本郷邸に招くなど、両家の交流は見られ（「諸事要用雑記」）、幕末までこの親戚関係は続いたものと考えられる。

【保科家・前田家婚姻関係図】

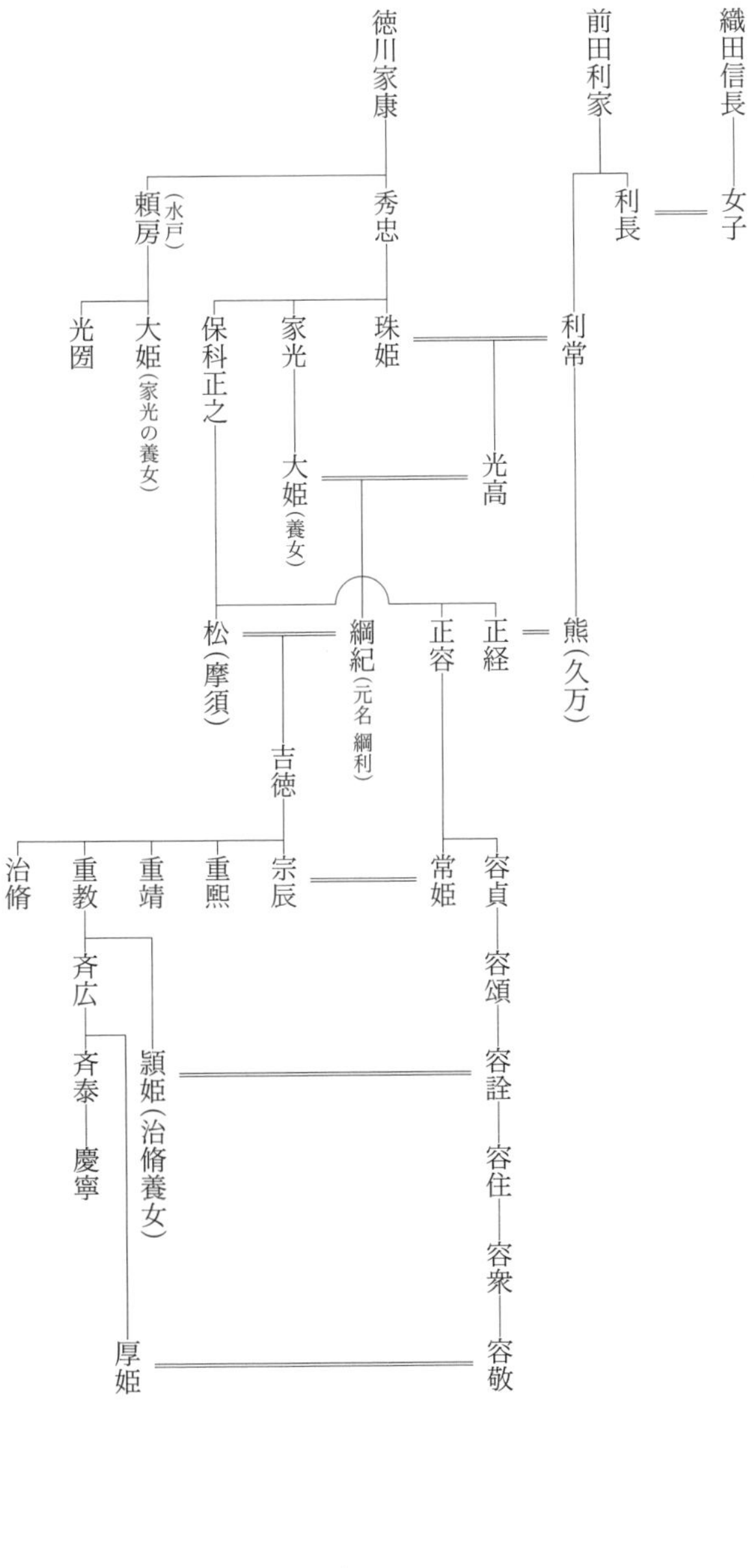

第五章　前田綱紀の参勤交代と書物探索――武蔵国北部（現埼玉県域）を中心に――

加賀金沢藩五代藩主であった前田綱紀（一六四三～一七二四、松雲公）は書物の蒐集をはじめ様々なコレクションがあったことで有名である。特に書物については、新井白石に「加州は天下の書府なり」と言わしめたという。尊経閣文庫（以下、「文庫」と略す）には、綱紀の時に蒐集された典籍が数多く所蔵されている。綱紀は、その著「桑華書志」の中で、祖父三代利常（一五九三～一六五八）の蔵書を「小松蔵書」、父四代光高（一六一五～四五）の蔵書を「金沢蔵書」、自分の蔵書を「尊経閣蔵書」と称しており、現在の文庫の名の由来となっている。(1)

父光高は綱紀三歳の時没し、綱紀は祖父利常の後見のもと藩主となった。利常は大坂の役に出陣し「武」にも秀でていたが、一方、前田家を「武」から「文」へと転換させた人物でもある。利常は後水尾天皇と姻戚関係があり、その影響もあって京都の文化を金沢に導入し江戸に対抗しようとした。能や茶道に造詣が深く、長崎に家臣を派遣して舶来の文物を手に入れたり、京都の職人を金沢城下に招いて、その指導のもと工芸の振興に努めている。また、税制を改革して藩財政の安定化を進めている。江戸時代、金沢が全国でも五本の指に入る大都市になったのも、利常のこうした尽力の結果と考えられている。

こうした祖父の後見のもとで成長した綱紀は、利常没後後見となった岳父保科正之（三代将軍家光の異母弟）の指導を得、またさらに、「大日本史」を編纂したことで有名な水戸の徳川光圀（母方の叔父にあたる）の影響もあり、書物の蒐集を進めていった。光圀からなぜそのように書物を集めるのかと、その目的を尋ねられた綱紀は、集めてから考えると返事をしたという。(2) こうした利常と綱紀の書物探索については第一部第一章を参照されたい。

前田綱紀の事績については、明治四十二年（一九〇九）二月十九日に前田家で編纂・刊行した『加賀松雲公』（上・中・下、三冊、近藤磐雄著）や人物叢書『前田綱紀』（若林喜三郎著、一九六一年、吉川弘文館）等に詳しい。『加賀松雲公』中巻に「第七章　図書の蒐集」があり、その中の「第五節　図書蒐集の情況」には、封内・京都五山・南都・鎌倉・武州称名寺・列侯・幕府・朝親諸家・禁裏仙洞親王家・諸外国等の項目があげられている。このように、綱紀の収書の対象は、公家・武家・寺社等多岐にわたるが、叔父光圀同様、家臣を京都・奈良・鎌倉など全国各地に派遣して書物の探索を行っている。

また、加賀金沢藩の参勤交代の全般的な事柄については、忠田敏男著『参勤交代道中記――加賀藩史料を読む――』(3)に詳しい。綱紀の参勤交代についても触れられているが、その回数や年月日・宿泊地等の具体的な記述は見られないようである。

本章では、最初に綱紀の参勤交代に関して、埼玉県域の宿泊地・昼休憩地等について調べた結果を紹介し、次に綱紀が参勤交代の途次に行った書物探しの事例、特に武蔵国北部（現在の埼玉県域）を中心に紹介することにしたい。

一、参勤交代

参勤交代が制度化されるのは、三代将軍徳川家光の時代、寛永十二年（一六三五）に「武家諸法度」が改定されてからである。これによって、諸大名は一年毎に自領から江戸に参勤することが役儀となった。妻子は人質として江戸に常住させなければならないと同時に、その参勤・帰国に要する旅費や江戸の滞在費は、大名の負担となったのである。加賀金沢藩の場合も、寛永十二年六月晦日、加賀中納言など二十六人が在国するよう命じられており（『徳川実紀』）、参勤交代の制度に組み込まれていった。

前田家の藩政に関する史料は、戦後まもなく石川県金沢市に寄付され、現在は金沢市立玉川図書館・近世史料館に「加越能文庫」として所蔵、管理運営されている。今回はその中から、綱紀の年代記である「参議公年表」（二種）、綱紀の近臣の日記である「葛巻昌興日記」(4)や「前田貞親日記」(5)等をもとに、『加賀藩史料』を参考にして、「前田綱紀参勤交代一覧」（表Ⅰ）を作成した。他の史料を渉猟すれば、さらに解明される部分もあると思われるが、その叩き台として提示しておきたい。

【表Ⅰ　前田綱紀参勤交代一覧】

回数	年号	発着月日	武蔵国内の宿泊(◎)・昼休(○)・中休(△)等
1	寛文元年	七・八　江戸発↓七・一九金沢着 一〇・八金沢発↓一〇・二五江戸着	(不明) (不明)
2	寛文二年 寛文三年	一〇・二江戸発↓一〇・一三金沢着 四・二五金沢発↓五・一〇江戸着	(不明) ―五・八日光社参―○今市―◎二連木五・九発―○儘田―◎幸手五・一〇発―○越ヶ谷―江戸着
3	寛文四年 寛文五年	五・一一江戸発↓六・二三金沢着 三・二五金沢発↓四・七　江戸着	(東海道経由、不明) (不明)
4	寛文六年 寛文七年	五・二六江戸発↓六・四　金沢着 四・一　金沢発↓？　江戸着	(不明) (不明)
5	寛文八年 寛文九年	四・二六江戸発↓五・七　金沢着 四・二　金沢発↓四・一二江戸着	(不明) (不明)
6	寛文十年 寛文十一年	五・四　江戸発↓五・一五金沢着 三・二五金沢発↓四・七　江戸着	(不明) (不明)

7	寛文十二年 延宝元年	五・二　江戸発↓　五・一四金沢着 三・二六金沢発↓　四・七　江戸着	(不明) (不明)
8	延宝二年 延宝三年	四・一五江戸発↓　四・二七金沢着 三・二六金沢発↓　四・七　江戸着	(不明) (不明)
9	延宝四年 延宝五年	五・一六江戸発↓　五・二八金沢着 四・二　金沢発↓　四・一五江戸着	(不明) —○板鼻—◎本庄四・一二発—○熊谷—◎鴻巣四・一三発—○浦輪—△板橋—江戸着
10	延宝六年 延宝七年	六・二八江戸発↓　七・七　金沢着 三・二六金沢発↓　四・九　江戸着	江戸六・二八発—○浦輪—◎鴻巣六・二九発—○熊谷—◎深谷七・一発—○倉賀野— —○落合引町—◎深谷四・八発—○熊谷—◎鴻巣四・九発—○浦輪—△板橋—江戸着
11	延宝八年 天和元年	九・九　江戸発↓　九・二二金沢着 三・二五金沢発↓　四・六　江戸着	江戸九・九発—○蕨—◎大宮九・一〇発—○鴻巣—◎深谷九・一一発—○倉ケ野— —○板ケ端—◎本庄四・五発—○熊谷—◎鴻巣四・六発—○浦輪—△板橋—江戸着
12	天和二年 天和三年	七・一三江戸発↓　七・二五金沢着 四・二　金沢発↓　四・一三江戸着	江戸七・一三発—○浦輪—◎桶川七・一四発—○熊谷—◎本庄七・一五発—○板鼻— ・・・・・(○カ) 蕨—江戸四・一三着
13	貞享元年 貞享二年	四・二六江戸発↓　五・九　金沢着 三・二六金沢発↓　四・六　江戸着	江戸四・二六発—○浦輪—◎桶川四・二七発—○熊谷—◎本庄四・二八発—○板鼻— —◎板鼻四・五発—○本庄—◎熊谷四・六発—○桶川—江戸着
14	貞享三年 貞享四年	五・四　江戸発↓　五・一五金沢着 四・一　金沢発↓　四・一〇江戸着	江戸五・四発—○浦輪—◎桶川五・五発—○熊谷—◎本庄五・六発—○板ケ端— —◎倉ケ野四・九発—○深谷—◎鴻巣四・一〇発—○大宮—江戸着
15	元禄元年 元禄二年	六・四　江戸発↓　六・一五金沢着 三・二九金沢発↓　四・九　江戸着	江戸六・四発—○浦輪—◎鴻巣六・五発—○熊谷—◎本庄六・六発—○板ケ端— —◎板鼻四・八発—○本庄—◎熊谷四・九発—○桶川—△蕨—江戸着

16	元禄三年 元禄四年	五・二二江戸発→六・六 金沢着 三・二九金沢発→四・一〇江戸着	江戸五・二二発—○浦輪—◎鴻巣五・二三発—○熊谷—◎本庄五・二四発—○倉ケ野— —◎板鼻四・九発—○本庄—◎熊谷四・一〇発—○桶川—江戸着
17	元禄五年 元禄六年	九・二七江戸発→一〇・九金沢着 七・九 金沢発→七・二一江戸着	江戸九・二七発—○浦輪—◎桶川九・二八発—○熊谷—◎本庄九・二九発—○板ケ鼻— ・・・・◎大宮七・二一発—江戸着
18	元禄七年 元禄八年	八・一三江戸発→八・二五金沢着 七・六 金沢発→七・一八江戸着	江戸八・一三発—○浦輪—◎桶川八・一四発—○熊谷—◎本庄八・一五発—○倉ケ野— ・・・・◎桶川七・一八発—江戸着
19	元禄九年 元禄十年	七・晦 江戸発→八・一一金沢着 七・一三金沢発→七・二五江戸着	江戸七・晦発—◎蕨八・一発—○上尾—◎鴻巣八・二発—○熊谷—◎本庄八・三発—○板端— —○板端—◎本庄七・二三発—○熊谷—◎桶川七・二四発—○浦輪—◎板橋七・二五発—江戸着
20	元禄十一年 元禄十二年	八・一九江戸発→八・二九金沢着 七・一九金沢発→七・二六江戸着	江戸八・一九発—○浦輪—◎桶川八・二〇発—○熊谷—◎本庄八・二一発—○板端— —○板端—◎本庄七・二五発—○熊谷—◎鴻巣七・二六発—○浦輪—江戸着
21	元禄十三年 元禄十四年	九・四 江戸発→九・一五金沢着 七・一〇金沢発→七・二一江戸着	(不明) —○板端—◎本庄七・二〇発—○熊谷—◎桶川七・二一発—○浦輪—江戸着
22	元禄十五年 元禄十六年	閏八・九江戸発→閏八・二二金沢着 七・一四金沢発→七・二五江戸着	江戸閏八・九発—◎桶川閏八・一〇発（カ）—◎本庄閏八・一二発—◎坂本—（1*） —○板鼻—◎本庄七・二四発—○熊谷—◎桶川七・二五発—○蕨—江戸着
23	宝永元年 宝永二年	七・二五江戸発→八・九金沢着 七・四 金沢発→七・一三江戸着	江戸七・二五発—◎桶川七・二六発・・・(以下不明) —○板ケ端—◎本庄七・一二発—○熊谷—◎桶川七・一三発—○蕨—江戸着

24	宝永三年 宝永四年	八・四　江戸発↓　八・一五金沢着 七・一三金沢発↓　七・二五江戸着	(不明) —○板鼻—◎本庄七・二四発—○熊谷—◎鴻巣七・二五発—○大宮—江戸着
25	宝永六年 宝永七年	八・二一江戸発↓　九・四　金沢着 八・二五金沢発↓　閏八・七江戸着	江戸八・二一発—○蕨—◎大宮八・二二発—△鴻巣—○熊谷—◎本庄八・二三発—○倉ケ野— ・・・◎蕨閏八・七発—江戸着
26	正徳元年 正徳二年	九・六　江戸発↓　九・一九金沢着 七・一五金沢発↓　七・二六江戸着	江戸九・六発—◎蕨九・七発—○桶川—◎熊谷九・八発—○本庄—◎倉ケ野—(*2) ・・・◎大宮七・二六発—○蕨—江戸着
27	正徳三年 正徳四年	八・一一江戸発↓　八・二二金沢着 七・一八金沢発↓　七・二九江戸着	江戸八・一一発—○浦輪—◎桶川八・一二発—○熊谷—◎本庄八・一三発—○倉ケ野— ・・・◎上尾七・二九発—○蕨—江戸着
28	正徳五年 享保元年	九・四　江戸発↓　九・一五金沢着 七・一八金沢発↓　七・二八江戸着	(不明) —○板ケ端—◎本庄七・二七発—○熊谷—◎鴻巣七・二八発—○大宮—江戸着
29	享保二年 享保三年	九・二六江戸発↓一〇・一三金沢着 七・一六金沢発↓　七・二七江戸着	江戸九・二六発—○浦輪—◎桶川九・二七発—○熊谷—◎本庄九・二八発—○板ケ端—(木曾路) —◎倉ケ野七・二五発—○深谷—△熊谷—◎鴻巣七・二六発—○大宮—△蕨—江戸着
30	享保五年	四・二　江戸発↓　四・二五金沢着 九・二三金沢発↓一〇・六　江戸着	江戸四・二発—○浦輪—◎桶川四・三発—○熊谷—◎本庄四・四発—○板端— ・・・◎鴻巣一〇・六発—江戸着

この表は、金沢市立玉川図書館所蔵加越能文庫の内、「参議公年表」（二種）・「葛巻昌興日記」・「前田貞親日記」をもとに作成し、『加賀藩史料』を参照した。

玉川図書館所蔵の「参議公年表」は大きく分けて二種類に収斂される。一種は青地礼幹編の六冊本（二一九）であり、一種は編者不明の六十二冊本（二二三）である。前者は簡略で、綱紀の誕生から卒去までの年表、後者は記事が詳細で、貞享元年（一六八四）から享保九年（一七二四）の年代記である。

注

＊1　「参議公年表」（六十二冊本）によれば、九日に御発駕、桶川御泊、十一日に本庄御泊とある。十日の宿泊地は記載されていない。

＊2　『加賀藩史料』では、七月二十五日就封の暇を受け、九月七日江戸を発し、十九日金沢に着したという（「政隣記」・「年表」）。

綱紀は、父である四代藩主光高の急逝後、正保二年（一六四五）六月に三歳で襲封し、享保九年（一七二四）五月九日江戸で死去した（八十二歳）。綱紀は約八十年にわたる治世の中で、片道六十回（帰国〈交代〉・参勤各三十回）にも及ぶ参勤交代を行っているが、江戸で生まれ育ったため、帰国から始まり、最後は参勤で終わっている。そのほとんどが中山道から北国街道上道か同下道を経るものであり、往復で約六十回も埼玉県域を通過していたことになる。最初の帰国（交代）は、寛文元年（一六六一）七月、綱紀十九歳の時であった。襲封後綱紀は、後見役に祖父利常、ついで岳父保科正之を得、その補佐をうけて成長した。この最初の帰国は、成長した若い藩主の姿を、在国の老臣をはじめ領国の人々に披露する意味があったのである。(6)

ちなみに前田綱紀の自筆日記である「寛文日記」（文庫蔵）は、この年の参勤の時の記録で、寛文元年十月二十五日の「夜入六半時分ニ到着ス」という江戸に着いた記事から始まる。また、前田綱紀の自筆の旅日記「丙寅旅中雑記」（文庫蔵）は、貞享三年（一六八六）の帰国（第一四回）の記録であるが、起筆が中山道の桶川宿から記述が始まっている。

さて、表Ⅰの内容を概観すると、延宝四年（一六七八）までの帰国・参勤は江戸・金沢発と金沢・江戸着の月日がわかる程度であり、具体的な宿泊地は寛文三年（一六六三）に参勤の途中日光社参に寄り道をした時のことがわかる程度である。この時は日光に参詣し、日光街道を通って江戸に向かっている。(7) その他は二種の「参議公年表」のうち、青地礼幹編の六冊本が参考になる。(8) 記事の内容は簡略であるが、綱紀の誕生から卒去までの出来事が参照でき、帰国・参勤については、江戸や金沢の発着の年月日が確認できる。

延宝五年から元禄五年（一六九二）にかけては、「葛巻昌興日記」が残るので、綱紀周辺の状況が詳細にわかるようになる。参勤交代も例外ではなく、宿泊地・休憩地ばかりでなく、街道筋の様子や道中の綱紀の動向も詳しく知ることができる。

元禄六年から享保五年（一七二〇）まではもう一種の「参議公年表」が参考になる。前述の青地礼幹編は発着の年月日が知られるだけであるが、もう一種（金沢市立玉川図書館蔵『加越能文庫解説目録』の二一三）は編者不明であるが、六十二冊あり、記事が詳細で、貞享元年（一六八四）から享保九年（一七二四）の年代記といえよう。これには、ほとんどの参勤に「泊付」が記載されており、これによって帰国・参勤の宿泊・休憩の月日や宿場が知ることができる。但し、この「泊付」は予定を記載したものと推定される場合もあり、実際の宿泊・休憩の月日・宿場とは異なっている場合があることに留意する必要があろう。

ところで、忠田敏男著『参勤交代道中記』によると、「行列を建てた」埼玉県内の宿場として「本庄　深谷　熊谷　鴻巣　桶川　上尾　大宮　浦和　蕨」をあげている。綱紀の帰国・参勤に関わる中山道中の武蔵国の宿場は、江戸から見ると「板橋―蕨―浦輪―大宮―上尾―桶川―鴻巣―熊谷―深谷―本庄」の順であり、江戸時代を通してほとんど変わりがなかったことがわかる。

このうち帰国の際はほとんど埼玉県域に二泊しており、宿泊した宿場は、表Ⅰから多い順でいうと桶川・本庄

（十一回）、鴻巣・本庄（四回）、大宮・深谷、大宮・本庄、蕨・熊谷（各一回）であり、初日は桶川・鴻巣、二泊目は本庄が宿泊地とした例が多かった。一方、昼休も二カ所で行う例が多く、浦輪・熊谷（十一回）、蕨・鴻巣、上尾・熊谷、蕨・（鴻巣：中休）・熊谷、桶川（各一回）であり、圧倒的に浦輪・熊谷が多かったことがわかる。

一方、参勤の際に宿泊した宿場は、二泊の場合は本庄・鴻巣（五回）、本庄・桶川（三回）、深谷・鴻巣（一回）、一泊の場合は鴻巣（三回）、熊谷（二回）、大宮（二回）、桶川、上尾、蕨（各一回）であり、埼玉県域では二泊の場合と一泊の場合があり、二泊の場合は一泊目は本庄が多く、二泊目は鴻巣、ついで桶川が多かった。帰国の場合と同じ傾向が見られる。一泊の場合は、鴻巣・熊谷・大宮と比較的分散しており、急いで江戸に入ろうとしている様子が窺えよう。昼休は熊谷・浦輪（六回）、本庄・桶川（三回）、熊谷・蕨（三回）、熊谷・大宮（二回）、深谷・大宮、深谷・（熊谷：中休）・大宮、蕨（三回）であり、二泊の場合は圧倒的に初日は熊谷が多く、二日目は浦輪ついで大宮であり、帰国と同じ傾向が見られる。一泊のみの場合は江戸に入る直前の蕨での昼休が多かった。

綱紀の帰国・参勤の道筋は、江戸から中山道を経て、追分宿から北国街道下道に入るのが普通であったが、例外がいくつか存在する。管見では、寛文三年の参勤の途中、下野国に廻り日光参詣を行ったことである。この時は日光から奥州街道（下野国儘田―幸手―越ヶ谷）を経て江戸に入り、翌四年の帰国は東海道を通っている。その他、晩年になって、京都に嫁した娘（二条吉忠室）に逢うため京都に出、北国街道上道経由で帰国した二例（享保二年・同五年）がある。

参勤交代の時期は、元禄五年・六年を境に多少変化が見られる。これ以前の交代（帰国）は、二、三の例外を除くと、四月末～五月に江戸を発つことが多い。この時期の参勤は、金沢発が三月末～四月にかけてであり、四月中に江戸に着いている。この背景には、外様大名が四月に交代（在府在国一年）の規定（「武鑑」）をほぼ遵守していたことを示している。交代（帰国）の時期は様々な理由で遅れることがあったのであろう。

次に、元禄五年・六年以降を見てみよう。交代（帰国）は、二、三の例外を除くと、七月末〜九月上旬に江戸を発つ場合が多い。参勤は、金沢発が七月で、七月末日までに江戸に着いている。交代の時期が四月から七月に変更されたようである。

二、足立郡文蔵村周辺の図書探索

前田綱紀が参勤交代の途中興味を持った地名に、中山道浦輪宿（現埼玉県さいたま市浦和区）の南にあった「文蔵村」（現さいたま市南区文蔵）がある。何回か中山道を往復するうち、綱紀はこの村名を文字で見たと考えられる。「ぶぞう」という音を聞いたのでは興味を引かなかったのではなかろうか。「文蔵」という文字は「ふみくら」であり、現在で言えば文庫にあたる言葉である。おそらく綱紀は「文蔵」と書く村が浦和宿の近郊にあることを知り大いに興味を持ったに相違ない。

なお、この「文蔵」の地名由来については、『新編武蔵国風土記稿』には記載が無く、『埼玉県地名誌』（韮塚一三郎著）では「文蔵は天正十八年以前の開発で、その開発は二階堂氏によって行われたものとみられる。されば文蔵の名あるいは（二階堂）資朝ないしその父祖の実名ではなかろうか。」という説を載せている。(9)

綱紀が行動を起こしたのは、延宝六年（一六七八）の第十回目の帰国の途次であった。この時のことは『松雲公採集遺編類纂』九六所収の「武州文蔵村書籍捜索書」に詳しい。(10) その冒頭に左記の書状が収められている。

一筆令啓達候、然者武州浦輪（足立郡）之近辺ニ文蔵村（足立郡）与申所之寺ニ古より書物多有之由、被及聞召候、此度御帰国之節、浦輪御宿主ニも御尋被成候処、弥其通及承候旨申上候、就夫御手前早速彼所江被罷越、右書物共之儀様子被相尋、御用ニも可立書物等有之候者、何とそ才覚仕、当分貸申候て、借候而、入　御覧被申歟、借被申義、不罷成首尾ニ候者、書物之外題、其外様子委細目録ニ記、可被言上旨、被仰出候条、可被（得脱カ）其意候、

一、文蔵村ニ不限、其辺之寺なとへも右之書物分散仕由ニ候間、右近辺之寺等、随分尋可被申候、浦輪宿之内ニ有之寺なとをも被相尋、可然候、恐々謹言、

（延宝六年）七月廿四日

奥村伊予（時成、若年寄）

横山志摩（正房、若年寄）

津田太郎兵衛殿（光吉）

この年六月二十八日江戸を発した綱紀は、中山道を北上し、浦輪宿で昼の休憩を取っている。このとき、かねてから興味を持っていた「文蔵村」のことを宿の主人に尋ねたという。七月十一日金沢城に着いた綱紀は、江戸の留守を守る横山正房・奥村時成にこの村の調査を命じたのである。

七月二十四日横山・奥村の両名は、津田光吉に右のような指示を出した。津田は、書物才覚人（綱紀が書籍を捜索させるため諸国に派遣した役人）であった。指示の内容のひとつは、浦輪宿近辺の文蔵村に行き、書物の有無を調べ、役に立ちそうな書物があれば、持ち主と交渉して借用し、綱紀の御覧に入れるように。もし借用することが無理ならば、書物の外題やその他の体裁を目録にして報告しなさい。今ひとつは、文蔵村だけに限らず、その周辺の寺などにも書物が分散していると聞いているので、近辺の村々も尋ねて調査し、浦輪宿にある寺も尋ねてみ

るようにということであった。津田は、七月晦日に請書を提出し、早朝に江戸を発っている。津田は、この時「文蔵日記」なる紀行文を残しているが、それが「武州文蔵村書籍捜索書」の中核となっている。本節ではこれに拠りつつ、津田の歩いた道筋とそこに記される書物を中心に紹介することとしたい。

津田は、延宝六年（一六七八）文月（七月）晦日の明け方に江戸の上屋敷を出立し、板橋宿（現東京都板橋区）を経て戸田渡（現埼玉県戸田市）を舟で渡った。蕨宿（現埼玉県蕨市）を経て、巳の下刻（十一時半頃）に浦輪宿に着き、安藤源兵衛という農家に宿を借りている。そこを訪ねてきた浦輪宿本陣の主人星野権兵衛に、まず文蔵村の由縁を尋ねたが不明だということであった。そこで、源兵衛と星野権兵衛の子平兵衛を案内者として、津田は文蔵村に向かった。浦輪宿の南にある調宮（現さいたま市浦和区調神社、浦和の玉蔵院の持社。田門鉄舟の書いた「調宮縁起」があった）を経て一里ほど行くと文蔵村（浦和と蕨との間の一里塚から三町ほど東の方の集落）に着いた。名主守屋権左衛門（約七十歳）の家で文蔵村の由来を尋ねたところ、昔、二階堂右衛門佐（北条氏政の一門岩付十郎の家人）という人物がおり、この村の地頭であって、この守屋の屋敷に住んでいたと聞いてはいるが、この地に文庫などがあったということは聞いたことがないという返事であった。文蔵村には円乗院・観養院という真言宗寺院が二カ寺あるというので、守屋父子の案内でこの寺々を訪ね住僧にも文蔵村の由来を尋ねたがわからず、書籍もないという話であった。

文蔵村の付近に別所村（現さいたま市南区別所）がある。その名主青山金左衛門は医学を嗜む人物で、星野権兵衛の従兄弟にあたるというので、津田は別所村に行って金左衛門に逢っている。するとこの家の床に書物があった。見ると「四書回春」・「仮名字例」などである。しかし、文蔵の由来を尋ねたが知らなかった。青山金左衛門は、「仮名字例」の作者である山崎宇右衛門という者は自分の甥であり、芝村（現埼玉県川口市芝）に住んでいる。

もしかするとこの者が伝え聞いているかもしれないので、尋ねてみてはと勧めたという。この日津田は、白旗村（現さいたま市南区白幡）を通って宿に帰った。

翌八月一日、津田は大宮宿（現さいたま市大宮区）の氷川神社を訪ね、神主氷川内記や大宮本陣の新左衛門に文蔵村の由緒を尋ねたが、二人とも知らなかった。氷川神社には田門鉄舟が書いた歌仙があり、神主から入間郡北野村（現埼玉県所沢市北野）の天神社の神主方に神書のような珍書や藩祖前田利家の判物もあるという情報を得ている。ついで与野村（現さいたま市中央区）に寄り、午後三時頃浦輪に帰った。そこに別所村の青山金左衛門が訪れ、昨日話していた芝村の宇右衛門に問い合わせた結果を報告してくれた。これによると、「昔、北条家の書物を預かる二階堂氏が、数代文蔵村に居住し、ここに文庫を建て、その子孫である二階堂右衛門佐まで文蔵・前川（現川口市前川地区）の両村を所領として、守屋権左衛門の屋敷地に住していたと聞いている。いつ頃文庫があったかは知らないし、古記録もなく、ただ聞き伝えるだけである。」と話していたという。

八月二日津田は、小雨の中、浦和宿の玉蔵院を訪ね、七、八十冊の書物を見せてもらっている。中には「作文大体」・「竹蒙持職平抄全九集」・「新勅撰和歌集」・「灌頂連歌」・「新式連歌懐紙」などの書物があったという。ついで蕨宿の金亀山三学院極楽寺を訪ねたが書物はなく、夕方宿に戻っている。

八月三日朝、津田は、小雨の中、上述の北野天神社を訪ねるため、北に向かって出発した。この頃には前田家の祖先は菅原道真とされており天神様は前田家に取っては特別な存在であった。氷川神社の神主の紹介もあり、津田の興味を引いたものと考えられる。津田は、与野村を経由して植田谷村（現さいたま市西区植田谷本）に至り、川越道を西に進み飯田の渡を経て、小仙波（現埼玉県川越市小仙波）に至り、午前十一時前に川越城下（現川越市）に入っている。津田は、城下の問屋で川越の古跡で、城中にある三芳野天神[11]の話を聞いた。

川越を出た津田は、藤原俊成の歌に詠まれた堀兼井（現埼玉県狭山市堀兼）を苦労して探し、富士浅間神社と井戸を見、「うれしくもたつねきにけりむさし野ゝほりかねの井は水もなけれと」と詠んでいる。津田はそこから入曾村（現狭山市南入曾・北入曾）を経て、北野村に至った。ここには延喜式内社である物部天神社・国渭地祇社の後身で、のちに菅原道真が合祀された北野天神社がある。津田は、神主栗原中務丞に一夜の宿を依頼したが、病人がいるので寺院に頼むようにと断られ、禅寺にも申し入れたがどこの誰かわからない者は泊められないと断られ、ようやく農民の左衛門方（志木村、現埼玉県志木市）に宿泊することができた。そこで津田は左記の書状を認め、神主栗原中務丞に遣わしている。

雖未得御意候、一筆令啓上候、然者松平《前田綱紀》加賀守先祖、前田利家・利長祈願書とやらん、寄進状とやらん当社ニ御座候、内々承及候、如何之様子ニ而当社ニ候哉、様子以面上承度、態々江戸より罷越候へ共、御病人有之由ニ而、御達不被成候、加賀守義菅原氏ニ候故、何とて左様之子細ニ而、右之文書も有之哉、以面上不申承、近比残念存候、若江戸へ御出候者、私長屋迄預御尋候者、可忝候、恐惶謹言、

八月三日　　津田太郎兵衛

栗原中務丞殿

この手紙で津田は、まず北野天神社に前田利家・利長父子の願書や寄進状があると聞いているが、是非お会いしてお話を伺いたかったが病人がいて会えず残念であること、前田綱紀の本姓は菅原氏なので、直接お目にかかってお話を伺えないのは残念である、もし江戸にでるようなことがあったら、是非自分の長屋を訪ねてほしい

と、神主栗原中務丞に伝えている。同日津田は、神主栗原から、前田利家の判物があること、そして八月中旬過ぎには江戸に持参する旨の返事を受け取った。

その晩志木村で一泊した津田は、この晩は外の騒々しさに一睡もできなかったと記す。翌八月四日、田無（現東京都西東京市）に出た津田は、青梅街道を江戸に向かい、三時半過ぎに上屋敷に帰った。そしてその晩は左記の報告書をまとめている。なお、「イ」は『松雲公採集遺編類纂』百四で校訂した結果である。

言上状

一筆致啓上候、然者先月晦日文蔵村へ罷越、近辺迄書物相尋、昨四日之晩罷帰申候、

一、文蔵村江罷越、名主守屋権左衛門与申者ニ知人ニ罷成、文蔵村之由来相尋候へハ、当村ハ北条之家来二階堂氏代々知行仕、氏政《北条》時分二階堂右衛門佐与申者迄知行仕来之由承申候、此外之由来曾而不存候、往古文庫有之由終ニ承不申由申候、文蔵村ニ円乗院・観養院与申真言宗二ケ寺御座候、右名主同道仕罷越、住持ニ逢相尋候へ共、文蔵村之由来少も不存候、古文庫之書物一冊も所持不仕候、此所ニ文庫御座候事、終ニ承申事も無御座由、二ケ寺共ニ申候、

一、文蔵村の近所別所村名主青山金左衛門与申者少々学問仕、医者仕者ニ而、方々江罷越近郷之事委存之者之由承候故、別所村へ罷越相尋申候、文蔵村ハ北条家書物預り二階堂氏領知仕、文庫立居住仕候由承及候、時代ハ不奉存候、文庫も何時分有之候事ニ候哉、曾而不存候、近年弘文院《林信篤》知行ニ罷成、古之文庫之地ニ候間、彼村ニ文庫作り申度由弘文院被申由承及候、此文庫ニ御座候書物之事、此近辺ニも、其外何方ニも有之儀不承及之由申候、

一、文蔵村之近辺、芝村・別所村・与野村・浦和・蕨之寺方古所之由申候故罷越、寺方、并在家、大宮之氷川明神迄相尋候へ共、文蔵村之古書無御座候、其外ニも御用ニ可立書無御座候、書物少々見申候へ共、御用ニ可立書曾而無御座候、
一、氷川明神之神主氷川内記物語仕候者、入間（武蔵国）郡之内北野村天神之神主、神書之様成珍書所持仕候間、板行ニ可仕由十年許以前物語仕候ヲ承候、利家様御判之物も此社ニ御座候由承候旨申候故、北野村へ罷越、天神之神主栗原中務方江（へイ）案内申入候処、急病人有之候間此度ハ対面難仕由申候故、暫時逢申度由重而申入候へ共、（ともイ）如何様江戸へ罷出候者、私方へ罷越可申承由申、逢不申候故、先罷帰申候、右之趣御序之刻、被仰上可被下候、恐惶謹言、

八月五日　津田太郎兵衛

奥村伊予様
横山志摩様

翌八月五日、津田は奥村・横山両名に右記の報告書[12]を提出し、この報告書は朝飛脚で国元に送られている。この時の調査では書物・文書等を見ることはできなかったが、その後の調査を示すものとして、北野天神社の古文書二通の写が『松雲公採集遺編類纂』百四（古文書部七）の中に「北野神社文書」（武蔵国）として掲載されており、後日神主栗原氏は江戸の藩邸に文書を持参し、津田光吉によって書写されたと推定される。

『松雲公採集遺編類纂』記載の内容は左記の通りである。

①天正十八年七月五日の前田利家判物写（北野神主栗原殿宛）

②（後欠九月十九日カ）前田利家判物（北野神主殿宛）
③（延宝六年）八月五日の津田太郎兵衛尉言上状（奥村伊予・横山志摩宛）
④攷証

なお、①と②の二通は現存しており、『新編埼玉県史』史料編6（中世2　古文書2）に①は一六〇六号文書、②は付七三号文書として収められている。(13)

③は右記の「武州文蔵村書籍捜索書」所収の文書で、津田光吉の報告書に当たる。

④は、『松雲公採集遺編類纂』の編者森田平次（柿園）によるもので、前田利家が北陸から関東に攻め込んだときのことを考証している。

三、熊谷寺の調査

文庫には、数多くの系図類を所蔵するが、その多くは江戸時代、とくに五代藩主綱紀の時代に書写・蒐集されたものが大半を占めている。その中で、中心となるものは「新集百家譜」といわれるもので、現在「武家百家譜」として文庫に所蔵される系図集がその中核であったと考えられる。

この「武家百家譜」の三十九番目に当たるのが「熊谷系図」（一巻）である。これは、埼玉県熊谷市にある熊谷寺に所蔵されていた「熊谷系図」を模写したもので、原本は同寺に現蔵されている。本節ではこの系図を書写した経緯について紹介しておきたい。

熊谷は、源平合戦で活躍し、のち法然に師事した熊谷直実（法名蓮生）の名字の地で、のち庵（蓮生庵）が結ばれたところと伝える。時代は下って天正年間に、蓮生を慕う幡随意上人（その弟子万海ともいう）が中興し、その寺院を熊谷寺と称したという。

江戸で生まれ育った前田綱紀は、寛文元年（一六六一）七月に最初に帰国して以降、享保五年（一七二〇）十月に江戸に参勤するまで片道六十回の帰国（交代）と参勤を行った。(14) 本章第一節で述べたように、この道程の中で、熊谷宿は、帰国の時も参勤の時も昼休の宿場として利用されていることが多かった。

さて、熊谷寺に関しては、「葛巻昌興日記」貞享三年（一六八六）五月五日条に記載がある。朝五時過ぎ桶川宿（現埼玉県桶川市）を発った綱紀の行列は、熊谷宿で昼休し、その晩は本庄宿（現埼玉県本庄市）に宿泊している。昼休の時綱紀は、熊谷次郎直実の旧跡である熊谷寺に参詣し、寺僧に頼んで蓮生之幕とその遺誡、「熊谷系図」等を一覧したという。

ところで、綱紀自筆のノートである「桑華書志」(15) 四八に左記の記事がある。

○是より壬辰参観以来、

熊谷系図　一巻

右往年過武州熊谷駅之時、以熊谷寺之蔵本所模写也、

正徳壬辰之秋七月関東下向之序、又於熊谷駅借彼旧本、（此時之方丈声誉ト云、贈晒布五疋畢、使者村田半左衛門）令侍士両輩（高田某、安井某、）加校合畢、于時仲秋念四日、

此節一覧之什物系図之外、幕一帖、旗一幅、鞍一口、平経盛状一通、熊谷置状一通、右於旅亭命近侍（高田弥左衛門、安井源兵衛）雖加校合、倉卒之間、重而役人跡より参向之節、遂祇候致校合之様ニ頼入旨約束、依之、従江戸申遣書写奉行（有沢弥三郎、熊内弥助、）金沢用事相済、東行之□（序カ）て、当寺へ立寄、可遂校合、別ニ相違具ニ記之、且又奥之和哥已下者近年修覆之節、其時之住持裁放之由ニ付、此度借用持参、仍此度家本改之、且和哥

已下以正本、是又証文字写落置之間、此度書加之、各別宛所者別ニ透写之畢、又左之一巻者、於熊谷之亭一
覧無之ニ付、此度被差越候、

箱ノ上書

光《粟生》明寺縁起蓮生伝　熊谷寺什物

箱之底書付

天和二年壬戌六月十五日寄進于熊谷寺野釋吟達、此伝余無手透之間、漸口奥少許披見之処、不都合之義不相
見条、可書写旨、書写奉行ニ申渡畢、時壬辰九月十六日、

巻物之銘金紙ノ外題

光《粟生》明寺之縁起熊谷伝一巻

今按、山城名勝志云、光明寺在粟生野粟生野光明寺因縁記云、山城国乙訓郡粟生野報国山光明寺ハ證空上人
再興、法然上人ヲ開山第一祖トシテ、蓮生法師カ草創也、号念仏三昧院、蓮生徒弟幸阿弥陀仏ニ附属此院云々、
黒谷上人伝ー

此寺山号蓮生院、号常行寺、号熊谷寺領三十石、俗云、御朱印地也、其宗浄土、以増上寺為本寺、色衣之僧
為之、住持隔年出于江府、勤年禮之次十八檀林為独礼当住声譽順貞上人、

また、「熊谷系図　一巻」から六行目の上部には「此什物持主之僧塔頭上生院へ、八講ノ布二疋、所化白貞銀一枚、於熊谷駅上人江曝布五疋、持参之僧塔頭上生院江、八講布中二疋、所化自貞江白銀一枚、以大小将村田半左衛門遣之、時七月廿五焉、」と、「光明寺之縁起熊谷伝一巻」の上部には「按此伝、光明寺縁起絵入ノ様ニ見へ、

今又志ノ所引ヲ見レハ、非因縁起、若又因縁記之外ニ此伝絵入ニ而有之哉、記幷伝共ニ光明寺ヲ可尋也、」という記事がある。

「正徳壬辰之秋七月関東下向之序」とは正徳二年（一七一二）の参勤の時にあたる。これによると、冒頭に往年（むかし）前田綱紀が熊谷宿を通り過ぎた際、熊谷寺の蔵本の「熊谷系図」を模写した旨が記されている。この往年書写した時とは、貞享三年（一六八六）に熊谷寺を訪れた際のことであろう。

正徳二年七月の参勤の際、綱紀が熊谷宿で昼休していることは表Ⅰ（一一二〜一一五頁）で確認できる。綱紀はこの時も「熊谷系図」を借り、高田・安井両人に命じ、以前写した写本と校合させたという。この時綱紀が見た什物には、この系図のほか、幕・旗・鞍のほか、平経盛書状・熊谷直実置文などがあった。これらも近侍の高田・安井両名に命じて校合させたが、急なことであったので、時間もなく、あとで役人に参向させてることを約束したと記している。

そして、江戸に着いた綱紀から、金沢に滞在中の書写奉行有沢弥三郎・熊内弥助に指示が出された。実は、この時の記録が「熊谷寺書籍一件（武州）」として、上述の『松雲公採集遺遍類纂』九六に収められている。これは以前紹介した「相州鎌倉書籍等捜索書」[16]、「武州文蔵村書籍捜索書」等と一連のものである。内容は、「武州熊谷寺書籍一件、正徳二壬辰年也、」から始まるもので、まさしく綱紀から「熊谷系図」の校合の指示を受けた書写奉行（有沢弥三郎・熊内弥助）の報告書である。

まず、八月十一日付けで江戸の綱紀から金沢にいた有沢弥三郎・熊内弥助に指示が出された。それは左記の綱紀の書状である。

御親翰写

漸其許書写校合相仕廻可申哉与存候、左候者、追付可致発足候間、於武州熊谷（武蔵国大里郡）熊谷寺江罷越、彼什物之系図致拝見、持参仕候写本与見合申度由、役僧迄申断、且参勤之時分、此段被申達置候間、致祇候、見合可申旨、自江戸申越候由、可致演述候、定而可為許容候間、一両日致逗留候間成共、委細見合少ニ而茂相違之所を、別ニ書付持参可仕候、爰元ニ而見届、写本直之候歟、又別ニ書立申儀茂可有之候条、写本手を付申儀、先可為無用候、但附紙等者各別候、以上、

八月十一日（正徳二年）　御判（前田綱紀）

有沢弥三郎（致遠）とのへ

熊内弥助とのへ

猶以書物役一人ニ而茂致同道、校合可申付候、以上、

追而申遣候、系図之末、写本ニ者和歌幷奥書有之候、本書ニ者無之、奥之塁紙事、外詰り候故、不審ニ候而、役僧江相尋候処、先住修覆之時分、裁捨申由候、定而別ニ可有之様ニ存候間、何とそ致才覚、暫借候而可致持参候、若又爰許江難差越由ニ候ハヽ、是亦彼寺ニ而致校合、相違之所別紙ニ書付可申候、名判者写様無心許存候間、是又致透写可入披見候、以上、

八月十一日（正徳二年）

指示の内容は、金沢での用事が済み次第江戸に戻るであろうから、途中武蔵国熊谷宿の熊谷寺に立ち寄り、同

寺の什物「熊谷系図」を拝見し、持参した「熊谷系図」の写と校合したい旨熊谷寺の役僧に申し入れること、また先日綱紀が参勤の折り申し置いたことでもあり、江戸から指示があった旨を申し入れれば、きっと許可が出るであろう。そうしたら一両日逗留して詳しく見比べ、相違するところを別書に記載して持参すること、写本に手を入れる（訂正することであろう）のはこちらでするので無用であるが、附紙（現在の附箋のこと）をすることはかまわないと述べる。

そして追伸で、以前「熊谷系図」の最後に和歌・奥書があったが、現在原本にはこれが見えない、役僧に尋ねたところ、前住職がこの系図を修復した時裁断したという話であったので、断ち切った部分も探し出して校合し、相違する部分は別紙に記載すること、名判については現在の写本では心許ないので、透き写しにして提出するようにと細かい指示を与えている。(17)

金沢にいた有沢弥三郎・熊内弥助両名は、「熊谷系図」の写本とこの書状が金沢に届いた八月二十二日に請書を江戸に送っている。請書によると、予定では二十六・二十七日に書写校合を済ませ、二十九日には江戸に報告に行くことになっていた。しかし、九月十日付の両者の報告によると、二人は二十九日に金沢を出立し、九月八日昼過ぎに熊谷宿に到着、宿（本陣竹井新右衛門方）に入った。すぐに新右衛門を通じて熊谷寺の役僧上生院に申し入れ、新右衛門の案内にて有沢・熊内両名と書物役人二人は熊谷寺に参向した。和尚に「熊谷系図」を見たい旨を申し入れたところ、早速見せてくれた。書物役の作右衛門と右衛門と見合わせながら、念入に少しずつ相違する部分を別紙に書出し、奥には九カ所に付札を付けた。有沢・熊内等も引合せ吟味したという。

この時二人は、修復の際「熊谷系図」からはずされた和歌の部分（一巻）と、先日綱紀が見なかった「光明寺縁起」（一巻）の借用を申し入れ、許可されている。江戸に持ち帰り、中村典膳克正を通じて綱紀の御覧に供した。

その後十月十六日、綱紀は中村を通じて有沢・熊内両名に命じ、借用した物を熊谷寺に返却している。

この「光明寺縁起」については、前掲の「桑華書志」に詳しく記されている。箱の上書は「粟生光明寺縁起蓮生伝　熊谷寺什物」、巻子の外題が「粟生光明寺之縁起熊谷伝一巻」、箱の底の書付けには天和二年（一六八二）六月十五日に熊谷寺に寄進されたことなどが記され、九月十六日これを手にした綱紀は、忙しくて時間がなかったため巻物の最初と最後だけを見て、「不都合之義不相見条」として書写するよう書写奉行に指示している。

翌正徳三年（一七一三）二月三日、綱紀は昨年熊谷寺に巻物を返却して以後、返礼の贈物を送ったかどうかを尋ね、まだしていないことを確認。みずから手紙を認めたいので、有沢・熊内両名からも書面を送るよう中村を通じて指示している。二人は同日付で熊谷寺上生院宛に書面を認め、御礼の品物を送り届けた。これに対し上生院は、二月六日付の礼状を両名宛てに送っていることが確認できる。この礼状は翌日綱紀に上覧され、手許に留め置かれたという。

二月十一日、熊谷寺は有沢・熊内両名宛に書面を認め、上生院を使者として江戸本郷邸に参向させた。同十二日、上生院は湯島一丁目紀国屋仁左衛門方に泊まり、翌十三日江戸御貸小屋に参上し、書面と進物を献上している。これに対し熊内は宿泊所に出かけ、進物を返し、中屋敷に参向するよう指示している。上生院は中屋敷に参り中村典膳を通じて口上を伝え、右の書面・蕎麦粉等を献上した。その折り、有沢・熊内両名は熊谷寺からの贈物について、受取の可否について伺いを提出しているのである。翌日両名は旅宿に参り、道中にての献上物はないようにするという条件で、この度の献上品を受け取る旨伝えている。熊谷宿は前田家の参勤交代では必ず通り、昼の休憩をとるところであり、熊谷寺に対して余計な献上をさせないよう配慮している様子が見える。翌十五日上生院は上屋敷御殿に招かれ、御目録と白銀二枚を拝領し、退出したという。

現在前田家に伝来した熊谷氏の系図としては文庫に次の三種類が確認できる。それは、前述した「武家百家譜」所収の「熊谷系図」（一巻）、文庫所蔵「熊谷家系図」（系譜類四、一巻）、加越能文庫にある「熊谷家系図」（今枝直方手写、宝永二年〈一七〇五〉写、一冊）である。これら三種の系図は同じ系統のものと考えられるが、各々の比較検討については別稿を期したい。

四、まとめにかえて

前田綱紀による図書蒐集に関しては、管見ではほかに二例が知られるので、それを紹介して結びとしたい。

ひとつは、「桑華書志」五一及び五二に左記の記載がある「本庄系図」である。

本庄系図一巻
丙申歳、東行之次、於本庄駅借覧安養院蔵書、亭長田村某為之介、　（「桑華書志」五一）

本庄系図一巻
右以武州《本庄》安養院之蔵本模写之、　（「桑華書志」五二）

丙申は、享保元年（一七一六）にあたり、「東行之次」とあるので、綱紀が参勤の途次本庄宿で借覧したものであろう。表Ⅰ「前田綱紀参勤交代一覧」によれば、この年七月二十六日本庄宿に泊まり翌日江戸に向かって出立している。綱紀は、本陣の田村某の斡旋により安養院にあった「本庄系図」（一巻）を借覧し、これを模写させたのである。

いまひとつは、加越能文庫に収められる「武蔵国越生報恩寺禁札写」（一通）である。これは天正十八年五月日の前田利家禁制の写しで、埼玉県越生町報恩寺に現蔵する古文書のひとつである。『新編埼玉県史』史料編18（中世・近世　宗教）には、六三報恩寺の三六号文書として収められている。経緯は不明であるが、図書探索の調査の中で書写されたものであろう。

注

（1）太田晶二郎「前田育徳会・尊経閣文庫」（初出『古辞書叢刊　消息』、一九七四年、のちに加筆訂正が『太田晶二郎著作集』四に所収）、同「前田育徳会　尊経閣文庫　あれこれ」（初出『学士会会報』七三四号、一九七七年、のちに『太田晶二郎著作集』四に所収）、同「尊経閣問答」（初出『同朋』二五号・二六号「文庫めぐり」、一九八〇年のちに『太田晶二郎著作集』四に所収）、『加賀文化の華　前田綱紀展』図録（石川県立美術館、一九八八年）、橋本義彦「前田育徳会 尊経閣文庫　加賀前田家伝来の文化財を後世に」（週刊朝日百科『日本の国宝』九六「東京・前田育徳会 尊経閣文庫」）等参照。

（2）拙著「前田綱紀の図書蒐集」（『前田一族』、別冊歴史読本五九〇所収）。

（3）一九九三年、平凡社刊。二〇〇三年、平凡社ライブラリー四六三として再出版された。

（4）葛巻昌興は、久俊の第三子。延宝元年（一六七五）前田綱紀の近侍、天和二年（一六八五）奥小将、元禄三年（一六九〇）再び綱紀の近侍となり、加増されて八百五十石を与えられた。同六年罪を得て能登に配流され、宝永二年（一七〇五）五十歳で没した。日記は延宝四年から元禄五年まで残る（『加能郷土字彙』より抜粋）。

（5）前田貞親は、貞里の子。貞享三年（一六八六）若年寄、元禄四年（一六九一）家老となり、同七年小松城代となった。宝永二年（一七〇五）五十三歳で没した。

（6）若林喜三郎著『前田綱紀』参照。時代が下るが、具体的な帰国の際の手続きについては、加賀藩十一代藩主治脩の自筆日記である『太梁公日記』一（『史料纂集』古記録編）に記載があるので、参照されたい。
（7）「御道中附」（『加賀藩史料』第四編所収）。
（8）金沢市立玉川図書館蔵『加越能文庫解説目録』の二一九。
（9）浦和周辺の地名由来については、拙稿「殿様の興味を引いた文蔵村」（別冊歴史読本『日本の地名』所収）で後述する「武州文蔵村書籍捜索書」（『松雲公採集遺編類纂』九六所収）に記載のある「文蔵日記」を引いて紹介したことがあるので参照されたい。なお、『松雲公採集遺編類纂』については、本書第三部第三章（初出『國學院雑誌』一〇六巻四号、二〇〇五年四月）参照。
（10）「丙寅旅中雑記」、「相州鎌倉書籍等捜索書」、「武州文蔵村書籍捜索書」、「熊谷寺書籍一件（武州）」、「相州鎌倉書籍等捜索書」等については、『松雲公記録』一（『史料纂集』古記録編）の中で全文翻刻紹介する予定である。
（11）三芳野天神は、「伊勢物語」に見える「入間の郡三芳野の里」にちなんで名付けられた天神社で、一説には大宮の氷川明神を勧請したとも、京都の北野天神を勧請したとも言われる。新田泰氏の奉納したという五本骨の銅扇があり、太田道灌や徳川家、歴代の川越城主の尊崇が篤く、川越城の守護神でもあった。
（12）「武州文蔵村書籍捜索書」所収。
（13）付七三号文書について、『松雲公採集遺編類纂』古文書部所収の写には、欠失部分に付紙があり「九月十九日利家卿御判在此所〈女子犯気之摂損之、火中入〉」と記されていたという。但し、天正十八年（一五九〇）九月十九日頃、前田利家は、上杉景勝・木村一・大谷吉継らとともに出羽国方面の担当となっており、利家等は庄内（山形県酒田市・鶴岡市など）の由利一揆などを鎮圧しながら北上し、十月末には津軽地方に到り、十一月に利家は加賀に帰還し、まもなく上洛している（拙著『図説前田利家』参照）。
（14）表Ⅰ（一一二〜一一五頁）参照。
（15）尊経閣文庫蔵。
（16）「相州鎌倉書籍等捜索書」については、本書第二部第六章（初出『季刊ぐんしょ』五四号、二〇〇一年十月）参照。
（17）この細かい綱紀の指示は、前掲の「桑華書志」にも記載されており、名判の透き写しも行われた。

第六章　「相州鎌倉書籍等探索書」について

縷々述べてきたように、現在の文庫の蔵書は、加賀金沢藩五代藩主前田綱紀（初名綱利、松雲公）が蒐集したものが中核となっている。綱紀は古筆や古物の蒐集に熱心で、数人の書物奉行を置き、また書物調奉行（一名書物方覚奉行）を各地に派遣して、良書を調査蒐集させている。具体的には、家臣の津田光吉等を鎌倉や京都に派遣して、書物の調査・保存・蒐集・借用等にあたらせていた。こうした蒐集のうち、鎌倉方面を調査・探索した時の記録に「相州鎌倉書籍等探索書」がある。これは『松雲公採集遺編類纂』九六に「武州文蔵村書籍探索書」「熊谷寺書籍一件（武州）」などとともに収められているものと、『松雲公手沢遺書』に収められているものとがある(1)。本稿では、前者を底本に、この探索書の概略を紹介し、最後に現在の文庫の蔵品との関わりを若干紹介してみたい。ちなみに『加賀松雲公』中巻の事業第七章第五節第五項の「鎌倉」に左記のような記述があり、そのあとに後述する7と11の文書を掲出する。

鎌倉は、五山及八幡以下社寺多しと雖も、頽敗歳久しくて、旧記亦た多からず。且つ其地江戸に近きを以て、水戸光圀卿及幕臣等の為めに先んぜられ、公の収採にかゝるもの頗る少なきが如し。左に掲ぐるは、延宝五年公津田光吉を鎌倉に遣はされし時の文書なり。光吉命を受けて鎌倉を捜索せしこと数回に及び、探索記一冊今尚ほ存ぜり。

この探索書は、延宝五年（一六七七）、津田太郎兵衛光吉が綱紀の命を受けて、古筆等の蒐集のため鎌倉に滞在した時の記録である。内容は、最初から、①日記、②目録、③書簡の順で構成されている。多少記事に矛盾があり、②・③と併せて考察する必要があるが、この探索の概略を見るため、まず①日記を見てみよう。

日記

一、十月廿八日丑中剋、武州江戸発出、申中刻鎌倉(相模国)者(着カ)雪下宿、
一、廿九日、夜内ヨリ雨降、明日(昨カ)戸ツカ(塚)(相模国)八幡宿ヨリ鎌倉へ行也、鎌倉へ戸ツカヨリ道幾筋モアリ、カイカラ坂ノ下ニ飯島村(相模国)・飯島坂アリ、かさま(笠間)村(相模国)アリ、坂共ニ大坂ニテハナシ、松岩寺預見舞、
一、十一月朔日、惟息(吉川惟足)・大坪宗利・積翠(正隆)庵・相乗(承)院(元昭)・少別当(大庭周英)・松岩寺へ行、少別当ニテ頼朝(源)・尊氏(足利)・鎌倉公方(足利氏満)寄進状ヲ見ル、
一、二日、荏柄(鎌倉)天神・若宮八幡神宝ヲ見ル、少別当・松岩寺同道、少別当歌書・古筆持参、神主大友(伴)志摩守(好時)ヨリ使者来、大坪宗利明日円覚(鎌倉)・建長(鎌倉)両寺什物見セニ同道申来、
一、六日、杉本(鎌倉)観音此筋皆見ル、雨降、
一、七日、一乗院(鎌倉・荏柄天神別当)ニテ川越記・一代要記見ル、夕飯振舞ニ合、少別当ニテ馬鞍二・刀一・脇指一見ル、大雨、
一、八日、別当へ行、一乗院へ行、
一、九日、建長・円覚へ行、積翠正隆同道、別当来、
一、十日、江戸飛脚来、文台御請認、足軽高桑七丞(進カ)、
一、十一日、天吉、極楽寺(鎌倉)辺行、大友主被来、正則寺(鎌倉)・観音(鎌倉・長谷観音)へ行、
一、十二日、宗利・惟息・積翠へ行、松岩寺来、連歌之半本東撰六帖持参、積翠ニテ弓書・歌書・連歌書・古

筆ノ古今見ル、古今不可然、
一、十三日、志摩主方（守カ）へ行、文書見ル、頼朝・尊氏・直義（足利）・基氏（足利）ヨリ公方代々、貞時（北条）・時宗（北条）・三川守（高師冬）・勝元（細川）、
名不知（大伴好時）モアリ、実朝（源）ノ執事モアリ、文台今日返ル、天神（荏柄天神社）へ返ス、
一、十四日、足軽山岡理兵衛返ス、神主浄国文台返ス、積翠正隆同道、町方寺々相尋、松岩寺へ行、セウヘン（少弁）
箱ノ事承、
一、十五日、六羅（浦）村（武蔵国）レイシャウ（嶺松）寺、引コシ（越）（武蔵国）金龍院、阿弥陀院（武蔵国）へ行、金沢宿（武蔵国）五郎右衛門、代官北川太左衛門、
一、十二月六日、江戸へ帰、

津田光吉は、延宝五年（一六七七）十月二十八日の丑中刻（午前二時頃）江戸を出立して、東海道を鎌倉に向かった。そして戸塚宿（神奈川県横浜市戸塚区）の八幡宿からカイカラ坂を下り、飯島村・笠間村を経て、同日の申中刻（午後四時頃）には鎌倉雪下の宿所に入った。この戸塚宿は、慶長九年（一六〇四）に保土ケ谷宿と藤沢宿の間に成立した東海道の宿駅で、江戸と小田原宿へそれぞれ十里と、ちょうど中間に位置していた。十返舎一九の「東海道中膝栗毛」では、弥次・喜多は戸塚宿と小田原宿に泊まっている。戸塚町は、上宿・中宿・台宿・天王宿・田宿・八幡宿からなり、これに吉田町・矢部町が加わって戸塚宿を構成した。文中に見える飯島村は、戸塚宿の南に位置する村で、同宿の助郷を勤めた。村内を鎌倉街道が通っている。現在の横浜市栄区飯島町付近である。笠間村も戸塚宿の定助郷を勤めた村で、現在の同市栄区笠間町付近である。(2)

二日後の十一月一日、津田は惟息・大坪宗利・積翠庵・相承院・少別当・松岩寺を訪ねている。おそらく挨拶回りであろう。このうち「惟息」は、白井永二が江戸初期の神道学者吉川惟足（一六一六～九四）のことと推定

している。(3) 当時鎌倉浄智寺の参道西側に住んでいた。吉川惟足は、吉田神道の萩原兼従に学び、名声が高く、綱紀の岳父保科正之（一六一一〜七二）はじめ諸大名に講説を行った人物である。綱紀もその影響を受け、元禄五年（一六九二）九月二十一日、綱紀は江戸藩邸に吉川惟足を招いて年寄や若年寄とともに神代の講義を聴聞している。(4) 文庫に架蔵する「翁之大事」はこの時授けられたものである。この津田の探索以降も、吉川は前田家とつながりをもって活動していたことになる。

大坪宗利は、後述の書状（3）の中で町人と記されている。この大坪は、黄梅院所蔵の「山ノ内図」や「吉川視吾堂先生行状」などに見える人物で、白井永二は「明暦の大火で江戸の商家を失った宗利」と述べている。(5) その他、積翠庵は寿福寺の塔頭、十一月九日条に「積翠庵正隆」が見える。相承院は鶴岡八幡宮二十五坊のひとつ、当時の院主は元昭であった。(6) 少別当は、鶴岡八幡宮の大庭小別当家で、当時は二十二代周英の時代である。(7) 松岩寺は、未詳であるが、白井永二は鶴岡八幡宮の附属寺で松源寺のことと推定している。(8)

この日津田は、大庭周英宅で、源頼朝・足利尊氏や鎌倉公方足利氏満の寄進状を見せてもらっている。翌二日、津田は、大庭周英・松岩寺を伴って、荏柄天神社や鶴岡八幡宮若宮を訪ね、その神宝を見ている。荏柄天神社では、黒塗山水蒔絵のある文台や正宗等の太刀類、縁起、「江亭記」等を見ている。このうち縁起は「荏柄天神縁起」にあたり、現在文庫に架蔵する。この時周英は、歌書や古筆（「魚養真字」・「弘法大師筆心経」・「道寸古今」・「新撰六帖」等）を持参、津田に見せている。

この間、鶴岡八幡宮神主大伴志摩守の使者が来て、明日大坪宗利が円覚寺・建長寺の什物を見に同道することを伝えている。この大伴志摩守は、「鶴岡八幡神主大伴系譜」(9) によると、十六代好時（清道子、寛文九年八月六日就任、元禄六年十一月十一日没）にあたり、周英は好時の娘婿であった。(10)

六日は雨が降っていたが、津田は鎌倉東部の杉本観音堂（現杉本寺）方面のものを見て廻った。翌七日も大雨であったが、荏柄社一乗院で「川越記」・「一代要記」を見、大庭周英のところで馬鞍・刀・脇差等を見ている。八日は周英と荏柄社一乗院へ出かけた。翌九日、積翠庵正隆が同道し、建長・円覚両寺に出かけている。この日も別当が同伴した。

十日には江戸から飛脚（足軽高桑七丞）が到着し、前田綱紀の書状を持参した。一乗院から借用するための文台の御請書を認めている。

十一日は天気が良く、鎌倉南西部の極楽寺方面に出向き、正則寺や長谷観音に行った。また、大伴好時が来臨している。翌十二日には大坪宗利・吉川惟足と寿福寺積翠庵へ出向き、弓書・歌書・連歌書・古筆等を見ている。また松岩寺が「連歌之半本東撰六帖」を持参した。

十三日、津田は大伴好時宅へ出かけて文書を見た。源頼朝、足利尊氏・直義兄弟、足利基氏から代々の鎌倉公方、北条貞時・同時宗、高三河守（師冬）・細川勝元等や、実朝自筆の文書もあった。またこの日文台が江戸から戻り、翌日荏柄社に返却している。

翌十四日に使の足軽山岡理兵衛を江戸へ返した。積翠庵正隆が同道して、町方の寺々を訪ね、また松岩寺へ行き、「セウヘン（少弁）箱」の存在を知った。

十五日には鎌倉を出て、武蔵国六浦村に赴き、嶺松寺(12)、引越の金龍院(13)、阿弥陀院(14)へ行き、金沢宿五郎左衛門、代官北川太左衛門にも逢っている。そして約半月後の十二月六日に鎌倉を発ち、江戸に帰ったのである。(11)

②目録は、上記の鎌倉の所々で津田が見た書物・古文書等の目録である。(15)最初に「於鎌倉見聞之書物等覚」とあり、左記の四行が記される。

一、頼仲日記
一、少弁箱　　　円覚寺
一、東撰六帖　　牛天神別当戸田主税所持
一、政虎願書　　大伴志摩守殿

このあとに、荏柄天神、鶴岡八幡宮、少別当持参、建長寺什物、松岩寺持参、円覚寺什物、大坪宗利、亭主伊兵衛（肝煎）、松岩寺、（八幡）浄国院、小別当、一条院、龍華寺（御朱印ニ龍源寺トアリト也、真言宗也）、慶珊寺（戸嶋刑部寺）、扇谷医師素伝所持、称名寺什物に分けて見たものの目録が記されている。上記の四点のうち「頼仲日記」は、後述するように、文和四年（一三五五）頃、頼仲がまとめたとされ、鶴岡八幡宮に伝来した「鶴岡社務記録」のことであろう。(16)

次に③書簡について見てみよう。二十五通あり、其の目録は左の通りである。

1、十一月九日　　　前田綱紀書状写（津田光吉宛）
2、十一月十一日　　津田光吉書状写（横山正房宛）
3、十一月十一日　　津田光吉書状写（横山正房宛）
4、十一月二十二日　津田光吉書状写（奥村時成・横山正房宛）
5、十一月二十二日　津田光吉書状写（奥村時成・横山正房宛）
6、年月日欠　　　　覚書写

7、十一月二十一日　前田綱紀判物写（津田光吉宛）

8、十一月二十三日　津田光吉書状写（横山正房宛）

9、十一月二十三日　津田光吉書状写（横山正房宛）

10、十一月二十三日　津田光吉書状写

11、十一月二十四日　津田光吉書状写（奥村時成・横山正房宛）

12、十一月二十四日　津田光吉書状写（横山正房宛、前田綱紀の加筆あり）

13、十一月二十五日　津田光吉書状写（横山正房宛）

14、十一月二十五日　津田光吉書状写（横山正房宛）

15、十一月二十五日　津田光吉書状写（奥村時成・横山正房宛）

16、十一月二十九日　津田光吉書状写（横山正房宛）

17、十二月一日　津田光吉書状写

18、十一月一日　津田光吉書状写（奥村時成・横山正房宛、十二月三日付前田綱利裏書あり）

19、十二月五日　津田光吉書状写（横山正房宛）

20、極月五日　津田光吉書状写（奥村時成・横山正房宛）

21、十二月七日　津田光吉書状写

22、年月日欠　覚書写（前田綱紀の加筆あり）

23、十二月七日　津田光吉書状写

24、十二月十七日　津田光吉書状写

25、年月日欠　覚書写

このうち1と7が前田綱利（綱紀初名。以下「綱紀」と記す）(17)から津田光吉に宛てた書状であり、その他が津田光吉の江戸への報告である。綱紀が津田光吉を鎌倉に派遣した目的は左記の1と7の書状に示されている。

1、十一月九日　前田綱紀書状写

猶以其元之様子、先為可承如此候、以上、

漸於其地端々、其様子承見申たるニ而可有之由令察候、未一色茂見出不申候哉、委細ニ彼地之様子可申越候、

一、若古之弓矢有之候哉、無油断相尋可申候、旧記なとは無之候共、弓矢之類者可有之様ニ被存候、

一、鞭、ゆかけ（韘）、行縢、弓籠手、沓、か様之物ニ古物可有之候、是又心を付見可申候、此外古器物何ニよらす致覚書、可罷帰候、猶、追々可申遣候也、

十一月九日　綱利（前田綱紀）

津田太郎兵衛殿（光吉）

7、十一月二十一日　前田綱紀判物写

尚以其表いまた旧物出可申体ニ候ハヽ、仮令五六十日ニ及候共、令在留、才覚可仕候、先比志摩（横山正房）方迄申越候箱之事、如何候哉、様子承度候、以上、

先日以後、珍敷物出不申候哉、然者、最前差越候覚書ニ、付札幷加朱点返遣之候、委曲可令承知候也、

十一月廿一日　御判（前田綱紀）

津田太郎（光吉）兵衛殿

1から、前田綱紀は書物ばかりではなく、弓矢をはじめとする古い武器・武具や調度の類まで捜索を命じている。7からは、津田の報告した「覚書ニ付札幷加朱点」て返送しており、みずから報告を確認し、細かに指示を出していたことがわかる。他にも、12には袖に「書面之趣、一々見届申候、何も入用ニ無之候間、其心得尤候、いさい（委細）ハ伊予・志摩方より可申遣候、差急キ如此候、豆州之左右相伝計候、」という前田綱紀の加筆があり、18の書状の裏書には、津田の腰のあたりに腫れ物ができたことに対する労りの言葉と、伊豆方面の調査の延期を指示している。

最後に、この探索記に見える書物について簡単に紹介しておきたい。まず鶴岡八幡宮に関するものでは、前述の「頼仲日記」がある。3に、

一、鶴岡若宮八幡内陣ニ社務頼仲自筆ノ日記二巻御座候、前後不足仕候、建久三年ヨリ文和四年迄ノ事御座候、前後写仕上之由候、皆々神事祈念ノ記録ニ御座候、間ニ少々合戦之事ナト記申候、合戦ナトノ事ハ少御座候故、合戦ノ事ノ分ハ不残書写上之申候、難読分所多御座候、頼仲在世之折ト相見候、日数モ多記申候、当社ノ記録ハ是ハカリニテ候トテ、大事ニ仕内陣ニ納置申候、

とあるもので、「三巻」とあり、巻子仕立てであり、「建久三年ヨリ文和四年迄ノ事御座候、」とあるところから、現在鶴岡八幡宮に所蔵される「鶴岡社務記録」が「建久二年（一一九一）から文和四年（一三五五）にいたる百六十年間にわたっての編年記録であるが、うち首尾と四十六年間分の記事とを欠いている。[18]」であることに合致する。当時は「鶴岡社務記録」が別にもう一部あったものと考えられ、17に、

一、鶴岡社務記録　二冊
　此本書、鶴岡社務頼仲自筆ニテ御座候、元ハ荏柄天神一乗院ニ御座候、因為八幡宮記録鶴岡八幡社ニ収、自一乗院被収之候、為此代従鶴岡菅丞相御自筆法花経一巻、荏柄社へ参候由ニ御座候、鶴岡小別当周英ニ申入、自内陣取出借之不違一字透写ニ仕候、

という記事がある。これは冊子仕立てで、もと荏柄天神社の別当一乗院の所蔵であったが、一乗院から鶴岡八幡宮に納められたものという。

この探索記に見え、文庫に現蔵するものはいくつかあるが、「相承院本太平記」（二十冊、第一部第一章（21頁）参照）もそのひとつである。これは24に、

覚
一《書本》、太平記　廿二巻不足　廿冊
此書、鶴岡相承院元喬所持本ニ御座候、江戸ニ貸置候間、江戸ニ而貸可申由、於鎌倉約束仕、今日私

方迄参申候、古本ニ御座候間、御見合ニも可罷成哉令上之申候、以上、
十二月十七日　　　津田太郎兵衛

とあり、津田が相承院元喬所持本の借用を約束し、十二月六日に江戸に帰ったのち、同十七日に届いたものを、他本と校合するため前田綱紀に提出したのである。この「太平記」が前田家の所有に帰した経緯は不明であるが、文庫に伝来した数種ある「太平記」コレクションの一つとなっている。[19] この「太平記」は奥書から、吉良氏朝に嫁した北条氏康女の従祖父北条長綱（幻庵宗哲）が、彼女の所望によって書写して与えた「太平記」を、鶴岡八幡宮相承院の融元が借用して書写したものであることが知られ、天正二年（一五七四）から同五年の間に書写されている。[20]

　次に「天神縁起」について見てみよう。これは3に、

一、八幡、建長・円覚両寺、荏柄天神社ナト什物ニモ、書籍無御座候、荏柄神宝ニ天神御縁起三巻、絵ハ土佐、詞書ハ行能《(藤原)》、見事成巻物御座候、八幡宮ニ御手箱・御硯見事ナル御座候、頼朝卿勧請之時分、京ノ八幡ヨリ取寄セ納候由申候、建長・円覚ノ什物、兆殿司十六羅漢、八幡詣書紀《(ママ)》、観音卅二幅、カンヒ羅漢十六幅、月壺大幅ノ観音、夢窓国師掛物四幅御座候、

と見えるもので、荏柄社に伝来した。三巻からなり、絵は土佐派、詞書は藤原行能の手になるものである。また13には「一、天神御縁起之義、畏奉存候、」という一行が見え、前田綱紀からなんらかの指示が出ていたことが

知られるが、この指示は17に「一、荏柄ニ御座候天神縁起借請候て、修復仕表紙付替、箱仕可上之由申候へハ、火事之時分余人ニ渡遣候事、無心許候間、私江戸へ罷帰候時分相渡可遣由被申候、」とあることから、借用して修復することにあったようである。しかし、火事の危険があるとして次年の春まで延期になった。21に、

一、荏柄天神御縁起此度持参可仕之由、所望仕候へハ、公方様入上覧申候御縁起之事ニ候故、火事之時分江戸へ遣、若不慮ノ火難も候へハ、一乗院不念之様ニ候間、此度ハ遣申間敷候、来春二三月比、一乗院江戸へ罷出候次而も候、其時分ハ火事も心安御座候間、持参可仕由ニて此度者借給不被申候、

と見える。この「天神縁起」も現在「荏柄天神縁起」（三巻、国指定重要文化財）として文庫に伝来している。付属する庚子（享保五年〈一七二〇〉カ）七月十四日の山本某の覚書によれば、約三十年ほど以前に浅草観音寺門前で開帳があった時、荏柄社一乗院に申し入れて借用し、前田綱紀に上覧したところ、綱記はこれをしばらく手元に留めること年、書写を命じた。そして礼に白銀十枚に黄金一枚を添えて返したという。その三〜四年後の暮れ、十二月二十七〜八日頃に、出入りの瀬戸物屋がこの縁起を持参した。その口上では、荏柄の一乗院が金子百両がなければ年が越せないので買い取ってほしいということであった。そこで綱紀は、湯島天神別当・北野天神社等に問い合わせ引き取ったという。

その他、金沢称名寺の調査以降、前田家が入手したものも多い。その中には現在文庫に残る「古語拾遺」・「建治三年記」・「法曹類林」なども含まれている。これらの書籍については別稿を期することにしたい。(21)

注

（1）両書ともに、石川県金沢市立玉川図書館の「加越能文庫」に含まれる。なお、加賀金沢藩前田家の藩政史料は、昭和二十四年に前田家より金沢市に寄贈され、現在石川県金沢市の市立玉川図書館・近世資料館に所蔵され、「加越能文庫」として運用されている。『松雲公採集遺編類纂』はその中に含まれている。

（2）以上、『角川日本地名大辞典』14神奈川県参照。

（3）白井永二「鎌倉に於ける吉川惟足」（『國學院雑誌』七三巻三号、一九六二年）、同「鎌倉に於ける吉川惟足――補遺――」（『鎌倉』八八号、一九九九年）参照。

（4）『加賀藩史料』所収「前田貞親手記」同日条。

（5）注（3）に同じ。

（6）『鶴岡八幡宮諸職次第』（『鶴岡叢書』第四輯、一九九一年）所収「鶴岡八幡宮寺供僧次第」頓学坊の項による。元昭は前々相承院院主元朝の直弟で、延宝元年恵光院より相承院へ移住、同九年四月三日、五十一歳で入寂している。

（7）注（3）に同じ。

（8）白井永二は注（3）の後者で、「松岩寺は鶴岡八幡宮の附属寺で松源寺かと推測する。」と述べる。

（9）『大伴神主家系譜集』（『鶴岡叢書』第一輯、一九七六年）所収。

（10）「鶴岡八幡宮神主大伴系譜」・「鎌倉鶴岡神主大伴氏家譜」では妹婿とする。

（11）書状には「金沢」と記す。現在の横浜市金沢区。『新編武蔵国風土記稿』巻七四によると、「今郡内谷津・寺前・町屋・洲崎・寺分・社家分・平分等の村々を概して金沢と称し、最景勝の地なり。」とあり、このうち寺分・社家分・平分傘下村三箇村はもと一村で六浦と称したという。

（12）『新編武蔵国風土記稿』巻七四によると、嶺松寺は、瀬戸明神の神職千葉氏の先祖豊前某が開基と伝え、境内は瀬戸明神領内の小名六浦にあった臨済宗寺院。

（13）『新編武蔵国風土記稿』巻七四によると、社家分村の小名引越にあった臨済宗寺院。

（14）『新編武蔵国風土記稿』巻七四によると、寺前にあった古義真言宗称名寺の塔頭五宇のひとつ。塔頭の序列は第一光明院、第二阿弥陀院、第三大宝院、第四一之室、第五海岸寺であった。

（15）建長寺の部分については拙稿「尊経閣文庫所蔵『上杉憲英寄進状』について」（本書第三部第二章、初出は、『埼玉地方史』三五号）で紹介したことがあり、大坪宗利の部分は注（3）の後者の白井論文で触れているので、参照されたい。
（16）『鶴岡社務記録』（『鶴岡叢書』第二輯、一九五八年）の三浦勝男の解題参照。
（17）五代藩主綱紀の初名。橋本義彦「前田綱紀の改名」（『日本歴史』五三六号）参照。
（18）注（33）参照。この探索記では、冒頭を「建久三年」とするが、首部を欠いているため起きた記述であろう。
（19）現在文庫には、「太平記」の写本として、相承院本の他、梵舜本・織田本・前田家本・尊経閣平仮名本・玄玖本等がある。太田晶二郎「尊経閣文庫の太平記」（『前田育徳会尊経閣文庫小刊』七、のちに『太田晶二郎著作集』二に再録）参照。
（20）鈴木登美恵「尊経閣文庫太平記覚え書」（『国文』一八）、高橋貞一「相承院本太平記について」（『仏教大学研究紀要』四〇、のちに『太平記諸本の研究』に再録）、横田光男「戦国期密教僧の文化活動と大名領主層――融元と相承院本『太平記』を中心に――」（『金沢文庫研究』二九四）等参照。
（21）金沢称名寺旧蔵本については、関靖・熊原政男『金沢文庫本之研究』（日本書誌学大系一九）、飯田瑞穂「尊経閣文庫架蔵の金沢文庫本」（『金沢文庫研究』二七四）がある。

第七章　加賀金沢藩主と下屋敷――参勤交代や遊山などを通して――

寛永十二年（一六三五）十月六日、三代将軍徳川家光は板橋近郷で大がかりな鹿狩を行った。この時、加賀金沢藩四代藩主前田光高（当時二十一歳）も歩行で従っている。光高は、目の前を通り過ぎようとした鹿一頭を、父利常から給わった祐定の刀（陣太刀）を抜き打ちにして切ったというエピソードが伝えられる。この鹿狩は、八里四方の鹿を追い回し、三里四方に追い詰めてが行われたという（「竹園雑記」）。また、時代は下るが、文化六年

（一八〇九）六月六日、下屋敷付近に猪が出て畑作物を荒らすとの百姓からの訴えがあった。加賀金沢藩は、先年も同様の訴えに落とし穴を掘って対処した例を踏まえて、同様の処置を許している（「於江府日書立幷日記之内書抜」）。板橋周辺は鹿や猪などの多い野生味豊かな地域であった。

一方、板橋宿は、江戸幕府が整備した中山道の最初の宿場であると共に、脇往還である川越街道の分岐する宿場でもあり、交通の要衝に位置していた。延宝七年（一六七九）二月、五代藩主前田綱紀は、板橋宿平尾おいて六万坪の敷地を四代将軍家綱から賜り、ここに別邸（平尾邸）を建てている。ここが加賀金沢藩の下屋敷となったのはその四年後のことで、天和三年（一六八三）三月二十一日、平尾邸が下屋敷（駒込邸が中屋敷、本郷邸が上屋敷）と定められた。その後、下屋敷は延べ二十一万七千坪という広大な敷地を有するようになった。

そこで本章では、参勤交代における下屋敷の役割と、狩猟や静養などに下屋敷を利用する代々の藩主の活動について概観してみたい。

一、参勤交代と下屋敷

前述したように、板橋宿の平尾に下屋敷が定められたのは、五代藩主綱紀の時であった。第二部第五章の表Ⅰ（一一二～一一五頁）を見ると、参勤交代に際して前田綱紀が中山道板橋宿を通過した時期は、元禄四年までは四月中、元禄五年以降は七月中であった。交代（帰国）と参勤における下屋敷の役割を見ると、交代（帰国）の場合、ほとんど下屋敷には立ち寄っていないが、元禄五年（一六九二）と同十一年・同十三年に立ち寄っている。元禄五年の時は下屋敷で湯漬けを食べたという。同十三年の場合は、綱紀の嗣子勝次郎（のちの六代藩主吉徳）が下屋敷まで見送りに出たためで、綱紀は暇乞いののち出発している。

参勤の場合を見てみると、史料上の制約もあるが、延宝五年（一六七七）、同七年の二回続けて板橋宿で中休みし、次の天和元年（一六八一）にも中休みのため平尾屋敷に立ち寄っている。おそらくこれ以前は板橋宿で中休みするのが通例であったと考えられる。「葛巻昌興日記」延宝五年四月十三日条には、「浦輪御昼休、板橋御中休、六つ前御屋敷御到着、」とあり、板橋から直接屋敷（本郷邸）に向かっている。天和元年の時は、「御先弓幷御長柄ハ平尾辺歟御残也、」（「葛巻昌興日記」天和元年四月六日条）とあり、旅装を解く場でもあったようである。

ところが、天和三年に上屋敷（本郷邸）、中屋敷（駒込邸）、下屋敷（平尾邸）が定められると、その役割は中屋敷に移っていった。天和三年以降は中屋敷に立ち寄り、上屋敷（本郷邸）に入るのが例となっている。「葛巻昌興日記」では「中屋敷御立寄」と表記されるが、「参議公年表」では「御中屋敷江御参府」「御中屋敷ヱ御着府」などと表記される例が多い。

ただ、明和六年（一七六九）十月六日、十代藩主重教が参勤の際、下屋敷に立ち寄った例があり、これは庭園の景色を見るためだったようで、よほど気に入ったらしく、同十五日には幕府に下屋敷を散策することを願い出、許されている。当時板橋は江戸府内の外であったため、藩主が赴くためには幕府の許可が必要であった。

二、藩主の下屋敷付近遊山と静養

下屋敷が参勤交代の役割を減じていく一方、藩主やその家族は下屋敷とどのような関係を持っていたのか考えてみることにする。前述したように、下屋敷を含め、板橋周辺は自然の残る地域であった。加賀金沢藩の藩主やその家族が、ここを狩猟や遊山、そして静養などの場所として利用していた。表Ⅱ（藩主と下屋敷）は、『加賀藩史料』から下屋敷に訪れた藩主やその家族の行動を抜き出したものである。それを区分すると左記の①〜④に分けられる。④は目的が明確でない場合で、おそらくは①か③であろう。以下、それぞれの事例について紹介したい。

①狩猟のため（一・二・三・九・一〇・一一・一二・一九）

②保養のため（四・五・七・一四）

③遊山のため（六・八・一六・一七・一八）

④その他（一三・一五・二〇）

【表Ⅱ　藩主と下屋敷】

	年月日	事項
一	貞享三年二月十三日（一六八六）	五代藩主前田綱紀、下屋敷で猪鹿狩を行う（「参議公年表」）。
二	享保四年三月四日（一七一九）	嗣子吉治（吉徳）、下屋敷で鷹狩を行う（「浚新秘策」）。
三	享保七年十月四日	嗣子吉治（吉徳）、下屋敷で鷹狩を行い、獲物の真鴨を将軍吉宗、父綱紀等に献上する（「政隣記」「松雲公夜話」）。
四	寛延三年三月二日（一七五〇）	前田重煕、脚気が快癒し、下屋敷を散策する（「大野木克寛日記」）。
五	宝暦十二年八月六日（一七六二）	前田重教、病気快癒後、下屋敷を散策する（「政隣記」）。
六	明和六年十月十五日（一七六九）	前田重教、幕府に下屋敷で行歩せんことを願い出、翌日許可される（「政隣記」）。
七	明和八年二月二十四日	前田重教、疱瘡治癒後の運動のため、下屋敷での行歩を申請し、許可される（「政隣記」）。
八	天明六年三月九日（一七八六）	前田重教夫人と松寿院、庭園見物のため、忍びで下屋敷に渡る（「政隣記」）。

九	寛政五年正月十八日（一七九三）	前田治脩、下屋敷庭園にて雁・鴨を捕らえんと投げ網を試みるも、収穫はなし。同二十六日・二十七日も同様（「政隣記」）。
一〇	寛政五年二月十一日	前田治脩、前月同様、下屋敷で狩猟を試みるも、収穫はなし（「政隣記」）。
一一	寛政五年二月十三日	前田治脩、再び下屋敷で狩猟を試みるも、収穫はなし（「政隣記」）。
一二	寛政五年十月二十一日	嗣子斉敬、下屋敷に赴き、網を仕掛け、かしら・ほじろ等を捕らえる（「政隣記」）。
一三	寛政七年六月十九日	嗣子斉敬、下屋敷に赴く（「政隣記」）。
一四	享和元年八月十三日（一八〇一）	前田治脩、保養のため、時々下屋敷で行歩することを許される（「政隣記」）。
一五	文化八年九月三日（一八一一）	前田斉広、五半時供揃えにて下屋敷に赴き、夜四時過ぎに上屋敷に戻る（「政隣記」）。
一六	文化九年三月八日	前田斉広、庭園見物のため、その夫人等と共に下屋敷に赴く（「政隣記」）。
一七	文化九年九月十日	前田治脩夫人、庭園見物のため、斉広夫人と共に下屋敷に赴く（「江戸御留守諸事留帳」）。
一八	天保二年九月四日（一八三一）	前田斉泰、下屋敷に赴く途中、王子稲荷、飛鳥山等を遊覧し、下屋敷にて提重を、船上で小重詰・菓子等を食べる（「諸事要用雑記」）。
一九	天保六年十一月二日	前田斉泰、鷹狩のため下屋敷に向かう（「諸事要用雑記」）。
二〇	弘化四年五月十七日	前田斉泰、慶寧等と共に下屋敷に向かう（「諸事要用雑記」）。

①狩猟のため

五代藩主綱紀が、貞享三年（一六八六）に下屋敷で猪鹿狩を行ったことが知られるが（一）、享保四年（一七一九）三月四日、その嗣子吉治（後の六代藩主吉徳）も下屋敷で鷹狩を行っている。この時以前と同様に邸内の池に船を浮かべたと記載されており、吉徳も鷹狩にたびたび訪れていたことがわかる（二）。同七年十月四日、吉徳は平尾邸での鷹狩で真鴨六・小鴨一を捕らえたが、六日には、このうち真鴨の雌雄を青竹に並べ懸けて将軍吉宗に献上したという（三）。三月、十月というのは、庭園の花や新緑、紅葉などで景色のよい季節であり、遊山の意味もあったのであろう。

十一代藩主前田治脩は、寛政五年（一七九三）正月十八日午前四時頃に、供揃えにて下屋敷に向かい出発、午前十時頃に上屋敷に帰館した。下屋敷の庭には、雁や鴨が多数生息しているとのことで、この日投げ網にてこれを捕獲するため出向いたが、鳥が敏捷で獲物はなかった。同二十六日、二十七日にも下屋敷に出向いて狩りを行ったが獲物は得られなかった。庭には、狐等が多数生息しており、鳥たちは意外と敏捷で捕獲できなかったという（九）。

同年二月十一日、十三日にも狩猟を行ったが、鴨は得られなかった（一〇・一一）。治脩は、一月十六日に上屋敷内庭の堀で鴨二羽を捕らえたが、御三家に各一羽進呈するため、もう一羽を捕らえようと、数度下屋敷に出向いて狩りを行った。

ところが、同年十月二十一日、治脩の嗣子斉敬が下屋敷で網をかけ狩猟を行ったところ、かしら・ほおじろ等二十羽余を捕らえたという（一二）。

天保六年（一八三五）十一月二日、十三代藩主前田斉泰が行った鷹狩は、十月二十六日の水戸藩下屋敷における鷹狩に引き続いて行われ、水戸家から贈られた鷹を用いている。但し、天気が悪く、昼頃から雨になり、夕方御膳の後出ることもできなくなった。鷹の獲物はなく、投げ網で真鴨五つと小鴨を得たという（一九）。

②保養のため

八代藩主前田重熈は、寛延三年（一七五〇）四月脚気に罹り歩行が困難になり、江戸城中では杖を用いることを許され、十二月には将軍家重よりお見舞いとして鶴が送られ、翌年正月の登城は免除されている。同二月二十七日には床払いが行われた。これ以前静養のため下屋敷において行歩を行いたき旨を幕府に申請し、即日許可がおりている。三月二日は風もなく、重煕は午前十一時頃に輿に乗り下屋敷に到着、庭の散策や乗輿での邸内巡見を行い、暮れ過ぎに本郷邸に帰ったという（四）。

十代藩主前田重教は、宝暦十二年（一七六二）五月五日、以前よりあった浮腫が悪化し、十一日には重態となり気絶する有様であった。その後、病状は快方に向かい、七月七日には床払いが行われている。八月五日、幕府に申請していた病後の散策が認められ、翌六日、下屋敷に向かい、行歩を行った。この年は交代（帰国）の延期を願い、幕府は来春の交代を認めている（五）。

また、明和七年（一七七〇）十二月二十七日から重教は発熱があり、翌年元旦の登城を辞退した。翌二日医師武田長春院の見立てで疱瘡であると診断されている。その後病状は快方に向かい、時折下屋敷にて行歩したき旨を申請し、同八年二月二十四日に許可が出ている（七）。

十一代藩主前田治脩は、享和元年（一八〇一）三月、体調不良により帰国を延期することを幕府に願い出、許可が出ている。四月十三日には、疝癪（胸部が痛んでけいれんを起こす病気）のため登城し難いことを届けている。五月一日には、翌年八月までには退隠する予定を公表。六月には、秋までの在府を許されている。持病の疝癪は、小康状態ではあるが、気鬱や目眩が出ており、行歩や保養のため、時折下屋敷に出向かうことを申請し、許可が出ている（一四）。

③遊山のため

十代藩主前田重教は、明和六年（一七六九）十月六日、参勤のため鴻巣宿を発し江戸に到着した。この日午後一時頃御供揃にて下屋敷に立ち寄り、四時過ぎ上屋敷に着いている。気晴らしであろうか、同月十五日、幕府に下屋敷での行歩を願い出、翌日許されている。季節が十月であり、庭園の景色（紅葉）を見るためであったのかもしれない（六）。

天明六年（一七八六）三月九日、前藩主重教夫人（紀伊和歌山藩徳川宗将の女、千間）は、松寿院（重教女、穎、通称芝御前）とともに庭園見物のため、お忍びで下屋敷に渡った。御共の津田政隣は、「御庭拝見仕候処、広々景色難尽筆頭言語事共」と記し、庭園の広さや景色が言葉に尽くしがたいと述べている（八）。

十二代藩主前田斉広は、文化八年（一八一一）九月三日下屋敷に赴いているが、翌九年三月八日には夫人と治脩夫人と同伴で下屋敷に赴き、十六日交代（帰国）のため金沢に向かっている。同年九月十日には治脩夫人、斉広夫人が同伴で赴いている。これらは、春・秋の庭園を見るための遊山であったと思われる。上屋敷出発は朝九時前後、帰館が夜九時前後であった（一六・一七）。

十三代藩主前田斉泰は、天保三年（一八三二）九月四日、下屋敷に赴く途中、王子稲荷、飛鳥山等を遊覧し、滝野川村を通って下屋敷に至った。下屋敷では、池に船を浮かべ、船上で小重詰・菓子等を食べ、真龍院（斉広夫人）からの差入れの提重は夕景を見ながら召し上がったという（一八）。

以上、藩主とその家族と下屋敷との関わりを概観してみた。鷹狩を初めとする狩猟は、武家としての嗜みであるが、静養や遊山と共通するのは、日常から離れることであろう。堅苦しい上屋敷での生活から離れ、自然を愛で、自然の中でリラックスする場所として下屋敷は活用されていたと思われる。

第八章　明治天皇の本郷邸臨幸

明治四十三年（一九一〇）七月、侯爵前田利為の本郷邸へ、明治天皇・皇后夫妻および皇太子夫妻の行幸啓があった。尊経閣文庫（以下、「文庫」と略す）にはこの時の分厚い記録「明治四十三年 行幸啓記録」（四冊）が残っている。本章では、これらをもとに、明治天皇行幸に対する準備を中心に、事後の絵巻製作までの経緯を紹介したいと思う。

最初にこの記録の内容を概観しておこう。これは大正十三年（一九二四）十月に大野木克豊がまとめたもので、本来十七冊であったが、現在では四冊に仕立て直されている。元の冊次で各冊の内容を示すと次のようになる。まず、第一冊は発端から始まり、第一日準備（第二〜四冊）、行幸（第五・六冊）、第二日準備（第六・七冊）、第二日行啓（第八・九冊）、第三日準備（第十冊）、第三日行啓（第十一・十二冊）、元老大臣以下旧藩士招待（第十三冊）、行幸啓前後雑事・参考書類（第十四〜十六冊）が各冊にまとめられ、最後の第十七冊に「臨幸画巻」に関する絵巻物一件書類が記載されている。

一、上屋敷から本郷邸へ

本郷邸の地は、元和二年（一六一六）に三代藩主前田利常が幕府より賜り、下屋敷としたことから始まる。その後明暦三年（一六五七）の大火の時、その孫五代藩主綱紀が上屋敷（辰ノ口邸、現在の和田蔵門外）から難を下屋敷（現文京区本郷）に避け、その後辰ノ口邸を返納して下屋敷を上屋敷とした。以降明治維新に至るまで上屋敷は本郷にあった。

明治二年（一八六九）の版籍奉還後、新政府は旧藩主邸を各一邸と制限したため、前田家は一旦上屋敷を返納し、あらためて同四年旧邸の一部（西南側一万五千坪）を私邸として拝領した。しかし、十三代斉泰は再び上納を命じられることを予測し、この年十二月には金杉村根岸（現台東区下谷）に土地・建物を購入して翌年二月に移住し、二カ月後十四代慶寧も移住し、前田家家族の大部分はこの根岸別邸に居住することになった。十五代利嗣は明治七年十二月仮藩庁を改修して本郷邸に移り、再び前田家の本邸となっている。

利嗣は、本郷邸は古い建物で、部屋の配置や構造も不備であったので、本邸を新築し明治天皇の臨幸を仰ぎたいと考えていた。しかし、新築は日清戦争のため延期となり、その宿願は養嗣子の十六代利為が継承することになった。明治三十五年十二月地鎮祭が行われ建築が開始された。途中日露戦争によって一時中断したが順調に進行し、同三十八年十二月には日本館が竣工し、同四十年五月西洋館が竣工し、同年十二月に内装工事も終了している。こうして臨幸を仰ぐ体制は整っていった。

二、明治天皇行幸決定までの経緯

これ以前の明治天皇の宮家・貴族・元老等各家への行幸は、宮内省の総務課長より教示された表によると、明治六年（一八七三）の岩倉・三条・毛利・嶋津等の諸家から始まり、同二十九年の伏見宮まで約五十回に及んでいるが、この十数年ほどは途絶えていた。

一方、前田邸への臨幸は、明治元年十月二十七日と同四年閏十月の二度、明治天皇が大宮氷川神社（現さいたま市大宮区）への行幸の途中、本郷邸の物見所に休憩したのが早い例である（『加賀藩史料』）。ついで明治十二年四月には、王子の抄紙工場からの帰途、休憩のため立ち寄っている。しかし、正式な臨幸はなかったのである。

利為（行幸時二十五歳）は、しばらく途絶えていた明治天皇の行幸を復活するため、折に触れて尽力していた。その最終的な契機は、明治四十二年六月の皇后の鎌倉邸への行啓であり、同年九月に実施された皇太子（のちの大正天皇）の北陸地方への行啓であったと思われる。利為は皇太子の行啓に供奉し、金沢の宿泊所として成巽閣を提供している。こうした折りに本郷邸への行幸の希望を伝えたのであろう。この年十月二十四日、利為が御礼のため東宮御所に伺候したとき、皇太子より「前田侯爵ニ於テ行幸ヲ仰キ奉リタキ内願ノ意アル趣陛下に御申上ケアラセラレタル旨」の内意が示された。ついで、翌年正月十一日には岩倉宮内大臣より早川相談役に、かねて内願のあった天皇の前田家臨幸の件は、昨十日に天皇の内意が示され、その時期は四月・五月の頃と仰せられ、皇后陛下・皇太子・同妃殿下の行啓もよいと御諚があったとの内示が示されたのである。正式な臨幸は今回が初めてであり、利為の喜びは大きなものがあった。

三、準備委員会の設置

年を越すと早速前田家では準備のための委員会を設置した。委員長には早川千吉郎（病気のため四月に男爵本多政以に交替）、委員には織田小覚・羽野知顕・高木亥三郎・小木貞正等が任じられ、最初に先例を調査するため、鍋島侯爵家・土方伯爵家・井上侯爵家に行幸記録の借用を依頼、早速鍋島家家令古川源太郎から書類が到来した。こうした先例を勘案し役割分担が定められた。分担は西洋館装飾・日本館装飾・設備・献上品併贈進品係・根岸御邸土木監督・戦病死軍人写真帖調整・用度品・献上御食事幷ニ御間物供奉員幷招待客饗応・往復書類招待状其他諸記録・御料馬車儀仗兵諸設備御共人諸設備・会計・内外諸賄調・蔵品陳列・余興（相撲・能楽等）・撮影・臨時用務に分かれ、それぞれ責任者のもとに数人の担当者が配置され、準備が進められていった。

四、準備委員会での一コマ

準備は前田家の案を作成し、宮内省と相談しつつ決められていった。早い時期の打ち合わせの案件は次のようなものであった。①行幸啓御予定ニ関スル件、②余興ニ関スル件、③陳列品及能楽ニ関スル件、④行幸啓の秘密ニ関スル件、⑤行幸願書ノ件、香川大夫幷錦小路主事打合ニ関スル件、⑥供奉員饗応ニ関スル件、⑦蔵品陳列陪覧ニ関スル件、⑧男爵拝謁ニ関スル件である。

①については、宮内省の近藤総務課長と内談の上、二案が作成された。第一案は午前十時に皇居を出発、十時半に前田家着御、以降拝謁・献上品、角力、御昼餐、陳列品御覧、能楽、御晩餐、余興が一時間か三十分おきに定められ、午後九時に還幸となっている。第二案は午後一時に皇居を出発、同様の予定が組まれ、午後九時に還幸となっている。②については、角力（東西幕内全部）、能楽（宝生九郎、松本金太郎、松本長、野口政吉、梅若万三郎、同六郎、観世織雄、金剛鈴之助、観世清久、喜多六平太、桜間伴馬、同金太郎等）、活動写真、仕掛花火、薩摩琵琶（西幸吉）、盆画・盆石、貞水講演（日露戦争談）、席画（川端玉章、竹内栖鳳、下村観山、菊池芳文、竹内春挙等）が提案された。③については、陳列品は蔵品の目録、能楽は番組の演目が前田家から提示された。

④については、宮内省から、この件が他所に洩れることのないよう、極秘に準備を進めるよう要請があった。

⑤の御臨幸願は、最初文書で提出する予定で織田小覚の起草による願書案が作製されたが、三月二日の近藤秘書官と日野侍従との打ち合わせで、三月十日に利為が宮内省に出頭し口頭で宮内大臣に言上することとなった。参考に綴られた願書案から、かいつまんでその主旨を紹介する。最初に、先代利嗣が自宅を新築しそこに天皇の臨幸を願っていたが、不幸にして達成できなかったことを述べ、利為はその遺志を継ぎ、漸く自邸の新築が成ったので政務の余暇に臨幸いただければ、利為ばかりでなく故利嗣も厚い皇恩に感謝するだろうと述べている。

⑥は日本料理か西洋料理か、何れが適当か、⑦は天皇が御覧の時は随員も付き従って陪覧するのか、天覧後に見るのか、⑧は男爵（旧前田家家臣であろう）であっても、いまだ天盃を下賜されない者は、拝謁を仰せ付けることはできないのかという、前田家からの確認である。以下省略するが、このような詳細にわたる打ち合わせが積み重ねられ、邸内の各部屋の使用方法に至るまで定められたのである。

五、西洋館の装飾

次に、西洋館・日本館や庭園等各施設の装飾等の準備を見てみよう。当時の日本では西洋館の普及が進んでおらず、その内部の装飾に関しての専門家がいなかった。そこで、前田家では一月末にフランスで洋館装飾を学んで帰国した野口駿尾にこれを依頼した。本郷邸における西洋館は、来賓用の建物で、主として外国人の来賓を念頭において設計されていた。ここに天皇を迎えるため、楼下大客室には天皇の玉座が設けられた。敷物は一面に新調され、宮内省に依頼して新調した御卓子・御椅子・御帽子台・御剣架・御烟草箱・御灰切・御卓子掛等が据えられた。天皇の玉座の背後から左側にかけては雪舟の花鳥屛風が立てられ、壁間には菅原直之助作の富士山刺繡図が掛けられた。これらは後述の「臨幸画巻」にも画かれている。また、玉座脇はじめ各所に盆栽や氷塊・扇風機が配置された。

装飾で大事なものに洋画がある。当時前田家には洋画がほとんどなかったため、野口は黒田清隆と相談しつつ洋館の装飾に欠かせない油絵を探し、二月に、富山県出身で長くヨーロッパに滞在し、洋画を収集していた故林忠正のコレクション二十四点を、林の遺族から三万円で購入している。その中には、緑野ニ三美人図（ラファエル・コラン）・河岸物揚所ノ図（ギョーマン、石川県立美術館寄託）等、現在文庫に残る油絵が含まれている。

また、西洋館の玄関左右の装飾として、美術学校教授沼田一雅に依頼して、前田家初代利家の股肱の臣奥村家福・村井長頼の甲冑姿の石膏像を製作し、五月三十日に完成している。これは、ニッチ（西洋建築で壁面の一部をくぼめた龕状の装置）に軍神と猟神に模して製作したものである。金属製にすると製作期間が必要なため石膏像とされた。この両像は現在文庫の閲覧室に飾られ、威容を示している。

六、日本館装飾と能舞台・庭園等の整備

新築された日本館用として襖絵が画かれるが、この四季山水図襖絵（橋本雅邦筆、二十八枚）もその一つである。昭和五年に前田邸が本郷から駒場に移転した時にも、新築された和館で使用された。現在襖絵は別途保存され、石川県立美術館に寄託されている。また文庫にはこの下絵である四季山水襖杉戸下絵（橋本雅邦筆、三巻）が残っている。

新築された能舞台は、二月に約五千円の檜材の発注を行った。能舞台及び附属の陪覧席、廊下等、建坪百坪余、建築費は見積額約四千七百円であった。三月に上棟が行われ、六月には完成した。この能舞台は臨時の建物で、行幸啓後取り壊され、料材は保存され、跡地には根岸別邸の茶室を移築し、庭園の形に改造された。

庭園は、江戸幕府の城内御庭師として有名な「染井の庭彦」こと伊藤彦右衛門の二代目嘉市に委嘱された。伊藤は維新後前田家の庭師として勤務しており、前田家の各庭園に通じていた。新造される庭園は約二千五百坪で、造成の材料は根岸別邸のそれを移築することとし、それに小豆島の奇岩奇石や朝鮮燈籠・雌雄銅製の鶴等を配置、水流・築山・人工滝等を設け、鴨川河鹿数十匹・蛍二万匹を放つ、凝った庭園であった。伊藤は一月二十八日から造園を開始し、四月三十日に完成させている。現在文庫には、この庭園の写真が残っている。

なお、西洋館・日本館には数多くの屛風が配置されたが、不足の金屛風五双は金沢市中町の宮地次右衛門に製作が依頼された。宮地は、製作が間に合わない場合を考慮して金屛風八双を仮に送った。これらは五月三十一日に品川に到達、行幸後の七月十八日に金沢に還付されている。ところが、宮地は損料として二百四十二円八十銭を要求してきた。前田家では「先年金沢ニ於テ供入タル損料ニ比シテ、一双ニ付十円斗多額ナレトモ、遠隔地途中多少ノ破損シタル箇所モ有之趣ニ付」として、満額支払ったという。

七、臨幸画巻の製作

右記のような準備のもと、七月八日明治天皇は本郷邸に行幸された。拝謁、絵画の叡覧、能楽御覧、蔵品の叡覧、薩摩琵琶の演奏等があり、盛儀であったという。同十日皇后の行啓、十三日皇太子・同妃の行啓があり、同十六日には、山縣・松方・井上以下の元老・大臣・軍の長老をはじめ、親族・旧藩士等を招いて、無事終了の祝宴が開催された。

利為は、行幸啓の記念事業を計画し、対外事業としては、東京帝国大学に講座新設基金の寄付、本郷邸周辺の尋常・高等小学校に文庫設立基金の援助、図書館準備設立基金の推進、育英社の拡充整備を、対内事業としては、北海道林業事業の拡充整備、行幸記念絵巻物の製作、行幸記念碑の建設、行幸記念写真集と揮毫等の手鑑作成を行うこととした。

このうち絵巻物について簡単に解説しておこう。現在文庫に「臨幸画巻」（三巻）が残っている。これは前美術学校校長岡倉天心を顧問に、下村観山に画の執筆を委嘱して製作されたもので、詞書は永山近彰の記事を文学博士幸田露伴が訂正し、尾上柴舟が清書している。内容は、次の十五図からなる。第一図鳳輦着御、第二図侯爵奉導、第三図能楽叡覧、第四図宝刀聖鑑、第五図天杯下賜、第六図玉輅奉迎、第七図家族上謁、第八図手品奏技、第九図盆栽御覧、第十図能楽打扮、第十一図蔵品台覧、第十二図庭園逍遙、第十三図陪宴張楽、第十四図車駕稠沓、第十五図家廟礼拝である。絵巻の製作は、途中岡倉の病死や下村画伯の病気等により遅延したが、前田家では下村画伯のアトリエを根岸村に提供し、昭和六年末に至りようやく完成した。この間の製作の経緯は文庫に残る「臨幸絵巻物製作始末記」に詳述されている。なお、下村観山の下書きである「臨幸画巻粉本」(三巻)も文庫に残っている。この明治天皇の行幸については、文庫に多くの史料が残り、当時の政治や経済、また文化の状況を知り得る貴重な史料となっている。

第三部　尊経閣文庫の蔵書・蔵品

第三部では、尊経閣文庫に架蔵する典籍・古文書等や『松雲公採集遺編類纂』所収の史料を紹介することにしたい。古文書、記録・編纂物、系図、その他に分類し、この順番で配列した。

第一章　尊経閣文庫所蔵文書と『鎌倉遺文』

はじめに

公益財団法人前田育徳会尊経閣文庫(1)（以下、「文庫」と略す）には、古代から近世にかけての数千通の古文書が伝来している。そのうち正文を中心にまとめられている「尊経閣古文書纂」だけでも二千二百四通の存在が知られている。これら文庫蔵の古文書については、太田晶二郎「前田育徳会尊経閣文庫所蔵の古文書」(2)があり、その概略や基本的な内容について紹介している。また、京都大学文学部日本史古文書室の影写本「前田家所蔵文書」所収の文書と文庫所蔵の原本との対応関係について調査があり、『影写本『前田家所蔵文書』目録』としてまとめられた(3)。

本章では、これらを参照しつつ、『鎌倉遺文』掲載対象となる文治元年（一一八五）から元弘三年（一三三三）にかけての、文庫に所蔵する古文書を中心に紹介し、またそれらが『鎌倉遺文』にどのような形で収載されているのか、未掲載の文書にどのようなものがあるのか、調査した結果を報告したい。

一、尊経閣文庫蔵の古文書

最初に文庫所蔵の古文書について、現在の状況を確認しておきたい(4)。文庫蔵の古文書は、『尊経閣文庫国書分類目録』の五三二頁から五四一頁にかけて、記載されている。刊本と現蔵が確認できないものを除いて列記すると左記のようになる（右側に線を引いたものは、鎌倉時代の文書を含むもの、以下同）。

尊経閣古文書纂　天平古文書　鎮西古文書編年録　建武年間古文書写
将軍代々文書　近代武将翰墨類聚　温故知新集　雑古文書集
古文書　古文書　古文書写　古文書写
古文書写　古文書続集　古文状　諸状記
古書雑記　骨董記　口宣類　淡路国古文書集
阿波国古文書集　諸家古文書写　中原文書(5)　河内国壺井文書
白河結城家古状写　和田文書首尾留　岡本氏古文書写　摂津氏文書
野村文書　小幡文書　千福経忠家蔵文書　水戸家古文書
神社仏閣令記　石清水八幡宮文書　座摩神社古文書　八鉾大明神古文書
三鈷寺文書　三鈷寺文書雑々　山崎宝積寺文書　清和院文書集
東寺文書　東大寺古文書　東大寺勅書幷諸文草　勧心寺文書録
明眼寺文書　薬王院古文書　園城寺実相院文書　高野山文書
天平感宝元年詔書　越前国司牒　文覚上人答将軍頼家書　高雄文覚答鎌倉殿書
蓮祖墨蹟幷日享上人証文　将軍家政所下文　新田義貞等書状　結城氏聯芳遺墨
吉野御事書案　太田道灌状　上杉定正書状　上杉謙信呈将軍義輝書

翠竹庵与三伯座元書　秀吉公信長公朱印写　丹羽長秀禁制　細川藤孝感状
長束政家等書状写　列侯連署誓辞　五大老下知状　徳川家康陣令

このあとに、左記の外国文書が配列されている。

外国書翰　大元皇帝書　明太宗与足利義満書　永楽帝親翰之模書
高麗王王昛書翰　朝鮮国教旨之写　朝鮮鄭曄書簡　朝鮮成以文書簡
朝鮮国書幷返簡別幅　天南国暁示　安南国統兵都元帥瑞国公書簡　安南国書
柬埔塞国王書簡　呂宋国王書簡　ヲロシヤ国使節紅毛人飜訳
仏朗西総督与琉球国那覇大人書　合衆国書翰和解　外国書翰和解

このうち、文書の原本は「尊経閣古文書纂」が中心で、大半は近世の写本である。とくに模写本が多いことが特徴といえよう。「尊経閣古文書纂」は全部で二千二百四通あるが、その内容の一覧を提示すると、左記のようになる。

1、諸家文書
一条文書（十八通）　飯尾文書（五十七通）　蜷川文書（十二通）　堀文書（十通）
日置文書（五通）　加藤文書（五十一通）　野上文書（十八通）　駒井文書（二十一通）

籠手田文書（八十二通）　天野文書（四十五通）　得田文書（二十二通）　得江文書（二十九通）
吉見文書（十二通）　毛利文書（十通）　前田文書（十七通）　付中原文書（三十九通）

2、社寺文書

石清水文書（百三十二通）　加茂社文書（十四通）　仁和寺心蓮院文書（十九通）
宝菩提院文書（九十九通）　東福寺文書（百九十五通）　長福寺文書（百四十五通）(6)
大覚寺文書（十五通）　大光明寺文書（十二通）　高野蓮養坊文書（二十七通）
南禅寺慈聖院文書（四十八通）　天龍寺真乗院文書（十四通）
天龍寺周悦関係文書（二十三通）　西興寺文書（二十一通）　園城寺実相院文書（二十一通）
清水寺文書（十通）　神護寺文書（二十一通）　青蓮院文書（二十九通）

3、雑纂文書

編年文書（六百九十二通、奈良時代から江戸時代にかけて、奈良時代の七通は重要文化財）
征韓文書（二十二通）　外国文書（十三通）
雑文書（俳人等文書〈十五通〉　未定文書〈百三十七通〉　宗教関係文書〈三十二通〉）

このうち鎌倉時代のものは日置文書（一通）、野上文書（八通）、天野文書（四通）、得田文書（二通）、中原文書（三通）、石清水文書（二十四通）、加茂社文書（六通）、仁和寺心蓮院文書（五通）、宝菩提院文書（六通）、東福寺文書（三十三通）、長福寺文書（十四通）、大覚寺文書（一通）、南禅寺慈聖院文書（四通）、天龍寺真乗院文書（五通）、神護寺文書（三通）、編年文書（百一通）、合計二百二十通である。

これ以外に、鎌倉時代の文書を含む蔵書・蔵品には、①「三朝宸翰」（国宝）、「武家手鑑」（重要文化財、以下「重文」と略す）、「後醍醐天皇宸筆御消息」（重文）、「楠合戦注文・博多日記」（重文）等の古文書集、②「実躬卿記」（重文）、「古語拾遺」（重文）、「中外抄」（重文）、等の紙背文書、③「高麗王王昛書簡」、「大元皇帝書」等の写本（模写本を含む）がある。

ここでは①②③の代表的なものを簡単に紹介しておくことにしたい。

①文書集等

・「三朝宸翰」三巻（国宝）

伏見・花園・後醍醐三天皇の宸筆消息（青蓮院門跡宛）を貼り継ぎ、紙背に仏教を摺写した消息経で、尊円親王（伏見天皇の皇子で花園天皇の弟、青蓮院門跡）が編んだものとされる。鎌倉時代の応長年間から正和・元弘を経て南北朝時代の延元年間に至る。[7]

『鎌倉遺文』古文書編第四十一巻（以下（41）のように略す）には、三一六五三号・三一七三八号・三一八〇二号・三一八九三号・三一八九七号・三一九六四号・三二〇一五号・三二〇五一号・三二二三一号等が収められるが、『鎌倉遺文』の典拠は「尊経閣所蔵文書」、「尊経閣文庫蔵」、「尊経閣所蔵」、「尊経閣文書」となっており、不統一である。（「三朝宸翰」については、第一部第一章、二を参照。）

・「武家手鑑」上・中・下　三帖（重文）　付「旧武家手鑑」

この手鑑は、最初は五代藩主前田綱紀の命によって作成されたもので、近代になって前田家十六代利為の命により現状に編成し直された。平安時代末期（平忠盛）から江戸時代初期（前田利常）までに及ぶ著名な武家の文書百五十通を手鑑としたものである。鎌倉時代の文書は、二十三通が収められる。再編成の時「尊経閣古文書纂」から加えられた文書もある一方、はずされたものもあり、現在これは「旧武家手鑑」として管理されている。(8)『鎌倉遺文』の典拠の表記は、細かく見ると九種にもなり、「尊経閣文庫蔵武家手鑑」「尊経閣文庫蔵旧武家手鑑」の二種に統一すべきであろう。

・「後醍醐天皇宸筆御消息」一軸（重文）

年月日欠であるが、鎌倉末か南北朝期のものと推定される。後醍醐天皇が、笠置の難以来自分に忠義を尽くしたとして、足助重治に更なる軍功を慫慂した書状である。

・「楠木合戦注文・博多日記」一巻（重文）

前半は、元弘三年（正慶二年）正月、河内国赤坂城に立て籠もる楠木討伐の幕府軍の交名と関東御事書（以上前者）が、後半は、正慶二年四月頃の長門探題（北条時直）・鎮西探題（北条英時）に対する四国・九州の後醍醐天皇方の武将の動向を記載する（以上後者）。紙背は嘉暦四年七月三日に僧良覚が書写した東福寺領肥前国彼杵御下知御教書訴陳以下目録（重出書写）である。この一巻は、五代藩主綱紀が東福寺から手に入れたもので、書名を「正慶乱離志」と考案している。(9)

・「車輿等書」　九巻

この巻子本の中心になるのは車輿の図であるが、なかには洞院実泰・西園寺公衡の往復書状や実泰書状に公衡がその返事を書き込んだ勘弁状、二条兼基書状なども含まれる。(10)

・「無題号雑書」　一冊

飯田瑞穂「尊経閣文庫架蔵の金沢文庫本」(11)で指摘されたものである。文書としては「末に西大寺叡尊に興正菩薩の号を授けた正安二年閏七月三日の宣旨と同年閏七月四日付の西大寺門僧衆中に充てた院宣とを収める。」とある。『鎌倉遺文』では、前者は(27)二〇五一一号、後者は(27)二〇五一二号に収められ、典拠は「興正菩薩行実年譜下」と記載されている。

・「神祇官勘文」

これも注(11)飯田論文で指摘されたもので金沢文庫本である。「包紙の裏に、前田綱紀の筆跡で「貞享丙寅之春、木貞幹来訪、因出茲一巻、而令見之」云々と書かれてゐる。貞享丙寅は三年(一六八六)。少なくとも、それ以前に尊経閣の有に帰してゐたことが知られる。」と指摘がある。内容は、天暦三年(九四九)五月二十三日の神祇官勘文等である。

・「古今墨翰」(手鑑)

旧目録に「手鑑第二号」として見えるもの。まず聖武天皇と光明皇后から始まり、後嵯峨院・後鳥羽院等天皇家の宸翰が後光厳院まで続き、その次に九条良経以下の公家、僧侶、女院、女性、武家の人々の書が貼られている。総数百二十一枚とされるが、欠けているものがある。多くは和歌、漢詩、写経、日記等の一部であるが、中には、鎌倉時代に関わる文書もあり、藤原定家消息（二通）、藤原為藤消息（一通）、源実朝書状（一通）等が貼られている。すべて『鎌倉遺文』に未載である。

②紙背文書

・「実躬卿記」（重文）紙背文書

三条実躬の自筆。現在文庫に二十三巻所蔵するが、そのうちの正応二年五月～八月巻以下十八巻の紙背に文書がある。(12)

・「古語拾遺」（釈無弐本、重文）紙背文書(13)

「古語拾遺」は文庫に、伊勢本系の釈無弐本、煕允本、亮順本の三巻が伝来する。三巻ともに武蔵国金沢称名寺の旧蔵で、五代綱紀のときに入手したものである。このうち釈無弐本（二十紙、一巻）の紙背に文書があり、紙背文書は二十点にのぼる。このうち七点が『鎌倉遺文』に収められており、「典拠」には「尊経閣文庫所蔵古語拾遺二本裏文書」、「尊経閣文庫所蔵金沢文庫本古語拾遺裏文書」の二種が見られる。(14)

・「潤背」紙背文書

これも称名寺の旧蔵である。紙数は二十枚、書状を四つ折りにしてその裏面に記載している。紙背文書には、北条（金沢）貞顕や同貞将をはじめ僧順忍等の自署のあるものもある。包紙に綱紀の文字で「内ノ題条々決疑、私題云、決疑抄歟」とある。その中に年欠十二月二十二日の金沢貞将書状があり、これは『金沢文庫古文書』一（武将書状編）の五二八号に同文の文書が収められているが、『鎌倉遺文』には見えない。

・「詠百首応制和歌」紙背文書

箱書には「後常磐井相国百首」とあるが、「後西園寺相国」の誤記であろう。この歌集は、弘安元年西園寺実兼の自筆とされるもので、書き出しに「詠百首　応制和歌／正二位行権大納言春宮大夫藤原朝臣実兼上」とある。数通の書状を裏返して記載されている。管見では、『鎌倉遺文』未載である。

③写本（模写本）

ここでは、模写本の中から鎌倉時代の文書を含むものをいくつか紹介したい。最初に五代藩主綱紀の時代に書写されたものを見てみよう。後述するように、五代藩主綱紀は古文書や典籍が手許に来ると書写を命ずることが多かった。その結果として文庫には数多くの写本（模写本が多い）が伝来している。

・「高麗王王昛書簡」一通

これは称名寺文書を模写したもので、注（11）飯田瑞穂論文で指摘されたものである。[15] 内容は、至元二十九年（正応五年、一二九二）十月の高麗国王王昛の日本国王に宛てた国書である。後述の「古書雑記」にも収められる。延宝六年（一六七八）三月に木下順庵の書写による。『金沢文庫古文書』（仏事編、六七七二号）に高麗寄日本書として収められ、『鎌倉遺文』（23）一八〇四〇号文書にも収載されている。典拠は「金沢文庫文書」である。

・「大元皇帝書」一通

これも注（11）飯田論文で指摘されたものである。[16]内容は、大徳元年（永仁五年、一二九七）三月の大元皇帝の日本国王に宛てた国書である。これも上述の「高麗王王昛書簡」とともに木下順庵が書写している。『金沢文庫古文書』（仏事編、六七七三号）に元朝寄日本書として収められ、『鎌倉遺文』（25）一九三二四号文書にも収載されている。典拠は「金沢文庫文書」である。

・「延暦寺衆徒申状」一冊

これも金沢文庫本で、注（11）飯田論文で指摘されたものである。[17]薄い美濃紙に書写されており、これも他の例と同様に透き写ししたものである。内容は延慶二年に起きた園城寺僧正に対する大師号授与に関する延暦寺の訴訟関係文書で、延慶二年六月日の延暦寺三千大衆申状写、延慶二年五月五日の関東下知状写、年月日欠の園城寺僧正大師号事書写、延慶二年六月日の惣持院三塔集会申状写の四通が収められる。すべて『鎌倉遺文』に未収録である。

・「青砥康重家譜」一冊（一巻）

「武家百家譜」[18]のうち二一番目にあたる。この家譜の写本は同じものが二部伝来しており、一部は冊子、一部は巻子に仕立てられている。他の写本と同様、両者とも美濃紙が用いられ、透き写しされたものであることは、両者を比較すると、文字が相似し全く同じ字配りであることからも確認できる。両者ともに延宝七年（一六七九）

の書写であり、同じ時期に写されたものである。書名は家譜とされているが、内容は左記のような南北朝期の文書である。(19)

①年月日未詳の丹後国芋野郷相伝系図写
②康永二年十一月六日の足利尊氏袖判下文写
③康永二年十一月六日の将軍家執事施行状写
④貞治二年十一月四日の幕府引付頭人奉書写
⑤応安七年十一月十八日の幕府引付頭人奉書写
⑥康永二年三月二十八日の青砥康重譲状写
⑦貞和二年十月十三日の青砥康重譲状写
⑧康安二年七月一日の青砥康重後家自祐譲状写
⑨応安四年六月十四日の青砥康重後家自祐譲状写

このような例は、同じ「武家百家譜」十九番にあたる「天埜家譜」も同様であり、書名だけで中に古文書が含まれるかどうかを判断するのは留意する必要があろう。

次に、藤原貞幹の模写に関わる文書集を紹介する。藤原貞幹（一七三二〜九七）は、通称は「藤貞幹」（中国風の呼称）といわれる江戸時代中期の考古学者で、篆書・草書の技に長じ、古代史に明るく、特に古文書・金石文の研究に通達、考証学・有職故実に精しい人物であった。(20)但し、藤原貞幹の模写が前田家に伝えられた経緯は未詳である。後考を挨ちたい。

・「雑古文書集」

渋引の疊紙に「藤井貞幹旧蔵影抄古文書等　七十五品」と墨書がある。奈良時代から戦国時代の古文書・記録等の写しを収める。各々の文書はすべて一紙の美濃紙に書写されており、透き写しされたものである。鎌倉時代の文書及びそれと推定されるものを以下に紹介する。『鎌倉遺文』所収のものは（　）に記載した。

①正和五年五月二十日の大中臣広康・藤原氏女連署和与中分契約状写
②元弘三年三月三日の大塔宮護良親王令旨写（『鎌倉遺文』(41) 三二〇四八号、典拠は「播磨大山寺文書」とする）
③文永九年六月十三日の端女藤原氏等証文写
④正応三年十月二十五日の四辻宮善統親王袖判譲状写（『鎌倉遺文』(23) 一七四六七号、典拠は「東寺百合文書ヒ」とする）
⑤正応三年十二月九日の散位源氏譲状写
⑥建久十年三月二十二日の藤原隆信譲状写（『鎌倉遺文』(2) 一〇四三号、典拠は「播磨松雲寺文書」とする）
⑦正応二年卯月二十一日の弥藤三釜請文写（『鎌倉遺文』(22) 一六九七一号、典拠は「尊経閣影抄古文書」とする）
⑧元徳二年十一月日の某袖判下文写
⑨弘長元年三月六日の亀石沽却状写（『鎌倉遺文』(12) 八六三三号、典拠は「東寺百合文書カ」とする）
⑩元弘三年二月二十一日の大塔宮護良親王令旨写（『鎌倉遺文』(41) 三一九九六号、典拠は「播磨大山寺文書」とする）

⑪正中三年三月八日の大中臣氏女譲状写（『鎌倉遺文』（38）二九三七八号、典拠は「白河本東寺文書五九」とする）
⑫かりやく二年十一月四日の元明売券写
⑬建長三年十月八日の脩明門院消息写
⑭年月日未詳の西園寺公衡消息写
⑮承久元年十月四日の沙弥円爾戒牒写
⑯応長元年十二月十八日の年預催状写
⑰正和二年九月二十五日の伏見院院宣写
⑱年未詳十月三日の九条忠家書状断簡写
⑲（元弘三年カ）十二月二日の洞院公賢書状写（『鎌倉遺文』（42）三二七四三号、典拠は「東寺文書射」とする）
⑳後三月二十七日の後伏見院消息写

鎌倉時代の文書二十点中八点が『鎌倉遺文』に収載されている。但し、「典拠」について見てみると、「播磨大山寺文書」、「東寺百合文書ヒ」、「播磨松雲寺文書」、「白河本東寺文書五九」、「東寺文書射」等と、原文書を示す表記となっている。写本の場合は、典拠に「尊経閣文庫蔵雑古文書集」を記載することについては検討を要しよう。(21)

・「将軍家政所下文」　一巻

この中には、①弘安四年十二月二十八日の将軍家政所下文写と②元弘三年八月十日の伊豆国御家人南条時綱着到状写が書写されている。①は、『鎌倉遺文』（19）一四五二七号に典拠を「竹内文平氏所蔵御領目録裏文書」として、②は同（41）三二四六三号に、典拠を「屋代本文書」として掲載されている。①の末尾に「天明丁丑仲夏九日模／貞幹（四角朱印：印文「藤原貞幹」）」とあり、天明七年に藤原貞幹が模写したものである。

④屋代本

次に屋代弘賢の書写蒐集に関わる屋代本の文書集を紹介しよう。文庫では、近世の写本名家蔵のうち、「不忍文庫」の朱印があるものを「屋代本」と称している。屋代弘賢（一七五八〜一八四二）は、江戸幕府の幕臣で、幕府の編修事業に参加し、『寛政重修諸家譜』・『国鑑』・『藩翰譜続編』などの編纂に関わった。不忍池畔の屋敷内に書庫を建て不忍文庫と称した。生前の約束により、没後その蔵書は徳島藩主蜂須賀斉昌に譲られ、阿波国文庫（蜂須賀家の文庫名）の中核となっている。大半は戦災とその後の火事で焼失した。現在残るものは、明治維新の際一部が旧藩士に分与されたものと、蜂須賀家伝来本等とされる。(22) 但し、屋代本が前田家に伝えられた経緯は未詳である。

・「古文書」一冊

この「古文書」は屋代本のひとつで、冒頭に「阿波国文庫」「不忍文庫」「新居庫」の三つの朱印が捺されている。内容は表題の下に「皆川・徳善院・旧板大般若経所用」と記されている。このうち「旧板大般若経所用」の部分に鎌倉時代の文書が書写されている。

このほか文庫に架蔵される屋代本には、前述した古文書集の中の「温故知新集」（一冊）、「神社仏閣令記」（一冊）、「清和院文書集」（一冊）、「東大寺勅書幷諸文章」（一冊）、「明眼寺文書」（一冊）、「薬王院古文書」（一冊）がそれである。ほかに、「歩行日記」(一冊)、「香取遷宮記」(一冊)、「佐渡国寺社由緒記」(一冊)、「大樹寺記」(一冊)、「当代記」(十冊、横山政和献上本)、「隠岐国志」(一冊)、「家流問答」(一冊)、「軍陣聞書」(一冊)、「宇都宮家軍略」(一冊)、「戦場百箇条」(一冊)、「山岡考説抜書」(一冊、二部あり)、「弓矢細工問答」(一冊)、「箙靭之記」(一冊)、「弓馬故実」(三冊)、「草名叢」(一冊)等がある。「佐渡国寺社由緒記」・「大樹寺記」等には古文書も収められているが、鎌倉時代の文書は含まれない。すべての本の表紙、冒頭、末尾のいずれかに「不忍文庫」の朱印が捺される。(23)

⑤青木本

近世の写本名家蔵のうち、表紙の右下に「青木印」の朱印のあるものを「青木本」と称している。(24) これは青木信寅(一八三五〜八六)の旧蔵本で、明治時代中期に青木氏が死去してから前田家が入手したものと推定されている。(25) その内から鎌倉時代の古文書を含む二点を紹介しよう。

・「古文状」　一冊

「青木印」「東山文庫」の朱印がある。内容は、新見正路の収集したもので、収録史料のほとんどが金沢称名寺から江戸時代に流出したものである。(26) 鎌倉時代の文書として、元徳元年十二月十日の下総国東庄上代郷公田坪付注進状写、嘉暦四年六月廿三日の東(カ)師胤申状写等が収められる。

・「古書雑記」　一冊

「青木印」「東山文庫」の朱印がある。内容は、「古文状」と同じく新見正路の収集したもので、収録史料のほとんどが金沢称名寺から江戸時代に流出したものである。[27] 鎌倉時代の文書としては、上述した高麗国王王昛国書写（『鎌倉遺文』（23）一八〇四〇号）や金沢貞顕袖判倉栖兼雄奉書写（『金沢文庫古文書』五二八九号、『鎌倉遺文』未収載）等が収められる。

⑥「古文書続集」一冊

最後に、鎌倉時代の古文書を収める「古文書続集」を紹介しておきたい。冒頭の一丁目右下に「桑名城内駒井家蔵」の朱印が捺されている。桑名藩の家臣駒井氏の蔵書であろうか。内容は、初めの方に鎌倉円覚寺、肥後円通寺、金沢称名寺、鎌倉鶴岡社司等の文書が書写されており、中程には伊勢光明寺の文書が、後半には近世の文書が書写されている。このうち鎌倉時代の文書としては、円覚寺文書、称名寺文書、光明寺文書等が収められる。[28]『鎌倉遺文』に未収のものはないようである。

二、古文書の伝来と現状

本節では、前田家に多少でも所蔵されていた、蒐集の経緯がわかる古文書を紹介したい。前述したように五代藩主綱紀の時期に多くの文書が蒐集されている。その過程で文書の目録や文書の写（模写）が作成されているが、文庫にはそれに関わる史料が残されている。それによると、綱紀は家臣に対して書物や文書等の調査を命じる際に、まずそのものの書写を命じることが多かったと考えられる。その際用いられたのが薄い美濃紙で、書物奉行津田光吉が鎌倉に調査に赴いた時に、不足した筆や紙等を江戸藩邸に督促していることも知られている。[29]

1、野上文書

「尊経閣古文書纂」の諸家文書のひとつに「野上文書」がある。この文書を伝えた野上氏は、九州豊後国玖珠郡に盤踞した清原氏の一族で、同郡野上郷を名字の地とし、同郷を相伝した武士である。「野上文書」は、文庫以外にも写を含めると各地に伝来している。文庫以外では、「古文書纂」二八所収（京都府船井郡丹波町広瀬氏所蔵文書の一部）、野上真之充氏所蔵（東京大学史料編纂所影写本）、上田節蔵氏所蔵（四十三通、東京大学史料編纂所影写本）、『碩田叢史』所収（原本は財津永延氏所蔵）、財津孝之氏所蔵、その他（散在の原本、編纂物所収等）があるという。(30)

文庫蔵の「野上文書」は十八通で、一巻に成巻されている。前田家に収蔵された経緯については、これに添付される左記の七月九日の平田職俊書状によって知られる（』は改行を示す）。

覚

一、野上家江被下候古キ文書十八通

一巻ハ、御冠師三宅近江守所持仕候』物ニ候、其身入申物ニても、無之故、自然』指上候ても不苦候ハヽ、御自分迄申入』候而、可成後ニ候ハヽ、指上度旨申候ニ付、』京都より私持参仕候、近江儀京都』御屋敷へも前々より出入之者にて』御座候、書籍すき候て、ケ様之類之物』粗所持仕候、此一巻指上候而何を以其身』望之儀、可申上と申候、筆ニ而も、又ハ』拝領なとの望有之候て、申上候様成』儀ニ而ハ、曾而無御座候、其段承届候事、』御座候、不苦思召候ハヽ、御序之節、御指』上可被下候、以上、

七月五日　平田内匠大允（職俊）

土師清太夫様

差出の平田内匠大允職俊は、本姓中原、寛永九年（一六三二）平田生職の子として生まれた。禁裏御所地下の官人で、致仕した後の天和元年（一六八一）五代藩主前田綱紀に召出され、大坂にあって蔵米の管理を担当し、正徳元年（一七一一）五月京都において八十歳で病死した（『地下家伝』一）。一方、宛所の土師清太夫正庸は、綱紀の右筆で、元禄十一年（一六九八）に没している。この覚は、京都にいる平田職俊から綱紀の側近土師正庸へ宛てた書状と考えられる。内容は、この「野上文書」（一巻）を御冠師三宅近江守が所持していたが、綱紀に献上したいとの希望を持っており、自分が持参するので、ついでの折に献上して欲しいと報じている。綱紀の時に前田家に献上されたと考えてよいであろう。

ところで、文庫には別途「野上系図」（一巻）を架蔵している。この巻末の綱紀の自筆識語によると、こちらは天和元年に京都の後藤光英が何人から借用して模写したものという。蒐集の方途がまったく異なっていた。(31)

「野上文書」の『鎌倉遺文』『南北朝遺文・九州編』の所収巻数・文書番号及びその典拠に記される名称を左記の表Iに示す。

表I　野上文書一覧

＊上段に貼り継がれた順番と文書名を、中段に『鎌倉遺文』及び『南北朝遺文・九州編』の巻数（（　）で示す）と文書番号を、下段に各々に記される典拠を記載した。なお、〈　〉内は割書である。

『鎌倉遺文』　文書名	番号	典拠
①文永九年二月朔日豊後守護〈大友頼泰〉廻文	(14)一〇九六四号	尊経閣所蔵野上文書
②建治元年六月五日豊後守護大友頼泰書下	(16)一一九二三号	尊経閣所蔵野上文書
③弘安七年六月十九日大友頼泰書下	(20)一五二一四号	尊経閣文庫野上文書

④弘安七年六月十九日大友頼泰書下	(20)一五二一五号	尊経閣文庫野上文書
⑤弘安八年三月二十七日大友頼泰書下	(20)一五四九三号	尊経閣所蔵野上文書
⑥永仁四年五月二十日寂仏〈小田原景泰〉施行状	(25)一九〇七三号	野上文書
⑦（永仁四年カ）八月十六日寂仏〈小田原景泰〉書下	(25)一九一一〇号	野上文書
⑧元亨四年八月十一日大友貞宗書下	(37)二八七九六号	尊経閣蔵野上文書
⑨嘉暦元年七月一日豊後八坂下荘領家下文	(38)二九五二八号	諸家文書所収野上文書
『南北朝遺文・九州編』		
⑩建武三年四月十五日清原政明着到状	(1)五八九号	豊後野上文書
⑪延元元年八月十五日沙彌道円軍忠状	(1)七一八号	豊後野上文書
⑫建武三年十月一四日野上資頼軍忠状	(1)七七三号	前田家所蔵野上文書
⑬建武三年十二月二十日野上顕直軍忠状	(1)八一〇号	前田家所蔵野上文書
⑭貞和四年二月十八日大友氏宗書下	(3)二四四四号	前田家所蔵野上文書
⑮貞和六年十月日野上広資着到状	(3)二九〇一号	尊経閣文庫所蔵野上文書
⑯貞和七年三月日野上広資軍忠状	(3)三〇五一号	尊経閣文庫所蔵野上文書
⑰（年欠）六月二日大友親世預置状	(6)六四九一号	尊経閣文庫所蔵野上文書
その他		
⑱明応六年三月二十一日沙彌某・兵部輔某等連署打渡状		

一覧してわかるように、『鎌倉遺文』『南北朝遺文』ともに「典拠」として、「尊経閣所蔵野上文書」、「前田家所蔵野上文書」、「尊経閣文庫所蔵野上文書」と所蔵者を明示しているものと、「諸家文書所収野上文書」のように近世の古文書の写本を典拠としているもの、また単に「野上文書」、「豊後野上文書」と家わけ文書名だけを示

すものなど、典拠には不統一がある。(32) 原文書がある場合、近世にその写本が存在していたとしても、その原文書を底本とし、典拠の記載も改めるのが原則であろう。この十八通が原本を一巻に貼り継いだ文書と判断できることから、典拠も同じ表記に統一すべきであろう。

2、小幡文書

次に五代藩主綱紀の指示によって模写された文書の例を紹介したい。戦国時代の文書ではあるが「小幡文書」の書写の経緯を見てみよう。

上述の『尊経閣文庫国書分類目録』に記載される「小幡文書」には、(年欠)九月十五日付の小幡七郎兵衛(信義)の覚書が付属している。これによると、小幡七郎兵衛は祖父の代より家に伝来した古文書等を書き上げ、五代藩主綱紀に提出した。(33) その覚書によると、「武田信玄之状」として三通(書判一通、印判二通)と外に番帳(一通)が、「武田勝頼之状」として四通(書判一通、印判三通)が、「北条氏直之状」として五通(書判四通、印判一通)と外に定書(印判二通)・覚書(印判三通)の合計十八通の文書があったことがわかる。この覚書を見た綱紀は、次のような指示をした。すなわち「武田信玄之状」のうちの一通と「北条氏直之状」のうちの一通を手許に留めること、他の文書は書写して返すように命じたのである。(34) この命令は実行されたようで、文庫に残る「小幡文書」は薄い美濃紙に書写された模写本であり、おそらく透き写しであろう。点数は左記の数量よりも「武田信玄之状」が一通少ない二通、「北条氏直之状」が一通少ない四通であることが確認できる。一方、綱紀の手許に留められた二通は現在、「尊経閣古文書纂」のうち編年文書に収められて伝来している。(35)

このように、綱紀に献上された古文書は、綱紀みずから目を通しており、手許に留めるもの、書写するもの、返すもの等の処置を決めて、その指示を目録に記していたことがわかる。

3、天野文書

天野氏は、伊豆国田方郡天野を名字の地とする武士で、初代遠景は源頼朝の信任を得て鎮西奉行として活躍した。その子孫は、遠江国山香庄、安芸国志芳庄、能登国に分かれ、それぞれに文書が伝えられた[36]。文庫には、能登国に移住し、同国の守護畠山氏の家臣となった系統の文書が「尊経閣古文書纂」の中に伝来している。まず目録（表Ⅱ）を示そう。番号は「天野文書」の架蔵番号をそのまま用いている。なお、別途「天野文書影抄」（以降「模写」と略称する）と『松雲公採集遺編類纂』所収「天野文書」（以降「類纂」と略称する）があり、その所収の有無について下側に○印を付して示した。

表Ⅱ　能登系「天野文書」一覧

＊1　番号の欄には、「天野文書」（「尊経閣古文書纂諸家文書」）の番号のほか、「武家手鑑」所収のものには「武家」（一通）、「尊経閣古文書纂編年文書」所収のものには「編年」（一通）、「旧武家手鑑」所収のものには「旧武」（二通）、「天野文書影抄」（模写）あるいは「松雲公採集遺編類纂」にしか見えないものに「無（番号）」（十一通）と記載した。なお、枝番号のあるものは、貼り継がれて一巻とされる文書である。

＊2　模写の欄には、「天野文書」模写本に所収されているもの、類纂の欄には「松雲公採集遺編類纂」古文書編所収「天野文書」に所収されているものに、○印を記載した。

番号	年月日	文書名	模写	類纂	備考
武家	建長八年七月三日	将軍家政所下文			「武家手鑑」上17
編年	永仁二年九月二十九日	関東下知状			「編年文書」86

1	嘉元三年五月七日	万行胤成着到状	○		
2-1	正和元年八月二十五日	尼しんせう譲状	○		「得田文書」類纂に入る。
2-2	永和三年十一月十九日	沙彌立阿打渡状	○		
2-3	応永二十八年十二月二十九日	守護代遊佐祐信遵行状			
3	正和二年五月二日	関東下知状			
4	文保元年六月七日	関東下知状			
無①	元亨二年五月二十三日	足利貞氏下知状写	○		「得田文書」1にあたる。
無②	元弘三年十月三日	後醍醐天皇綸旨写	○	○	
5	建武弐年三月十七日	斎藤胤成譲状	○		
6	建武弐年七月十四日	斎藤成光譲状			「得田文書」模写に入る。
7	建武二年七月十四日	斎藤成光譲状			「得田文書」模写に入る。
8	建武二年十一月六日	高師泰等連署下知状			
9-1	建武三年七月日	天野遠政軍忠状	○		
9-2	建武三年七月日	天野遠政軍忠状	○		
9-3	建武三年七月日	天野遠政軍忠状	○	○	
9-4	建武五年閏七月十四日	天野遠政軍忠状	○		
9-5	暦応三年九月日	天野遠政代石河頼景軍忠状	○		
9-6	暦応四年七月日	天野遠政軍忠状	○		
無③	建武三年八月日	天野遠政軍忠状写		○	
無④	康永二年六月二十一日	大使代僧円心請取写	○	○	
10-1	観応二年正月日	某制札	○	○	

10-2	観応二年七月二十四日	藤原朝房・紀朝久連署打渡状	○	○	
10-3	延文弐年七月二日	惟宗経光打渡状	○	○	
11	観応三年七月二十一日	足利義詮感状			
12-1	文和二年六月日	天野遠政代堀籠宗重軍忠状	○		
12-2	文和四年七月日	天野遠政代堀籠宗重軍忠状	○	○	
13	文和二年九月五日	吉見修理亮書下			
14	文和四年三月二十六日	天野遠経軍忠状			
15-1	康安二年八月五日	吉見氏頼吹挙状	○	○	
15-2	（康安二年）八月五日	吉見氏頼吹挙状	○	○	
無⑤	貞治元年四月二十五日	比丘尼せんせう譲状写	○		「得田文書」5-1にあたる。
無⑥	貞治五年二月四日	尼ほうしん譲状写	○		「得田文書」5-2にあたる。
16-1	嘉慶二年二月二十二日	将軍家御教書	○		
16-2	嘉慶二年四月八日	将軍家御教書	○		
16-3	嘉慶二年八月二十一日	将軍家御教書	○		
16-4	嘉慶二年十一月十二日	将軍家御教書	○		
16-5	明徳二年六月七日	将軍家御教書	○		
16-6	応永十九年八月二十五日	細川道歓施行状	○		
16-7	応永二十四年十一月十九日	細川道歓施行状	○		
無⑦	明徳二年八月十一日	得田景長譲状写	○		「得田文書」5-3にあたる。
17	応永十二年八月五日	藤原氏女比々地頭職譲状	○		
無⑧	応永十八年十月一日	尼めうほん譲状写	○	○	「得田文書」5-4にあたる。

18	応永十九年八月十一日	畠山満慶書下	○	○	
19	(応永二十年) 三月二十三日	守護代遊佐祐信遵行状	○	○	
20	応永二十年五月四日	足利義持御判御教書			
旧武	(応永二十三年) 十二月二十九日	畠山満慶書状			法名道祐、32
無⑨	応永二十四年十月二日	二階堂山城守売券写		○	
21	応永二十八年十二月二十九日	畠山満慶書下	○	○	
無⑩	文明十二年二月五日	天野章慶安堵状写	○	○	「得田文書」5-5にあたる。
旧武	年未詳五月十日	畠山義統知行安堵状			
22	年未詳極月二十七日	畠山義統書状			
23	年未詳七月十三日	畠山義元書状			
24	年未詳七月十八日	畠山義元書状			
25	年未詳九月二十二日	畠山義元書状			
26	年未詳十月十九日	畠山義元書状			
27	年未詳十二月二十六日	畠山義元感状			
28	年未詳六月二日	畠山義綱書状			
無⑪	年未詳七月七日	姓欠義興書状写		○	

文庫に所蔵する「天野文書」は、原本と考えられるもの四十九点、江戸時代の写本十一点、合計六十点となる。これに江戸時代に天野家から綱紀に献上されたときの経緯を示す「天野文書附録」が十四点附属している。鎌倉時代の八点についてみると、永仁二年九月二十九日の関東下知状（編年八六）及び元弘三年十月三日後醍醐天皇綸旨写（無②）の二点が『鎌倉遺文』に未載で、その他の六点は収載されている。[37] なお、無①は現在原本は「得

田文書」に収められているが、模写本では「天野文書影抄」に含まれる。「天野文書附録」に収める「書写可被仰付品々」で始まる天野文書書写目録には、この文書が「一、（書出）長彦三郎幸康　壱通　月付　元亨二年五月」と見えており、前田家が入手した時点では「天野文書」に含まれていたと思われる（（書出）は右肩の注記、他の（　）は左下の注記、以下同）。また、『鎌倉遺文』は差出に「（足利貞氏カ）」と傍注し、文書名を「足利貞氏下知状案」とするが、検討を要する。この花押は高師氏のそれに酷似しており、文書名は「高師氏（カ）奉下知状」とすべきであろう。(38)

また、無⑤、無⑥、無⑦、無⑧、無⑩の五点は、模写では「天野文書」であるが、原本では現在「得田文書」に収められている。この五点は上述の天野文書書写目録に、「一、（書出）譲渡能登国〈月付文明十二年〈庚子〉二月五日〉五通続／ゆつりわたす〈月付応永十八年十月一日〉／のとのくに〈月付しやうちくわんねん四月廿五日〉／譲渡能登国〈月付明徳二年〈辛未〉八月十一日〉／ゆつりわたす〈月付しうち五年二月四日〉」とあり、これも本来は「天野文書」に含まれていた可能性が高い（〈　〉内は割書、以下同）。

2—1の原本は「天野文書」所収であるが、『松雲公採集遺編類纂』では「得田文書」に収められ、6・7のように原本は「天野文書」で、模写は「得田文書」という例もある。一方、10—2については原本、模写、類纂ともに「天野文書」に所収されるが、『松雲公採集遺編類纂』の「得田文書」にも前欠文書として同文のものが収められる。「天野文書」と「得田文書」の関係もさらに検討する必要があろう。(39)

以前「天野文書」と「天野系図」について、長家の家臣天野景乗から前田綱紀に献上された時のことを多少触れたことがあるが、(40)それによると、戦国末期の天野章慶は、長連龍の女婿で、はじめ畠山氏に仕え、能登国徳田村（現石川県羽咋郡志賀町徳田）に居住していたが、畠山氏滅亡後長連龍に仕え、天正十一年四月の賤ヶ岳の戦いで討ち死にした。家は弟俊景が継ぎ、その子景俊の子が藤太夫景乗である。

「天野文書附録」に収める八月二十七日の西坂猪之助が天野証文を吟味した報告によると、天野景乗から差し出された文書は総数百一通あり、古筆八兵衛の鑑定の結果（古筆八兵衛極付目録）、その内四十三通が「直判」（正文）であると報告している。九月十七日の西坂猪之助による天野文書極付目録の冒頭に「古筆八兵衛一覧見覚不申分」とあり、「都合百五通」と記載がある。多少の異同はあるが、「天野文書」はこの時点で百余通あったことは確かであろう。

4、近代の書写本

最後に、近代になって書写されたものの中で、多少書写の時期や元本がわかるものがあるので紹介しておきたい。なお、いずれも『鎌倉遺文』に未載の文書である。上述の目録の中に「古文書写」という一冊の写本がある。これには、左記の①から⑥の史料が明治時代に写されている。(41)

①天平宝字二年近江国牒状　②宝亀八年大和国牒状　③寛平元年売林券文
④醍醐寺文書鈔　⑤興福寺金堂云云　⑥南海通記鈔

この写本の墨付は五十三枚（白紙三枚を挟む）で、目録一枚、①二枚（白紙一枚を含む）、②二枚、③四枚（白紙一枚を含む）、④二十七枚、⑤五枚（白紙一枚を含む）、⑥十二枚で構成される。ほぼ半分を④が占めている。このうち、①～③⑤⑥は前田家編修方の罫紙に書写されており、④のみが白紙に写されている。④の末尾に「明治十九年十二月鈔」と記載があることから、この「古文書写」は、明治の中期以降に、前田家編修方の手によってそれまでに写された文書をまとめて一冊に編成したものと推定される。

つぎに、④の内容を紹介すると左記のようになる。

①醍醐寺雑記上　②醍醐寺雑記下　③醍醐寺雑要　④醍醐寺雑要

⑤雑日記（祈雨事　神泉御読経事也）　⑥醍醐寺要書上　⑦醍醐寺要書下

⑧嘉元三年雑記　⑨応永十六己丑歳　大井御庄　石包名幷新田畠名寄帳

⑧の嘉元三年雑記は抄出されたもので、嘉元三年五月三日・十八日・二十一日・二十二日の各条からなっている。内容は嘉元の乱に関わる記事が多く見られ、後述する『鎌倉遺文』未載の①嘉元三年四月二十六日の関東御教書写、②嘉元三年五月四日の関東御教書、③嘉元三年五月十日の六波羅御教書の三通が写されている。(42)

三、尊経閣文庫所蔵文書と『鎌倉遺文』について

最後に、文庫所蔵の文書と『鎌倉遺文』との関わりについて、調査した結果を報告して結びとしたい。課題としては、1、文庫の文書の『鎌倉遺文』収載・未載について、2、「典拠」としての記載の統一性の二点である。

1、『鎌倉遺文』への収載・未載について

既述のように、文庫所蔵の鎌倉時代の古文書を概観すると、その点数は、紙背文書、写本（模写や文書集）を含めると四百点～五百点程になると推定される。このうち、『鎌倉遺文』に掲載されている古文書は百三十点以上に及ぶが、紙背文書や写本を除いても約百点が未載となっている（表Ⅲ参照）。

表Ⅲは、文庫にある鎌倉時代のものと推定される古文書を一覧にしたものである。但し、既述のように文庫に所蔵する古文書は原本、紙背文書、写本（模写本、古文書集）等の多岐にわたる。表Ⅲは、「尊経閣古文書纂」・「武

家手鑑」・「旧武家手鑑」に絞って作成したもので、写本（模写本）の類や「実躬卿記」等の紙背文書、「古今墨翰」（手鑑）等に収める無年号文書はこの表に加えていない。写本の場合はその原本の確認が必要であり、無年号文書についてはその文書の年代を検討しなければならず、すべてを網羅することは現在の私の力に余ることであり、御海容願いたい。

表Ⅲ　鎌倉時代文書一覧

通番	文書分類	番号	年月日	文書名	鎌倉遺文典拠	巻数	文書番号	鎌倉遺文文書名
1	武家手鑑	上10	文治二年閏七月二十九日	源頼朝下文	尊経閣文庫所蔵文書	1	146	源頼朝下文
2	加茂社文書	1	(文治二年)十月一日	源頼朝下文	黒川本加茂注進雑記	1	182	源頼朝書状
3	編年文書	37	(文治三年カ)九月八日	源頼朝書状写	賜蘆文庫文書	1	261	源頼朝書状写
4	編年文書	39	文治五年	少納言局土地売文	尊経閣所蔵文書	1	420	少納言つほね売券
5	編年文書	40-1	建久二年閏十二月十四日	所領売券	尊経閣所蔵文書	1	573	橘氏女私領売券
6	編年文書	41	建久八年三月十二日	私領手継文書案	尊経閣所蔵文書	2	906	秦貞元家地売券案
7	編年文書	43	建仁二年正月日	従二位家牒	尊経閣所蔵古蹟文徴	3	1288	従二位家牒
8	編年文書	44	建仁四年正月二日	下毛野朝俊和与状案	（なし）			

9	編年文書	45-1	建仁四年二月五日	筑前国庁宣	尊経閣所蔵文書	3	1429	筑前国司庁宣
10	編年文書	45-2	建仁四年二月七日	国司添状礼紙状	尊経閣所蔵文書	3	1430	筑前守書状
11	編年文書	45-3	建仁四年二月七日	国司添状	（同右の一部）			
12	編年文書	46	元久元年三月日	下司職補任下文	尊経閣所蔵文書	3	1443	某下文
13	武家手鑑	上14	元久二年五月二十三日	北条時政下知状	尊経閣所蔵文書	3	1545	関東下知状
14	編年文書	49	元久二年六月五日	関東下文	尊経閣所蔵文書	3	1550	関東下知状
15	編年文書	36	（建保二年カ）七月八日	源実朝請文	尊経閣所蔵文書	3	1554	源実朝書状
16	編年文書	52-1	建保六年三月二十九日	秦友久田地売券	尊経閣所蔵文書	4	2359	秦友久田地沽却状
17	編年文書	53	建保六年八月二十三日	政所下文案	東大寺文書	4	2392	周防国司庁宣案
18	東福寺文書	2	承久三年八月十四日	関東下知状	前田家蔵古蹟文徴一	5	2799	六波羅下知状
19	旧武家手鑑	仮019	（承久三年）閏十月十八日	北条義時書状	（なし）			
20	石清水文書	3	貞応元年五月六日	関東下知状	尊経閣文庫文書古蹟文徴	5	2956	関東下知状
21	石清水文書	2	（貞応元年）五月六日	北条義時請文	尊経閣文庫文書古蹟文徴	5	2957	北条義時請文

22	編年文書	54	貞応元年六月十一日	関東下知状	（なし）			
23	武家手鑑	上15	貞応元年八月十七日	関東下知状	尊経閣所蔵武家手鑑	5	2993	関東下知状
24	石清水文書	4	（貞応元年）八月十七日	右衛門権佐奉書	石清水文書	5	2992	摂政藤原家実御教書
25	石清水文書	5	貞応元年八月二十一日	関東御教書（六波羅施行状）	石清水文書	5	2995	六波羅下知状写
26	編年文書	55	貞応二年五月二十七日	文書官（印か）蔵籠請文	（なし）			
27	編年文書	50	（貞応二年カ）七月二十七日	北条義時請文	尊経閣所蔵文書	3	1551	北条義時書状
28	編年文書	40-2	貞応三年十一月八日	藤井友光所領売券	（なし）			
29	編年文書	57-1	嘉禄元年十二月十五日	関東下知状	前田家所蔵文書	5	3439	関東下知状
30	編年文書	58	嘉禄二年正月日	平岡田検校目録注進	（なし）			
31	編年文書	40-3	嘉禄二年六月二十一日	藤井友光売券	（なし）			
32	編年文書	59	嘉禄三年二月十二日	水田売券案	（なし）			
33	武家手鑑	上13	嘉禄三年二月十二日	将軍藤原頼経袖判下文	尊経閣文庫所蔵武家手鑑	6	3571	藤原頼経袖判下文
34	旧武家手鑑	仮006	安貞二年三月七日	藤原頼経袖判下文	尊経閣所蔵武家手鑑	6	3726	藤原頼経袖判下文

35	天竜寺真乗院文書	1	安貞二年八月十六日	御方役免除状	真乗院文書	6	3774	関白(藤原家実)家下文案
36	編年文書	61	寛喜三年六月二十四日	関東下知状	(なし)			
37	編年文書	60	寛喜三年六月二十五日	関東請文	(なし)			
38	旧武家手鑑	仮020	貞永元年四月二十九日	関東御教書	陽明文庫武家手鑑	6	4323	関東御教書
39	編年文書	64	貞永二年二月六日	田地売券案	(なし)			
40	東福寺文書	3	天福元年四月二十六日	後堀河院々宣	尊経閣古蹟文徴	7	4486	後堀河上皇院宣
41	中原文書	1	天福元年八月日	院仕所補任下文案	(なし)			
42	編年文書	66	天福二年三月八日	屋地売券案	(なし)			
43	編年文書	65	天福二年三月日	醍醐寺政所宛文案	(なし)			
44	編年文書	48	(嘉禄・文暦頃)十月十八日	関東御教書	(なし)			
45	石清水文書	6	(嘉禎二年)八月十三日	定岩披露状	石清水文書	7	5026	意良書状写
46	武家手鑑	上16	嘉禎四年六月十三日	関東下知状	尊経閣武家手鑑	7	5250	関東下知状
47	武家手鑑	上18	仁治二年三月二十四日	関東御教書	尊経閣武家手鑑	8	5788	六波羅下知状

48	加茂社文書	2	寛元々年五月七日	下留守所文(国司下文)	越中志徴	9	6179	越中国司下文案
49	東福寺文書	4	寛元二年十二月七日	六波羅御教書	尊経閣所蔵東福寺文書	9	6416	六波羅下文
50	編年文書	67	寛元二年十二月二十四日	関東下知状	尊経閣所蔵文書	9	6421	関東下知状
51	編年文書	68	寛元四年二月二十六日	大江行景私領売券	(なし)			
52	東福寺文書	5	寛元四年十一月十三日	将軍頼嗣下文	尊経閣所蔵文書	9	6762	将軍(藤原頼嗣)袖判下文
53	石清水文書	8	宝治三年二月一日	後嵯峨院々宣	尊経閣文庫古蹟文徴	10	7044	後嵯峨上皇院宣
54	宝菩提院文書	3-1	建長元年七月二十三日	関東下知状	尊経閣所蔵宝菩提院文書	10	7093	関東下知状
55	石清水文書	7	(建長二年)八月二十九日	関東御教書	尊経閣所蔵文書	10	7228	関東御教書
56	加茂社文書	3	建長四年十月二十八日	関東御教書	尊経閣文庫所蔵文書	補3	補1529	関東御教書
57	武家手鑑	上30	建長四年十二月十三日	安達義景請文	尊経閣所蔵武家手鑑	10	7500	安達義景添状
58	石清水文書	11	(建長五年)三月二十五日	鎌倉執権連署状	前田家所蔵文書	10	7530	関東御教書
59	編年文書	69	建長五年五月晦日	請諷誦文	(なし)			
60	石清水文書	9-1	(建長六年)四月十七日	後嵯峨院々宣	尊経閣所蔵文書	11	7736	後嵯峨上皇院宣

61	石清水文書	9-2	(建長六年)九月二十六日	北条長時請文	尊経閣所蔵文書	11	7801	北条長時書状
62	石清水文書	9-3	(建長六年)十二月五日	後嵯峨院々宣	尊経閣所蔵文書	11	7827	後嵯峨上皇院宣
63	武家手鑑	上17	建長八年七月三日	将軍家政所下文	尊経閣武家手鑑	11	8008	将軍(宗尊親王)家政所下文
64	中原文書	2	建長八年十月五日	院仕所補任下文案	(なし)			
65	編年文書	70	正嘉元年十二月二十三日	屋敷売券	(なし)			
66	編年文書	71	(弘長元年)五月十七日	聖一国師文書預状	(なし)			
67	仁和寺心蓮院文書	1	弘長二年三月一日	関東下知状	尊経閣所蔵文書	12	8775	関東下知状
68	編年文書	72	弘長二年十二月十日	関東御教書	尊経閣所蔵文書	12	8904	関東下知状案
69	武家手鑑	上19	弘長二年十二月二十四日	六波羅探題御教書	尊経閣所蔵武家手鑑	12	8908	六波羅禁制
70	編年文書	73	文永元年十月十日	清景書状	(なし)			
71	編年文書	74	文永二年閏四月日	政所下文案	(なし)			
72	石清水文書	12	文永二年十二月三十日	後嵯峨院々宣	尊経閣古蹟文徴	13	9478	後嵯峨上皇院宣
73	東福寺文書	6	文永六年十二月日	西園寺家下文	尊経閣所蔵古蹟文徴一	14	10561	某田地宛行状

74	石清水文書	13-1	文永七年八月十三日	散位某(北条時輔)書状	石清水文書	14	10669	六波羅御教書写
75	編年文書	75-2	(文永七年九月日)	桑原清重等陳状案	(なし)			
76	編年文書	75-3	(文永七年九月日)	定舜重申状案	(なし)			
77	編年文書	75-4	(文永八年正月日)	桑原清重等重申状案	(なし)			
78	編年文書	75-5	(文永八年二月日)	定舜重申状案	(なし)			
79	編年文書	75-6	文永八年卯月六日	桑原清重等重申状案	(なし)			
80	編年文書	76	文永八年六月二十一日	後深草院々宣	(なし)			
81	東福寺文書	7	(文永八年)十二月二日	右衛門尉重氏請文	尊経閣所蔵古蹟文徴一	14	10927	重氏請文
82	野上文書	1	(文永九年)二月朔日	大友頼泰廻文	尊経閣所蔵野上文書	14	10964	豊後守護大友頼泰廻文
83	編年文書	77	文永九年八月十六日	大法師宗俊等起請文	(なし)			
84	石清水文書	14	文永十一年六月十九日	関東下知状	尊経閣文書	15	11677	関東下知状
85	東福寺文書	8	文永十一年七月十二日	西園寺大納言家政所下文	尊経閣古蹟文徴一	15	11689	西園寺(実兼)家政所下文
86	編年文書	78	文永十一年十二月三日	供僧職補任状	前田家所蔵古蹟文徴一	15	11767	関東御教書

87	編年文書	79	文永十二年二月六日	請諷誦文	（なし）			
88	野上文書	2	（建治元年）六月五日	大友頼泰書状	尊経閣所蔵野上文書	16	11923	豊後守護大友頼泰書下
89	石清水文書	13-2	弘安元年十二月八日	雑掌明舜等和与状	石清水文書	18	13318	淡路鳥飼別宮雑掌地頭和与状
90	石清水文書	13-3	弘安二年正月二十日	六波羅下知状	石清水文書	18	13388	六波羅下知状写
91	東福寺文書	9	弘安三年九月五日	関東下文	前田家所蔵文書	19	14080	関東下知状
92	東福寺文書	10	弘安三年九月五日	北条時宗副状	前田家所蔵文書	19	14079	関東御教書
93	武家手鑑	上31	弘安三年九月十一日	安達泰盛請文	尊経閣武家手鑑	19	14099	安達泰盛書状
94	武家手鑑	上20	弘安三年九月十七日	六波羅御教書	尊経閣武家手鑑	19	14104	六波羅下文
95	東福寺文書	12	（弘安三年）十月九日	北条時宗請文	山城東福寺文書	19	14127	北条時宗書状案
96	石清水文書	15	弘安四年三月三日	紀資村等和与状	石清水文書	19	14266	阿波櫛淵荘預所・地頭和与状写
97	石清水文書	16	（弘安四年）八月十四日	後宇多院綸旨	石清水文書	19	14420	亀山上皇院宣写
98	武家手鑑	上32	弘安四年十一月五日	足利家時袖判重円奉書	尊経閣武家手鑑	19	14502	足利家時袖判書下

99	東福寺文書	14	弘安五年四月十二日	沙彌成願文書借預状	(なし)			
100	武家手鑑	上21	弘安五年六月二十九日	関東御教書	尊経閣文庫所蔵武家手鑑	19	14636	関東御教書
101	編年文書	80	弘安五年十一月十八日	伴氏女私領売券	(なし)			
102	東福寺文書	15	(弘安七年)三月二十五日	北条時宗書状	温故古文抄	20	15123	北条時宗書状案
103	野上文書	3	弘安七年六月十九日	大友頼泰召状	尊経閣所蔵野上文書	20	15214	大友頼泰書下
104	野上文書	4	弘安七年六月十九日	大友頼泰召状	尊経閣所蔵野上文書	20	15215	大友頼泰書下
105	編年文書	52-2	弘安七年六月十九日	所領売券	(なし)			
106	野上文書	5	弘安八年三月二十七日	大友頼泰召状	尊経閣所蔵野上文書	20	15493	大友頼泰書下
107	東福寺文書	16	(弘安九年)三月十八日	北条貞時書状	山城東福寺文書	21	15852	関東御教書案
108	長福寺文書	1	(弘安九年)五月二十五日	院宣案	尊経閣古文書纂十五	補3	補1700	亀山上皇院宣案
109	長福寺文書	2	(弘安九年)六月九日	五智院僧正至淵(ママ)請文案	尊経閣古文書纂十五	補3	補1702	深寛請文案
110	長福寺文書	3	(弘安九年)六月二十七日	行先請文案	尊経閣古文書纂十五	補3	補1704	至元請文
111	石清水文書	17	(弘安九年)九月六日	亀山院々宣	石清水文書	21	15978	亀山上皇院宣写

112	編年文書	81	弘安九年九月日	田畠検注目録(残簡)	(なし)			
113	仁和寺心蓮院文書	2-2	弘安十年四月二十三日	文殿重申状案	尊経閣文庫所蔵弘長二年三月一日関東下知状裏文書	21	16243	文殿勘文
114	仁和寺心蓮院文書	2-1	(年月日欠)	文殿重申状案	尊経閣文庫所蔵弘長二年三月一日関東下知状裏文書	21	16244	文殿勘文
115	仁和寺心蓮院文書	2-3	弘安十年五月十八日	文殿重申状案	尊経閣所蔵弘長二年三月一日関東下知状裏文書	21	16261	文殿勘文
116	東福寺文書	17	弘安十年七月十九日	亀山院々宣	(なし)			
117	東福寺文書	18	弘安十年十月十一日	関東下知状	尊経閣所蔵文書	21	16360	関東下知状
118	石清水文書	13-4	弘安十年十一月二十七日	関東下知状	石清水文書	21	16399	関東下知状写
119	石清水文書	13-5	正応元年五月十七日	六波羅下知状	石清水文書	22	16647	六波羅施行状写
120	長福寺文書	5	(弘安頃)八月二十九日	兵部権大輔仲兼奉領家御教書	尊経閣古文書纂十五	補3	補1692	近衛家御教書案
121	加茂社文書	4	正応二年十二月二十五日	室町院令旨	尊経閣所蔵加茂文書	22	17231	室町院(暉子内親王)令旨
122	編年文書	82	正応三年三月三日	屋敷証文等紛失状	(なし)			
123	武家手鑑	上22	正応四年十一月二十日	関東御教書	尊経閣武家手鑑	23	17756	関東御教書

124	編年文書	84-1	正応六年四月二十一日	関東下知状	(なし)			
125	宝菩提院文書	4	正応六年七月八日	関東御教書	尊経閣所蔵文書	24	18246	関東御教書
126	編年文書	85	正応六年七月二十九日	関東御教書	(なし)			
127	編年文書	83-1	(正応頃カ)	近衛家基請文案	(なし)			
128	編年文書	83-2	(正応頃カ)	近衛家基請文案	(なし)			
129	編年文書	83-3	(正応頃カ)	近衛家基請文案	(なし)			
130	編年文書	83-4	(正応頃カ)	近衛家基請文案	(なし)			
131	編年文書	86	永仁二年九月二十九日	関東下知状	(なし)			
132	中原文書	3	永仁四年正月日	院仕所補任下文案	(なし)			
133	野上文書	6	永仁四年五月二十日	守護代舜仏施行状	野上文書	25	19073	寂仏(小田原景泰)施行状
134	野上文書	7	(永仁四年カ)八月十六日	寂仏書状	野上文書	25	19110	寂仏(小田原景泰)書下
135	東福寺文書	19-1	永仁四年九月十三日	関東下文	(なし)			
136	東福寺文書	19-2	永仁四年十一月七日	六波羅下知状	(なし)			

137	編年文書	87	永仁四年十二月十七日	僧乗弁私領売券	（なし）			
138	石清水文書	19-1	永仁七年三月二十二日	伏見院々宣	石清水文書	26	19991	伏見上皇院宣写
139	東福寺文書	20	永仁七年六月二十六日	鎮西探題下知状	前田家蔵東福寺文書	26	20078	鎮西下知状
140	編年文書	88	正安元年五月二十二日	源氏女請諷誦文	（なし）			
141	編年文書	89	正安元年五月二十二日	藤原氏女請諷誦文	（なし）			
142	編年文書	90	正安元年六月日	東大寺衆徒代頼深申状案	（なし）			
143	編年文書	91	正安元年七月七日	六波羅探題御教書案	東大寺文書四ノ二十四	26	20161	六波羅御教書案
144	長福寺文書	6	正安元年十月六日	左馬寮領田買券	尊経閣古文書纂十五	補4	補1800	尼法阿田地売券
145	加茂社文書	5-1	正安二年三月二十三日	鎌倉幕府下知状	温故古文抄	27	20409	関東下知状案
146	編年文書	57-2	正安二年六月一日	六波羅下知状	前田家所蔵古蹟文徴二	27	20457	六波羅御教書
147	加茂社文書	5-2	正安二年七月十二日	六波羅探題連署状（施行状）	尊経閣蔵加茂社文書	27	20488	六波羅施行状
148	神護寺文書	2	正安三年七月三日	沙彌蓮聖請文	（なし）			
149	編年文書	92	正安三年十一月二日	播磨国佐々村地頭代申状	（なし）			

150	南禅寺慈聖院文書	1	嘉元二年十一月十二日	六波羅下知状	(なし)			
151	編年文書	94	嘉元三年三月二十四日	僧信海屋敷売券	(なし)			
152	天野文書	1	嘉元三年五月七日	万行胤成着到状	天野文書	29	22202	能登御家人万行胤成着到状
153	宝菩提院文書	5	嘉元三年五月三十日	北条師時打渡状	尊経閣所蔵実相院并宝菩提院文書	29	22226	北条師時書下
154	編年文書	95	嘉元三年八月十三日	木尾入道覚一譲状案等	(なし)			
155	武家手鑑	上33	嘉元三年八月十四日	足利貞氏袖判下文	尊経閣所蔵武家手鑑文書	29	22304	足利貞氏下文
156	長福寺文書	4	(嘉元三年)十月八日	親平奉書	尊経閣古文書纂十五	補4	補1827	内大臣(近衛家平)御教書案
157	編年文書	96	嘉元三年閏十二月二十四日	沙彌行覚新田売券	(なし)			
158	編年文書	97	嘉元四年十月二十七日	私領売券	(なし)			
159	東福寺文書	21	(徳治二年)五月四日	信忠僧正請文	尊経閣所蔵文書	30	22960	信忠奉書
160	神護寺文書	3	徳治二年九月十四日	六波羅探題施行状	尊経閣所蔵文書	30	23047	六波羅御教書
161	編年文書	98-1	徳治三年三月二十五日	関東御教書	尊経閣所蔵古蹟文徴	30	23210	関東御教書
162	南禅寺慈聖院文書	2	徳治三年五月二日	六波羅下知状	山城南禅寺文書	30	23249	六波羅下知状

163	長福寺文書	7	徳治三年七月日	屋敷買取状	尊経閣古文書纂十五	補4	補1869	光念等屋敷地処分状
164	長福寺文書	8	延慶元年十二月十日	梅宮御領田畠買取状	尊経閣古文書纂十五	補4	補1876	導御・導禅連署証状
165	長福寺文書	9	延慶元年十二月十日	梅宮御領田畠買取状	尊経閣古文書纂十五	補4	補1877	導御・導禅連署証状
166	長福寺文書	10	延慶二年三月三日	導御等連署下知状	尊経閣古文書纂十五	補4	補1883	導御・導禅連署証状
167	武家手鑑	上23	延慶二年三月十日	関東御教書	尊経閣蔵武家手鑑	31	23626	関東御教書
168	東福寺文書	22	延慶三年三月二十日	関東御教書	尊経閣所蔵文書	31	23944	関東御教書
169	宝菩提院文書	6	延慶三年九月十五日	関東安堵御教書	尊経閣所蔵文書	31	24063	関東御教書
170	日置文書	1	延慶三年十二月一日	日置道観申状	(なし)			
171	編年文書	99	延慶四年正月九日	諸料散用状(残簡)	(なし)			
172	宝菩提院文書	3-2	正和元年四月五日	関東召文(御教書)	前田家所蔵文書	32	24587	関東御教書
173	編年文書	101	正和元年四月二十五日	僧成印田地売券	(なし)			
174	編年文書	102	正和元年六月二日	禁裏大般若御布施請状案	(なし)			
175	天野文書	2-1	正和元年八月二十五日	尼しんせう譲状	得田文書	32	24643	尼しんせう所職譲状案

176	編年文書	103	正和元年十月十七日	敷地譲状	（なし）			
177	長福寺文書	11	正和元年十一月三十日	文書買券	尊経閣古文書纂十五	補4	補1946	道恵文書売券
178	編年文書	104	正和元年十二月二十日	散在敷地譲状案	（なし）			
179	編年文書	100	（応長頃カ）	京極為兼事書	（なし）			
180	武家手鑑	上25	正和二年二月二日	六波羅下知状	尊経閣蔵武家手鑑	32	24783	六波羅下知状
181	天野文書	3	正和二年五月二日	関東下知状	天野文書	32	24863	関東下知状
182	武家手鑑	上24	正和三年三月二日	関東下知状	（なし）			
183	長福寺文書	12	正和三年三月十日	私領田畠譲状	尊経閣古文書纂十五	補4	補1954	性円田畠譲状
184	仁和寺心蓮院文書	3	正和三年閏三月十二日	花山院家基避状	尊経閣蔵仁和寺文書	33	25118	いゐもと名田去文
185	編年文書	105	正和三年九月二十一日	長者宣	（なし）			
186	東福寺文書	23	正和三年十二月十二日	鎮西探題下知状	尊経閣文庫所蔵文書	33	25375	鎮西下知状
187	東福寺文書	24	正和三年十二月二十二日	鎮西探題下知状	尊経閣蔵東福寺文書	33	25380	鎮西下知状
188	東福寺文書	25	正和四年三月十六日	鎮西探題下知状	尊経閣蔵東福寺文書	33	25452	鎮西下知状

189	東福寺文書	26	正和四年三月二十七日	鎮西探題下知状	尊経閣蔵東福寺文書	33	25457	鎮西下知状
190	東福寺文書	27	正和四年七月二十二日	鎮西探題下知状	尊経閣蔵東福寺文書	33	25575	鎮西下知状
191	東福寺文書	28	正和四年七月二十七日	鎮西探題下知状	尊経閣蔵東福寺文書	33	25578	鎮西下知状
192	編年文書	106	正和四年十月二十二日	預所快寅奉書案	(なし)			
193	編年文書	107	正和五年十一月十六日	尼見阿等田地売券	(なし)			
194	編年文書	108	文保元年二月二十四日	源国範下司等譲状	(なし)			
195	編年文書	40-5	文保元年五月三日	綾小路東洞院地正文目録	(なし)			
196	編年文書	109	文保元年五月二十六日	左馬頭某奉書	(なし)			
197	天野文書	4	文保元年六月七日	関東下知状	天野文書	34	26226	関東下知状
198	編年文書	110	文保元年七月五日	鎮西御教書	尊経閣蔵古蹟文徴二	34	26256	北条時直書下
199	編年文書	111	(文保元年)十月四日	西園寺家御教書	山城高山寺文書	34	26384	春胤奉書案
200	武家手鑑	上27	(文保三年カ)六月二十二日	北条高時書状	日本書蹟大鑑五	34	26715	北条高時書状
201	東福寺文書	29	(元応元年カ)後七月十七日	北条高時書状	(なし)			

202	東福寺文書	30	元応元年十月四日	六波羅下知状	尊経閣所蔵古蹟文徴二	35	27269	六波羅御教書
203	東福寺文書	31	元応二年三月十二日	鎮西探題施行状	尊経閣所蔵古蹟文徴二	35	27403	鎮西御教書
204	大覚寺文書	6裏-3	元応三年二月二日	法眼某奉書写	（なし）			
205	武家手鑑	上28	元応三年二月十三日	六波羅御教書	尊経閣蔵武家手鑑	36	27713	六波羅御教書
206	編年文書	117	元亨元年三月十二日	畠地売券	（なし）			
207	南禅寺慈聖院文書	3	元亨元年四月十日	六波羅探題召状	山城南禅寺文書	36	27763	六波羅御教書
208	編年文書	118	元亨元年七月二十八日	沙彌道円山地立替証文	（なし）			
209	得田文書	1	元亨二年五月二十三日	沙彌某下知状	尊経閣所蔵天野文書	36	28029	足利貞氏下知状案
210	編年文書	119	元亨二年九月二日	畠地売券	尊経閣文庫所蔵文書三	補4	補2021	凡河内幸一丸畠売地売券
211	編年文書	120	元亨二年十一月二十一日	沙彌行覚私領譲状	尊経閣文庫所蔵文書三	補4	補2022	沙彌行覚地主職譲状
212	武家手鑑	上26	元亨二年十二月二十五日	鎮西探題下知状	尊経閣蔵武家手鑑	36	28289	鎮西下知状
213	仁和寺心蓮院文書	4	元亨三年二月日	左衛門尉俊仲請文	尊経閣蔵仁和寺文書	36	28345	美濃弾正荘文書目録
214	宝菩提院文書	7	元亨三年六月二十日	将軍家政所下文	尊経閣所蔵文書	37	28432	将軍家政所下文

215	野上文書	8	元亨四年八月十一日	近江守某下知状	尊経閣蔵野上文書	37	28796	大友貞宗書下
216	天竜寺真乗院文書	2	正中二年十月日	下文	(なし)			
217	野上文書	9	嘉暦元年七月一日	豊後国八坂下庄領家下知状	諸家文書所収野上文書	38	29528	豊後八坂下荘領家下文
218	東福寺文書	34	嘉暦元年十月二十九日	関東御教書	(なし)			
219	得田文書	2	嘉暦弐年三月十三日	得田親信譲状	得田文書	38	29776	得田親信所領譲状案
220	南禅寺慈聖院文書	4	嘉暦二年六月九日	六波羅探題召状	山城南禅寺文書	38	29861	六波羅御教書
221	石清水文書	20-1	嘉暦三年十月二十五日	別当宣	(なし)			
222	編年文書	112	元徳元年十一月二十五日	私領田地譲状書	(なし)			
223	天竜寺真乗院文書	3	元徳元年十二月二十三日	法橋良喜奉下知状	(なし)			
224	編年文書	113	(元徳元年)十二月二十九日	後醍醐天皇綸旨	(なし)			
225	編年文書	114	元徳二年二月十二日	不断如法経料田寄進状	(なし)			
226	長福寺文書	13	元徳二年三月二日	清信清景用途借請状	山城長福寺文書	補4	補2131	藤原清信・同清景連署去状
227	編年文書	115	元徳二年十一月九日	下司職契約状	(なし)			

228	編年文書	116	元徳二年十二月十五日	五条親雅契状	(なし)			
229	長福寺文書	14	元徳三年二月二十一日	清信清景連署請文	山城長福寺文書	40	31354	清景所職名田譲状
230	編年文書	121	元弘元年九月二十八日	光厳院綸旨	(なし)			
231	天竜寺真乗院文書	4	(元弘三年カ)正月二十五日	大中臣頼景書状	(なし)			
232	編年文書	98-2	正慶二年二月三十日	関東御教書	尊経閣文庫文書	41	32003	関東御教書
233	天竜寺真乗院文書	5	元弘三年四月三日	大塔宮令旨	(なし)			
234	編年文書	122-1	(元弘三年)四月二十七日	足利尊氏軍勢催促状	(なし)			
235	編年文書	123-1	元弘三年五月九日	林実広軍忠状	(なし)			
236	東福寺文書	35	元弘三年七月十三日	公文職補任状	尊経閣文書	41	32357	加賀(?)古海郷公文職補任状
237	編年文書	124	元弘三年十一月十日	藤原顕秀申状	(なし)			
238	石清水文書	19-2	元弘三年十二月二十四日	雑訴決断所牒	尊経閣蔵石清水文書	42	32797	雑訴決断所牒
239	東福寺文書	1	年未詳三月一日	源頼朝書状	尊経閣所蔵東福寺文書	2	1028	源頼朝書状
240	武家手鑑	上29	年未詳三月十三日	某袖判大仏貞直奉書	(なし)			

241	編年文書	35-11	年未詳三月十八日	源実朝請文	（なし）			
242	編年文書	62	年未詳三月十八日	菅原為長書状	（なし）			
243	編年文書	42	年未詳七月二十日	大友能直請文	尊経閣所蔵文書	3	1405	大友能直請文
244	東福寺文書	33	年未詳八月三日	藤頼教奉書	尊経閣蔵古蹟文徴二	35	27404	頼教奉書
245	編年文書	38	年未詳九月十九日	書状	（なし）			
246	旧武家手鑑	仮005	年未詳十二月十九日	玄朝書状	（なし）			
247	武家手鑑	上12	年月日未詳	源実朝書状	（なし）			
248	神護寺文書	1	年月未詳六日	行慈上人書状	（なし）			
249	編年文書	75-1	年月日未詳	定舜訴状案	（なし）			

この表の上の欄から説明をしておきたい。「通番」は全体の通し番号である。全体で249番まであるが、10番と11番が本紙と礼紙の対になるものであり、点数は二百四十八通になる。「文庫分類」は文庫における分類（家分け文書等）を記載した。「尊経閣古文書纂」や「諸家文書」、「寺社文書」等の大きな分類は省略した。次の「番号」は文庫の分類に付されている番号を記載した。「年月日」は当該文書の年月日、文書名は原則として文庫にある古い目録に記される文書の名称を記載した。

「鎌倉遺文典拠」は、次項で検討する「典拠」をそのまま記載してある。（なし）とある文書が、『鎌倉遺文』未載の文書である。「巻数」「文書番号」は、当該文書の『鎌倉遺文』所収の巻数と文書番号を、一番下の「鎌倉遺文文書名」には『鎌倉遺文』記載の文書名を記載してある。

これによると、表Ⅲの中で未載のものは二百四十七通中、ほぼ四割の九十八通になる。内容を細かく見ていくと、未載は、「武家手鑑」二十三通のうち三通、「旧武家手鑑」四通のうち二通、「編年文書」百一通のうち七十四通、「石清水文書」二十四通のうち一通、「加茂社文書」六通のうち〇通、「神護寺文書」三通のうち二通、「大覚寺文書」一通のうち一通、「長福寺文書」十四通のうち〇通、「天龍寺真乗院文書」五通のうち四通、「東福寺文書」三十三通のうち六通、「南禅寺慈聖院文書」四通のうち一通、「仁和寺心蓮院文書」六通のうち〇通、「宝菩提院文書」六通のうち〇通、「天野文書」四通のうち〇通、「得田文書」二通のうち〇通、「中原文書」三通のうち三通、「野上文書」九通のうち〇通、「日置文書」一通のうち一通となる。

このうち、七割以上収載されているものには「武家手鑑」「旧武家手鑑」「石清水文書」「加茂社文書」「長福寺文書」「東福寺文書」「南禅寺慈聖院文書」「仁和寺心蓮院文書」「宝菩提院文書」「天野文書」「得田文書」「野上文書」があり、逆に七割以上未載なものには「編年文書」「神護寺文書」「大覚寺文書」「天龍寺真乗院文書」「中原文書」「日置文書」がある。理由はよくわからないがかなりの偏りがあることがわかる。重要文化財の「武家手鑑」や著名な寺社、そして武家関係の文書が多く収載され、それ以外のものが少ないように思う。

未載文書の極めて多い「編年文書」の内容を見てみると、通番の28、31、32、39、42、51、65、101、105、137、151、157、158、173、193、206等売券が比較的多く見られ、売券に通じる154、176、178、208、211、222、225、226等の譲状・証文を加えるとかなりの数になる。このあたりに編者の方針か志向性があるのであろうか。

2、『鎌倉遺文』の「典拠」の検討

『鎌倉遺文』を通覧すると、文書名の下、いわゆる「典拠」として記される家わけ文書名や所蔵者の表記を比較して見ると間々不統一が見られ、原文書にまでたどり着くのに苦労することも多い。表Ⅳを一覧してわかるように、とくに文庫蔵の古文書の場合、その表記の不統一が目立ち、一方、情報が不足して文庫蔵の文書と判断できない場合も間々見うけられる。そこで本項では、『鎌倉遺文』に見られる「典拠」の表記の特徴について確認し、その上で文庫蔵の鎌倉時代の古文書の「典拠」の表記について、その私案を提示してみたい。

表Ⅳは、表Ⅲから『鎌倉遺文』に掲載されている文書を抜き出し、「文庫分類」の項目で並び替え、更に「鎌倉遺文典拠」の項目で並び替えたものである。配列は、漢字のコード番号順となっている。

表Ⅳ　典拠比較

通番	年月日	鎌倉遺文文書名	鎌倉遺文典拠	文庫分類	典拠例示
48	寛元々年五月七日	越中国司下文案	越中志徴	加茂社文書	尊経閣古文書纂加茂社文書
145	正安二年三月二十三日	関東下知状案	温故古文抄	加茂社文書	尊経閣古文書纂加茂社文書
2	(文治二年)十月一日	源頼朝書状	黒川本加茂注進雑記	加茂社文書	尊経閣古文書纂加茂社文書
147	正安二年七月十二日	六波羅施行状	尊経閣蔵加茂社文書	加茂社文書	尊経閣古文書纂加茂社文書
38	貞永元年四月二十九日	関東御教書	陽明文庫武家手鑑	旧武家手鑑	尊経閣文庫蔵旧武家手鑑

160	徳治二年九月十四日	六波羅御教書	尊経閣所蔵文書	神護寺文書	尊経閣古文書纂神護寺文書
115	弘安十年五月十八日	文殿勘文	尊経閣所蔵弘長二年三月一日関東下知状裏文書	仁和寺心蓮院文書	尊経閣古文書纂仁和寺心蓮院文書
113	弘安十年四月二十三日	文殿勘文	尊経閣文庫所蔵弘長二年三月一日関東下知状裏文書	仁和寺心蓮院文書	尊経閣古文書纂仁和寺心蓮院文書
67	弘長二年三月一日	関東下知状	尊経閣所蔵文書	仁和寺心蓮院文書	尊経閣古文書纂仁和寺心蓮院文書
184	正和三年閏三月十二日	いゑもと名田去文	尊経閣蔵仁和寺文書	仁和寺心蓮院文書	尊経閣古文書纂仁和寺心蓮院文書
213	元亨三年二月日	美濃弾正荘文書目録	尊経閣蔵仁和寺文書	仁和寺心蓮院文書	尊経閣古文書纂仁和寺心蓮院文書
24	(貞応元年)八月十七日	摂政藤原家実御教書	石清水文書	石清水文書	尊経閣古文書纂石清水文書
25	貞応元年八月二十一日	六波羅下知状写	石清水文書	石清水文書	尊経閣古文書纂石清水文書
74	文永七年八月十三日	六波羅御教書写	石清水文書	石清水文書	尊経閣古文書纂石清水文書
89	弘安元年十二月八日	淡路鳥飼別宮雑掌地頭和与状	石清水文書	石清水文書	尊経閣古文書纂石清水文書
90	弘安二年正月二十日	六波羅下知状写	石清水文書	石清水文書	尊経閣古文書纂石清水文書
96	弘安四年三月三日	阿波櫛淵荘預所・地頭和与状写	石清水文書	石清水文書	尊経閣古文書纂石清水文書
97	(弘安四年)八月十四日	亀山上皇院宣写	石清水文書	石清水文書	尊経閣古文書纂石清水文書

111	(弘安九年)九月六日	亀山上皇院宣写	石清水文書	石清水文書	尊経閣古文書纂石清水文書
118	弘安十年十一月二十七日	関東下知状写	石清水文書	石清水文書	尊経閣古文書纂石清水文書
119	正応元年五月十七日	六波羅施行状写	石清水文書	石清水文書	尊経閣古文書纂石清水文書
138	永仁七年三月二十二日	伏見上皇院宣写	石清水文書	石清水文書	尊経閣古文書纂石清水文書
58	(建長五年)三月二十五日	関東御教書	前田家所蔵文書	石清水文書	尊経閣古文書纂石清水文書
72	文永二年十二月三十日	後嵯峨上皇院宣	尊経閣古蹟文徵	石清水文書	尊経閣古文書纂石清水文書
55	(建長二年)八月二十九日	関東御教書	尊経閣所蔵文書	石清水文書	尊経閣古文書纂石清水文書
60	(建長六年)四月十七日	後嵯峨上皇院宣	尊経閣所蔵文書	石清水文書	尊経閣古文書纂石清水文書
61	(建長六年)九月二十六日	北条長時書状	尊経閣所蔵文書	石清水文書	尊経閣古文書纂石清水文書
62	(建長六年)十二月五日	後嵯峨上皇院宣	尊経閣所蔵文書	石清水文書	尊経閣古文書纂石清水文書
238	元弘三年十二月二十四日	雑訴決断所牒	尊経閣蔵石清水文書	石清水文書	尊経閣古文書纂石清水文書
53	宝治三年二月一日	後嵯峨上皇院宣	尊経閣文庫古蹟文徴	石清水文書	尊経閣古文書纂石清水文書
20	貞応元年五月六日	関東下知状	尊経閣文庫文書古蹟文徴	石清水文書	尊経閣古文書纂石清水文書

21	(貞応元年)五月六日	北条義時請文	尊経閣文庫文書古蹟文徴	石清水文書	尊経閣古文書纂石清水文書
84	文永十一年六月十九日	関東下知状	尊経閣文書	石清水文書	尊経閣古文書纂石清水文書
229	元徳三年二月二十一日	清景所職名田譲状	山城長福寺文書	長福寺文書	尊経閣古文書纂長福寺文書
108	(弘安九年) 五月二十五日	亀山上皇院宣案	尊経閣古文書纂十五	長福寺文書	尊経閣古文書纂長福寺文書
152	嘉元三年五月七日	能登御家人万行胤成着到状	天野文書	天野文書	尊経閣古文書纂天野文書
175	正和元年八月二十五日	尼しんせう譲状案	天野文書	天野文書	尊経閣古文書纂天野文書
181	正和二年五月二日	関東下知状	天野文書	天野文書	尊経閣古文書纂天野文書
197	文保元年六月七日	関東下知状	天野文書	天野文書	尊経閣古文書纂天野文書
35	安貞二年八月十六日	関白(藤原家実)家下文案	真乗院文書	天竜寺真乗院文書	尊経閣古文書纂天竜寺真乗院文書
102	(弘安七年)三月二十五日	北条時宗書状案	温故古文抄	東福寺文書	尊経閣古文書纂東福寺文書
95	(弘安三年)十月九日	北条時宗書状案	山城東福寺文書	東福寺文書	尊経閣古文書纂東福寺文書
107	(弘安九年)三月十八日	関東御教書案	山城東福寺文書	東福寺文書	尊経閣古文書纂東福寺文書
91	弘安三年九月五日	関東下知状	前田家所蔵文書	東福寺文書	尊経閣古文書纂東福寺文書
18	承久三年八月十四日	六波羅下知状	前田家蔵古蹟文徴一	東福寺文書	尊経閣古文書纂東福寺文書

139	永仁七年六月二十六日	鎮西下知状	前田家蔵東福寺文書	東福寺文書	尊経閣古文書纂東福寺文書
40	天福元年四月二十六日	後堀河上皇院宣	尊経閣古蹟文徴	東福寺文書	尊経閣古文書纂東福寺文書
73	文永六年十二月日	某田地宛行状	尊経閣古蹟文徴一	東福寺文書	尊経閣古文書纂東福寺文書
85	文永十一年七月十二日	西園寺(実兼)家政所下文	尊経閣古蹟文徴一	東福寺文書	尊経閣古文書纂東福寺文書
202	元応元年十月四日	六波羅御教書	尊経閣所蔵古蹟文徴二	東福寺文書	尊経閣古文書纂東福寺文書
203	元応二年三月十二日	鎮西御教書	尊経閣所蔵古蹟文徴二	東福寺文書	尊経閣古文書纂東福寺文書
49	寛元二年十二月七日	六波羅下文	尊経閣所蔵東福寺文書	東福寺文書	尊経閣古文書纂東福寺文書
239	年未詳三月一日	源頼朝書状	尊経閣所蔵東福寺文書	東福寺文書	尊経閣古文書纂東福寺文書
52	寛元四年十一月十三日	将軍(藤原頼嗣)袖判下文	尊経閣所蔵文書	東福寺文書	尊経閣古文書纂東福寺文書
117	弘安十年十月十一日	関東下知状	尊経閣所蔵文書	東福寺文書	尊経閣古文書纂東福寺文書
159	(徳治二年)五月四日	信忠奉書	尊経閣所蔵文書	東福寺文書	尊経閣古文書纂東福寺文書
168	延慶三年三月二十日	関東御教書	尊経閣所蔵文書	東福寺文書	尊経閣古文書纂東福寺文書
244	年未詳八月三日	頼教奉書	尊経閣蔵古蹟文徴二	東福寺文書	尊経閣古文書纂東福寺文書

187	正和三年十二月二十二日	鎮西下知状	尊経閣蔵東福寺文書	東福寺文書	尊経閣古文書纂東福寺文書
188	正和四年三月十六日	鎮西下知状	尊経閣蔵東福寺文書	東福寺文書	尊経閣古文書纂東福寺文書
189	正和四年三月二十七日	鎮西下知状	尊経閣蔵東福寺文書	東福寺文書	尊経閣古文書纂東福寺文書
190	正和四年七月二十二日	鎮西下知状	尊経閣蔵東福寺文書	東福寺文書	尊経閣古文書纂東福寺文書
191	正和四年七月二十七日	鎮西下知状	尊経閣蔵東福寺文書	東福寺文書	尊経閣古文書纂東福寺文書
186	正和三年十二月十二日	鎮西下知状	尊経閣文庫所蔵文書	東福寺文書	尊経閣古文書纂東福寺文書
236	元弘三年七月十三日	加賀(？)古海郷公文職補任状	尊経閣文書	東福寺文書	尊経閣古文書纂東福寺文書
209	元亨二年五月二十三日	足利貞氏下知状案	尊経閣所蔵天野文書	得田文書	尊経閣古文書纂得田文書
219	嘉暦弐年三月十三日	得田親信所領譲状案	得田文書	得田文書	尊経閣古文書纂得田文書
162	徳治三年五月二日	六波羅下知状	山城南禅寺文書	南禅寺慈聖院文書	尊経閣古文書纂南禅寺慈聖院文書
207	元亨元年四月十日	六波羅御教書	山城南禅寺文書	南禅寺慈聖院文書	尊経閣古文書纂南禅寺慈聖院文書
220	嘉暦二年六月九日	六波羅御教書(写カ)	山城南禅寺文書	南禅寺慈聖院文書	尊経閣古文書纂南禅寺慈聖院文書
57	建長四年十二月十三日	安達義景添状	尊経閣所蔵武家手鑑	武家手鑑	尊経閣文庫蔵武家手鑑
69	弘長二年十二月二十四日	六波羅禁制	尊経閣所蔵武家手鑑	武家手鑑	尊経閣文庫蔵武家手鑑

23	貞応元年八月十七日	関東下知状	尊経閣所蔵武家手鑑	武家手鑑	尊経閣文庫蔵武家手鑑
155	嘉元三年八月十四日	足利貞氏下文	尊経閣所蔵武家手鑑文書	武家手鑑	尊経閣文庫蔵武家手鑑
13	元久二年五月二十三日	関東下知状	尊経閣所蔵文書	武家手鑑	尊経閣文庫蔵武家手鑑
167	延慶二年三月十日	関東御教書	尊経閣蔵武家手鑑	武家手鑑	尊経閣文庫蔵武家手鑑
180	正和二年二月二日	六波羅下知状	尊経閣蔵武家手鑑	武家手鑑	尊経閣文庫蔵武家手鑑
205	元応三年二月十三日	六波羅御教書	尊経閣蔵武家手鑑	武家手鑑	尊経閣文庫蔵武家手鑑
212	元亨二年十二月二十五日	鎮西下知状	尊経閣蔵武家手鑑	武家手鑑	尊経閣文庫蔵武家手鑑
46	嘉禎四年六月十三日	関東下知状	尊経閣武家手鑑	武家手鑑	尊経閣文庫蔵武家手鑑
47	仁治二年三月二十四日	六波羅下知状	尊経閣武家手鑑	武家手鑑	尊経閣文庫蔵武家手鑑
63	建長八年七月三日	将軍（宗尊親王）家政所下文	尊経閣武家手鑑	武家手鑑	尊経閣文庫蔵武家手鑑
93	弘安三年九月十一日	安達泰盛書状	尊経閣武家手鑑	武家手鑑	尊経閣文庫蔵武家手鑑
94	弘安三年九月十七日	六波羅下文	尊経閣武家手鑑	武家手鑑	尊経閣文庫蔵武家手鑑
98	弘安四年十一月五日	足利家時袖判書下	尊経閣武家手鑑	武家手鑑	尊経閣文庫蔵武家手鑑
123	正応四年十一月二十日	関東御教書	尊経閣武家手鑑	武家手鑑	尊経閣文庫蔵武家手鑑
33	嘉禄三年二月十二日	藤原頼経袖判下文	尊経閣文庫所蔵武家手鑑	武家手鑑	尊経閣文庫蔵武家手鑑
100	弘安五年六月二十九日	関東御教書	尊経閣文庫所蔵武家手鑑	武家手鑑	尊経閣文庫蔵武家手鑑
1	文治二年閏七月二十九日	源頼朝下文	尊経閣文庫所蔵文書	武家手鑑	尊経閣文庫蔵武家手鑑

200	（文保三年カ）六月二十二日	北条高時書状	日本書蹟大鑑五	武家手鑑	尊経閣文庫蔵武家手鑑
199	（文保元年）十月四日	春胤奉書案	山城高山寺文書	編年文書	尊経閣古文書纂編年文書
3	（文治三年カ）九月八日	源頼朝書状写	賜廬文庫文書	編年文書	尊経閣古文書纂編年文書
86	文永十一年十二月三日	関東御教書	前田家所蔵古蹟文徴一	編年文書	尊経閣古文書纂編年文書
146	正安二年六月一日	六波羅御教書	前田家所蔵古蹟文徴二	編年文書	尊経閣古文書纂編年文書
29	嘉禄元年十二月十五日	関東下知状	前田家所蔵文書	編年文書	尊経閣古文書纂編年文書
7	建仁二年正月日	従二位家牒	尊経閣所蔵古蹟文徴	編年文書	尊経閣古文書纂編年文書
161	徳治三年三月二十五日	関東御教書	尊経閣所蔵古蹟文徴	編年文書	尊経閣古文書纂編年文書
4	文治五年月日欠	少納言つほね売券	尊経閣所蔵文書	編年文書	尊経閣古文書纂編年文書
5	建久二年閏十二月十四日	橘氏女私領売券	尊経閣所蔵文書	編年文書	尊経閣古文書纂編年文書
6	建久八年三月十二日	秦貞元家地売券案	尊経閣所蔵文書	編年文書	尊経閣古文書纂編年文書
9	建仁四年二月五日	筑前国庁宣	尊経閣所蔵文書	編年文書	尊経閣古文書纂編年文書
10	建仁四年二月七日	筑前守書状	尊経閣所蔵文書	編年文書	尊経閣古文書纂編年文書
12	元久元年三月日	某下文	尊経閣所蔵文書	編年文書	尊経閣古文書纂編年文書
14	元久二年六月五日	関東下知状	尊経閣所蔵文書	編年文書	尊経閣古文書纂編年文書
15	（建保二年カ）七月八日	源実朝書状	尊経閣所蔵文書	編年文書	尊経閣古文書纂編年文書
16	建保六年三月二十九日	秦友久田地沽却状	尊経閣所蔵文書	編年文書	尊経閣古文書纂編年文書

27	(貞応二年カ)七月二十七日	北条義時書状	尊経閣所蔵文書	編年文書	尊経閣古文書纂編年文書
50	寛元二年十二月二十四日	関東下知状	尊経閣所蔵文書	編年文書	尊経閣古文書纂編年文書
68	弘長二年十二月十日	関東下知状案	尊経閣所蔵文書	編年文書	尊経閣古文書纂編年文書
243	年未詳七月二十日	大友能直請文	尊経閣所蔵文書	編年文書	尊経閣古文書纂編年文書
198	文保元年七月五日	北条時直書下	尊経閣蔵古蹟文徴二	編年文書	尊経閣古文書纂編年文書
232	正慶二年二月三十日	関東御教書	尊経閣文庫文書	編年文書	尊経閣古文書纂編年文書
143	正安元年七月七日	六波羅御教書案	東大寺文書四ノ二十四	編年文書	※東大寺文書に正文あり
172	正和元年四月五日	関東御教書	前田家所蔵文書	宝菩提院文書	尊経閣古文書纂宝菩提院文書
153	嘉元三年五月三十日	北条師時書下	尊経閣所蔵実相院并宝菩提院文書	宝菩提院文書	尊経閣古文書纂宝菩提院文書
125	正応六年七月八日	関東御教書	尊経閣所蔵文書	宝菩提院文書	尊経閣古文書纂宝菩提院文書
169	延慶三年九月十五日	関東御教書	尊経閣所蔵文書	宝菩提院文書	尊経閣古文書纂宝菩提院文書
214	元亨三年六月二十日	将軍家政所下文	尊経閣所蔵文書	宝菩提院文書	尊経閣古文書纂宝菩提院文書
54	建長元年七月二十三日	関東下知状	尊経閣所蔵宝菩提院文書	宝菩提院文書	尊経閣古文書纂宝菩提院文書
217	嘉暦元年七月一日	豊後八坂下荘領家下文	諸家文書所収野上文書	野上文書	尊経閣古文書纂野上文書
82	(文永九年)二月朔日	豊後守護大友頼泰廻文	尊経閣所蔵野上文書	野上文書	尊経閣古文書纂野上文書

88	(建治元年)六月五日	豊後守護大友頼泰書下	尊経閣所蔵野上文書	野上文書	尊経閣古文書纂野上文書
103	弘安七年六月十九日	大友頼泰書下	尊経閣所蔵野上文書	野上文書	尊経閣古文書纂野上文書
104	弘安七年六月十九日	大友頼泰書下	尊経閣所蔵野上文書	野上文書	尊経閣古文書纂野上文書
106	弘安八年三月二十七日	大友頼泰書下	尊経閣所蔵野上文書	野上文書	尊経閣古文書纂野上文書
215	元亨四年八月十一日	大友貞宗書下	尊経閣蔵野上文書	野上文書	尊経閣古文書纂野上文書
133	永仁四年五月二十日	寂仏(小田原景泰)施行状	野上文書	野上文書	尊経閣古文書纂野上文書

①『鎌倉遺文』の典拠の記載を見てみると、「国名＋〇〇文書」という記載が一般的で、最も多く見られる。サンプルとして三十八巻から抜粋したものを左に提示しておくことにする。

山城醍醐寺文書　山城大徳寺文書　和泉久米田寺文書　摂津満願寺文書　摂津水無瀬宮文書
伊勢光明寺文書　尾張妙興寺文書　駿河大石寺文書　駿河本門寺文書　相模円覚寺文書
近江奥津嶋神社文書　美濃永源寺文書　美濃長滝寺真鏡　下野小曾戸文書　陸奥斎藤文書
若狭神宮寺文書　佐渡本間家文書　隠岐笠置文書　播磨伊和神社文書　長門熊谷文書
紀伊葛原家文書　紀伊薬徳寺文書　伊予大山積神社文書　伊予三島神社文書　肥前大川文書
肥前深堀家文書　肥後相良家文書　薩摩比志島文書　薩摩山田文書

②「東大寺文書」「東寺文書」「高野山文書」等の『大日本古文書』や個別の古文書集が刊行されているものは、国名を付さない例が多く、架蔵番号等までかなり細かく記載されている場合もある。(43)

・島津文書　金沢文庫文書　九条家文書　壬生家文書太政官牒　早稲田大学所蔵文書

・「東大寺文書」

東大寺文書四ノ一三　百巻本東大寺文書六十八号　東大寺文書四ノ七十四

東南院文書又一ノ三　東大寺文書四ノ四

・「東寺文書」

白河本東寺文書一一六　白河本東寺文書一　白河本東寺文書四　東寺百合文書ろ

東寺百合文書フ　東寺百合文書り

・「高野山文書」

高野山文書又続宝簡集二十一　高野山文書又続宝簡集五十二　高野山文書続宝簡集三

高野山文書続宝簡集三　高野山文書又続宝簡集五十二

③近世の写本や近代の目録・史料集などの書物名が示される場合がある。

思文閣東京店開設記念墨蹟資料目録　興尊全集　徴古文府　広峰系図等

④所蔵機関（大学・文庫等）や所蔵者の名が記載される場合がある。

金沢文庫蔵叡尊画像讃　賜蘆文庫文書所収称名寺文書　神戸大学附属図書館教養部分館所蔵　書陵部蔵伏見宮家文書　早稲田大学所蔵八坂神社文書　伏見宮御蔵　尊経閣文庫文書日向国浮田庄関係　関戸守彦氏所蔵文書

『鎌倉遺文』の「典拠」には以上のような傾向が見られる。文庫の場合、④にあたるが、金沢文庫や早稲田大学の例が参考になると思われる。例えば、金沢文庫の場合を見ると、「金沢文庫文書」と「金沢文庫蔵＋書名＋裏文書」のいずれかにほぼ統一されている。前者は称名寺伝来の文書であり、後者は称名寺伝来の聖教の紙背文書を指すのであろう。早稲田大学の場合も「早稲田大学所蔵文書」と「早稲田大学所蔵八坂神社文書」の両様がありほぼ同様に見えるが、多少事情は異なり、前者は古文書集の書名、後者はそれをさらに細かく提示したものである。

文庫の場合、金沢文庫の例に準じて記載するのがよいと思われるが、第一章で述べたように、前田家伝来文書・蒐集文書や紙背文書の他に写本（模写本や文書集）を多く架蔵しており、もう一工夫必要であろう。まず表Ⅲに掲げた「尊経閣古文書纂」・「武家手鑑」・「旧武家手鑑」及び紙背文書については、金沢文庫に準じて左記のように統一することにしてはいかがであろうか。

・「尊経閣古文書纂＋〇〇文書」

・「尊経閣文庫蔵武家手鑑」

・「尊経閣文庫蔵旧武家手鑑」
・「尊経閣文庫蔵＋書名＋裏文書」

その他の写本（模写本や文書集）も原則として「尊経閣文庫蔵＋書名」に統一し、「尊経閣文庫蔵三朝宸翰」「尊経閣文庫蔵後醍醐天皇宸筆御消息」「尊経閣文庫蔵大元皇帝書」「尊経閣文庫蔵延暦寺衆徒申状」「尊経閣文庫蔵雑古文書集」「尊経閣文庫蔵古文書」などと記載することを提案したい。

このように、文庫に所蔵される文書に未掲載の多さや典拠の記載の不統一の要因のひとつに、東京大学史料編纂所に架蔵されるかつての前田家蔵本の影写本の性格によるのではないだろうか。京都大学で行った影写本の調査[44]や『長福寺文書』の調査結果を見ても、ある一つの影写本が現在の「尊経閣文庫古文書纂」をすべて網羅していないことがわかる。

まとめにかえて

文庫所蔵の文書を対象に、『鎌倉遺文』に収載されるべき文書の紹介と収載されている文書の典拠について私見を述べてみた。しかし、残された課題は多い。例えば、写本の場合の底本の特定の仕方がある。古記録の場合、自筆原本が残るものはそれを底本とすることになるが、それが残らないことの方が多く存在する。その場合、より良い写本を探し、それに基づいて他の写本と対校して校訂を進めていくことが多い。古文書の場合も考え方は同じであろうが、対校して校訂した例をあまり見ない。

一方、模写本の場合、現在原本が失っている情報を具備していることが間々ある。「仁和寺心蓮院文書」の一番にあたる弘長二年三月一日の関東下知状（表Ⅲの67番）は、数紙を貼り継いだたいへん長い文書であるが、その冒頭の部分は傷みやすり切れのため文字の読めない部分が数カ所ある。これは、『富山県史』や『鎌倉遺文』等に翻刻掲載されているが、なぜかその読めない部分を翻刻しているのである。これは、『松雲公採集遺編類纂』に森田平次（柿園）がその写本を残してくれたことにより、読めない部分を補うことができるからである。

典拠に文庫蔵と記載される文書が『鎌倉遺文』に掲載されていても、現蔵が確認できない場合がある。前述した京都大学の調査で指摘された日向国浮田庄の関係文書がその多くを占める。たまたま影写本に残されたものので、そこでは「古券書」に所収されていたことになる。この書名は目録にも見えず、現蔵を確認できない。他にもこうした例があり、調査を進める必要がある。

文書名を付すとき、こうした近世の模写本の場合には文書名の最後に「写」を付すのが一般的であろうが、「小幡文書」の場合のように、史料集は『鎌倉遺文』に限らず「写」を付していないことが多い。東京大学史料編纂所には模写本も影写本として架蔵しており、原本を見ない限り、それだけでは判断の付かないのが普通であろう。

また、『鎌倉遺文』未載の文書の活字化も課題のひとつであろう。原本ばかりではなく、近世の写本などにも目を向け、紹介を進める必要を感じる。

注

（1）この財団名の「育徳」は、江戸本郷にあった前田家上屋敷の庭園「育徳園」に由来する。「育徳園」（育徳園の園池〈心字池〉は夏目漱石の小説で有名な「三四郎池」である）は、加賀金沢藩五代藩主前田綱紀（松雲公：一六四三〜一七二四）が中国の『周易』に見える言葉に拠って命名したものである。

一方、文庫の名称である「尊経閣」は、これも五代藩主綱紀が、祖父三代藩主利常の蒐集した書物を「小松蔵書」、父四代藩主光高の集めた書物を「金沢蔵書」と称したのに対して、自分の蒐集書を「尊経閣蔵書」あるいは「尊経庫蔵書」と言ったことにちなんでいる。このように現在の財団名と文庫名は、生涯綱紀に傾倒し、崇敬した前田利為によって、綱紀にちなんだ名称として名付けられた。

なお、文庫に収蔵する典籍・古文書等は、漢籍四千百余部、和書七千五百余部、文書二千五百余点とされているが、この数字は、数え方によって多少数字が異なってくるので、注意を要する。本書第一部参照

（2）初出は『古文書研究』第六号（一九七三年十月）、後に『太田晶二郎著作集』第四冊（吉川弘文館、一九九二年）に所収。
（3）藤井譲治・有坂道子編。二〇〇二年四月刊。
（4）詳細については、注（2）・（3）引用書も参照されたい。
（5）表題に「古文状」とあり、三十九通が一巻に成巻されている。現在は「尊経閣古文書纂」の内として扱われる。
（6）石井進編『長福寺文書の研究』参照。同書では、「長福寺文書」（百四十五通）の他、「編年文書」・「未定文書」等所収の十八通（うち二通は鎌倉時代のもの、表Ⅰの二〇五・二〇六）を「長福寺文書」と推定している。このように、諸家文書や寺社文書が編年文書に収められる場合があるの注意を要する。後述の「小幡文書」の項参照。
（7）写真は、『週刊朝日百科日本の国宝九六 東京／前田育徳会』（一九九八年十二月、朝日新聞社刊）のうち「三朝宸翰」参照。
（8）詳細は、尊経閣文庫編刊『武家手鑑』（一九七八年、臨川書店刊）の解説参照。「旧武家手鑑」のうち、鎌倉時代の文書は四通ある（表Ⅲ、19・34・38・246）。なお、同解説によれば、表Ⅲの246・247は一通の文書（玄朝書状）であることを指摘している。
（9）包紙墨書による。なお、飯田瑞穂「尊経閣叢刊略解題」（本書第一部第二章注（2））を参照されたい。
（10）陽明文庫所蔵の車図を紹介した徳仁親王・木村真美子「忘れられた車図――陽明文庫所蔵『納言大将車絵様』および『車絵』について――」（『学習院大学史料館紀要』一二号、二〇〇三年三月）に関説するところがあるので、参照されたい。

(11) 飯田瑞穂「尊経閣文庫架蔵の金沢文庫本」(初出は『金沢文庫研究』二七九号、一九八七年九月、後に『飯田瑞穂著作集』第四冊に所収)。

(12) 現在、『大日本古記録』で刊行中である。紙背文書は、管見の限り『鎌倉遺文』には所収されていない。

(13) このうち亮順本は「尊経閣叢刊」で複製が刊行されており、「元弘本古語拾遺解説」が付く。また、石上英一「尊経閣文庫所蔵『古語拾遺』の書誌」(『尊経閣善本影印集成』第四輯『古語拾遺』)参照。なお、文庫蔵の金沢文庫本については注(11)飯田論文を参照されたい。

(14) 紙背文書については、注(13)石上解題に一覧表が掲載されている。『金沢文庫古文書』には二十点のうち十九点が、『鎌倉遺文』(30)には二三三七四号、三二巻には二四三四〇号・二四三四六号・二四三五一号・二四三五二号・二四三五三号・二四三五五号の七点が収められる。

(15) 飯田論文には「高麗王王昛書簡」と「大元皇帝書」について「両書とも、前述のごとく、跋文に『延宝戊午三月中浣』の日付があり、(イ)とほぼ同じ時期に、恐らく称名寺から借り出して写したものであろう。これらはいづれも藍本とみられるが本が現在も県立金沢文庫に保管されてをり、原本は書写ののち寺に返戻されたのであらう。」と述べる。

(16) これも、称名寺文書を模写したものである。注(15)参照。

(17) 扉に「称名寺ノ蔵本也」とあり、元禄二年に影写したものである。また、扉の貼紙に「順庵へ御ミせ被成、御外題之義、御相談可被成候、」とあり、綱紀が外題について木下順庵に相談したことがわかる。

(18) 本書第三部第二章参照。初出は「尊経閣文庫蔵「天野系図」について」(『季刊ぐんしょ』三三号、一九九六年春)。

(19) 詳細は、本書第三部第八章参照。初出は「尊経閣文庫所蔵「青砥康重家譜」について」(『季刊ぐんしょ』四四号、一九九九年春)。

(20) 『国史大辞典』「藤貞幹」の項参照。

(21) 第三部第一章三で私案を提示しているので、参照されたい。

(22) 『国史大辞典』の「屋代弘賢」・「不忍文庫」・「阿波国文庫」の項を参照されたい。

(23) このうち「不忍文庫」「阿波国文庫」「新居庫」の三つの朱印があるものは、「香取遷宮記」・「佐渡国寺社由緒

記」・「大樹寺記」・「温故知新集」・「古文書」・「神社仏閣令記」・「清和院文書集」・「東大寺勅書幷諸文章」・「明眼寺文書」・「薬王院古文書」・「隠岐国志」・「草名叢」の十二部である。

(24) この朱印は直接表紙に捺したものではなく、別の白紙に捺して貼り付けている。文庫に架蔵する青木本には、「古物語類字鈔」(三冊)、「平他字類抄」(一冊)、「篆隷万象名義」(六冊)、「後鳥羽院宸記」(一冊)、「花園院御記」(一冊)、「平時信公記」(一冊)、「岡屋関白記」(一冊)、「荒涼記」(一冊)、「在盛卿記」(一冊)、「古文状」(一冊)、「古書雑記」(一冊)、「東山道志」(七冊)がある。

(25) 青木信寅については、西岡芳文「尊経閣文庫所蔵『古書雑記』について——翻刻と紹介——」(「金沢文庫研究」二九九号、一九九七年九月)に解説があるので、参照されたい。

(26) 詳細については、西岡芳文「尊経閣文庫所蔵『古文状』について(上)」(「金沢文庫研究」三〇五号、二〇〇〇年十月)及び同「尊経閣文庫所蔵『古文状』について(下)」(「金沢文庫研究」三〇六号、二〇〇一年三月)参照。

(27) 詳細については、注(26)西岡芳文論文参照。

(28) すべてよく知られているものである。主なものを次に列挙する。

①弘安元年十二月二十三日の北条時宗書状(円覚寺文書、『鎌倉遺文』(18)一三三三四号)
②文永六年十一月三日の北条顕時寄進状(称名寺文書、『鎌倉遺文』(14)一〇五二三号)
③(文永十年)三月二十九日の北条実時書状(称名寺文書、『鎌倉遺文』(15)一一二二一号)
④文永十年四月二日の左衛門尉俊氏書状(称名寺文書、『鎌倉遺文』(15)一一二二五号)
⑤(文保二年)五月二十一日の北条高時書状(称名寺文書、『鎌倉遺文』(34)二六六八〇号)
⑥文保二年五月二十二日の北条高時袖判書下(称名寺文書、『鎌倉遺文』(34)二六六八三号)
⑦嘉暦元年八月二十日の藤原盛信和与状(相州文書所収金子文書、『鎌倉遺文』(38)二九五八六号)
⑧(元徳三年)十二月二十一日の金沢貞顕書状(称名寺文書、『鎌倉遺文』(40)三一五六九号)
⑨正慶元年二月十六日の北条貞将書状(称名寺文書、『鎌倉遺文』(41)三一六八七号)

(29) 「相州鎌倉書籍等捜索書」(『松雲公採集遺編類纂』所収)。本書第二部第六章参照。初出は「「相州鎌倉書籍等捜索書」について」(『季刊ぐんしょ』五四号)。

(30) 同文書の伝来については、芥川龍男「「野上文書」の伝来と移動の事情について」(『古文書研究』一四号、一九七九年十二月)、同『財津文書・野上文書』(西国武士団関係史料集八、文献出版、一九九二年十月)の解説に詳しいのでこれを参照されたい。

(31) この系図については、別途紹介する予定である。

(32) ちなみに『増補訂正編年大友史料』(田北学編)では、典拠を「前田元侯爵家所蔵野上文書」としている。

(33) 祖父右兵衛が天正十八年(一五九〇)、前田利家に仕えたという。覚書の宛所は平岡五左衛門(親仍)、半田九郎左衛門(元智)、青木主計(正清)の三人である。延宝五年(一六七七)に平岡は大小姓組頭、半田と青木は小姓頭に就任しており、この覚書はこれ以降で、平岡が馬廻組頭に転出した貞享二年(一六八五)以前のものと推定される。

(34) 覚書には「一、武田信玄之状」と「一、北条氏直之状」と書かれたひとつ書の各々左側に朱書で「此内壱通御留置」と綱紀自筆の書き込みがあり、覚書の奥に「右朱書之外者、写被　仰付、本紙不残御返以上」と記す。

(35) 編年文書の四六一にあたる年未詳十月二十三日武田信玄書状(小幡源五郎宛)と編年文書の五三〇にあたる(天正十八年)四月十日北条氏直書状(小幡兵衛尉宛)の二通がそれにあたる。なお、『群馬県史』資料編・中世3に「小幡文書」が掲載されているが、『群馬県史資料編中世1・2・3資料別目録』の「小幡文書」の項に記載されるもののうち、文庫所蔵として記載される十三点に神奈川県立文化資料館所蔵の三点を加えた十六点が現在文庫にある模写本の全体である。すなわち、小幡家に戻された文書のうち三点だけが別途伝来し、神奈川県立文化資料館(現在は神奈川県立公文書館に所蔵される)に所蔵されていることになる。

(36) 天野氏については、本書の第三部第七章、拙稿「鎌倉時代の天野氏の系図について」(安田元久編『吾妻鏡人名総覧』吉川弘文館、一九九八年、所収)及び、拙稿「鎌倉時代の天野氏」(『鎌倉遺文研究Ⅱ　鎌倉時代の社会と文化』東京堂出版、一九九九年、所収)参照。

(37) 『鎌倉遺文』に収載の巻数、文書番号を示すと左記のようになる。( )内は表Ⅱの番号、『鎌倉遺文』巻数、文書番号である。

建長八年七月三日の将軍家政所下文(武家、『鎌倉遺文』(11)八〇〇八号)

元亨二年五月二十三日の足利貞氏下知状写(無①、『鎌倉遺文』(36)二八〇二九号)

嘉元三年五月七日の万行胤成着到状（1、『鎌倉遺文』（29）二二二〇二号）
正和元年八月二十五日の尼しんせう譲状（2－1、『鎌倉遺文』（32）二四六四三号）
正和二年五月二日の関東下知状（3、『鎌倉遺文』（32）二四八六三号）
文保元年六月七日の関東下知状（4、『鎌倉遺文』（34）二六二二六号）

(38)　『加能史料』（鎌倉Ⅱ）では、差し出しの「沙弥（花押）」に（高師氏）と傍注を付し、文書名を「高師氏奉下知状」、典拠を「得田文書」（前田育徳会尊経閣文庫所蔵）としている。後年、田中奈保「高氏と上杉氏――鎌倉期足利氏の家政と被官――」（『鎌倉遺文研究』一六号、二〇〇五年十月）が差出しの人物を高師重としている。傾聴すべきであろう。

(39)　「天野文書」と「得田文書」との関係については、詳細な検討が必要であり、別稿を期したい。

(40)　注（18）拙稿参照。

(41)　墨付一丁表にある目録による。

(42)　「嘉元三年雑記」の詳細は、本書第三部第六章参照。初出は『北条氏研究会編　北条時宗の時代』（八木書店、二〇〇八年）。

(43)　『鎌倉遺文』（38）巻から例を提示した。
「東大寺文書」では二九二一七、二九二四七、二九二八六、二九二八七、二九三〇〇、二九三〇七、二九三六一号文書等、
「東寺文書」では二九二八九、二九二九四、二九二九九、二九三一〇、二九三三二、二九三四三、二九三四七号文書等、
「高野山文書」では二九二七九、二九二九三、二九三三五、二九三三六、二九四四三号文書等、

(44)　注（3）目録参照。

第二章　尊経閣文庫蔵「上杉憲英寄進状」について

はじめに

尊経閣文庫（以下、「文庫」と略す）には、左記の武蔵国押垂郷に関する永徳二年（一三八二）二月二十七日の上杉憲英寄進状が所蔵されている（』は改行を示す）。

寄進　法泉《（相模国）》寺金剛宝塔
　武蔵国比企郡押垂郷事
［　　］憲英《（上杉）》拝領当知行無相違』地也、聊依有志、永代所奉寄附也、』□□《（仍カ）》雖可相副御下文已下文書等、』他事相交之間、不渡之、若号憲英』子孫有致違乱之輩者、為不孝仁不可』知行憲英跡、仍為後日寄進状如件、
　永徳二年二月廿七日　　　　左近将監憲英（花押）

この文書は現在文庫では、「旧武家手鑑」という分類に収められている。「武家手鑑」は、加賀金沢藩五代藩主前田綱紀、すなわち松雲公によって[1]編成された古文書・古筆手鑑のことをいうが、近代に至り、財団法人育徳財団（現在の公益法人前田育徳会）の設立者である侯爵前田利為《としなり》が、新たに「武家手鑑」を編成し直している。その際、松雲公編成の「武家手鑑」から除外され、別途保存されている文書を、現在では「旧武家手鑑」と称しており、百九点からなる。なお、現在の「武家手鑑」は昭和十六年に装丁等が完成し[2]、昭和五十六年六月国の重要文化財に指定されている。

本節では、この文書の紹介にあたって、差出・充所や本文中に見える地名・人名（法泉寺・押垂郷・上杉憲英等）について考察し、最後にこの文書の伝来について考えてみたいと思う。なお、地名のデータベースとして、角川文化振興財団で整備中の「古代・中世地名データベース」を参照したことを付記する。

一、差出「上杉憲英」について

上杉憲英《うえすぎのりふさ》についての史料も少なく、関東管領上杉憲顕の子で深谷上杉氏の祖であること以外、その事績についてはあまり知られていない。『深谷市史』上巻（一九七八年十月刊行、深谷市史編纂室）によると次のように説明している。

> 母は木戸氏。六男。初名憲定。兵部少輔、蔵人大夫、陸奥守に補せられ、また上野守護職、奥州管領にもなった。子には憲光、憲国、憲輔等があった。（上杉氏の系図に数種あり、討究の結果、最も妥当と認むるものを取った）

と記し、その他、館を武蔵国幡羅郡庁鼻和《こばなわ》（現在の国済寺の寺域）に構えたこと、仏道に帰依し康応二年（一三九〇）自ら開基となって常興山国済寺を建て高僧峻翁令山禅師を請じて開山としたこと（『新編武蔵国風土記稿』）、また、国済寺伽藍の西北に憲英の墓で室町時代のものとされる宝篋印搭があること等が記されている。

松雲公は、この文書を入手してから調査を進めていたらしく、差出の上杉憲英について左記の「深谷上杉系図」が文庫に残されている。この系図は現在冊子・巻子百六点からなる「武家百家譜」[3]に含まれ、その十四番目

深谷上杉系図

憲顕　安房守、法名道昌、道号桂山、関東管領、康永二　上州　豆州　越州守護
応安元戊申九十、於是所御陣逝去、六十三、国清寺建立、

深谷祖
憲英　蔵人大夫、奥州管領、号大宗、八月二日逝、奥州夷蜂起之節、以勅発向、則退治後、依奥州之管領職、軍配團給之、

にあたる。

この系図がどの系統の「上杉系図」から抄出されたものか不明であるが、(4)『系図綜覧』所収の「上杉系図」にもほぼ同様の記載があり、『続群書類従』第六輯下所収の「上杉系図」(5)には「兵部少輔、蔵人大夫、陸奥守、始号憲定、庁鼻和祖、法名常興大宗、号国済寺」とある。ところが、この上杉憲英寄進状に記される官途「左近将監」が「上杉系図」の諸本には見えない。憲英の弟憲栄の注記には「童名龍樹丸、号葛見左近将監、憲賢之跡相続、京都奉公（下略）」(6)とあり（傍点は筆者）、注記にこの人物との混乱があるのかもしれない。たった一つ『続群書類従』第六輯下所収の「詫間系図」の憲英の注記に「蔵人将監」とある。すなわち「蔵人」と「左近将監」を兼任したことを示している。「左近将監」に通じる注記である。

なお、花押については唯一同じ花押の文書がある。それは左記の永徳二年（一三八二）四月二十日の長谷川親資軍忠状（江田文書）に記された証判である(7)（『』は改行を示す）。

着到

長谷河兵衛太郎親資軍忠事

右、為小山下野守義政御対治御進発』間、去々年康暦二六武州国符〔府〕(多摩郡)・村岡(大里郡)御陣、』去年永徳元二村岡御陣、同四月足利(下野国)御陣令』供奉候訖、而於武州依新田方蜂起、』同五月十三日長井(幡羅郡)・吉見(横見郡)御陣令宿直、於』岩付(埼玉郡)御陣追落敵候畢、同廿五日太田庄(埼玉郡)』御発向之間、於在々所々御陣致宿直警固』候了、太田庄凶徒等御対治之後、向于小山(下野国)鷲城、』至于今年四月抽忠節候訖、然早賜』御証判、為備末代亀鏡、粗着到如件、

永徳二年四月廿日

「承了（証判）、（花押）（上杉憲英）」

この文書は、康暦二年（一三八〇）八月から始まる小山義政退治に際して、長谷川親資が去々年（康暦二年）の武蔵国府・大里郡村岡陣、去年（永徳元年）小山義政の再蜂起後も下野国足利・幡羅郡長井・横見郡吉見陣や埼玉郡岩付・埼玉郡太田荘・下野国小山鷲城等で忠節を尽くしたことを注進したのに対し、上杉憲英が証判を加えたものである。永徳元年の討伐軍の大将は上杉朝宗と守護代木戸法季、同二年の小山氏再々蜂起の討伐軍の大将は上杉朝宗であったが、本文書は上杉憲英もこの小山義政退治に一方の大将として加わっていたことを示すものである。

また、左記の足利氏満寄進状（円覚寺文書）(8)に憲英の名が見える。

寄進　円覚寺（相模国）
常陸国真壁郡竹来郷内中根村事
右、任上椙左近蔵人憲英申請、所寄附之状如件、
至徳元年十二月廿日
左兵衛督源朝臣（足利氏満）（花押）

この文書に見える通称「左近蔵人」は、前述の「詫間系図」に見える憲英の注記「蔵人将監」に通じるものである。すなわちこれは「左近将監蔵人」の「将監」を省略したものであり、系図の通称は「左近」を省略したも

のとみなすことができる。

この足利氏満寄進状から、ここで紹介する寄進状の前年に、憲英の申請により足利氏満が「竹来郷内中根村」を円覚寺に寄進したことになる。こうした仲介者と思われる某の申請によって寄進がなされる例はあまり多くはない。例えば、これも円覚寺に対する寄進であるが、観応二年（一三五一）五月九日足利尊氏が、今河心省（範国）の申請に任せて駿河国葉梨荘内上郷（除崇寿寺領）・同中郷等地頭職を寄進している例を初めとして、数例が確認できる。(9) この寄進状は、観応二年三月二十日に、今河心省が同地頭職を永代円覚寺に寄進したことを受けて出されたもので、足利尊氏による確認あるいは安堵と考えられる。(10) とすれば、前記の足利氏満による「竹来郷内中根村」の寄進も、上杉憲英の寄進を確認あるいは安堵したものと考えてよいと思われる。(11)

この竹来郷は、現在の茨城県桜川市真壁町の北に位置する同市高久付近に比定される。中根村は、現在大字高久に小字中根として残っている。同郷は、寛喜元年（一二二九）七月十九日に将軍藤原頼経の袖判下文(12)によって、他の真壁郡内の十三カ郷と共に、親父友幹法師の譲状に任せて真壁時幹に安堵されたのが初見で、真壁氏相伝の所領であった。(13) ところが、正安元年（一二九九）十一月真壁盛時（浄敬）は同郷地頭職を没収され、翌年八月北条氏の一族江間光政が拝領している。(14) 以降江間氏に相伝されたものと考えられるが、鎌倉幕府滅亡後、おそらく足利氏あるいはその家臣（上杉氏）の所領となっていたものと思われる。

竹来郷内には、地頭請所や預所名である大和田村の他、大井戸・泉・各来・竹来村等の百姓名が存在していたが、(15) 中根村は所見がなく、それ以降に開発された村かもしれない。南北朝時代の康永三年（一三四四）七月二日、足利尊氏は真壁郡内竹来等九カ所を勲功賞として真壁高幹に与えており、(16) 竹来郷は再び真壁氏の支配下に入ったが、中根村は上杉氏の所領として存続していたものと思われる。

二、充所「法泉寺」について

法泉寺は現存しない。『鎌倉廃寺辞典』によれば、鎌倉扇ヶ谷の法泉寺ヶ谷にあった禅宗寺院で、山号は竹園、開山素安了堂、開基畠山国清と伝えるが、元亨三年（一三二三）の北条貞時十三年供養記に見える「法泉寺」がこの寺を指すとすれば、「宴曲玉林苑上」の記載から推定して、すでに鎌倉時代には隆盛をほこるほどの伽藍を擁する大寺院であったことが知られる。おそらく素安了堂・畠山国清による中興と考えられるとする。

この法泉寺の名は、南北朝期の観応から永徳にかけての寄進関係の文書に多く見えることは、高橋秀樹「『相模文書』及び『神田孝平氏旧蔵文書』について」[17]で指摘しているところである。本章ではこの高橋論文に導かれながら、法泉寺の寺領等について整理しておきたい。

前述した時期に法泉寺関連として確認できる文書が表Ⅰである。

表Ⅰ　法泉寺関連文書

番号	年　月　日	文書名	刊本
一	観応二年十一月二十日	吉良貞家寄進状（相模文書）	神四一〇一
二	観応三年三月二十六日	畠山国清施行状（相模文書）	神四一五〇
三	観応三年五月十三日	足利尊氏御教書（神田孝平氏旧蔵文書）	神四一六四
四	文和二年七月十七日	源光顕・僧有胤打渡状写（松雲公採集遺編類纂）	神四二三六
五	延文六年三月五日	秀堂徳盛遺誡写（相州文書〈宝珠庵文書〉）	神四三七七
六	貞治二年閏正月二十二日	足利基氏寄進状（吉田文書）	神四四三六

七	貞治二年二月二日	高師有施行状（神田孝平氏旧蔵文書）	神四四三七
八	貞治六年十月十二日	佐々木高氏奉書（塙文書）	神四六一〇
九	永徳二年二月二十七日	上杉憲英寄進状（旧武家手鑑）	未収載
十	永徳二年四月五日	足利氏満御教書（高山文書）	神四八九二
十一	永徳二年四月十三日	鳩谷義景遵行状（相模文書）	神四八九三

（『神奈川県史』資料編を「神」と略記した）

高橋論文ではこれらの文書を、建長寺第三十五世住持素安了堂が「法泉寺長老」と呼ばれていることから、建長寺の塔頭宝珠庵に伝来した文書と推定している。次にこの時期の法泉寺の寺領を一覧にしたのが表IIである。

表II　法泉寺領一覧

寄進地	寄進者	文書番号
武蔵国崛戸郷地頭職	吉良貞家	一
伊豆国狩野荘熊坂村	足利尊氏	二・八
相模国一宮荘宝蔵郷内中村	足利尊氏	四
陸奥国会津如法寺	（不明）	五
相模国下曽比郷	足利基氏	六・七
武蔵国押垂郷	上杉憲英	九

武蔵国荏原郡世田郷地頭職	足利氏満	十・十一
武蔵国足立郡芝郷大牧村地頭職	足利氏満	十・十一

（文書番号は、表Ⅰの番号に該当する）

法泉寺中興の時期を『鎌倉廃寺辞典』では、畠山国清が鎌倉の執事在職中の文和二年（一三五三）から素安了堂の没した延文五年（一三六〇）の間と推定している。しかし、法泉寺への吉良貞家の寄進はその前々年にあたる観応二年（一三五一）である。貞家は足利直義党の奥州管領として陸奥に入部し、この年二月一方の奥州管領畠山国氏を滅ぼしており、この時期奥州にあって尊氏党を排除した奥州一管領体制を築きつつあった。[18]この時は観応の擾乱の最中であったが、貞家による寺領寄進が行われていた。すなわち法泉寺はすでに存在し、直義党による再興が進みつつあったとみてよい。翌年三月鎌倉に入った足利尊氏は早速伊豆国狩野荘熊坂村を法泉寺に寄進し、[19]足利直義勢力の一掃後伊豆国の守護となった畠山国清がこれを遵行している。これは尊氏の鎌倉五山への融和政策でもあり、また直義の鎮魂供養の意味もあったとも想定される。以降の寄進主体も足利基氏・氏満父子がほとんどであり、足利氏の法泉寺に対する保護と援助は継続して行われていた。とすると、この上杉憲英の寄進もその延長線上にあったと思われる。憲英は関東管領であった父憲顕から譲られた押垂郷を法泉寺に寄進したのである。

法泉寺はのちには素安了堂の搭所である建長寺宝珠庵の末寺になっており、戦国時代の天文十六年（一五四七）十月十三日の鎌倉代官大道寺盛昌書状写・（同十七年）八月二十一日の同書状写・同十八年五月二十四日の北条家制札案[20]などからこのことが確認できる。

三、寄進地「押垂郷」に関説して

押垂郷は都幾川の氾濫原、現在の東松山市上押垂・下押垂付近にあった。鎌倉時代の押垂郷については文献史料が無く、ここでは押垂郷及び南接する野本郷を名字の地とした押垂斎藤・野本斎藤両氏の鎌倉時代の動向について考察しておくことにする(21)。

この両斎藤氏の出自は「尊卑分脈」によると藤原氏時長流で、疋田斎藤為頼の孫で堀河天皇の滝口を務めた基親の子基員が武蔵国野本郷に住し野本左衛門と称したのに始まるという。野本氏の館跡は現在の無量寿寺で、建長六年（一二五四）二月十五日の年紀を有する梵鐘銘(22)に見える「野本寺」がこの前身と考えられ、同寺は鎌倉時代野本氏によって建立されたと見られる。おそらく館内の持仏堂から発展したものであろう。

野本基員は「吾妻鏡」にも登場する。通称は野本斎藤左衛門大夫・斎藤左衛門尉である。建久四年（一一九三）十月十日条が初見で、この日基員の子が幕府で元服し源頼朝から重宝などを賜ったという。次いで建久六年七月十七日頼朝の代官として相模国大山に参詣している。貞永元年（一二三二）九月十八日に没しており（「尊卑分脈」）、時に九十三歳であった。基員は源平合戦や奥州合戦には見えず、おそらく建久元年の源頼朝の上洛を契機に御家人となったものと思われる。祖父頼基は竹田四郎大夫と号するが、この竹田は山城国宇治郡にあり、父基親も滝口武士であり、基員も京都周辺を中心に活動する武士であったと考えられる。通称の「左衛門大夫」は左衛門尉を務めた功によって従五位下に叙されたことを示している。

「尊卑分脈」によると、基員の子には季員・助基・範員・時基・時員の五人が見えるが、季員・助基・範員の動向については「吾妻鏡」にも見えず未詳である。京都で活動した人物であったかもしれない。なお、「吾妻鏡」建保元年（一二一三）五月六日条によると、和田合戦で討ち死にした北条氏方の武士の一人に「おしたりの三郎」

が見え、この人物が押垂氏と考えられている。(23) 後述するように時基（基時）も通称が三郎であるが、同人は康元元年（一二五六）までその活動が見られる。押垂の一族かあるいは誤記であろうか。また、この三郎某の戦死後、基時が基員の養子になったとも考えられる。

時基は「吾妻鏡」には「基時」と記される人物であるので、ここでの表記は「吾妻鏡」に従って以降「基時」としておく。通称は押垂三郎兵衛尉・押垂左衛門尉・押垂三郎左衛門尉などと見える。(24) 「尊卑分脈」によると基時は実は笠原左衛門尉親景の子である。笠原親景は「吾妻鏡」に笠原十郎・笠原十郎左衛門尉と見える人物で、建久二年から建仁三年にかけて所見がある。笠原氏は埼玉郡笠原村（現在の鴻巣市笠原）を名字の地とする。親景は弓矢に堪能であったらしく、小笠懸や源頼家の伊豆・駿河での狩猟に射手として参加している。しかし、比企能員の婿であったため、建仁三年九月二日比企一族とともに源頼家の子一幡の館に立て籠もり自害した。押垂郷のある比企郡は比企氏の本拠であり、比企氏滅亡後、野本基員にその地頭職が宛行われたのではなかろうか。

基時について、「吾妻鏡」でその活躍の様子が知られるのは承久の乱からである。同年六月十八日条の宇治合戦に敵を討ち取る人々の日記に「押垂三郎兵衛尉一人郎等討之」とあるのが初見である。以下、その活動を示すのが表Ⅲである。

表Ⅲ　押垂基時の動向

年月日	基時の動向
承久三・六・十八	北条泰時に従い宇治合戦で敵一人を討つ。
嘉禎元・六・二十九	明王院供養の際将軍に供奉する。

嘉禎二・四・二十三	将軍の使として法験の賞の馬を鶴岡別当定豪坊に届ける。
嘉禎二・八・四	将軍の若宮大路御所への移徙に供奉する。
嘉禎三・三・八	この日将軍の近習番が定められ、基時は三番に結番する。
嘉禎三・六・二十三	大慈寺新造御堂供養に供奉する。
暦仁元・二・十七	将軍頼経の上洛に従い、この日入洛の行列に加わる。
寛元元・七・十七	この日将軍の臨時の出御の供奉の番が定められ、基時は下旬に結番される。
寛元二・八・十六	鶴岡八幡宮放生会の馬場の儀において流鏑馬の的立てを務める。
寛元三・八・十五	将軍の鶴岡八幡宮放生会参詣に供奉する。
宝治元・五・十四	将軍御台所の葬送に供奉する。
建長二・三・一	造閑院殿雑掌の目録に「押垂斎藤左衛門尉跡」が本所の造営を担当する。
建長二・十二・二十九	「押垂斎藤左衛門尉跡」の輩、新造閑院殿遷幸の際の滝口伺候の武士に加えられんことを申請す。幕府、次回に申請するよう命ず。
建長四・四・十四	将軍の鶴岡八幡宮参詣に供奉する。
建長四・八・六	将軍の方違に騎馬で供奉するよう定められる。
建長四・八・十四	将軍の鶴岡八幡宮放生会参詣に供奉するよう定められる。
建長四・十二・十七	将軍の鶴岡八幡宮参詣に供奉する。
建長五・正・十六	将軍の鶴岡八幡宮参詣に供奉する。
康元元・六・二十九	将軍の鶴岡八幡宮放生会参詣に供奉するよう定められる。

表Ⅲから、基時は宝治合戦等の鎌倉における政変にはほとんど関与せず、将軍の近習として鶴岡八幡宮等の参詣に供奉することが多かったことがわかる。おそらく鎌倉に居住し活動していたと推定される。疑問なのは、造閑院殿雑掌関連の記事に「押垂斎藤左衛門尉跡」と「跡」を付けて表記されることである。一般的に「某跡」は幕府が御家人役を賦課した単位と考えられている。この時期嫡子の単独相続はほとんどなく、男子及び女子の兄弟によって分割して所領を継承した。幕府は御家人役を惣領に賦課し、惣領がそれを一族に支配し分担させていた。すなわち「某跡」は某の所領を継承した某の子孫等すべてを意味していたことになる。しかし、「吾妻鏡」によれば、基時はこの後も生存し活動していた記事があり、なぜ「跡」を付して表記されているのか不明であり、後考を待ちたい。ちなみに、建治元年（一二七五）五月日の六条八幡宮用途支配注文写[25]には武蔵国の御家人の一人として「押垂斎藤左衛門尉跡　十五貫」と、これにも「跡」を付して記載されている。

その後の押垂氏の動向はあまりよくわからない。「尊卑分脈」によれば、基時の子に押垂十郎重基と三郎景基が見えるが「吾妻鏡」には所見がない。

「吾妻鏡」弘長元年（一二六一）十一月二十二日条によると押垂斎藤次郎が小侍所の番帳に加えられている。また、同書文永二年（一二六五）三月七日条と同年五月十日条に押垂掃部助なる人物が見えるが身分が諸大夫であり、「吉川本吾妻鏡」の「押立掃部助」に従うべきであろう。

鎌倉幕府滅亡の際、押垂氏も滅亡したのであろうか。その後の動向はわからない。

一方、時員の子孫が野本氏を継承した。「尊卑分脈」によると、時員も基員の養子となった人物で、下総国の御家人下河辺政義の子である。官途は「従五位下、能登守、左衛門尉」である。承久三年（一二二一）八月三十日の関東下知状[26]によると、仁和寺領肥前国高木西郷は平家没官領として後白河院より源頼朝が拝領したところで、地頭として時員が補任されていたが、この時幕府は武蔵国稲毛本荘と交換し、同郷は領家・地頭一向不輸の地としてその年貢は高木東郷地頭行員に進済させることにした。この行員は時員の孫で、時秀の子にあたる人物と考えられる。(27)

承久の乱後時員は在京御家人として、摂津国の守護も務めた。(28)「新編追加」の傍例に次のような記事がある。

一、故修理亮殿在京之御時、野本四郎左衛門尉之郎等、四方田左衛門尉依自馬引落之咎、雖給下手人、猶胎欝訴不請取之間、野本四郎左衛門尉、彼下手人行斬罪、然而四方田左衛門尉猶依令憤申、野本四郎左衛門尉被召摂津国守護之上、被召預其身於肥田八郎左衛門尉畢、

すなわち、「故修理亮」（北条時氏）が六波羅北方として在京していた元仁元年（一二二四）六月から寛喜二年（一二三〇）四月までの間の出来事として、「野本四郎左衛門尉」（時員）の郎等が「四方田左衛門尉」を馬から引き落とす事件があり、時員は下手人を引き渡したり、斬罪に処したりしたが、四方田の怒りがおさまらなかったため、時員は摂津国の守護を召し上げられたうえ、「肥田八郎左衛門尉」に召し預けられたというのである。

また、「吾妻鏡」建長二年（一二五〇）十二月九日条にも次のような記事がある。

九日庚子、野本次郎行時名国司所望事、父時員任能登守之時、不付成功、直令拝除之上者、如彼例可為臨時内給之由申之、為清左衛門尉奉行、今日有沙汰、其父時員、属越後入道勝円、在京之時、付彼内挙、自然令任歟、彼堅法之後者、不足為例之間、輙難覃許容之旨被仰出、又臨時内給事、於三分官等者、依事体可被申

請之、至名国司以上者、可被停止其競望之由云云、

すなわち、「越後入道勝円」(北条時盛)が六波羅南方として在京していた元仁元年(一二二四)六月から仁治三年(一二四二)までの間に、時員は時盛の推挙で成功も納めないで能登守に任じられたという。この記事では時員の子行時が父の例に倣って名国司に任じられるよう希望したが、幕府はこれを許さなかったというのである。

このように、時員は「吾妻鏡」にあまりその活動は見られないが、在京御家人として活動していたことが知られる。

「尊卑分脈」によると、時員の子には時秀・行時・時成・貞頼の四人が見える。時秀は「野本太郎」と称した。(29)「吾妻鏡」嘉禎二年八月四日条で、押垂基時とともに将軍の若宮大路御所への移徙に供奉したことが知られるが、「尊卑分脈」に「太郎、先父」とあるように早世したらしく、「吾妻鏡」には所見がない。その子行員は、前述したように肥前国高木東郷地頭として見える。

行時は「野本次郎」と称した。(30)前述したように名国司を所望したが幕府の許しが得られなかった。(31)なお、時成・貞頼の二人は「吾妻鏡」には見えず、その消息は不明である。

行時の子孫は常陸国大枝郷地頭職を継承した。大枝郷は現在の茨城県小美玉市(旧玉里村)付近にあたる。正和五年(一三一六)閏十月十六日の野本時重覆勘状案(32)によると、時重は大枝郷の相伝経緯を次のように述べている。同郷は治承七年(寿永二年・一一八三)に高祖父益戸(下河辺)政義(法名義光)が勲功賞として源頼朝から拝領した地で、領家である鹿島社には「有限供料米」を備進してきた。(33)嘉禄元年(一二二五)政義は後家(淡路局)に譲与、淡路局の一円知行となったが、嘉禎三年(一二三七)代官が鹿島社と和与中分してしまった。文応元年(一

二六〇）淡路局は孫子・曾孫に同郷を分与した。その内容は、能登前司時光に栗俣村（承元元年検注の新田、号本新田、一円進止）、孫女尼浄妙に岩瀬村（和与以後開発の新田）、時重祖父行心に本郷（本田、和与中分）である。その後栗俣村は時光の子貞光に、本郷は行心の孫時重が相伝している。

「尊卑分脈」によると時光は行時の子であるが、行心は未詳である。永仁六年（一二九八）二月三日の関東下知状[34]によると「野本四郎左衛門尉　法師法名行心」とあり、前述の野本時重覆勘状案にも「野本四郎左衛門尉入道行心時重祖父」とある。一方同覆勘状案に「能登四郎左衛門尉貞光時光子息」、正中二年六月六日の散位某他三名連署奉書に[35]「野本四郎左衛門尉貞光」、建武元年（一三三四）十二月日の大禰宜中臣高親社領幷神祭物等注進状案[36]にも「野本能登四郎左衛門尉貞光跡」とあり、行心と貞光は同一人と推定される。すなわち栗俣村及び本郷は貞光が相伝していたのである。[37]

その後、建武元年九月二十七日の賀茂両社行幸足利尊氏随兵交名[38]には、随兵のなかに「野本能登四郎朝行」が見えており、後醍醐天皇の上賀茂・下鴨両社行幸に供奉したことがわかる。この朝行は「尊卑分脈」によれば貞光の子である。時重の名は「尊卑分脈」に見えないが、時重はこの朝行の子かもしれない。

以上、押垂・野本両氏の鎌倉時代の動向を概観してみた。野本氏のうち常陸国に移住した一族の動向は南北朝時代までたどることができたが、武蔵国内での両氏の動向はほぼ「吾妻鏡」の記事がなくなるとともに全くわからなくなってしまう。鎌倉末期の政争の中で没落したか、あるいは鎌倉幕府とともに滅亡したのか、不明である。いずれにしても押垂郷が上杉氏から法泉寺に寄進されており、押垂氏が没落したことは確かであろう。

四、本文書の伝来について

二節の考察から、本文書が鎌倉の建長寺宝珠庵に伝来したものであることが推定できる。次に本節では、前田綱紀（松雲公）による鎌倉の古物・古書探索の様子を建長寺を中心に紹介し、本文書の伝来について考えてみたい。

松雲公が古筆の蒐集に熱心で、家臣の津田光吉等を鎌倉や京都に派遣して、古物や書物の調査・保存・蒐集・借用等にあたらせていたことはよく知られている。また、松雲公自身、蒐集あるいは借用した書物に必ず目を通しており、その備忘は現存する「桑華書志」や「梅墩集」に、あるいは書写された書物の識語等に散見される。後述するように、この文書も松雲公の時に入手した古文書と推定される。

延宝五年（一六七七）、津田太郎兵衛光吉は松雲公の命を受けて古筆等の蒐集のため鎌倉に向かった。その時の様子は第二部第六章で紹介したので省略する。(39)

この日記によると、十月二十八日江戸を出立した津田は、十一月一日鎌倉に入り、早速鶴岡八幡宮・荏柄天神社・杉本観音・建長寺・円覚寺・極楽寺・正則寺等を歴訪し、金沢の称名寺にも足を延ばし、十二月六日江戸に帰っている。

このうち建長寺については十一月九日に訪れ、什物を調査している。その一端を左に示す。

建長寺什物

一、兆典司十六羅漢　大幅一幅ニ二人ツヽ八幅

一、中尊釈迦、両ハ猿猴、筆者牧渓、

一、千覚禅師円鑑
一、千覚筆般若経
一、日蓮ノ法花経

十一月九日の前田綱紀書状によると、綱紀は鎌倉探索にあたって、「旧記」（書物・古文書等）ばかりではなく、「古之弓矢」「鞭、ゆかけ、行縢、弓篭手、沓、か様之物」（武器・馬具等）の発見に期待していたことがわかる。また「古器物何ニよらす致覚書、可罷帰候」と記し、その並々ならぬ熱意が感じられるとともに、細かに指示を出していることがわかる。これに対し津田は返書を認めているが、この書状で津田は、松雲公の指示を確認し、「文台三箱為可入御覧、此度為持上之申候」と文台二箱を江戸に帰る時持参すること等を述べている。この書状に見える覚書別紙には、本文書と関係がある建長寺については次のような記事がある。

覚

（中略）
一、建長寺《鎌倉》ノ末寺長寿寺ト申、尊氏《足利》ノ寺ニ古キ弓立御座候、只今世上ニ御座候弓立ノ如ニテ御座候、ウツホヲ立申様ニ仕、金具ナトモ少々損申候、持主モ知不申、先代ヨリ御座候由、長寿寺被申候、
（中略）
一、八幡、建長・円覚両寺、荏柄天神社ナト什物ニモ、書籍無御座候、荏柄神宝ニ天神御縁起三巻、絵ハ土佐、詞書ハ行能《藤原》、見事成巻物御座候、八幡宮ニ御手箱・御硯見事ナル御座候、頼朝卿勧請之時分、京ノ八

幡ヨリ取寄セ納候由申候、建長・円覚ノ什物、兆殿司十六羅漢、八幡詣書紀観音卅二幅、カンヒ羅漢十六幅、月壺大幅ノ観音、夢窓国師掛物四幅御座候、

一、建長・円覚・浄妙（鎌倉）・寿福（鎌倉）・浄知（鎌倉）ノ五山、其外鶴岡供僧別当神主、八幡より東南之分相尋候得とも御用ニ可立物無御座候、弓馬書・軍書類ナト曾而無御座候、円覚寺ノ内ニ魏武註ノ孫子書本一冊御座候許ニテ御座候、

（中略）

一、建長・円覚両寺ニ数四十ケ寺許御座候、未尋不申寺方も御座候間、猶々相尋可申、八幡より東西北ノ分相尋、追而様子言上可仕候、

被成下　御書、謹而致頂戴、御請上之申候、御自分江御添状、是又致拝見候、内々今日以飛脚、文台二箱可指上候、認申所々御座候故、幸此度上之申候、封之儘御上被成、可被下御文台、鶴岡社家中所持ニ而売物ニハ無御座候故、只今直段極申事難仕候へ共、私在留中為可入御覧、為指上申候、若応御意申候ハヽ、蒔絵師不勘方江為見ニ被遣候者、直段等も大形知可申候間、私ニ被仰聞もらひ直段極申事可罷成候者、心得ニ仕相極可申、若直段持主より不申候者、所留仕候、心得ニも可仕候、恐惶謹言、

十一月十一日　　津田太郎兵衛

横山志摩様

最初に、建長寺の末寺長福寺（足利尊氏建立）に古弓立があること、(40)鶴岡八幡宮・建長円覚両寺・荏柄天神社等には書籍がないこと、(41)「建長・円覚・浄妙・寿福・浄知ノ五山」等には弓馬書・軍書類が無いこと、最後に「建

長・円覚両寺ニ四十ケ寺許御座候」として、今後調査する予定であることを報告している。

本節で紹介する古文書について直接関連する記載は無いが、このあと調査され、入手されたと推定される。このことは現在文庫に架蔵する「荏柄天神縁起」や「相承院本太平記」等が、この時津田によってその存在が確認され、後日様々な経緯ののち、松雲公が入手していることからも類推される。

また『松雲公採集遺編類纂』古文書部所収の文書の中に、建長寺宝珠庵旧蔵と推定される文和二年七月十七日の源光顕・僧有胤打渡状写が含まれていることは前述の高橋論文でも指摘している。高橋論文では、「加賀藩第五代藩主前田綱紀の収集した文書を編纂した『松雲公採集遺編類纂』に収録されており、前田綱紀の収集以前に流出していたと考えられるから、流出時期の下限は十七世紀後半になるであろう。」と述べている。しかし、以上のことから、松雲公の時に宝珠庵から前田家が入手した可能性があることを指摘しておきたい。

松雲公は入手した本文書を、「武家手鑑」の一通として収めた。[43] その後、天保十年（一八三九）から修復にかかったことは、左記の天保十二年閏正月の御書物奉行の覚書に見えている。

天保十年御手入之節、武家御手鑑、宝暦以前より糊離・虫入多、御張札落申処御座候ニ付、御修覆之義奉伺、御台紙虫入之分取替被　仰付候様奉願、御聞届、同年冬中、右御台紙新出来之儀、御細工所江申談置候、漸同十一年十二月出来、如元古筆張替仕、同月晦日指上候処、当閏正月、右御手鑑仕立様元禄年中之御覚書、始而検出仕候ニ付、入　御覧候処、右覚書ハ、
松雲公様　御親筆与相見候間、新写申付、御本紙者、　御親筆御品与一集納置可申旨、金谷多聞を以、被仰出御座候ニ付、高田小一郎江申談、新写仕置候事、

天保十二年閏正月　　　　　　　御書物奉行

天保十年新撰御手鑑目録[44]には、百二十一番目に、本文書が左記のように見える。

上杉陸奥守憲英書　　発端　寄進法泉寺金剛宝塔
至徳二年二月廿七日　　琴山極札

また、天保十二年二月の武家手鑑御目録[45]の百五十番目にも

上杉陸奥守憲英　　発端　寄進法泉寺金剛宝塔
至徳二年二月廿七日　　琴山極札

と、ほぼ同様に記されている。

こうしてこの文書は尊経閣に収められて伝来し、前述したように前田家十六代当主前田利為の時「武家手鑑」からはずされ「旧武家手鑑」として現在に至っているのである。

まとめにかえて

文庫には左記のような「古書代付目録　八通之内」と題する文書が多少残されている。

古文書代付覚

御留一、直義（足利）　興福寺建武四年　　金三両

一、義詮（足利）　天下康安元年　　同三両

御留
一、師直（高）　　同弐両
　　保野中務建武四年
御留
一、北条長時・政村（北条）両判　　同三両
　　弘長二年
一、晴信（武田）　　同三両
　　武田信玄俗名
一、義綱（畠山）　青地駿河之由、（古筆）了祐申候、　　同壱歩
　　畠山修理大夫
未ノ
六月廿八日　　林市郎左衛門

この文書は、前田家に持ち込まれた古文書を鑑定させ、その価格の案を提出させたものである。古筆了祐の意見を注記していることから確認できよう。三通の文書の右肩に付される「御留」とは、おそらく松雲公が手元に留めた古文書という意味であろう。四番目の「一、北条長時・政村両判」はおそらく現在「尊経閣古文書纂」の編年七二に収められる弘長二年十二月十日の関東御教書[46]に該当する。この長時・政村両者の奉じた文書は同じく仁和寺心蓮院文書一に収められる弘長二年三月一日の関東下知状があるが、こちらは仁和寺から入手したもので、このような鑑定に出されることはなかったと考えられるからである[47]。

残念ながらここで紹介する上杉憲英寄進状に直接関わる目録は見いだせなかったが、その他にも松雲公の図書

等の蒐集に関連する資料は文庫や金沢市立玉川図書館近世資料館の「加越能文庫」に数多く残されている。今後の研究を待ちたい。

注

（1）法号松雲院。以下「松雲公」と表記する。

（2）詳細は、太田晶二郎「武家手鑑解題」（『尊経閣文庫蔵　武家手鑑　解題・釈文』、のち『太田晶二郎著作集』第五巻に所収）を参照されたい。

（3）参考に「武家百家譜」の目録を左に提示する（〈　〉内は割書を示す）。

一　小笠原系図　一巻
二　小笠原民部系図　一巻
三　小笠原持真家譜　一冊
三　信州小笠原系図　一冊
三　小笠原系図　一冊
四　堀系図首尾留　一枚
五　湯浅一門系図　一巻
六　蜷川系図　一巻
七　武家藤原系図　一巻
八　養安院家系　五通
九　本多平八系図　一巻
一〇　本多政重家伝　一巻
一一　秦氏系図　一巻
一二　東氏系図　一巻
一三　福島系図　一通
一四　上杉系図　一通
一五　別所系図　一葉
一六　別所系図証文　一通
一七　佐脇家譜　一通
一八　天野系図　一枚
一九　天埜家譜　一巻
二〇　巨勢系図　一巻
二一　青砥康重家譜　一冊
二一　青砥康重家譜　一巻
二二　山村千村両家分派之図　一巻
二三　山村千村両家分派之図附属証文　三通

二四　鷲見家譜　一巻
二五　飯田石見守系図　二通
二六　青木氏家系　二巻
二七　青木家系証文　一巻
二八　青木累代之略系　一巻
二九　青木家証文　一巻
三〇　望月系図証文　一通
三一　信州望月系図証文　一巻
三二　海野望月根津三家系図　一巻
三三　海野望月根津三家証文　一通
三四　小野氏系図　一巻
三五　小野氏系図証文　一巻
三六　生駒系図　一巻
三七　四宮系図　一通
三八　野上系図　一巻
三九　熊谷系図　一巻
四〇　足利氏系図　一巻・一通
四一　三浦林系図　一巻
四二　富樫系図　一巻
四三　楠氏系図　一巻
四四　溝口庶流之系図　一巻
四五　浅井賢政系図　一巻
四六　里見系図　一枚
四七　村上系図　一巻
四八　幸若系図　一巻
四九　東竹家系図　一巻
五〇　幸若系図　一冊・一通
五一　長尾系図　一巻・一通
五二　一色系図　一冊
五三　赤松系図　一冊
五四　土方系図　一冊
五五　両松平及金森系図　一冊
五六　遠山戸川長井葦野千本系図　一冊
五七　神保荒尾滝川系図　一冊
五八　岡野川口柘植系図　一冊
五九　土屋松前野々山系図　一冊
六〇　小佐手鈴木多田曲淵馬場間宮系図　一冊
六一　保々系図　一冊
六二　本多美濃部系図　一冊
六三　秋山高林近藤系図　一冊
六四　徳山系図　一冊
六五　皆川系図　一冊
六六　田邑記　一冊
六七　多賀系図幷証文〈系図聞書共〉　二冊・一通
六八　日向内藤三上赤井酒井井上曲淵山田系図　一冊
六九　小畠中根関喜多見系図　一冊

七〇　脇坂有馬小出古田系図　一冊
七一　加々爪小堀船越天野系図　一冊
七二　石谷今村大道寺榊原系図　一冊
七三　土屋城梶川平野杉原佐原島朝比奈柳生系図　一冊
七四　朝倉系図〈赤淵大明神縁起附〉　一冊
七五　成瀬系図　一冊
七六　成瀬系図　二冊
七七　奥平鳥居高力三浦曾我伊勢系図　一冊
七八　曾我伊勢系図　一冊
七九　新定佐々木系譜　一冊
八〇　佐々木系図　一冊
八一　佐竹系図　一冊
八二　伊丹康勝家伝　一冊
八三　大河内系図　一冊
八四　根岸系譜　一冊
八五　諸氏系図〈駒井前田雨宮今井秋山石川〉　一冊
八六　寛永諸家譜〈天野系図〉　一冊
八七　寛永諸家譜〈山内等八家々家譜〉　一冊
八八　寛永諸家譜〈酒井五家〉　一冊
八九　寛永諸家譜〈西尾小坂〉　一冊
九〇　寛永諸家譜〈織田等六家〉　一冊
九一　寛永諸家譜〈一柳久留島〉　一冊
九二　寛永諸家譜〈三好等八家〉　一冊
九三　寛永諸家譜〈中根等十家〉　一冊
九四　寛永系譜影抄〈大動寺〉　一冊
九五　寛永十八年諸家献上系図　一冊
九六　伊勢系図　一巻
九七　伊勢系図〈添書共〉　一巻・二通
九八　伊勢家系図〈附録貞助貞郷遺訓之一巻共〉　二巻
九九　伊勢仙斎系図〈添書共〉　一巻・三通
一〇〇　伊勢氏系譜　一冊
一〇一　伊勢氏略系〈松雲公親筆〉　一巻
一〇二　伊勢系図覚書書類　六通
一〇三　角倉吉田山村略系　一巻
一〇四　安藤譜聞書　一通
一〇五　入道梅雪家菅家系図　一巻
一〇六　菅三家伝　一冊
一〇七　菅家系図　一冊
一〇八　菅氏譜系〈高辻〉　一冊
一〇九　諸家系図聞書　五通
一一〇　系図奥書之草案　十六枚

（4）同系図の附属書類（十一月朔日の牧野与三左衛門書状）に「上杉兵部先祖書参候間、進上仕候、深谷之上杉ニ而御座候由、此之通申来候、」とあるが、上杉兵部なる人物は未詳。

（5）所収順でいうと最初の「上杉系図」である。

（6）注（5）に同じ。上杉憲栄については、佐藤進一『室町幕府守護制度の研究』上を参照。憲栄は、応安元年九月から永和四年七月まで越後国守護に在任していたことが確認できる。永和二年閏七月十日の越後守護上杉憲栄遵行状（円覚寺文書、『神奈川県史資料編』3上所収、四七六二号文書）があり、これには「散位（花押）」とあるが、宛所としては「上杉左近将監」となっている文書がほとんどである（三浦和田文書、西大寺文書、上杉家文書」等）。

（7）武井尚氏の教示による。『新編埼玉県史』資料編5所収、五三〇号文書。写真も所収されているので参照されたい。

（8）武井尚氏の教示による。『神奈川県史』資料編3上所収、四九七八号文書。

（9）円覚寺文書（『神奈川県史』資料編3上所収、四〇七一号文書）。他に左記の事例がある。
延文元年十二月三日の足利基氏寄進状写（教念寺文書、『神奈川県史』資料編3上所収、四三一六号文書）。

延文二年八月二十一日の足利基氏寄進状（神田孝平氏旧蔵文書、『神奈川県史』資料編3上所収、四三三二号文書）。

延文六年六月二十五日の足利基氏寄進状（三嶋神社文書、『神奈川県史』資料編3上所収、四三七九号文書）。

貞治二年閏正月十七日の足利義詮寄進状（円覚寺文書、『神奈川県史』資料編3上所収、四四三五号文書）。

至徳二年十月二十五日の足利氏満寄進状（明月院文書、『神奈川県史』資料編3上所収、四九九三号文書）。

（10）円覚寺文書（『神奈川県史』資料編3上所収四〇六五号文書）。

（11）至徳三年十月七日の足利氏満寄進状（鑁阿寺文書、『神奈川県史』資料編3上所収、五〇一四号文書）は、書き出しは「寄進」で始まり、「右、任上相民部大輔入道道昌去応安元年七月十二日寄附状」とあり、まさしくこれは寄進の確認ということができよう。

（12）真壁文書（『真壁町史』中世Ⅰ）。

（13）その後も、文永六年二月十六日の沙彌敬念（真壁時幹）譲状、文永七年十二月八日の関東下知状、正安元年十一月二十三日の沙彌浄敬（真壁盛時）譲状（以上真壁文書、『真壁町史』中世Ⅰ）から真壁氏に相伝されていたことがわかる。
(14) 正和元年七月二十三日の関東下知状写(鹿島神宮文書、『茨城県史料』中世Ⅰ)。
(15) 注(14)に同じ。
(16) 真壁文書(『真壁町史』中世Ⅰ)。
(17) 『古文書研究』三三号。
(18) 小川信『足利一門守護発展史の研究』第四章参照。
(19) 観応三年三月二十六日の畠山国清施行状(相模文書、『神奈川県史』資料編3上所収、四一五〇号文書)には「御寄進状」とあり、足利尊氏の寄進と見てよいと思われる。
(20) 『神奈川県史』資料編3下所収、六八四四号・六八五九号・六八六八号文書。
(21) 『東松山市史』参照。
(22) 『新編埼玉県史』資料編9。
(23) 『東松山市史』参照。なお、「吉川本吾妻鏡」では「おしたかの次郎」と記している。
(24) 「尊卑分脈」には「野本次郎・左衛門尉」という注記があるが、本稿では「吾妻鏡」の記載に従った。
(25) 「〈田中穣氏旧蔵典籍古文書〉六条八幡宮造営注文について」(『国立歴史民俗博物館研究報告』第四五集)参照。なお、この「六条八幡宮造営注文写」は『東京都古代中世古文書金石文集成』第一巻にも収められている。
(26) 保阪潤治氏所蔵文書(『鎌倉遺文』第五巻二八一九号)。
(27) 「尊卑分脈」参照。
(28) 佐藤進一著『増訂鎌倉幕府守護制度の研究』参照。
(29) 「吾妻鏡」。
(30) 「吾妻鏡」建長三年正月二十日条。
(31) 「吾妻鏡」建長三年六月二十七日閑院内裏への遷幸があり、造閑院内裏褒賞として、野本行時は左兵衛権佐に任じられている(「吾妻鏡」建長三年七月四日条)。
(32) 塙不二丸氏所蔵文書(『東松山市史』資料編第二巻)。
(33) 源頼朝は寿永二年十月宣旨が下されるまでは朝敵であり、平家が使用した養和・寿永の年号は使用しなかった。

そのため治承は七年まで存在する。ここに見える勲功賞とは、志太先生の乱における活躍を指すのであろう。石井進「志太義広の乱は果たして養和元年の事実か」（『中世の窓』一一号）参照。
(34) 鹿島神宮文書（『東松山市史』資料編第二巻）。
(35) 鹿島神宮文書（『東松山市史』資料編第二巻）。
(36) 塙不二丸氏所蔵文書（『東松山市史』資料編第二巻）。
(37) 建武元年十二月日の大禰宜中臣高親社領幷神祭物等注進状案（塙不二丸氏所蔵文書、『東松山市史』資料編第二巻所収）には「本郷幷栗俣村地頭野本能登四郎左衛門尉貞光跡」とあることで確認できる。
(38) 朽木文書（『東松山市史』資料編第二巻）。
(39) 本書第二部第六章「相州鎌倉書籍等探索書」について参照。
(40) この弓立について、後日の覚書には「一、先日も申上候、建長寺ノ内長寿寺ニ御座候弓立、指申所少常ノ弓立トハ違申様被存候間、具ニ模仕可罷帰候、」と詳しく模写して帰ることを述べている。また、十二月七日の覚書にも「尊氏ノ寺長寿寺ニ御座候弓立ノ形書写参候間、上之申候、古キ弓立ニ御座候、」とある。
(41) ここに見える「荏柄神宝ニ天神御縁起三巻、絵ハ土佐、詞書ハ行能、見事成巻物御座候、」が、事情があってのちに文庫に入り、現在も所蔵する「荏柄天神縁起」（三巻、重文）である。
(42) 『神奈川県史』資料編3上所収、四二三六号文書（『松雲公採集遺編類纂』、金沢市立玉川図書館蔵）。
(43) 詳細は、太田晶二郎「武家手鑑解題」（『尊経閣文庫蔵武家手鑑　解題・釈文』、のち『太田晶二郎著作集』第五巻に所収）を参照されたい。松雲公は「御手鑑仕立様之御覚書」の中で作製の指示をしている。
(44) 前述『尊経閣文庫蔵武家手鑑　解題・釈文』を参照。
(45) 注（44）に同じ。
(46) 第三部第一章参照。
(47) その他、この古書代付目録に記載される古文書のうち、現在文庫蔵として確認できるのは、左の二通である。どちらも「御留」と注記が付されているものである。
1、建武四年六月十三日の足利直義御教書（編年一二九―一）
2、建武四年十月二日の高師直施行状（編年一三二）

第三章　『松雲公採集遺編類纂』所収「持明院家文書」について

はじめに

加賀金沢藩五代藩主前田綱紀（松雲公）が古筆の蒐集に熱心で、家臣の津田光吉等を鎌倉や京都等の各地に派遣して、書物の調査・保存・蒐集・借用等にあたらせていたことはよく知られており、また、公家・寺社等から譲り受け、あるいは道具屋・書本屋等から購入し、あるいは借用したものの精密な写本を作らせている。こうして伝来した古書・古文書等が現在の尊経閣文庫（以下、「文庫」と略す）や加越能文庫（金沢市立玉川図書館蔵）等における図書の中核となっている。

松雲公の集書の目的は、『大日本史』編纂のためという徳川光圀の場合と違い、現在の図書館や公文書館的な意味での蒐集事業であった。三条西家に対しては、書物を借用し、傷みのあるものは修補し、保存のため文庫を建てている。東寺については、古文書を借用して整理し、保存管理するための書櫃を作成するなど（東寺百合文書）、文書・典籍の保存に気を配っていた。松雲公の集書事業は、斜陽の皇族や公家、社寺等、散逸の危険のあった貴重書を守るためにはきわめて有益な事業であった（『加賀松雲公』中）。

こうした中から本稿では、『松雲公採集遺編類纂』[1]古文書部に所収される「持明院家文書」について紹介し、公家領荘園の伝領の一端を垣間見てみたいと思う。[2]文庫や金沢等に、前田家が持明院家から譲り受けた書物や借用して書写した書物がいくつか見られる。本節はその一部を紹介するものである。

一、持明院家文書の伝来

最初に、『松雲公採集遺編類纂』古文書部に収められる「持明院家文書」の目録を示すと左記のようになる。

①年月日欠の持明院基清申状写
②文永四年十二月六日の関東下知状写
③建武三年十一月一日の足利直義安堵状写
④年欠九月三日の仁木頼章書状写
⑤年欠十月九日の仁木頼章書状写
⑥文和三年八月十八日の関右近大夫入道・波々伯部三郎左衛門尉連署奉書写
⑦文和三年八月十八日の関右近大夫入道・波々伯部三郎左衛門尉連署奉書写（省略有り）
⑧（応安二年）八月三日の貞快・斎藤基兼連署奉書写
⑨相伝系図写

さて、この「持明院家文書」をどのようにして加賀前田家が蒐集したのか、最初に考えてみたい。後述するように、①の末尾に左記のような付紙があった。

付紙
元本無疑古書、但紙墨手跡等、二百年前後之物、杉原故殊懐烱スル歟、
　「平次按、恐吾　松雲公之親筆、」

これは、「平次」すなわち森田平次（柿園）が松雲公による親筆の跋と考えていたことを示している。以前拙稿

（本書第三部第五章参照、初出「尊経閣文庫所蔵『為房卿記』逸文について」：『ぐんしょ』五九号）で、持明院基時が所蔵していた「大府記」（為房卿記）を紹介したことがあるが、それにも「右、大府記者、以持明院相公家蔵旧本模写焉幷加再校、」とか、「元本無疑古書、帋・墨・手跡大永頃ノ物トミエル也、」という松雲公の跋があり、他の文庫に残る書物等を見ても、箱書・包紙や書物の表紙などに松雲公の跋が記されている例が多く見られ、森田平次の推定は妥当なものといえよう。

この跋の記述から、松雲公はこの文書群の原本を見てこの跋を記したことは確認できよう。「杉原故殊懐烱スル歟、」とは、江戸時代になると杉原紙に米糊を加えて光沢を出すことが行われており、それを念頭に記したものであろう。

前述の拙稿で、「大府記」が元禄三年と元禄十二年の二度模写され、現在文庫に二種類の写本が残っていることを紹介した。松雲公が「持明院家文書」を見た時期についてはこの前後と考えられるが、この頃前田家が持明院基時の蔵書を調査した際の目録である「持明院殿書物之内書目」（『松雲公採集遺編類纂』朝廷部第七所収）や「持明院殿蔵書目録」等にこの文書のことが見えないので、持明院基時の手許には無かったと考えるのが妥当かもしれない。豊後の中世武士団の文書である「野上文書」（「尊経閣古文書纂」所収）と「野上系図」（「武家百家譜」所収、模写）が前田家に伝わった経緯が相違するように、(3) 別途の伝来の可能性もある。但し、内容からは、持明院基時の先祖の家領に関わるものであり、「書物」ではなかったため上述の目録に記載されなかった可能性も考えられよう。

二、持明院家文書の紹介

次に、『松雲公採集遺編類纂』古文書部に所収される「持明院家文書」（①〜⑨）を提示する。なお、「」」は改行を示す。

①年月日欠持明院基清申状写

（異筆）「持明院家」

持明院前左兵衛督基清申、

右、丹波国大沢庄内本司方』地頭職者、当家数代相伝異』于他者也、当御代安堵之御下』文以下証文等備進之、然去観応』二年於当国岩屋寺荻野尾張』守朝忠掠賜之間、就訴申、故仁』木（頼章）京兆禅門管領之時、依被成』数ケ度之御教書、観応二年避渡』致知行之処、立帰、同三年致押妨』之条濫吹無極、重文和三年八月十八日』雖被遵行、不乱妨休之間、及十』ケ度雖被付召符、不及参決、違』背之咎、難遁之上者、急速預御』成敗、全管領、弥可致奉公之忠』節者矣、

（異筆）「付紙

元本無疑古書、但紙墨手跡等、
二百年前後之物、杉原故殊懐
烱スル歟、

「平次按、恐吾　松雲公之親筆、」」

②文永四年十二月六日の関東下知状写

（異筆）
「関東御下文案」

可早為左近中将基盛朝臣』沙汰丹波国大沢庄預所』地頭職事

右、任亡母尼去年三月日』譲状、為彼等職、守先例可』致沙汰之状、依仰下知如』件、

文永四年十二月六日

（北条時宗）
相模守平朝臣判

（北条政村）
左京権大夫平朝臣判

③建武三年十一月一日の足利尊氏安堵状写

（異筆）
「当御代御安堵案」

可令早近衛局本名民部卿領知丹』波国大沢庄内石前・宇土両村、』美濃国小田保伊味南方』寺河戸月吉、越後国青海庄』内上条本村、同国吉河庄内吉』田鮭湊幷菅右庄内寺沢条、』陸奥国北斗保内糠田上下』村、出羽国雄勝郡山口郷内堀』田井中沢丈六堂、上総国池和』田内葛西弥三郎重景跡五分』一富田源次郎清次跡、尾張』国麻続村内田地九段大事

右、任度々下文幷下知状等』可被領掌状如件、

建武三年十一月一日

（足利尊氏）
等持院殿
権大納言御判

④年欠九月三日の仁木頼章書状写

（異筆）「御教書案」
持明院中将（行雅）家雑掌申大』沢庄事、自将軍家被仰』出候、無相違之様、可被計申候、』厳密被仰出候、恐々謹言、
九月三日　仁木京兆
頼章判
荻野彦（朝忠）六郎殿

⑤年欠十月九日の仁木頼章書状写

（異筆）「同」
持明院権（行雅）中将殿御領大』沢庄事、先日申候了、無』相違可被渡置候、今まて』不沙汰候事、返々無勿体』候、
恐々謹言、
十月九日　（仁木）頼景判
荻野彦六郎殿

⑥文和三年八月十八日の関右近大夫入道・波々伯部三郎左衛門尉連署奉書写

持明院権中将行雅朝臣雑』掌中丹波国大沢庄本司方』宇土・岩前両村地頭職事、』奉書案文副訴状・具書如此、早
守』被仰下之旨、浅羽次郎左衛門』尉相共莅荏当所、停止荻野』尾張守押領、沙汰居雑掌』於下地、可執進
請取状、若又』有子細者、載起請之詞、可被』注申候由所也、仍執達如件、
文和三年八月十八日　関右近大夫入道
沙彌判

波々伯部八郎左衛門尉殿

波々伯部三郎左衛門尉
左衛門尉判

⑦文和三年八月十八日の関右近大夫入道・波々伯部三郎左衛門尉連署奉書写

持明院権中将行雅朝臣雑』掌申丹波国大沢庄・・・』文章同』

文和三年八月十八日

⑧（応安二年）八月三日の貞快・斎藤基兼連署奉書写

（異筆）
「召文案」

丹波国大沢庄本司方雑』掌行信申当所事、重書』状如此、度々催促、令全所』立使者也、為問答可被出』対

内談之座候、仍執達如件、

応安二
八月三日

貞快判
（斎藤）
基兼判

荻野尾張入道殿

自余依繁略之、

⑨相伝系図写

系図

持明院中将
基盛――基盛女 近衛局――基盛孫 同中将 行雅――同左兵衛督 基清

持明院基清は、②〜⑧の証文（証拠書類）と⑨の系図を添えて自領丹波国大沢荘の安堵を求めて①の申状を提出したものと見られる。①の初めに「当御代安堵之御下文以下証文等備進之、」とあるのがそれであろう。なお、②は『鎌倉遺文』未収である。

三、持明院家について

持明院家は、藤原道長の次男頼宗の孫で、陸奥・能登等の受領を務めた基頼（一〇四〇〜一一二二）の子通基が持明院と号したのに始まる。持明院家は基本的に受領の家であり、通基も武蔵・丹波両国の受領を歴任している。(4) 通基の妻（基家の母）は待賢門院の女房で、上西門院の乳母である大蔵卿源師隆の女であり、その関係から待賢門院ついでその娘上西門院に仕えて家を継承したと考えられ、上西門院の同母兄弟である後白河院の院司となった者は見られない。(5) 通基の子基家は、平頼盛の女を妻とし、能登・美作両国の受領を歴任し、後白河院や上西門院の御給によって昇叙し、正二位権中納言にまで昇進した。(6) その子基宗は、母が上西門院女房であり、加賀守（上西門院分国）を重任し、公卿に至った。(7) その子家行（元名家能）は正三位権中納言にまで至ったが、次の二代（家定・基盛）は公卿にはなれなかった。本文書に見える基盛は、この家行の孫にあたる。

基宗の異母弟保家は、加賀・紀伊・淡路等の国々の受領を歴任し、正三位権中納言まで昇っている。「尊卑分脈」には保家に「正嫡」と記載しており、兄基宗の子孫より官位は高かった。これは、保家の母が正室と推定される平頼盛の女であり、また、後白河院の近臣の一人高階泰経の女を娶ったことによると推定される。その間に生まれた基保は正二位権中納言まで昇進、その養子保藤も正二位中納言、その子保有も従二位権中納言まで昇っている。鎌倉時代持明院家は、基宗の子孫と保家の子孫の二系統に分かれ、左記の系図からも明瞭なように、正嫡である保家の子孫に公卿となるものが多かった（公卿となった人物は左に傍線を引いて示した）。

さて、ここで紹介する「持明院家文書」に登場する人物を「尊卑分脈」によって整理して左の系図を作成した。この文書群を相伝した系統は、上述の基宗の子孫であることがわかる。基宗の子家能はのち家行と改名するが、祖父基家の養子となり正三位権中納言まで昇進した。しかし、その子家定以降は正四位下で近衛中将が極官となる諸大夫の家となっている。「持明院家文書」の②（関東下知状）⑨（相伝系図）に見える基盛は基家の玄孫にあたる人物で、父は家定、母は隠岐守行頼の娘、極官は正四位下左中将であった。持明院家に相伝された丹波国大沢荘内本司方地頭職は、隠岐守行頼から基盛の母に伝領され、ついでその子基盛が相伝し、持明院家の所領となったのである。

基盛は、「吾妻鏡」弘長元年三月二十五日条に将軍宗尊親王の近習として見えることなどから、筧雅博は「関東祇候人」としており[8]、大沢荘預所職が、鎌倉幕府から関東下知状（②）で安堵されていることは、鎌倉幕府進止の所領であったことを示している。本来、幕府から御恩として宛行われた所領であると推定される。「隠岐守行頼」は、系図等では確認ができないが、その名から二階堂氏の一族であった可能性が高い[9]。上述したように、この頃保家の子孫が持明院家の嫡流であり、基宗の子孫は公卿になることが困難な状態であった。基盛は、この

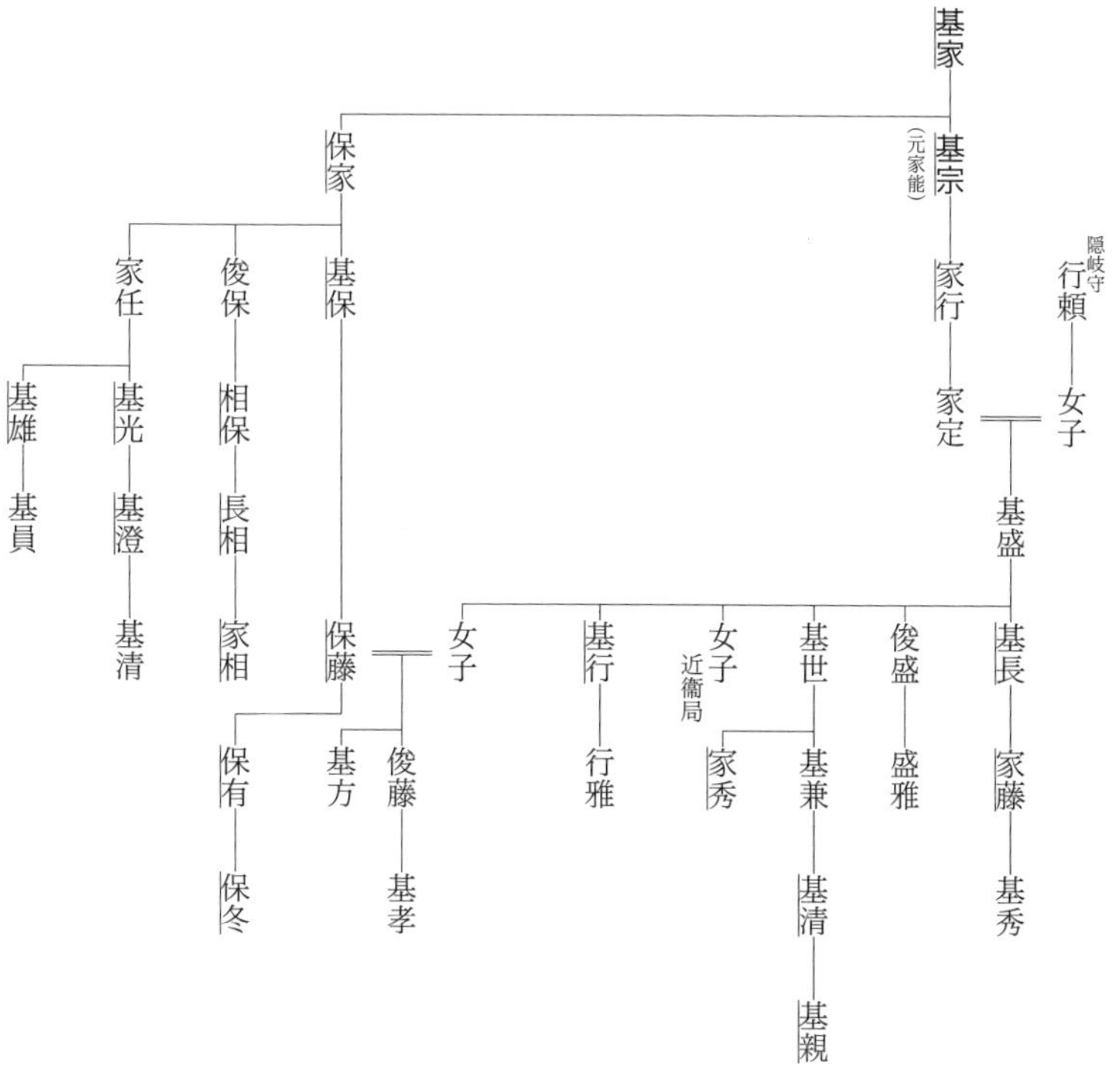

（左側の傍線は公卿になったことを示す）

婚姻を契機に鎌倉幕府に接近し、「関東祇候人」となることで家を保とうとしていたのであろう。

基盛の娘近衛局（本名民部卿）は保家系の保藤の妻となった女性と同一人物との見方もできるが、その姉妹と考えておきたい。その所生である俊藤は正四位下左中将で、永仁三年七月に二十五歳で早世しており、基方も正四位下左中将で早世している。

行雅は近衛局の甥に当たる人物で、従三位兵衛督基行（本名基範）の子、右中将であった。基行・行雅父子は、嘉暦四年正月の故久明親王の百カ日の仏事に布施取りを勤めた殿上人の中に見えており、(10)基行の姉妹である近衛局も将軍に仕えた官女と考えられる。(11)

基清は行雅の従兄弟従五位下左少将基兼の子、「諸家伝」九（持明院）によると、応安六年十二月二十六日従三位（元左中将）、永和三年三月左兵衛督、永徳二年八月十日没である。「公卿補任」にも同様の記載があり、左兵衛督を康暦元年七月に止められている。冒頭の申状（①）に「前左兵衛督」とあり、この申状は康暦元年七月以降で、没する永徳二年八月以前の発給文書と考えられる。すなわち、基清はこの四年の間に申状を認め、②〜⑨を添えて室町幕府に安堵を申請したのである。

ちなみに、松雲公が書物の調査を行った持明院基時は、基親の子孫で、その九代目にあたる。基親の曾孫基春は、正三位参議にまで至った人物で、世尊寺行高の門人で能書として朝廷の書役になり、以降その子孫も能書をもって朝廷に仕えた。(12)一方、保家の子孫は南北朝期以降公卿となるものが減少し、基宗の子孫が「正嫡」として公卿に昇るようになっている。

四、持明院家の家領について

管見では、持明院家の家領についてのまとまった研究は、上述の筧論文以外見られない。国立歴史民俗博物館の「日本荘園データベース」を検索してみると、持明院家領の荘園として左記の六カ所が確認できた。

（a）三河国碧海荘（三条女御領、持明院中納言〈保藤〉家領(13)）
（b）常陸国成田荘（最勝光院領、領家持明院左兵衛督〈保藤〉(14)）
（c）越前国小山荘（安楽寿院領、持明院宰相〈保藤〉家領(15)）
（d）越後国青海荘（近衛局）
（e）丹波国大沢荘（地頭持明院基盛）
（f）出雲国長海本荘（持明院少将入道〈俊盛カ〉(16)）

このうち、（a）・（b）・（c）は、保家系の保藤の所領である。一方、（d）・（e）は、基宗系の基盛等の所領で、おそらく（f）もこの系統に伝えられた荘園であろう。

持明院家は、侍従から近衛少将・中将を経て中納言に至る家系であり、羽林家に属する。鎌倉時代同格の家としては、藤原定家の家がある。この藤原定家の家領を分析した永原慶二は、（1）大別して、家領型所領と俸禄型所職に分けられる、（2）家領型所領は畿内近国に位置し、八条院や新熊野社等を本家と仰ぎ、荘務権を留保している、（3）俸禄型所職は、短期間上部から与えられたもので荘務権はなく、九条家の家司を勤めていたことから、そのほとんどが九条家から与えられている、（4）家領型所領・俸禄型所職どちらにしても、九条家・八条院との関わりが圧倒的に多く、定家がそのグループに属していたことを示している、等の特徴を挙げている(17)。

持明院家の場合、このように明確な特徴はわからないが、保家系の家領と確認できる三カ所は皇室領であった。荘務権の有無については定かではないが、公家（皇室）を背景にしていたことは確認できる。

一方、基宗系の家領は、建武三年に近衛局に安堵された③からその全容を知ることができる。それに記載される左の九カ所について簡単に検討してみたい。

ア、**丹波国大沢荘内石前・宇土両村**（預所・地頭職）

現在の兵庫県篠山市（旧丹南町）大沢・宇土付近に比定される。嘉元四年六月十二日の昭慶門院御領目録に智光院領として見え、もと八条院領である。(18) ②では「大沢庄預所地頭職」と見えるが、③の段階では「石前・宇土両村」の知行に限定されていた。上述したように、大沢荘預所地頭職は、鎌倉幕府進止下の所領であり、御家人の所領が、婚姻関係と関東祇候人であることにより、持明院家に安堵、相伝されたのである。

イ、**美濃国小田保伊味南方寺河戸月吉**

現在の岐阜県瑞浪市小田町・寺河戸町・月吉付近に比定される。持明院家の保持した諸職は不明である。(19)

ウ、**越後国青海荘内上条本村**

現在の新潟県加茂市を中心に、周辺の三条市・白根市・田上町・新潟市秋葉区（旧小須戸町）の一部に比定される。青海荘は「吾妻鏡」文治二年三月十二日条に「高松院御領」と見える。

エ、越後国吉川荘内吉田鮭湊

現在の新潟県長岡市（旧三島町・与板町・和島村）付近に比定される。吉川荘は、「吾妻鏡」文治二年三月十二日条に「高松院御領」とあり、建久二年には長講堂領となっていた。[20] 地頭職は梶原氏に相伝された。[21]

オ、越後国菅名荘内寺沢条

現在の新潟県五泉市寺沢付近に比定される。菅名荘は「吾妻鏡」文治二年三月十二日条に「六条院領、預所隠岐判官代惟繁」と見える。持明院家の保持した諸職は不明。

カ、陸奥国北斗保内糠田上下村

現在地は不明。『伊達治家記録』に下糠田村が見え、この辺りとすれば現在の福島県伊達市（旧月舘町）付近になる。持明院家の保持した諸職は不明である。

キ、出羽国雄勝郡山口郷内堀田井中沢丈六堂

現在地は不明。持明院家の保持した諸職は不明である。

ク、上総国池和田内葛西弥三郎重景跡五分一・富田源次郎清次跡

現在の千葉県市原市に池和田があり、ここに比定される。なお、「烟田文書」[22] によると、文治二年正月二十一日源頼朝は矢田・池和田両村を一色別納の地として上総権介広常の娘に安堵し、所当は加々美長清に納めるよう定めている。この両村地頭職は、承久三年四月五日この広常の娘と思われる矢田尼から嫡女富塚尼に譲与され、同年十一月二十一日幕府の安堵を受けている。なお、この譲状で、富塚尼の後は静寛（行方十郎房）が知行するよう定められている。矢田村はこの後、静寛から子息松正丸へ、ついで平幹時から嫡子亀松丸へと、行方氏に伝領されるが、池和田村は「烟田文書」に見えなくなっており、他家に相続されたものと考えられる。その一部が持明院家に宛行われたものであろう。

ケ、尾張国麻続村内田地九段大

現在の愛知県稲沢市内に比定される。持明院家の保持した諸職は不明。

筧論文は、これらの家領について、「室町幕府によりなされた、最も早期に属する家領安堵といえよう。ここに列挙された所領は、いずれも鎌倉幕府の進止下のもとに将軍御所に仕える一女房が知行していた「御恩地」とみるべきであって、それ自体、柳営内部に籍を置く職員たちの所領の規模・性格を示す好素材たるを失わない。（中略）おそらく本領ともいうべき丹波大沢庄以外、畿内以西の所領が皆無であることは注目に値する。」と評している。(23)

おおかたこの評価は妥当なものと言えるが、越後国のウ・エ・オの三カ所が後白河院政期以前に立券された皇室領荘園（高松院領・六条院領）であることに注目しておきたい。また、イ・ケの所在する美濃・尾張両国は、鎌倉幕府のもとでは六波羅探題の管轄下に置かれていた。上述したように、保家系の家領が皇室領荘園であったことを併せて考えると、すべてが鎌倉幕府の進止下にあった「御恩地」とするのは一面的であり、一部は皇室領荘園の所職を俸禄として与えられたと考えるべきではなかろうか。

その後近衛局から大沢荘を譲与された持明院行雅は、同荘に対する荻野尾張守の押領を将軍足利義詮に訴えた。それに対する沙汰が下り、守護仁木頼章から施行状（④）が発給されている。頼章は、文和元年十一月三日から翌同二年正月二十四日までの間に左京大夫に任じられたという。[24]とすれば④は年欠であるが文和二年の九月三日と推定される。⑤〜⑦はそれに従って出された一連の文書である。⑧は荻野尾張守による再度の押領に対する召文（室町幕府奉行人奉書）である。荻野・波々伯部両氏ともに丹波国の有力な国人である。

まとめにかえて

鎌倉時代の文永八年、持明院基盛に関東祇候人として安堵された大沢荘預所地頭職が、建武三年には大沢荘等八カ所が、足利尊氏によってその女近衛局に安堵された。しかし、南北朝の動乱の中で他の所領は不知行になったのであろうか。大沢荘以外の文書は残らなかった。

注目されるのは、皇室との関係で得た荘園は退転し、武家から伝領した丹波国大沢荘が根本所領となり、室町期まで相伝されている点である。「関東祇候人」であったがために、幕府法の例外として鎌倉幕府から安堵される所領であったことが、室町幕府にも継承されて幕府から保護・安堵される所領となったのである。

注

（1）『松雲公採集遺編類纂』（別名「松雲公遺編古文類纂」、金沢市立玉川図書館蔵）の詳細な目録については金沢市立図書館『加越能文庫解説目録』上巻参照。なお、同書について、『加能郷土字彙』には「前田綱紀は、古人の著書若しくは筆録中未だ一部の成書とならざるものを蒐めて秘笈叢書と称したが、明治初年多く散逸した。後その遺されたものを森田平次が、朝廷・神社・寺院・地理・記録・書籍・古文書・碑文・系譜・軍事・教訓・衛生・楽譜・詞花・詩歌・連歌・雑の各部に類別して百八十九冊の書を成したもの即ち是である。」と説明がある。すなわち、五代藩主綱紀（松雲公）が分類し遺した「秘笈叢書」をもとにして、森田平次（柿園、文政六年生、明治四十一年没）が編纂したものであることがわかる。森田は明治九年准判任御用係を辞任して官界を去ったのち、旧藩に関する著述・編纂を行った。この間、明治十八年十月から三十年末にかけて侯爵前田家の嘱託としてその編纂に関わっている。

なお、『加能郷土字彙』の「秘笈叢書」の項には「松雲公採集遺編類纂百八十九冊のうち、加越能三州に関係のあるものゝみを森田平次が謄写したもので、寛平御遺誡・菅家遺誡・自論記・太閤素性記・前田家之記・武道致知書私小鏡・箕浦五郎左衛門聞書・古老紀談等・聞見雑録・求旧紀談・誓文日記・陳善録・加賀両亜相公遺誡・象賢紀略・成田家記・おあん咄・前田慶次殿伝・古兵紀談・本多家士軍功書・横山家士武功書・山崎家士軍功書・寛永系図伝・同仮字系図伝・古老紀聞・尾州旧伝・都鄙古刹旧伝・正的筆記・古老旧聞紀略・加越能旧聞録・奥村正系譜・新作謡言・袖日記・千光寺記・慶長覚書・細川忠興記・詞花拾葉・寸錦抄・松波系図・大坂陣聞書・加越能改作起本来歴・大聖寺城攻浅井合戦聞書の四十一種を含んでいる。」と説明がある。この「秘笈叢書」の記述には矛盾があり、上述の説明と比較すると「秘笈叢書」が二種の意味を持つことになる。すなわち、ひとつは綱紀の「秘笈叢書」を指し、「前田綱紀は、古人の著書若しくは筆録中未だ一部の成書とならざるものを蒐めて秘笈叢書とした」という意味になり、いまひとつは森田平次の時代の「秘笈叢書」を指し、これは「秘笈叢書」の項の説明に該当することになる。

さて、『加賀松雲公』中巻（第一篇第七章第四節第三項其四）には「秘笈叢書」について左記の記述がある。

其四　秘笈叢書

此部類の書に関しては。公の手録中に親撰の解説あり。

　桑華字苑

　　初ヨリ部シタル書也、桃花坊申楽濫觴六々山修蘭抄之類也、

又曰く。

桑華字苑
此書者為一部之書雖収文庫、又至而慥成物ニテ、且可為証拠小録之類、但近代之物ニ非ズ、古人筆作集之、桃華老人之申楽濫觴等之類也、
附録
是亦和漢共ニ全書之内入用之要文抄出之物也、小録ト云程ノ物ニ非ズ馬経全書針灸穴之類也、

これは、綱紀の著になる「桑華字苑」から「秘笈叢書」について書かれた部分を抄出したものであり、前者の綱紀の「秘笈叢書」の解説に合致する。

また、同書中巻（第一編第九章第二節）にも「秘笈叢書」について左記の説明がある。

子類には大部の書最も多し。今姑く『秘笈叢書』を擧ぐ。此書公自から桑華字苑中に之を解題せらる。其文既に上節に掲げたり。（本篇第七章第四節第三項其四参照）大凡古人の著書若くは筆録の信憑すべきものと雖も、未だ一部の成書を以て之を見るべからざる所のもの、公之を輯めて秘笈叢書とせられたり。其数実に幾百種なるを知らず。而れども公井然として之を次第せられしに、藩末無識の書司漫りに之を紛乱し、又た其多数を外間に散佚せり。近年前田氏に於て其若干を編集し、名けて『松雲公採集遺編類纂』と云ふ。計るに凡そ百八十九冊。毎冊数種乃至数十種の書を収む。部を分かつこと十有七。朝廷（八冊）神社（五冊）寺院（二十九冊）地理（十八冊）記録（二十九冊）書籍（八冊）古文書（五十四冊）碑文（二冊）系譜（六冊）軍事（九冊）教訓（三冊）衛生（二冊）楽譜（一冊）詞花（一冊）詩歌（五冊）連歌（一冊）雑（一冊）是なり。今其朝廷部の書目を列記して、以て其一斑を察するの便に供せんとす。（下略）

『加能郷土字彙』の解説（「松雲公採集遺編類纂」の項目）は、まさしくこの記述から勘案して作成されたものと推定することができよう。

一方、「前田綱紀展図録」（石川県立美術館）では、前者の「秘笈叢書」について「秘笈は秘蔵する書物。『手輯書目』（子類、雑家）にこの名が見える。『桑華字苑』に「此書者為一部之書雑収文庫、又至而慥成物ニテ、且為証拠小録之類。但近代之物ニ非ズ」という。」と説明し、これに含まれる具体的な書物として次の五点（すべて尊経閣文庫蔵）を挙げる。

・「両国訳通」………中国語の簡易な訳語集（刊本）。

・「逍遙藤公女教」…三条西実隆が息女に与えた教訓書。
・「信使筆語」………正徳元年に新井白石が朝鮮国通信使と筆談した記録（室直清編）。
・「総持寺亀鏡」……能登国鳳至郡の曹洞宗大本山総持寺の規矩（釈瑩山撰）。
・「興福寺牒状」……長寛元年の興福寺僧綱大法師の奏解と同年の同寺大法師の牒状。

これらの共通点は、表紙に「秘笈叢書」という墨書か押紙がある点であるが、まさしく「雑収文庫」といえよう。この他には「参宮之次第」（一名両宮神拝式、奥村弘正編）、「春日若宮旧記」、「装束書」（梅墩集乙七九）、「無外題〈一姓ニ尸ヲ書加事〉」（梅墩集丙一四、中山慶親私記抜書）、「無外題」（梅墩集甲一九五、書出「□伝所々抄出」）などがある。ところで問題は、右記の現在「秘笈叢書」とされる書目が『松雲公採集遺編類纂』には収められていないということであろう。現時点では、前田綱紀の「秘笈叢書」と森田平次の「秘笈叢書」とは別なものという結論になるが、今後の研究を期待したい。

（2）「持明院家文書」に触れた論考としては筧雅博「続・関東御領考」（石井進編『中世の人と政治』所収、吉川弘文館、一九八八年）がある。なお、筧論文では、「基盛」を「基成」と読むなど、多少の読み違いがある。

（3）「野上文書」は、御冠師三宅近江守が所持していた。一方、「野上系図」は京都の後藤光英（上後藤、勘兵衛家の覚乗〈光信〉の子）の仲介で入手している。その詳細については、別稿で紹介する予定である。なお、本書第三部第一章参照（初出『鎌倉遺文研究』一四号、二〇〇四年十月）でも、「野上文書」に触れているので、参照されたい。

（4）宮崎康充編『国司補任』第五（続群書類従完成会、二〇〇〇年十月）。「尊卑分脈」は、基頼に越前守、能登守、重任常陸介と注記するが、確認できない。また通基には能登守と注記するが、これも確認できない。

（5）拙稿「後白河院院司の構成とその動向」（その一）（『学習院史学』一四号、一九七八年）、拙稿「加賀・能登両国と女院」（『加能史料』会報四号、一九八九年三月、後に『加賀・能登　歴史の窓』所収）。

（6）「公卿補任」承安二年条。基家の極官は正二位権中納言であった。

（7）「公卿補任」建久六年条。

（8）注（2）参照。

（9）注（2）筧論文でも、二階堂氏と推定し、預所地頭職について、「鎌倉幕府が本所・領家の地位にある関東御領特有の所職であった。」と述べており、京下りの吏僚である二階堂氏の所領にふさわしい。
（10）「佐伯藤之助氏所蔵文書」（『神奈川県史』資料編2所収、二六八九号）。
（11）注（2）筧論文の注（15）参照。なお、筧の示した「園太暦」康永四年八月二十九日条の天龍寺供養の記事中に見える持明院家の人々は、基宗の子孫の家藤・基秀父子と盛雅であった。この系統は足利将軍家にも接近し、保家をしのぐ勢力を持ちつつあった。
（12）『国史大辞典』持明院家及び持明院基春の項。
（13）元弘三年五月二十四日内蔵領等目録（宮内庁書陵部所蔵文書）。三条女御の所領として立券された鳥羽院政期の寄進地系院領荘園で、鎌倉末期に内蔵寮領（本家職か）として見え、「持明院中納言家知行之、」であった。「公卿補任」によると、この年「持明院中納言」なる人物は見えないが、嘉暦元年六月二十九日に前権中納言で出家した保藤が在世している。『講座日本荘園史5　東北・関東・東海地方の荘園』参照。
（14）正中二年三月日の最勝光院荘園目録案（「東寺百合文書」ゆ：『鎌倉遺文』第三七巻二九〇六九号）。後白河院政期に最勝光院領として立券された荘園で、保藤は領家であった。
（15）嘉元四年六月日の昭慶門院御領目録（「竹内文平氏所蔵文書」：『鎌倉遺文』第三九巻二二六六一号）。鳥羽院政期に安楽寿院領として立券された荘園で、保藤は一部の知行権を保有していた。『講座日本荘園史6　北陸地方の荘園・東海地方の荘園』参照。
（16）文永八年十一月関東御教書（「出雲千家文書」：『鎌倉遺文』第一四巻一〇九二二号）。「長海本庄五十丁〈持明院少将入道〉」とある。同時代で右近衛少将を極官とする人物としては、基盛の子俊盛がいるが（「尊卑分脈」）、推定の域を出ない。
（17）永原慶二「公家領荘園における領主制の構造」（『日本封建制成立過程の研究』所収）。
（18）注（15）参照。
（19）注（2）筧論文の注（15）で「美濃国井河戸月吉は、幕府の文筆官僚中原一族が預所地頭職を伝領する関東御領「美濃国郡戸領」（石井進「関東御領研究ノート」、『金沢文庫研究』二六七号）の一部であろう。」とするが、ここは「美濃国小田保伊味南方寺河戸月吉」と記されており、「寺」を「井」と読み違えている。

(20) 長講堂領目録(「島田文書」:『鎌倉遺文』第一巻五五六号)。
(21) 『講座日本荘園史6 北陸地方の荘園・東海地方の荘園』吉川荘の項。なお、ここでは近衛局を後醍醐天皇后に比定するが、論拠は示されていない。
(22) 『鉾田町史 中世史料編 烟田氏史料』(一九九九年三月)所収。
(23) 注(2)覧論文の注(15)参照。
(24) 佐藤進一『室町幕府守護制度の研究』下(東京大学出版会、一九八八年十一月)丹波の項を参照。

第四章 『中外抄』紙背文書について

はじめに

古代以来、紙は貴重品であったため、不要となった文書(反古)を翻して、文字のない裏面を利用して、典籍・経典の書写や日記を記すことに用いられてきた。これを一般的に紙背文書あるは裏文書という。その多くは、日常的な書状や、短期間で効力が無くなる文書類で、不要となった段階で廃棄され、その一部が再利用されて紙背文書となった。そのため、ある役職あるいは個人の場合は、ある一定の期間に集積された反古が用いられることがあり、関連する内容の紙背文書群として伝来することもあった。一方、成巻される際に前後あるいは上下が切り揃えられたため、前欠あるいは後欠になっている場合が多く見られる。

尊経閣文庫(以下、「文庫」と略す)所蔵「中外抄」(下巻、一巻)を見てみると、本文は二十六紙からなるが、その書写のすべてに反古が用いられている。この紙背文書の内容を簡単にまとめたのが表Ⅰ(「中外抄」下巻紙背文書一覧表)である。なお、この表Ⅰの備考欄には、差出と宛所に記載される人名(官職名、通称等)を除いた、本文中に見える主な言葉（キーワードとなる人名、地名、件名等）を記載した。

表Ⅰを一覧して気がつくように、この「中外抄」下巻紙背文書の内容は、書状・消息と推定されるものが大半であり、第三紙・第五紙・第八紙のように礼紙書と推定される反古や、第二五紙のように切封墨引きだけが残るもの（これも礼紙か）、第二三紙のように土台（下書き）と推定されるものも含まれている。

宛所は、この文書群の集積先を示すことが多いが、この紙背文書は大夫史・左大史・官長者宛の書状類が八通を占めており、弁官の書状・奉書も数通見られ、小槻官務家に宛てられ、集積された文書であった可能性が高い。この点については、後述したい。

表Ⅰ　「中外抄」下巻紙背文書一覧表

紙数	年月日	文書名	宛所	備考
第一紙	年欠十一月二十四日	下部カ書状		国友
第二紙		某申状カ(折紙)		後欠、長門国厚東御領、平家没官領、故鎌倉右大将家(源頼朝)、御家人貞弘、鎮西、六波羅留守
第三紙				礼紙、追て書
第四紙	年欠十一月四日	法橋某書状	掃部頭(中原師季)	官長者(小槻国宗)、将軍家御領、木工助
第五紙				礼紙、追て書、楽人方、祐俊功事
第六紙		某申状カ		用途帳

第七紙	年欠十一月十九日	権右中弁平経高奉書		熊野所司解状
第八紙				礼紙、追て書
第九紙		高羽江御厨所司等言上状		高羽江御厨所司、村松御厨司、村松御厨一分給主維行、外宮一禰宜忠行神主、父行平
第一〇紙	年欠十一月四日	神祇権少副大中臣永隆書状	大夫史(小槻国宗)	村松御厨濫訴、行平
第一一紙	年欠十一月一日	治部卿平親輔書状		国直、(三善)業信
第一二紙	年欠十月二十一日	某書状	大夫史	武庫神人訴事
第一三紙	年欠十一月十日	右中弁藤原範時書状	大夫史	用途事
第一四紙	年欠十一月□日	右中弁藤原範時書状	大夫史	御祈願用途
第一五紙	年欠十一月二十一日	左中弁藤原定高書状	大夫史	
第一六紙	年欠十一月十六日	権右中弁平経高奉書	大夫史	□河御厨、地頭治部卿(平親輔)
第一七紙	年欠十一月七日	某奉書	左大史(小槻国宗)	左衛門督殿(坊門忠信)
第一八紙		某仮名消息		
第一九紙		某書状カ		後欠、書状カ、医師丹波為□、大嘗会国司除目
第二〇紙	年欠十二月六日	某書状		前欠、官掌、行事官
第二一紙	年欠十月二十五日	某書状		後庁出納吉里注文
第二二紙		某書状カ		後欠、書状カ、行事所召物
第二三紙	年欠九月二十三日	左□□某書状		土台カ、淡路国、官使雑事

第二四紙	年欠十一月二日	河内守藤原秀康書状	官長者(小槻国宗)	前欠、大江能盛、悠紀・主基両方成功事
第二五紙				礼紙、切封墨引のみ
第二六紙		某書状カ		後欠、書状カ、伊せ国片方納所

一、「尊経閣叢刊」の確認

最初に、昭和九年（一九三四）二月に刊行された複製「中外抄」（『尊経閣叢刊』のうちのひとつとして）に付された「中外抄下巻解説」の中で、この紙背文書について触れているので、その指摘を確認しておくことにする。

巻末の奥書によると、建暦二年（一二一二）十月五日に、業信なる人物が有馬温泉で書写したことが記されている。ここから、この文書群は建暦二年十月以前のものであることが確認できる。また、紙背文書中に、左記の業信の名を記す文書（第一一紙）が存在する。

国直・業信《（三善）》所望事、子細殊可奏聞之状、如件、

十一月一日　治部卿《（平親輔）》（花押）

「業信」について、「中外抄下巻解説」では三善業信と指摘する。『官史補任』によると、「猪熊関白記」建仁三年（一二〇三）六月十六日条に「右少史三善業信」と初出する人物で、「改元部類記」元久元年（一二〇四）二月二十日条（『大日本史料』第四編之八所収）には「左少史三善業信」、元久二年正月二十九日の除目で「右大史三善業

信」に補任（『明月記』元久二年正月三十日条）、『三長記』建永元年（一二〇六）五月四日条に「修理右宮城判官右大史三善業信」、同書同年九月二十五日条に「右大史三善業信」などと見える。承元元年（一二〇七）正月五日には従五位下に叙されている（『明月記』承元元年正月六日条）。同解説では「建暦の頃従五位の右大史であったらしいことが分る。」「業信の所持した文書ではなかったかとも想像される。」と指摘するが、建暦年間は史大夫であったと考えるべきで、文書の所有者は別人であろう。なお、国直については不明である。

宛所の「治部卿」は、建暦元年十月十二日に治部卿と蔵人頭に補任された平親輔の可能性が高い（『公卿補任』建暦二年条）。平親輔は内蔵頭平信基の養子で、近衛家に近く、基通の執事、家実の家司・厩別当などを勤めた。建保三年（一二一五）十二月二十二日に出家している。『花押かがみ』二で花押を確認したがほぼ同人のものと見てよいと思う。平親輔は、建暦二年五月二十一日従三位に叙され、蔵人頭を去っている。文書の内容が国直・三善業信の官位所望に関することであり、蔵人頭在任中のものであろう。とすれば、建暦元年十一月一日の可能性が高い。

その他、「中外抄下巻解説」で指摘しているのは次の四点である。

①日付の確認できるものが十四通あり（十五通カ）、いづれも九月・十月・十一月の三カ月に限られており、同一年内のものであるらしい。

②大嘗会に関する事項が散見するが、これらは建暦二年十一月三日に行われた御儀に関連したものであろう。

③差出に河内守秀康とある文書があるが、この秀康は承久の乱で官軍の将となった藤原秀康のことであり、建暦二年正月に河内守に在任していた。

④本文中に見える神祇少副大中臣永隆は、建暦前後に於いて権少副であった。

①は表Ⅰ（「中外抄」下紙背文書一覧表）でほぼ確認でき、「中外抄」の書写が建暦二年十月五日であるので、この文書群は建暦二年の可能性はなく、建暦元年の可能性が大きくなる。

二、藤原秀康発給文書

次に、前述の②③に関わる十一月二日の河内守藤原秀康書状（第二四紙）を検討したい。この文書は、「中外抄」下紙背文書の中で、一通だけ『鎌倉遺文』に収められているものである（第五巻二八七二号文書）。出典は「尊経閣所蔵中外抄裏文書」となっており、十一月二日の藤原秀能書状と題して兄秀康の没年にかけて収められている。しかし、左記に記したように、この文書は前欠の河内守藤原秀康の書状であり、これは『鎌倉遺文』の単なる誤植と考えられる。なお、『大日本史料』第五編之一の承久三年十月六日条の「六波羅、藤原秀康、同秀澄ヲ河内ニ捕へ、尋デ、之ヲ京都ニ斬ル」の中に、この「藤原秀康筆蹟中外抄紙背、侯爵前田利為氏所蔵」として、この文書の写真が収められている。このように『鎌倉遺文』の読みに誤植があるので、左に掲出する。

（前欠）

何□之処於大江能盛者、悠紀・主基両方成功中、不被召付之由返答候也、又件大江能盛挙申人雖相尋候、大方不知之由候也、若御存知事候者可蒙仰候、且賜此返事、事由可申上候也、恐々謹言、

十一月二日　河内守秀康（藤原）

謹上　官長者（小槻国宗）殿

藤原秀康（?～一二二一）については、平岡豊「藤原秀康について」（『日本歴史』五一六号、一九九一年）に詳しい。それによると、出自は秀郷流藤原氏、小山氏や藤姓足利氏と同族である。父秀宗は大和・河内等の受領を歴任している。秀康は、村上源氏源通親の後援によって、建久七年（一一九六）に内舎人に任じられて以降、下野・上総・河内・伊賀・淡路・備前・能登等の受領を歴任し、大内裏紫宸殿や鳥羽殿十二間御厩等を造進して後鳥羽上皇の知遇を得、同院御厩奉行、ついで同院の北面、西面に祗候した。検非違使として盗賊逮捕にも活躍している。村上源氏との関係は、秀康の本拠河内国讃良郡が、秀康の先祖から村上源氏に寄進された所領と推定され、その縁から後鳥羽上皇に用いられるようになったと考えられる。

藤原秀康は、承久の乱では、上皇方の総大将として美濃国摩免戸（岐阜県各務原市）を守備したが、上皇方が敗れると摩免戸を放棄して帰洛し、その後宇治・勢多の戦いにも敗れ、南都に潜伏、十月六日河内国で捕らえられ、同十四日乱の主謀者として処刑された。

この秀康の河内守在任が確認される時期は、「業資王記」建暦元年正月五日条が初見で、北面の一人に「河内守秀康」と見える。「参軍要略抄」下（院中公事）によれば、同年三月二十一日後鳥羽上皇が水無瀬殿から石清水八幡宮に御幸した際に、御後に河内守秀康が従っていた。また、「業資王記」建暦二年正月三日条裏書に、後鳥羽上皇の御幸始めに従った公家の中に、「北面五位河内守秀康」とあるのが終見である。

この河内守在任の前後の任官を確認しても、ほぼ建暦元年～同二年が藤原秀康の河内守在任期間と推定され、この文書の発給された年は、「中外抄」書写以前（十月五日以前）の建暦元年十一月二日と推定して間違いはなかろう。

この文書の冒頭に見える大江能盛なる人物は確認できなかったが、その次の文言である「悠紀・主基両方成功中」からも年代を検討してみたい。悠紀は、天皇の即位後はじめて行われる大嘗祭に、神事に用いる新穀・酒料を奉るよう卜定された第一の国を言い、主基はその第二の国を言う。とすれば、大江能盛が申請した成功は大嘗祭に関わる費用であったと推定される。そこで建暦元年・同二年頃に行われた大嘗祭を調べてみると、承元四年（一二一〇）十一月二十五日、順徳天皇（一一九七〜一二四二）が兄土御門天皇（一一九五〜一二三一）の譲位を受けて受禅している。大嘗祭は翌年の建暦元年に予定され、八月十一日に大嘗会国郡卜定、同二十四日に大嘗会行事所始、九月三日に大嘗会大祓、十月二十二日に大嘗会御禊が行われるなど順調に進行したが、十一月八日、天皇の准母春華門院（後鳥羽上皇皇女昇子内親王）が突然崩御したため、翌年に延期された。翌建暦二年には、四月二十八日に大嘗会国郡卜定、五月二十日に大嘗会行事所始、十月二十八日に大嘗会御禊が行われ、十一月に大嘗祭の諸行事が滞りなく行われている（以上『史料総覧』巻四による）。

この経緯を見ても、この文書群の年代は建暦元年か同二年を指しており、書写が建暦二年十月五日であるので、建暦元年であることは間違いない。

この「中外抄」下紙背文書の中には、これ以外にも大嘗祭に関わりのある文書が見られるので、指摘しておこう。

第二紙の紙背は後欠であるが、書出から某申状と推定される。冒頭の事書に「長門国厚東御領大嘗会□《〔召カ〕》物□貢難堪事」とあり、長門国厚東御領に賦課された大嘗会召物（カ）について免除を求めた嘆願書と推定される。

第十九紙の紙背は後欠であるが、書出から某書状と推定される。本文中に「抑左近之事、医師丹波為□叙爵之忠候、今度大嘗会国司除目□□□□勘文之外、切々令懇望候也」といった文言が見え、これも成功に関わる書状では無かろうか。

三、宛所の確認

次にこの文書群の宛所について検討しよう。表Ⅰ（「中外抄」下紙背文書一覧表）を見ると、九通に宛所が記されている。そのうち大夫史・左大史・官長者宛の書状類が八通を占めている。その中には官務の仕事と関係の深い弁官の書状・奉書が四通見られ、後述する内容からも、小槻官務家に宛てられ、集積された文書であった可能性が高い。

この大夫史・左大史・官長者は、官務を世襲した小槻家の人物と考えられる。『官史補任』によれば、建暦元年頃には、左大史に小槻国宗（?～一二二三）が在任していた。「地下家伝」によれば、小槻国宗は左大史隆職（一一三五～九八）の子で、養和元年（一一八一）三月に大膳亮に補任され、建久九年（一一九八）十月二十日父隆職が没した後を受けて、十二月九日の京官除目で左大史に補任されている（「地下家伝」では十二月十三日の補任とするが、「師守記」貞治六年（一三六七）六月二十八日条や京官除目の日取りから訂正した）。小槻国宗は、穀倉院別当、主殿頭を兼任、位は正五位上まで登り、左大史在任中の貞応二年（一二二三）七月二十日に没している。以上のことから、大夫史・左大史・官長者は小槻国宗に比定できよう。

第四紙の「掃部頭」に宛てた十一月四日の法橋某書状の本文中にも「令付申官長者御許」という文言が見え、官務に関わる書状であると推定できる。ちなみに「掃部頭」については、建暦元年十一月頃掃部頭に在任していた中原師季（一一七五～一二三九）に比定できる。「地下家伝」によれば、中原師季は大外記師綱の子で、建仁元年（一二〇一）十二月二十二日に掃部頭に補任され、嘉禄元年（一二二五）十一月七日まで在任している。建久四年（一一九三）十一月一日摂関家（九条兼実）の家司に補任されているが、建永二年十月日の関白（近衛家実）家政所下文（香取大禰宜家文書、『鎌倉遺文』第三巻一七〇三号文書）に別当として「掃部頭兼直講長門介中原朝臣」と署名しているので、近衛家にも政所別当として仕えていたことがわかる。

次に差出の弁官について見てみる。建暦元年十一月頃、左中弁には藤原定高、右中弁には藤原範時、権右中弁には平経高が在任していた（各々十月十二日の除目で補任されている、『弁官補任』二）。第五紙の「定高」は左中弁藤原定高、第七紙・第一六紙に見える権右中弁は平経高、第一三紙・第一四紙に見える右中弁は藤原範時に比定できる。文書の内容を見ると、第七紙は「熊野所司解状」、第一三紙・第一四紙は各々「用途事」、「御祈願用途事」、第一六紙は「□河御厨」に関する指示（書止が「仍執達如件」・「可被尋聞給之条如件」となっている）であり、第一七紙・第二〇紙も同様に考えてよいかもしれない（書止が「仍執達如件」である）。

橋本義彦「官務家小槻氏の成立とその性格」（初出『書陵部紀要』一一号、一九五九年、のちに『平安貴族社会の研究』に所収、吉川弘文館）によれば、平安中期以降、左右弁官局の最上首であった左大史が五位に任じられて「大夫史」と称され、官中の庶務を掌握するようになり、「官長者」とも称された。鎌倉初期には「官務」という呼称が定着したという。「中外抄」下紙背文書に弁官が発給した文書が多く見られるのもそのためであり、この文書群が小槻官務家の小槻国宗のもとに集積された文書であったと見られる。

四、紙背文書の固有名詞の確認

最後に、文書中の注目される人名・地名について簡単に見ておきたい。

第二紙に見える「長門国厚東御領」は、他の史料に見えない地名である。長門国厚狭郡は、『角川日本地名大辞典』（三五、山口県）によると、鎌倉中期の延応二年（一二四〇）に厚東川を境として東方と西方に分けられたと伝えられることを記し、「厚東」の初見を建武二年三月十五日の崇西（厚東武実）寄進状案（持世寺文書、『防長風土注進案』一五）に見える「長門国厚東持世寺」であると指摘している。

しかし、「源平盛衰記」によれば、元暦元年（一一八四）二月に平家が摂津国一ノ谷に城郭を構えた時、長門国の厚東入道武道が平家方に付いたことを記し、「長門国守護職次第」（『続群書類従』四輯上）にも、五代に厚東郡司武光、七代に厚東郡司武景が見えており、平安末期には「厚東」という地名があったことをうかがわせる。

この文書から「長門国厚東御領」が鎌倉初期には存在していたことが確認できるが、どれほど遡れるのであろうか。この文書には「長門国厚東御領」が平家没官領であり、故右大将家（源頼朝）の時に、大嘗会以下の大小国役を勤仕しなくてもよいと定められたということがわかる。

長門国は、後白河院政期の治承元年（一一七七）九月頃、太政入道平清盛の知行国であったと推定され（治承元年九月日の長門国国司下文、文庫所蔵「尊経閣古文書纂、宝菩提院文書」、『平安遺文』三八一〇号文書）、「厚東御領」はこの時期に設定された所領ではなかろうか。

第九紙に見える「高羽江御厨」（三重県伊勢市御薗町高向）、「村松御厨」（三重県伊勢市村松町）は、ともに伊勢国度会郡にあった伊勢神宮領の御厨で、現在では宮川を夾んで位置する。『角川日本地名大辞典』（二四、三重県）によると、どちらも南北朝期から見える地名とされており、この文書が初見となる。村松御厨一分給主維行は、外宮一禰宜度会忠行の孫で、行平の子にあたるという。これを「外宮二門氏人系図」（『系図綜覧』下巻）で確認すると、度会忠行は、寿永二年（一一八三）に外宮一禰宜となり（「類聚大補任」では六月十日補任とする）、建仁元年十二月晦日に執印、建保六年六月十八日に九十六歳で亡くなったという。その子行平は「行衡」と記載され、正四位上、四禰宜であった（「類聚大補任」では建保四年三月十七日補任とする）。維行は、村松と称し、正四位上、一禰宜となっている（「類聚大補任」では天福元年四月八日補任とする）。維行の子孫は代々村松を称しており、村松御厨の給主を相伝したと推定される。

次の第一〇紙も「村松御厨」に関する文書であり、参考に左記に示した。差出に見える神祇権少副大中臣永隆は、前述の「中外抄下巻解説」に指摘がある。

進上
　折紙一帋
　　可被停止村松（伊勢国度会郡）御厨濫訴事
右、子細載于状中候、官庭問注之上、不相待裁許、行平（度会）令結構之条、尤左道候歟、任文書旧領之理、可被仰下之趣、殊御　奏聞可候哉、恐惶謹言、
　十一月四日　　神祇権少副大中臣永隆
進上　大夫史（小槻国宗）殿

第一二紙に「武庫神人」と見えるが、これも伊勢神宮の御厨に関わるものであろう。「吾妻鏡」建久三年正月十四日条に見える平家没官領であった摂津国武庫御厨にあたるのであろうか。武庫御厨は、後白河法皇から源頼朝に与えられ、頼朝はこれを妹の一条能保妻の所領としたという。

第一七紙に見える「左衛門督殿」は、建暦元年九月八日に兼任した権中納言藤原（坊門）忠信に当たる。妹は鎌倉幕府三代将軍源実朝に嫁いでおり、父坊門信清は、この年十月四日内大臣に補任されている。

第二六紙の本文中に見える「伊せ国片方納所」については、『角川日本地名大辞典』（二四、三重県）では、伊勢

国には見出すことはできなかったが、志摩国英虞郡にあった片田御厨が立項されていた。説明によると「片方」とも書いたという。すなわち「皇太神宮年中行事」には、先例によって魚介を進ずる島々のひとつとして「行(片)方」が見え、「神鳳鈔」には「片田御厨」、「神領給人引付」には「片方御厨」が記載されているという。国名の誤記の可能性もあろう。

第五章　尊経閣文庫所蔵「為房卿記」逸文について

はじめに

学習院大学の大学院在籍中、「古記録研究会」で最初にテキストとしたのが「為房卿記」(内閣文庫本)であった。その後、前田育徳会尊経閣文庫(以下、「文庫」と略す)に勤務し、蔵書のなかで興味を持ったのが「為房卿記」であった。それ以来目録を検索し部類記の写本を見るなど逸文を捜してきたが、本章ではこうして発見した逸文を含め、部類記等に散見するものを紹介してみたいと思う。以下、「為房卿記」の記事所収の書目を列記する。

①「大府記」(冊子)
②「大府記」(巻子)
③「内侍所御神楽部類」
④「白馬節会部類」
⑤「行幸院御賜物部類記」
⑥「朝覲行幸部類」

⑦「京極摂政家司記」

一、「大府記」

①②は「大府記」と題する写本である。両方とも延久三年（一〇七一）十二月十五日条を書写したもので、別名「内侍所御神楽記」と称されている。文庫では、①は梅墩集に分類され、和装袋綴一冊、墨付き二枚からなる。②は模写本に分類され、表紙と本紙の二枚からなる。

いわば、①は製本したもの、②は製本してない巻子状態のものということができよう。料紙は当時書写するとき使用された薄い美濃紙である。

加賀金沢藩五代藩主前田綱紀（松雲公）が古筆の蒐集に熱心で、家臣の津田光吉等を鎌倉や京都に派遣して、書物の調査・保存・蒐集・借用等にあたらせていたことはよく知られている（『加賀松雲公』中）。こうした過程で、公家・寺社等から譲り受け、あるいは道具屋・書肆等から購入した古書・古文書等が現在の文庫の蔵書の中核となっている。一方、松雲公は、借用したものの精密な写本を作らせている。前掲の①②は後者に含まれるものである。

文庫には「梅墩集」と云う一冊の和書がある。これは、松雲公の書いた序跋・識語等を集めたもの（別人の書いたものも小数含まれている）で、数え方にもよるがおよそ四百余編に及ぶ。①の「梅墩集」と云う分類はこれにちなんだもので、ほとんどの写本には松雲公自筆の識語か書き込みがある。この「大府記」も例外ではなく、次のような識語が記されている。

右、大府記者、以持明院相公（基時）家蔵旧本模写焉幷加再校、
元禄庚午（三年）馬日　　左中将菅綱紀

元禄庚午は元禄三年（一六九〇）に当たる。「持明院相公」とはこの前年（元禄二年）の十二月に元従二位参議から権中納言となった持明院基時に当たるものと思われる。松雲公は基時から「大府記」を借用して模写し、再校を加えている。

②も松雲公の書写させたものと思われ、本紙の端下と端裏に次のような押紙に墨書があり、書写後二度の校正が行われていたことがわかる。

（端下の押紙）
「己卯八月四日書写、初校相済　　西坂八郎左衛門
同八月廿二日再校相済　　杉原万五郎」

（端裏の押紙）
「元本無疑古書、帋・墨・手跡大永之頃ノ物トミエル也、」

己卯とは、江戸時代初期では、寛永十六年（一六三九）・元禄十二年（一六九九）・宝暦九年（一七五九）等がある

が、松雲公が寛永二十年（一六四三）生、享保九年（一七二四）没であるので、このうちの元禄十二年に当たると推定される。つまり②は①の九年後に書写されていることになる。この底本とされた写本については、端裏の貼り紙に「大永頃（一五二一〜二八）ノ物トミエル也」とあるだけあるが、①と改行・字配り等を比較するとほぼ同じであり、両者が共通の写本を親とすることは確かであろう。なお、『松雲公採集遺編類纂』朝廷部第七に「持明院殿書物之内書目」[1]という書目があり、その中に「内侍所御神楽記〈延久三、大府記〉一巻」（〈 〉内は割書、以下同）と、また、「持明院殿蔵書目録」[2]の中には「部分等御尋之分」の中にも「一、内侍所御神楽記〈延久三、大府記〉一枚」と記載されている。[3]前者は「一巻」、後者は「一枚」と記されているが、おそらく、同じ持明院家所蔵の写本を模写したものであろう。

①②に収められる延久三年（一〇七一）十二月十五日条は、内閣文庫本等の近世の写本には見られないもので、逸文ということができよう。この当時為房は二十三歳、六位の蔵人であった（『公卿補任』）。以下①を底本とし本文を掲出する。

（表紙）「大府記」

（表紙）「大府記　改元記之外　持明院」

延久三　十二

十五日、乙丑、大府記 雪降、今日内侍所御神楽也、仍行事蔵人宗基従兼日令掃除綾綺・温明両殿之近辺、又件殿壺西東之簀子敷皆令徹却、渡殿北面幷従温明殿之馬道以南三箇間、懸御簾旧以簾、当同殿西妻戸之前神所坐也、鋪小筵二枚、其上供半畳、南・北・西三面立廻大字〔宋カ〕御屛風、為御□〔拝カ〕所、又屛風外北面傍簾、鋪両面端畳、為内侍幷命○婦・博士等座、又渡殿鋪緑端畳、為女房候所、西壺地上開中、南北行敷召人等座合四行也、其中央道西砌、主殿為焚庭燎所、人長座有艮方、綾綺殿東砌内（取簀子之跡也、）南北一行敷殿上人座、凡件座布緑黄端疊也、亥刻主上（後三条天皇）渡御、（着給束帯御装束、）左少将季宗（源）捧釼前行、又殿上侍臣四位・五位・六位、着指燭〇祗候御供、自南長橋経南殿北廂、自新長橋（自南殿艮角橋東行、至同殿額間、構件長橋、於綾綺殿西長押下更北折、傍同殿之長押、先例慥不尋得之由、藤侍中所示也、）入給于綾綺殿、自同殿渡、入御于御座、御拝之後、即以還御、（先々、或御拝了、還御之後、更改御装束、令渡御給云々、是為御見物也、今度不然、）渡御以前、女官等不候、内侍取居御供、件事有沙汰、博士・命婦恐懼申了、先々事始以前供内蔵之例、御供、御神楽之間、供大膳職之所備御供云々、此間皆典侍若掌侍衵候者、御神楽間事等依候殿上不知之、仍不能委記、子刻事了、禄法追可尋注之、

召内蔵者、（召人禄殿上人取之云々、人長加陪従所司官人取之、又殿上人勧盃所衆瓶子、）

饗饌

召人・殿上人・所衆内蔵、加陪従・人長勅倉院

遷御新造内裏長和二九廿〃〃〃〃延久三・八・廿八

（識語）
「右大府記者、以持明院相公（基時）家蔵旧本模写焉、幷加再校、

元禄庚午馬日　　　左中将菅綱（前田）紀」

二、「内侍所御神楽部類記」

この部類記は袋綴和装三冊からなる模写本で、他の模写本同様薄茶色の表紙がつけられている。第一冊の表紙に「内侍所御神楽部類記　一」と外題がある。一冊目内表紙の右端の押紙に「元本無疑古書、帋・墨長禄・寛正比ノ物ト／ミエル、但、筆者綾小路有俊卿トミエルナリ」とあり、右下に「己卯閏九月二日書写初校相済　杉岡兵蔵／同閏九月四日再校相済　山本小兵衛」と記される押紙がある（／は改行を示す。以下同）。

これも前述の②と同様元禄十二年の書写ということがわかる。

第二冊の表紙に「内侍所御神楽部類記　二」と外題がある。二冊目内表紙の右端の押紙に「元本無疑古書、文明十四年松木宗綱卿奥書明白也」とあり、右下の押紙には「口廿枚書写初校／瀬尾又八／已卯閏九月二日取替再校相済／奥十六枚書写初校／山本小兵衛」と記される。また、左側の三枚の押紙には「五」「建武五年暂応永四年ニ至」「[内侍所御神楽]部類記　宗綱公筆」（[　]内は右側上に書かれた注記、以下同）とある。

第三冊の表紙に「内侍所御神楽部類記　三」と外題がある。二冊目内表紙の右端の押紙に「元本無疑古書、帋・筆等寛正前後ノ物トミエル也」とあり、右下の押紙には「已卯閏九月十四日／口十三枚　[書写初校]印牧清八郎／右再校　河地七兵衛／次八枚　[書写初校]大平浅右衛門／次五枚　[書写初校]原田甚内／奥六枚[書写初校]　大村五郎左衛門／右再校　山本小兵衛」と記される。また、左側の内題の右にある押紙には「六」とある。

以上の記述と内容から、前述の「持明院殿書物之内書目」に

内侍所御神楽部類記〈自長和四至嘉暦〉　一冊
同〈自建武五至応永四〉　松木宗綱公筆　同
同〈自永享二至同九〉　同

と記されているものの写本に当たると考えられる。(4)

「為房卿記」はこのうちの第一冊に書写されており、所収されているのは承保二年（一〇七五）十二月二十四日

条である。この時為房は従五位下遠江守であった。この条も内閣文庫本等の近世の写本には見られないもので、逸文ということができよう。以下本文を掲出する。

為房卿記

白河承保二年十二月廿四日、有内侍所御神楽、行五十内侍所事先渡御、々拝之時供御笏、次侍臣・所衆着座、次殿□上歟人・地下召人着座、次人長兼方、作法如例、前張之間勧盃、召人座四位二人、近衛召人座蔵司、雑色瓶子、其駒時人長舞、給腰差、事了給召人已下禄、有差、其禄一如臨時祭御神楽、次還御、

三、「白馬節会部類」

この部類記は袋綴和装三冊からなる近世の写本で、各冊墨付第一紙の目録の右上に「華山蔵書」の朱印が捺されている。内容は、「貞信公記」から「愚昧記」、「愚昧記」から「明月記」、「園大暦」から「一心記」と、平安時代から戦国時代にかけてほぼ編年で収められている。そのうち「為房卿記」は一冊目に「大記」として寛治六年正月七日条が記載されている。この条は内閣文庫本を多くの初め近世の写本に見える条である。

四、「行幸院御賜物部類記」

この部類記は袋綴和装一冊の近世の写本で、墨付第一紙の目録の右上に「藤波家蔵書」の朱印が捺されている。表紙外題の下に「此一冊于世称殿記、在九冊之中、但非良経公之日記、後京極殿令部類抄出給歟」と、九条良経の抄出部類したものと記されている。内容は、「小右記」・「中右記」・「堀川左記」・「永昌記」・「大記」・「八中記」・

「三黄記」・「山槐記」等が多少の前後はあるが、寛和から承元にかけての行幸の御贈物が編年で配列されている。そのうち「為房卿記」は「大記」として、寛治二年（一〇八八）正月十九日条、同三年正月十一日条、永久元年（一一一三）正月八日条が記載されている。これらの条は内閣文庫本を初め多くの近世の写本に見える条である。

五、「朝覲行幸部類」

この部類記は袋綴和装一冊の近世の写本で、墨付第一紙の目録の右上に「藤波家蔵書」の朱印が捺されている。前記の「行幸院御賜物部類記」と同様、表紙外題の下に「此一冊于世称殿記、在九冊之中、但非良経公之日記、朝覲行幸部類也、後京極殿令部類抄出給歟」と、同じく九条良経の抄出部類したものと記されている。内容は、「大記」・「永昌記」・「師時記」・「中右記」・「江記」・「礼記」・「師時卿記」等の長治元年（一一〇四）・同二年・嘉承二年（一一〇七）の正月三日条が編年で配列されている。そのうち「為房卿記」は「大記」として長治元年正月三日条及び同二年正月三日条・嘉承二年正月三日条が記載されている。この条は内閣文庫本を多くの初め近世の写本に見える条である。

六、「京極摂政師実公家司記」

この写本は袋綴和装一冊の近世の写本で、「中右記」寛治二年（一〇八八）三月二十三日条の石清水臨時祭の記事から始まり、同記同年十二月十四日の任太政大臣の記事、「大府記」の同じく同年十二月九日条・十四日条・十六日条・二十七日条が、「玄記」寛治四年十二月二十日条が収められている。この「大府記」の各条は、内閣文庫本を初め多くの近世の写本に見える条である。

以上、文庫に所蔵する写本から「為房卿記」の逸文等を紹介した。1の①②が「大府記」と称される以外、ほとんどが「大記」と称されて所収されていることが確認できた。

注

（1）『松雲公採集遺編類纂』は、金沢市立玉川図書館蔵。同書朝廷部巻七にある「持明院殿書物之内書目」もほぼ同文である。

（2）金沢市立玉川図書館「加越能文庫」に収められる。

（3）前田家で収集した持明院家蔵本及びその写本については別稿を期したい。

（4）「持明院殿蔵書目録」の中の「部分等御尋之分」の中にも

一、内侍所御神楽部類記〈自長和四至嘉暦二〉　一冊

一、同〈自建武五至応永四〉　松木宗綱公筆　一冊

一、同〈自永享二至同九〉　一冊

東山左府実煕公記

綾小路有俊卿記

とある（〈　〉は割書）。

なお、宮内庁書陵部所蔵の柳原本のなかにも「御神楽部類」（二冊、長和四～永享九）があり、同系統の写本と思われる（宮内庁書陵部『和漢図書分類目録』）。

第六章　嘉元三年の乱に関する新史料について

はじめに

嘉元三年（一三〇五）月に起きた嘉元の乱についての史料は、『史料総覧』から「北条九代記」「保暦間記」「尊卑分脈」「武家年代記」「鎌倉武将執権記」「関東開闢皇代並年代記」「鎌倉大日記」「随聞私記」「園大暦」「一代要記」「元徳二年三月日吉社並叡山行幸記」「皇代暦」「東寺王代記」「興福寺略年代記」「建長寺年代記」「春日若宮神主祐春記」「伊予三島縁起」「諸家系図纂」「系図纂要」等が知られ、近年では「実躬卿記」に関係記事が見えることが確認されている。また、この政変について触れた論考の代表的なものとしては、網野善彦『日本の歴史10　蒙古襲来』（小学館、一九七四年）、高橋慎一郎「北条時村と嘉元の乱」（『日本歴史』五五三号）、細川重男「嘉元の乱と北条貞時政権」（『立正史学』六九号、のち『鎌倉政権得宗専制論』第二部第二章所収）などがあり、上記の史料を駆使して諸論が展開されている。

本章では、尊経閣文庫（以下、「文庫」と略す）の蔵品の中から見いだした嘉元の乱関係史料と、その原本である宮内庁書陵部所蔵本の紹介を行いたい。

一、文庫蔵「古文書写」収載の醍醐寺関係史料

平成十四年秋頃、北条氏研究会の一員である川島孝一氏が、徳川林政史の仕事の関連で文庫の史料を閲覧に来たことがあった。その折り、閲覧したのがこの「古文書写」（写五三四―二）である。後日、川島氏からこの写本の中に鎌倉時代の文書があることを指摘され、確認したところ、左記の①から⑥の史料が明治時代に写されてい

たことが確認できた。「古文書写」の墨付は五十三丁（白紙三丁を挟む）で、目録一丁、①が二丁（白紙一丁）、②が二丁、③が四丁（白紙一丁）、④が二十七丁、⑤が五丁（白紙一丁）、⑥が十二丁である。ほぼ半分が④にあたる。

（墨付一丁表にある目録による）

①天平宝字二年近江国牒状
②宝亀八年大和国牒状
③寛平元年売林券文
④醍醐寺文書鈔
⑤興福寺金堂云云
⑥南海通記鈔

このうち、①～③⑤⑥は前田家編修方の罫紙に書写されており、④のみ白紙に写されている。④の末尾に「明治十九年十二月鈔」と記載があることから、この「古文書写」は、前田家編修方の手によって、明治の中期以降に、それまでに書写された史料がまとめられたものだと思われる。

つぎに、④の内容を示すと左記のようになる。

①醍醐寺雑記上
②醍醐寺雑記下

③醍醐寺雑要
④醍醐寺雑要
⑤雑日記（祈雨事　神泉御読経事也）
⑥醍醐寺要書上
⑦醍醐寺要書下
⑧嘉元三年雑記
⑨応永十六己丑歳　大井御庄　石包名幷新田畠名寄帳

①②には朱で「此二冊貞観ヨリ建保ニ至ルマテノ記録ナリ」とあり、②の末尾に「古老云、此雑記上下古本在之、而後遍智院准后被借召、其已後不被返付也、古本不見、雖為写本、不可聊爾也、」という本奥書が記されている。③④は「御遷宮　桜会雑事　請書桜会　理趣三昧等番帳事　不断経　御遷宮」についての記録である。⑤には朱で「此一冊ハ元慶ヨリ保安マテノ雑記ナリ」とあり、「祈雨事　神泉御読経事也、」が記され、「承元四年七月晦日比書之、八月一日書了、」という本奥書がある。

⑥の末には

文暦二年初夏下旬之比書写了、
□初学園借令書之間、文字誤多之上、未決之
□〔旁カ〕不審々々、

⑦の末には

深賢記之、

文暦二年卯月廿八日□初学之間借書了、
文字狼藉之上未決之間不審々々、
深賢

という本奥書が記される。

⑧については別に紹介するが、その末尾に朱で「以上醍醐寺文書八冊、毎冊有左印記等」とあり、「地蔵院経蔵置之」の墨書と「光台院蔵」の朱印があったことが記されている地蔵院・光台院ともに醍醐寺の塔頭であり、醍醐寺に伝来した史料であることは確認できる。

⑨については、朱で「外ニ左ノ一冊アリ」とする。この「外ニ」という意味は、右記の八冊が醍醐寺の記録（編纂物・日記）で鎌倉時代の書写であるのに対して、⑨のみ室町時代の荘園（醍醐寺領越前国大井庄）の名寄帳であることから、別なものと認識されていたと考えられる。

二、文庫蔵の「嘉元三年雑記」について

つぎに⑧の「嘉元三年雑記」（墨付五枚）について概観を述べ、本文を掲出したい。冒頭に朱書で「嘉元元年雑

記五月之分抄」とあり、⑧は「嘉元三年雑記」のうち五月の記事から一部を抜き書きしたものであろう。内容を確認すると、五月三日、十八日、二十一日、二十二日の四日間の記事が抄出されていた。抄出の方途を考えてみるに、共通点は鎌倉で起きた政変、嘉元の乱に関する情報であったことがわかる。

以下、四節で紹介する書陵部本とほとんど重複するが、煩をいとわず掲出する。

（朱書）『嘉元三年雑記五月之部分抄』

三日

関東御教書案文を披露之状云、

左京権大夫時村（北条）朝臣、今夜子刻誤被誅了、於左馬権頭（北条熙時）以下□〔子カ〕息親類等者、所無別子細也、可被存候間、且依此事、不可発向之由、可被相触在京人幷西国地頭御家人等之状、依仰執達如件、

嘉元三年四月廿六〔三カ〕日　相模守（北条師時）在判

遠江守（北条時範）殿

越後守（北条貞顕）殿

逐仰

長門・鎮西御教書如此、忩可付遣者也、

（朱書）『五月』

十八日

駿河守（北条宗方）被誅之由、関東御教書案文、自或辺到来之状云、

駿河守宗方依有陰謀之企、今日午刻被誅了、可存其旨、且就此事、在京人幷西国地頭御家人等不可発
向〔之脱〕由、可被相触子細、以武石三郎左衛門入道道哥・五代院平六左衛門尉繁員所被仰也、仍執達如件、

嘉元三年五月四日　相模守(北条師時)在判

遠江守(北条時範)殿
越後守(北条貞顕)殿

駿川守(北条)宗方依有陰謀之企、今日午刻被誅了、可存其旨、且就此事、在京人幷西国地頭御家人等不可差
向之由、今月四日関東御教書如此、任被仰下之旨、可被相触丹波国中也、仍執達如件、

嘉元三年五月十日　越後守(北条貞顕)在判
遠江守(北条時範)在判

鵜沼左衛門(国景)入道殿

又寄権大夫殿(北条時村)人十一人、五月二日被誅云々、注文在別紙、白井小(藤松)□〔三〕郎胤資、即随一也、不注書也、
又大夫殿(北条時村)御内討死・自害人注文在別、且六十人也、随聞及注進之云々、

今日

乙正法師若宮別当覚(兄カ)申也、下着、関東事委細申也、
右馬権頭殿(北条熈時)不可有別事之由、去月廿八日被成安堵之御教書、前入道殿(北条貞時)御計之条、顕然之上者、無殊子細、
殿中炎上事、
駿川守殿(北条宗方)御所候旨、関東成披露候、入道殿ハ御入候〔マヽ〕相模殿(北条師時)小町屋形候也云々、

廿一日

乙正上洛候、粮所五百文、払之文状一通進関東、

廿二日

夫丸下向大野木庄事、夫被付給主、有所存者可差申之、

自関東熊□此〔法師カ〕川帰座之間、被下御礼拝見之、去月廿三日左京権大夫〔北条時村〕殿被誅誤也、今月四日駿川殿〔北条宗方〕被誅、御祈結願日也、不思儀云々、自去月廿三日御始行仁王経護摩、今月四日御結願、件日駿川守被誅了、是御法験之事〔至カ〕也、正応以後之珍事等、毎度御懇仕御祈、今度又有御下向被致御懇祈之条、殊以□〔恐カ〕悦之由、入道殿有御対面、再三被畏申、任正応之例、重又有天下静謐、依為佳例、仏眼護摩三七ヶ日可被修之由有之、尤云々、

正応六年平左衛門〔頼綱〕入道杲円被誅之後、自四月廿三日仏眼御修法被修之、伴僧八口、修法以後被成護摩一七ヶ日、以注文被成供、奉行二人塩飽右近将監盛遠・神四郎入道了儀也、百日御坐〔行カ〕殿中上□〔干時カ〕将軍同御坐殿中、百日之間天下泰平・四海静謐之旨、種々被悦、申白葉白菊御状付之守、彼例可被修之也、

駿川守〔北条宗方〕屋形懸火之間、依風近辺及二階堂大路悉焼失了、御坊同焼失也、三浦介三郎経綱童名幸意打入大夫殿、打取敵三人、即員ニテ仍被成召人可被流罪云々、座主僧正御房申預給云々、白井又次郎不知食之間、切頭以後被聞食万事也、

越後□□父子、相模入道殿為御猶子、亮律師御房不可有別子細之由被仰出云々、雖為駿川殿之御甥、年未不知之間被宥歟、

八日戌時行向御方御座男子御平誕也、

九日入御入道殿之処、今度可有難産之由、諸道勘申候之処、殊平安之条、併御祈誠之所至候、長入道

殿悦申、御逐至之後、被牽迎御馬黒栗毛、又銀剣一被遣也、篤次郎御秘蔵之御馬云々、

明治十九年十二月鈔 校了（朱印）

三、宮内庁書陵部蔵の「醍醐寺記録」について

文庫の「嘉元三年雑記」を『国書総目録』で検索してみたところ、宮内庁書陵部蔵の「醍醐寺記録」（九冊）に同名の史料があることが確認できた。しかし、内容を確認する必要があり、川島氏に写真・釈文や調査データを預け調査、閲覧をしてもらい、同一のもの、いや文庫の写の原本の可能性が出てきたのである。書陵部の宮崎康充氏にこれが入った経緯をお尋ねしたが、不明ということであった。

平成十五年八月十二日、原本の確認のため川島氏とともに書陵部に出かけた。「嘉元三年雑記」は紙背文書があり、以前川島氏が閲覧したのは写真版であったため、よく読めなかったとのことで、今回は原本を出していただいた。

川島氏には釈文の校正をお願いし、私は主として全体の目録と内容の調査に重点を置いた。その結果が左記の目録である。なお、各冊の右上に図書寮蔵書の朱印、右下に「地蔵院経蔵置之」という墨書があった。

第一冊　「醍醐寺雑要」（内題：醍醐寺雑要書）

本文、墨付十八丁（紙背文書アリ、旧表紙付）

表紙に、朱書『雑記箱』、朱印『光台院蔵』あり。

内容：御遷宮、桜会雑事、請書桜会、理趣三昧番帳事、不断経、御遷宮

第二冊　「醍醐寺雑要」（内題：醍醐寺雑要書）
本文、墨付二十一丁（旧表紙付）
内容：御遷宮、桜会雑事、請書桜会、理趣三昧等番帳事不断経、御遷宮

第三冊　「醍醐寺要書上」（内題：醍醐寺要書上）
本文、墨付三十四丁（旧表紙付）
表紙に、朱書『雑記箱』、朱印『光台院蔵』あり。
奥書：
「文暦二年初夏下旬之比書写了、
誂初学問僧之書之間、文字誤多之上、未交之、
旁不□〔審カ〕々々、
深賢記之、」

第四冊　「醍醐寺要書下」（内題：醍醐寺雑事記）
本文、墨付二十七丁（旧表紙付）
表紙に、朱書『雑記箱』、朱印『光台院蔵』あり。

表紙見返しに朱書あり。

『上醍醐本仏薬師也、
　上下清瀧共座主権僧正勝覚奉勧請之、
　　成賢座主如此注之、』

第五冊　「醍醐寺雑記上」（内題：醍醐寺雑記上）

本文、墨付十九丁（旧表紙付）

表紙に、朱書『雑記箱』、朱印『光台院蔵』あり、右端に左記の墨書あり。

「古老云、此雑記上下古本在之、而後遍智院准后被借召、其已後不被返□〔納カ〕也、古本不見、雖為写本不可聊爾也、」

第六冊　「醍醐寺雑記下」（内題：醍醐寺雑記下）

本文、墨付十九丁（旧表紙付）

表紙に、朱書『雑記箱』、朱印『光台院蔵』あり、左端下に左記の墨書あり。

「伝聞、右雑記上下二冊古本、後遍智院准后義｜被催召、其後不返給、古本不見也、□記之」

また、右端に「当寺一切経安置之、年号此帖在之」とあり。

第七冊　「雑日記」（内題：雑日記）

本文、墨付三十六丁（旧表紙付）
表紙に、朱印『光台院蔵』あり。
　左側に墨書「虫払之次、一本書写了（花押）」とあり。
内容：祈雨事、神泉御読経事也（表紙の墨書による）
　元慶四年（陽成）以降元永までの記事

第八冊　「嘉元三年雑記」（内題：嘉元三年雑記）
本文、墨付四十三丁（旧表紙付）
表紙に、朱印『光台院蔵』あり。
内容：嘉元三年正月～十月の記録

第九冊　「大井御庄」（内題：大井御庄　石包名幷新田畠名寄帳）
本文、墨付八十八丁（旧表紙付）
表紙に、墨書「応永十六己丑歳」とあり、

以上のように、文庫蔵「古文書写」所載の「醍醐寺文書鈔」と宮内庁書陵部蔵「醍醐寺記録」の構成は同じものであり、前者は後者の抄出写であることが確認できた（『　』内は朱書）。

以下、「嘉元三年雑記」の本文を紹介するが、関東に関する記事を中心に翻刻する。

四月　（中略）

（十四丁裏）

廿日

公文代入来、関東御教書事、付□忍等了、

庄家之文書面条々不審事尋之、委注別帋、

（中略）

（十六丁裏～十七丁表）

廿三日　彼日夜分、

相模（北条貞時）入道殿亭炎上云々、子刻左京権大夫時村（北条）朝臣被誅了、誤云々、駿川守宗方（北条）結構云々、

自今日座主（親玄）僧正御房仁王経護摩一七ヶ日御始行云々、

五月

（十八丁裏～十九丁表）

三日

関東御教書案文已披露之状云、

左京権大夫時村（北条）朝臣、今夜子刻誤被誅了、於左馬権頭（北条熈時）以下子息・親類等者、所無別子細也、可被存候

間、且依此事、不可発向之由、可被相触在京人并西国地頭御家人等之状、依仰執達如件、

嘉元三年四月廿三日　相模守（北条師時）在判

遠江守（北条時範）殿

越後守殿（北条貞顕）
　逐仰、
　　長門・鎮西御教書如此、正可仰遣者也、

（中略）

（二十一丁表～二十一丁裏）

十一日、雷電降雨、（中略）

語云、去四日駿川守殿（北条宗方）於山内入道殿之亭、被誅之旨、早馬去六日夜計着六波羅候、雖然、如先日不可発向之旨、被相触西国地頭御家人等候、即当国中者、鵜沼左衛門（国景）入道相副施行下遣之数十通候、向左京権大夫（北条時村）殿打（討）手十二人被■《召》籠、一人ハ逃失候、今十一人於湯井浜（鎌倉）被切頭候、宗像新左衛門尉（長氏）被召籠六波羅候旨、其聞候云々、当国住上者藤九郎永野九郎也、十一人切頭之隋一候云々、

（中略）

（二十三丁裏～二十六丁裏）

十八日
駿川守（北条宗方）被誅之由、関東御教書案文、自或辺到来之状云、

　駿河守宗方依有陰謀之企、今日午刻被誅了、可存其旨、且就此事、在京人幷西国地頭御家人等不可発向由、可被相触子細、以武石三郎左衛門入道道哥・五代院平六左衛門尉繁員所被仰也、仍執達如件、

　　嘉元三年五月四日　　相模守（北条師時）在判

遠江守殿（北条時範）

越後守(北条貞顕)殿

駿川守(北条)宗方依有陰謀之企、今日午刻被誅了、可存其旨、且就此事、在京人幷西国地頭御家人等不可発向之由、今月四日関東御教書如此、任被仰下旨、可被相触丹波国中也、仍執達如件、

嘉元三年五月十日　越後守(北条貞顕)在判

遠江守(北条時範)在判

鵜沼左衛門(国景)入道殿

又寄権大夫(北条時村)殿人十一人、五月二日被誅云々、注文在別紙、白井小次郎《藤松》胤資、即随一也、不注書也、

又大夫殿御内打(討)死・自害人注文在別、且六十人也、随聞及注進之云々、

今日

乙正法師若宮別当兄申也、下着、関東事委細申也、

右馬権頭(北条煕時)殿不可有別事之由、去月廿八日被成安堵之御教書、前入道殿御計之条、顕然之上者、無殊子細、

殿中炎上事、駿川守(北条宗方)殿御所候旨、関東成披露候、入道殿ハ入御候相模殿小町屋形候也云々、

廿一日

乙正上洛候、粮料五百文、払之文状一通進関東、

廿二日

夫丸下向大野木庄事、夫被付給主、有所存者可差申云々、

自関東熊□法師帰座之間、被下御礼、拝見之、五月廿三日左京権大夫(北条時村)殿被誅誤也、今月四日駿川殿(北条宗方)被誅、
御祈結願日也、不思儀云々、
自去月五月廿三日御始行仁王経護摩、今月四日御結願、件日駿川守被誅了、是御法験之至也、正応以後之
珍事等、毎度御懇仕御祈、今度又有御下向被致御懇祈之条、殊以恐悦之由、入道殿(北条貞時)有御対面、再三被畏申、
任正応之例、重又有天下静謐依為佳例、仏眼護摩三七ケ日可被修之由有其沙汰云々、
正応六年平左衛門(頼綱)入道杲円被誅之後、自四月廿三日仏眼御修法被修之、伴僧八口、修法以後被成護摩一
七ケ日、以注文被成供、奉行二人塩飽右近将監盛遠・神四郎入道了儀也、百日行坐殿中干時将軍同、御坐殿中、百日
之間天下泰平、四海静謐之間、種々被悦□、白□御状付之、守彼例可被修之歟、
駿川守屋形懸火之間、依風近辺及二階堂大路悉焼失了、御坊同焼失也、三浦介三郎経綱童名幸意打入
大夫殿(北条時村)、打取敵三人、即員二丁（マヽ）、仍被成召人可被流罪云々、座主(親玄)僧正御房令申預給云々、白井小次郎(胤資)不知
食之間、切頭以後被聞食□事歟、
越後方□□□子、相模入道殿為御猶子、亮律師御房不可有別子細之由被仰出云々、雖為駿川殿之御甥、年歳不知之間、被宥歟、
八日戌時、竹向御方御産男子御平誕也、
九日、入御入道殿之処、今度可為難産之由、諸道勘申候之処、殊平安之条、併御祈誠之所至候、畏入之旨
被悦申、御退出之後、被牽迎御馬黒栗毛、又銀釼一被遣也、篤次郎御秘蔵之御馬云々、

四、「嘉元三年雑記」の内容

嘉元の乱の推移については、前述の細川重男論文に詳細な叙述があるので、これを参考に進めたい。

書陵部本四月二十三日条の記事のうち、「相模入道殿亭炎上云々、子刻左京権大夫時村朝臣被誅了、誤云々、駿川守宗方結構云々、」については、鎌倉でこの日起こった事件がこの日に記載されるはずはなく、後日条にあった記事を書写の際に誤って記載したものと考えられる。

この日の後半に「自今日座主僧正御房仁王経護摩一七ケ日御始行云々、」と祈禱の記事があることに留意が必要である。五月二十二日条に「自去月廿三日御始行仁王経護摩、今月四日御結願、件日駿川守被誅了、是御法験之至也、正応以後之珍事等、毎度御懇仕御祈、今度又有御下向被致御懇祈之条、殊以恐悦之由、入道殿有御対面、再三被畏申、任正応之例、重又有天下静謐依為佳例、仏眼護摩三七ケ日可被修之由有其沙汰云々」と、関東から帰着した僧侶の話を載せ、先例として平禅門の乱の際の法験を示して醍醐寺の祈禱の功を強調している。おそらく、嘉元三年五月三十日の北条師時書下（尊経閣古文書纂）で「駿河守跡小笠原谷地八戸主」を醍醐寺座主僧正の管領とするよう指示しているのは、この恩賞であった可能性が高い。とすれば、前半の記事は故意に挿入された可能性がある。

五月三日条には、「関東御教書案文已披露之、扣云」とあるが、これはおそらく六波羅探題が各所に披露した関東御教書であろう。これは六波羅探題に対する同年四月二十六日《ママ》付の関東御教書で、この日子刻に北条時村が誤って討たれたこと、北条煕時以下の人々は無事であることを報じ、この事件により、在京人と西国の地頭御家人が鎌倉に発向する必要のないことを通知するように命じている。そして追而書で長門・鎮西両探題に対する関東御教書を転送するよう指示している。この関東御教書が京都に着いたのは、同年と推定される五月十六日の倉栖兼雄書状（金沢文庫文書／『神奈川県史資料編Ⅱ』一四四六号）に「京兆御事、先月廿七日午刻御使京着、則入御于北殿、先長門・鎮西御教書、怱可被進歟之由、有其沙汰、兼雄於当座書御教書候き」とあり、二十七日午刻に六波羅北方であった北条時範館に到着し、未刻には倉栖兼雄の書いた六波羅御教書を副えて長門・鎮西両探題に使者が派遣されている。このことから、長門・鎮西両探題に対する関東の指示が、六波羅探題を経由して出されていたことが確認できる。但し、醍醐寺にこの関東御教書の写しが披露されたのが五月三日であり、嘉元三年四月は小の月（二十九日）であるので、六日を経過していた。

ここで問題になるのは、文書の日付と内容の不整合であろう。文書の内容からは、幕府は事件当日に六波羅探題等に指示を発していたことになるが、子刻に起きた事件についてその日のうちに指示を出しているとすれば、この事件は二十二日から二十三日に移った頃（子刻）に起きた事件であろう。「今夜子刻」とあるのは夜中に起きたことを示している。この御教書は、鎌倉を二十三日に発して二十七日に京都に届いていたのである。

一方、五月十八日条には、「自或辺到来之状云」とされる嘉元三年五月四日の関東御教書と同年五月十日の六波羅御教書の案文を掲出する。情報源の「或辺」とは何を示しているかは不明であるが、書陵部本によれば、十一日条には、四日に北条宗方が「山内入道殿之亭」で誅殺されたことを伝える関東の早馬が六日夜に六波羅に到着したことを記載する。関東御教書の日付が五月四日であり、今回は三日で鎌倉から京都に使者が到着している。一方、北条宗方の誅殺のしらせが六波羅から醍醐寺に伝わるまで六日を経過しており、関東御教書の写の伝達はさらに七日を要している。

今回の関東の指示内容は、北条宗方の誅殺により、鎌倉に向かって発向する必要のないことを在京人と西国地頭御家人に通知するよう指示している。この関東御教書の次にはこれを施行する丹波国守護代（鵜沼国景）宛の六波羅御教書が掲載されていることから、丹波守護を兼任する北条貞顕の筋から到来したのかもしれない。日時が経過していることから見て、丹波国にある数カ所の寺領からの到来であった可能性もあろう。

その次に、五月二日の鎌倉の出来事を記す。この日北条時村を討った者十一人が処刑され、その随一が白井胤資であることを記し、ついで時村の被官で討死・自害したものが六十人あまりいたことを記すが、残念なことに両方とも「注文在別紙」とされる注文が記載されていない。

つぎに記載されているのは、若宮別当の関係者乙正法師なる者が関東から知らせてきたことである。二十一日条に「乙正上洛候、粮料五百文、払之文状一通進関東、」とあり、為替が用いられていたことを示している。ここには、殺害された時村の孫熙時が、貞時の計らいで、四月二十八日に安堵の御教書を得たことが見える。五月二十二日条には、前述した祈禱の記事があり、その後に五月四日の鎌倉の様子等を記載している。北条宗方の館に火が懸けられ、風のためその近辺と二階堂大路はことごとく焼失したという。

興味深いのは、三浦経綱が北条時村亭に討ち入り三人を討ち取ったが、結局配流となり、親玄僧正に預けられたが、白井胤資については親玄が知らなかったため、斬首されてしまったという。和田茂明が鎌倉を逐電してのち、訴追されなかったことと同様、三浦一族に関しては何か政治的な配慮がなされていたことになる。また、北条宗方の甥で北条貞時の猶子であった亮律師も罪に問われなかった。

以上、簡単に記事の内容について紹介した。文庫の抄出は読み誤まりがあり、書陵部蔵本は文書の反古を翻して写されているため、解読しにくく、私の力の及ばない部分も多い。ここでは鎌倉関係、それも嘉元の乱関係の記事を中心に翻刻、紹介したが、他にも興味深い記事が見られるが、今後の課題としたい。

第七章　尊経閣文庫所蔵「天野系図」について

本章で紹介する「天野系図」は。加賀金沢藩の家老長家の家臣天野氏伝来の系図で、現在文庫に所蔵されており、架蔵の分類では「武家百家譜」(1)に収められている。

天野氏の系図は『続群書類従』第六輯下に二本収められているほか、「尊卑分脈」第二巻（『新訂増補国史大系』五九）、「相良系図」（『続群書類従』第六輯下）等にも天野氏に関する記載があり、江戸幕府編纂になる「寛永諸家系図伝」「寛政重修諸家譜」や「萩藩閥閲録」「萩藩譜録」等にもその系図が収められている。

天野氏の出自は大別すると、後三条源氏、藤原南家乙麿流、藤原北家魚名流に分かれる。文庫所蔵「天野系図」は後三条源氏流に属するものであるが、これらの系図の比較検討は別稿に譲り(2)、ここでは文庫所蔵「天野系図」を紹介することにしたい。この系図は鎌倉時代の部分が大変詳細で、南北朝時代の遠政以降は簡略である。後述するように、系図の下が切られた結果と考えられる。

前述したように、五代藩主前田綱紀（松雲公）は、多くの文書・図書の蒐集や編纂を行ったことで著名であるが(3)、系図については「新集百家譜」と名付けて編集していたことが、「燕間総目屏風」によって知られる。これを後世解体して再編したものが現在の「武家百家譜」である。その中には、包紙や貼紙に記された文字から、もと「新集百家譜」に属したことが知られるものも多く見られる。この「天野系図」にはそうした記載はないが、後述の識語から綱紀の時に書写蒐集されたものであることは明らかである。

この系図の包紙には中央に「天野系図　一枚」と題し、その左側に「以天野藤大夫家系之、証本也、」と綱紀が記している。その他、左上角に「武家百家譜」「一八」という押紙が、また中央の題の上に朱で「二十三」と記された押紙があり、右上角には「梅甲一二」と書かれた近代のラベルが貼られている。

系図の大きさは、縦九九・二センチ、横九四・〇センチで、十枚の薄い美濃紙（上方の四枚は縦三四・九センチ、横四七・二センチ、下の六枚は大きさがまちまちである。）を貼り継いだものである。なお、右下角に縦二〇・三センチ、横二四・五センチの長方形の出っ張りがあるので、右側は縦一一九・五センチとなる（左図参照）。

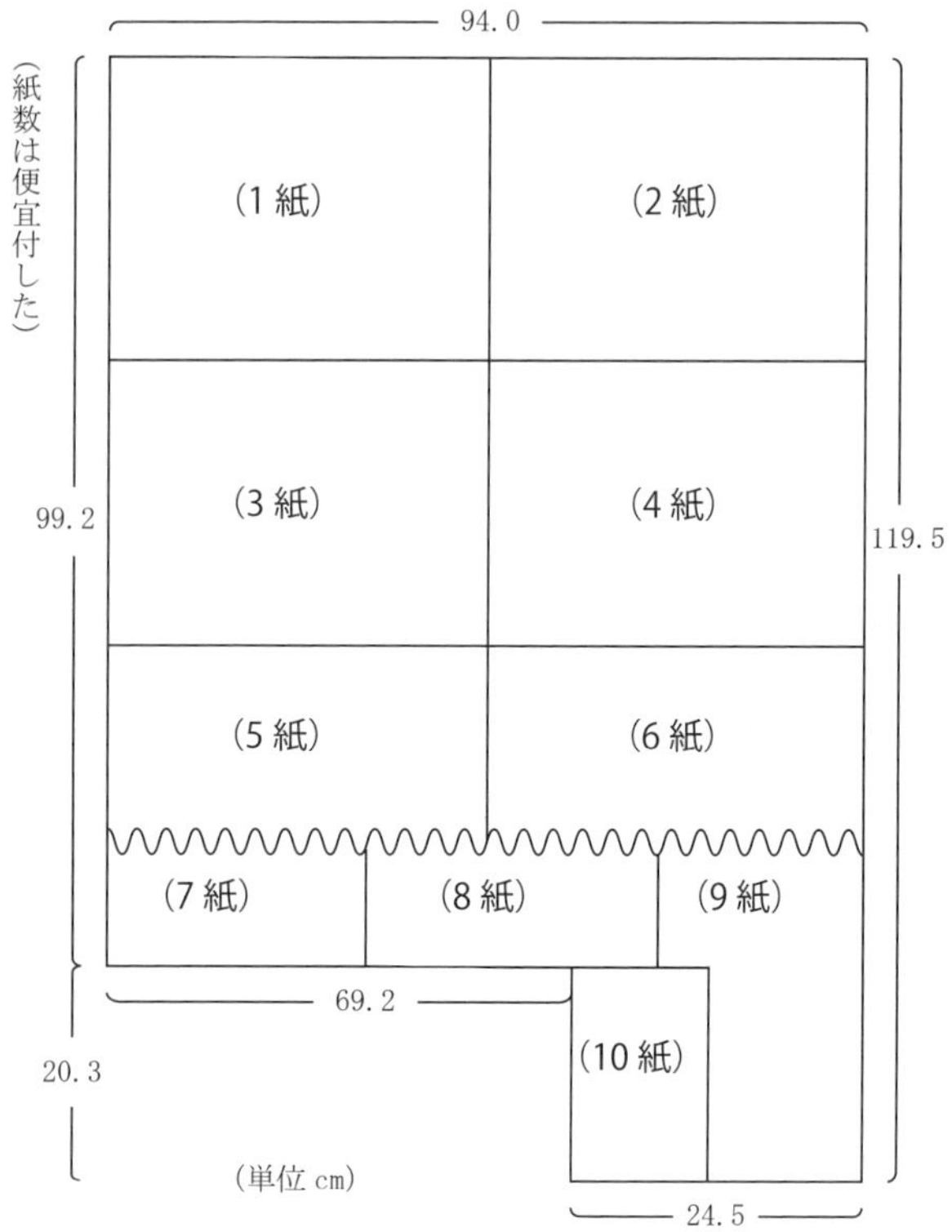

「天野系図」貼合図

この系図が書写された時期については、系図の末尾に次のような識語があり、延宝七年（一六七九）十二月には終了していた。

右、天野系図写成而所手加校合也、
延宝七年臘月日　（花押《前田綱紀》）

文庫には、松雲公の治政に、天野景乗から差し出された「天野文書」が所蔵されており、この「天野系図」はそれと同時に提出され写されたものと考えられる。その付属書類の中にはこの系図に関係する史料があるので、これをもとにして伝来や書写の経緯について見てみたい。

天野景乗は、正月二十三日に前田家家臣西坂猪之助宛に左のような先祖の覚書を提出している。

長如庵姪聟
天野加賀章慶
長如庵連龍ニ奉公仕候、天正十一年江州志津ケ嶽御陣之剋、如庵供仕、致討死候、天野加賀畠山ニ致附与、能登国能登郡徳田村ニ居住仕候、其以後長家ニ奉公仕候、今以徳田村ニ屋敷跡御座候事、

天野加賀弟
天野次郎左衛門俊景
長家ニ奉公仕罷在候、天野加賀討死仕、実子無御座候ニ付、天野加賀妻を則次郎左衛門尉妻ニ可仕由ニ而、

天野加賀跡職、無相違被申付候、其以後天野六郎右衛門与申候事、
天野次郎左衛門実子
天野伝左衛門景俊
長家ニ奉公仕罷在候事、
天野伝左衛門実子
天野藤太夫景乗
長家ニ奉公仕罷在候、其刉ハ天野伝左衛門与申候事、
一、系図之下切放申儀者、能州七尾之城天正五年敗乱之節、石動山衆徒之内江預ヶ申候得者、切放申旨、先祖より申伝候事、
正月廿三日　天野藤太夫（花押）
西坂猪之助殿

これによると、戦国末期の天野章慶は長連龍（如庵）の娘婿で、初め畠山氏に仕え能登国能登郡徳田村（現在の石川県羽咋郡志賀町徳田）に居住していたが、畠山氏滅亡後長家に仕え、天正十一年（一五八三）四月の近江国賤ヶ嶽の合戦の際、柴田方についた連龍に従って戦い、討死している。章慶の跡は、その後家を娶った弟の俊景が嗣いだ。その子景俊も長家に仕え、この景俊の子が藤太夫景乗に当たるわけである。

最後に、系図の下が切り放たれた時の事情が記されている。この模写された天野系図を見ると、泰景の子時光

の下の系線が紙継目（6紙の下）で切断されていることや、頼景の子慶景の下の系線が墨書（他はすべて朱書）であることから、この下が切断されていたものと思われる。おそらく章慶以下は追記されたものであろう。

前掲の図ように、上の四紙（1紙〜4紙）はほぼ同じ大きさの紙であるが、その下の二紙（5紙・6紙）は縦が短く、下の部分が波をうって切断されているように見える。その下に細長く小さな紙が四紙（7紙〜10紙）貼られており、1紙〜6紙・9紙が元の紙で7紙・8紙・10紙があとで貼り加えられたものと考えられる。

「長家譜」(4)によると、天正五年（一五七七）閏七月上杉謙信が能登国に侵入した折、長連龍の兄綱連は七尾城に籠城した。しかし、城主畠山義春が急死したため城内の将卒は戦意を失った。そこで綱連は、援兵依頼のため弟孝恩寺宗顓（後の連龍）を近江国安土城の織田信長のもとに派遣した。しかし、十月に援軍が到着する頃には七尾城は落ち、長家一族の首が倉部浜に曝されていたという。その折俊景は「天野系図」を石動山衆徒の内に預け、その時系図の下が切られたという伝承を載せているのである。

この系図の下切れの件については、これ以前に天野景乗が上申した年未詳九月十九日の申状には次のように記されている。

系図下切申候義ハ、能州ニ而長家一乱之節、石動山ヘ預ケ置候ヘハ、主不知ニ箱之封ヲ切、系図之下ヲ切申候、何ほと切取申候茂年来久敷義故、知レ不申候ニ付、末ノ天野家ゟつき置申候間、左様心得可被仰上候、以上、

九月十九日　　　　天野藤太夫

熊内与一郎様

本文中「末ノ天野家ゟつき置申候間」とある部分が前述の章慶以下の追記と思われる。この申状ではいつ「能州ニ而長家一乱」があったのか不明で、再度下問があったらしく、天野景乗は上述の覚書と同日付の西坂猪之助宛書状を提出した。その書状の中にも次のような記載がある。

一、系図之下切放申義、最前熊内与一郎殿迄、能州一乱之節与申上候処ニ、何之時代迄可申上之旨、先祖ゟ申伝候通、年号覚書仕候、右三ケ条前紙ニ調、此度進上仕候、

これらを受けた西坂猪之助は、二月十九日次のような覚書を認めて報告している。

天野書簡指上申候、天野藤太夫名乗并系図ノ下たち放候時代等之義、尋ニ可遣旨、年内被　仰出ニ付、尋ニ遣申候、返事指越申候間、覚書一通、書状一通指上申候、年内之　仰出候、御覚書相添上之申候、以上、

二月十九日　　　　西坂猪之助

これより以前のことと思われるが、天野景乗から提出された「天野文書」を書写した目録である十二月朔日の覚書の末尾に「一、天野系図　一枚」と記され、「右、書写相済上申候、以上」とある。松雲公の命により、文書等の書写と前述の系図の調査とが平行して進められていたことが知られる。十二月二十二日の西坂猪之介の覚書には「一、天野系図　壱枚　右写相済候間、返遣候」とあり、系図は返却されている。現在文庫に所蔵されている「天野系図」はこの時模写されたものと考えられる。すなわち、松雲公はこの写本と原本とを校合し、識語を

書き加えたのである。

注
(1)「武家百家譜」の目録は本書第三部第二章、「尊経閣文庫蔵「上杉憲英寄進状」について」注(3)を参照されたい。
(2) 拙稿「鎌倉時代の天野氏の系図について」(『吾妻鏡人名総覧』所収、一九九八年二月、吉川弘文館)参照。なお、天野氏については、拙稿「鎌倉時代の天野氏」(『鎌倉遺文研究Ⅱ　鎌倉時代の社会と文化』所収、一九九九年四月、東京堂出版)を参照されたい。
(3) 本書第一部第一章及び『加賀松雲公』(上・中・下)、石川県立美術館図録『前田綱紀展』等参照。
(4)『加賀藩史料』第一編九七頁。

【天野系図】

凡　例

一、この系図は、尊経閣文庫所蔵「武家百家譜」のうち、「天野系図」を翻刻したものである。
二、字体は、旧字・異体字等を改め、常用漢字に指定されている文字は常用漢字に、それ以外は正字とした。
三、朱書は『　』に収めた。
四、系線はほとんどが朱線で引かれているが、一部墨線の部分があるので、墨線部分を破線とした。なお、系線の引き方は印刷の都合もあり、原本と相違する。
五、文字の訂正がある場合は、文字の左側か右側に「〃〃」を付し、訂正文字が記されている場合は、その文字の書かれている箇所(右側あるいは左側)に示した。
六、本文中に判読できない文字がある場合、書写の際「滅字」「紙損」という小さい貼紙があるが、これは当該箇所に四角で囲って示した。

（端裏貼紙）『二十七　四ノ廿一　書へ』

（端裏2紙4紙紙継目・朱印）「尊経庫」

（端裏貼紙）『系図類二十四番』

（端裏4紙6紙紙継目・朱印）「尊経庫」

- 輔仁親王　承徳三年十月三薨、卅八歳、後三条院第三宮　母儀家房朝臣息女
  - 隆輔　左近衛中将　母儀皇后宮大夫俊清息女
    - 遠輔　少将　長承二年改藤原姓
      - 雅遠　民部権少輔
      - 遠景
  - 為輔　左衛門督　母同上
    - 為綱　中宮権佐（亮）　〃中納言　伊豆国司　母伊与守政高女
      - 信綱　田代冠者　母〃〃伊豆介茂直（狩野）（光）女

- （雅遠）
  - 遠景　雅遠以舎弟為養、天野藤内民部大夫　法名蓮景
  - 政景　母狩野介茂光女　和泉前司　法名浄念
  - 光景　母三浦介義澄女　肥後前司
    - 景氏　光景以舎弟為養子、同次郎佐衛門尉
      - 景茂　同新左衛門尉　法名観景
      - 泰景　肥後前司
        - 時光　同三郎左衛門尉　（切断）
        - 行光　七郎
      - 顕景　四郎左衛門尉
        - 行景　孫四郎左衛門
      - 政行　五郎左衛門尉
      - 師景　民部大夫　法名蓮日
    - 義景　新左衛門尉
      - 『女子』　信濃判官入道行一妻
      - 『女子』　野本左衛門尉妻
    - 時景　四郎左衛門尉
      - 『女子』　平賀右衛門尉妻
    - 政泰　五郎左衛門尉
      - 『女子』[滅字]　丹後前司亍宗妻
    - 景村　六郎左衛門尉
      - 顕村　和泉守
        - 景顕　同六郎
      - 『女子』　肥後左衛門入道観景妻

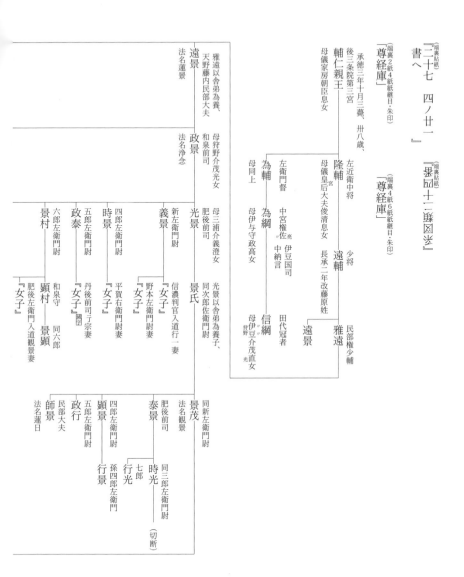

景氏
- 『女子』比丘尼行円
- 『女子』大仏東谷知足寺長老
- 『女子』宇津宮石見前司景朝妻

景経　安芸前司　法名心空
- 顕政　安芸前司
  - 政継　同七郎
    - 金剛丸
    - 摩尼王丸
- 遠時　民部大夫
- 遠光　三郎
- 実景　次郎　法名空忍
- 『円信』比丘円証
- 『女子』長井出羽太郎入道妻
- 『女子』讃岐左衛門蔵人妻
- 『女子』三浦越中前司妻
- 『女子』天野和泉守顕村妻

保景　三郎

『女子』源宰相顕平卿室

『女子』相馬小次郎左衛門尉胤綱妻

『女子』中沼淡路四郎左衛門尉妻

『女子』完戸壱岐前司家周妻

『女子』号六浦殿　越後守実時母儀

『女子』号由井尼　小野蔵人義行母

『女子』小栗次郎頼重母

則景　鵜沼刑部丞［紙損］
- 泰景［滅字］　同次郎［滅字］左衛門尉
- 国景　同次郎左衛門尉
- 実景　同新左衛門尉

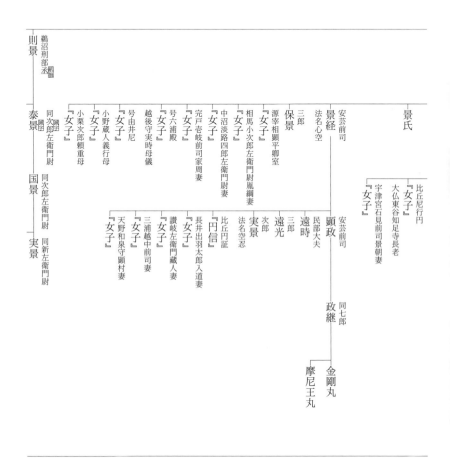

四郎左衛門尉
景盛

渡部□衛門尉
景朝

藤津五郎
景茂
孫子為養子

景茂〔滅字〕

四郎左衛門尉
景継

六郎兵衛尉
景家

同四郎
景弘

常葉右馬允
保高

奥山二郎左衛門尉
重高

同次郎左衛門尉
光高

同三郎兵衛尉
景高

工藤右衛門入道杲暁母
『女子』

大塚五郎左衛門尉
保親

藤内左衛門尉
親義

藤内左衛門尉
長義

掃部左衛門尉
親業

任上野介
同次郎左衛門尉
景広
法名景恵

安芸前司
遠政
法名寛誉

景広孫
上野前司
頼景
童名赤丸、法名景明

天野彦次郎
慶景
童名光徳丸

天野加賀守、能登土田養
章慶
法名章慶、号瑞林

天野次郎左衛門尉
俊景
法名章円

天野孫六
景高

女子
字比々

同三郎左衛門尉
顕茂

（識語）
「右、天野之系図写成而所手
加校合也、
延宝七年臘月日　（前田綱紀）（花押）」

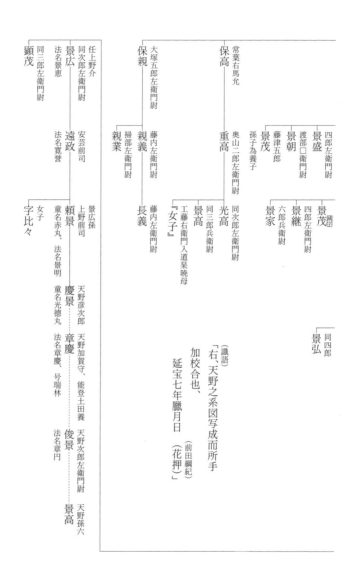

第八章　尊経閣文庫所蔵「青硇康重家譜」について

一、伝来と形状

ここで紹介する「青硇康重家譜」は、現在文庫の分類では「武家百家譜」(1)のうち二一番目に収められている。この家譜の写本は同じものが二部あり、一部は冊子（A）、一部は巻子（B）に仕立てられており、他の模写本と同様、両者とも薄い美濃紙が用いられている。

Aは、縦三五・五センチ、横二五・五センチ、墨付四枚の冊子で、表紙の左側に「青硇康重家譜」と外題があり、その下に「証本別有一巻」と注記する。左端上部に「武家百家譜」、同じく下部に「二一共二」と墨書された押紙がある。また、外題の右上に「二五十九」と朱書された押紙があり、表紙の右側には、上端に鉛筆で「四」、その左下に墨書で「譜牒」、その右下に墨書で「八月十四日書写相済」（この左側に鉛筆で「延宝七年」と注記する）、下端に墨書で「近藤伝蔵」とあり、その左に「系図類四十一番」と書かれた押紙がある。裏表紙の左下端には「二十七書四ノ廿一へ」と朱書された押紙がある。上記のことから、近藤伝蔵なる人物が延宝七年（一六七九）と推定される八月十四日に書写したことがわかる。

一方、Bは天地三四・七センチの巻子本で、幅約四七・三センチの四枚の料紙を貼り継いでいる。巻子の左部に「青硇康重家譜」と外題し、その右側上部から下部に懸けて墨書で「武家百家譜」「二一共二」と、「二十七廿一四ノ書一」と朱書された押紙がある。また、外題の下に同筆で「延宝己未写之、但本紙モ写也、然近世所写ノ者ニハ非す、墨甚旧ノ脈望尤多、蓋可為証本者乎」と割書し、その右に「系図類二十五番」と墨書する。ちなみに延宝己未は延宝七年（一六七九）に当たる。また、巻末に左の識語が朱で記されている。内容から五代藩主前田綱紀（松雲公）の識語と思われる。

右、青砥氏家譜一巻、自〔手〕加校合所○〔無〕相違也、就中、自祐譲状之肩書、筆者難見之由申之間、以自筆四五字書
加之畢、

于時延宝第七載菊月初七日

識語からBはAとほぼ同時期に書写されたこと、両者にある「二一二〔共〕」という押紙から、一具のものとして扱われていたことが推定できる。また他の例や、両者の字の改行や配列（字配り）等がほとんど同じであることから、影写に近い形（透き写）で写されたものと思われる。

本書については、明応五年（一四九六）と推定される閏二月五日の飯尾元行文書渡状(2)に「青砥右衛門尉系図以下文書等古案九通壱巻、各別在之、」とある。後述するように、室町期に丹後国芋野郷を相伝する飯尾氏に本書が伝えられていたことが確認できる。また「珍書等志」(3)第二冊によると、延宝七年八月二十一日条の「仰出」（綱紀の仰）の項に「一、丹後国芋野郷相伝系図　一巻」とあり、綱紀から書写を命じられ、書写後返却されたことが記されており、原本が巻子仕立であったことが確認できる。なお、同書の次行に左記のように記されており、本書と一具だった可能性がある。(4)

一、古状留書　一巻

書出　飯尾大和守兼〔元カ〕行申

前田綱紀は、多くの文書・図書の収集や編纂を行ったことで著名であるが、この「青砥康重家譜」も綱紀の指示によって書写されたものであることは明らかである。

二、構成と内容

さて、本書は、書名に「家譜」とあるが、内容を検討するに、冒頭に「丹後国芋野郷相伝系図」が記され、その後にこれに関連する下文・御教書・譲状等が八通書写されていることから、相伝系図を含めた一連の証文群と見ることができる。その目録を示すと左記のようになる。(5)

一、年月日未詳　丹後国芋野郷相伝系図写
二、康永二年十一月六日　足利尊氏袖判下文写
三、康永二年十一月六日　将軍家執事施行状写
四、貞治二年十一月四日　室町幕府引付頭人奉書写
五、応安七年十一月十八日　室町幕府引付頭人奉書写
六、康永二年三月二十八日　青砥康重譲状写
七、貞和二年十月十三日　青砥康重譲状写
八、康安二年七月一日　青砥康重後家自祐譲状写
九、応安四年六月十四日　青砥康重後家自祐譲状写

これを編年の目録にすると左記のようになる。

①康永二年三月二十八日　青砡康重譲状写（六号）
②康永二年十一月六日　足利尊氏袖判下文写（二号）
③康永二年十一月六日　将軍家執事施行状写（三号）
④貞和二年十月十三日　青砡康重譲状写（七号）
⑤康安二年七月一日　青砡康重後家自祐譲状写（八号）
⑥貞治二年十一月四日　室町幕府引付頭人奉書写（四号）
⑦応安四年六月十四日　青砡康重後家自祐譲状写（九号）
⑧年月日未詳　丹後国芋野郷相伝系図（一号）
⑨応安七年十一月十八日　室町幕府引付頭人奉書写（五号）

丹後国芋野郷は、現在の京都府京丹後市（旧弥栄町）芋野付近に比定される。この芋野郷の初見史料は、古代の平城宮跡出土木簡(6)で「丹後国竹野郡芋野郷」とある。鎌倉時代では、建久七年（一一九六）十月と推定される年月日未詳の馬背寺重陳状案(7)に見え、同郷内には二十数年前に建立された馬背寺という寺院があったこと、去年（建久六年）九月中旬、同寺に仁和寺の住僧寛任阿闍梨が二十日間参籠し、その間同寺を浄土寺と称したこと、同寺住僧や住民が同郷の公田を同寺に寄進し、それが訴えられていたことなどが確認できる。このことから、当時芋野郷は国衙領であったと推定される。南北朝時代の正平十年（一三五五）八月三日の年紀を有する弥栄町石上神社の棟札銘[8]にも同郷名が見え、郷内に石上神社が所在したことが知られる。

南北朝時代に入ると、管見では本書が同郷の伝領を示す唯一の史料である。下って、享徳四年（一四五五）二月二十二日の管領細川勝元下知状[9]によれば、芋野郷等を飯尾元連に安堵している。また、鎌倉時代の正応年間（一二八八〜九三）の大田文を基に作成され、室町時代の状況を示すとされる丹後国田数帳[10]には「一、芋野郷弐拾八町三反弐百拾六歩　飯尾大和守」と記されており、当郷は室町時代飯尾氏に伝領されていた。

一方、本文書中に見える青砥氏はあまりその活動が知られていない。『姓氏家系大辞典』によれば、「青砥」・「青戸」とも表記し、名字の地として①上総国青砥庄、②下総国青砥村、③武蔵国都筑郡青砥村、④武蔵国青戸村を挙げ、①が「弘長記」や「太平記」に見える青砥藤綱の本領であるとする。この青砥藤綱は実在の人物ではなく、架空の人物とされる。[11]他に越後国岩船郡と山陰地方尼子氏の家臣青砥氏を紹介しているだけで、混乱も見られ、確実な史料に基づいた説明はなかった。

次に、本書の内容について紹介しておきたい。前掲の目録に沿って説明を進める。

一号は、芋野郷地頭職の相伝系図で、同職が青砥康重から業信と康重後家の自祐に半分ずつ伝領されたことを示している。注記によれば、康重・自祐夫妻には実子が無く、和泉右衛門尉の子息四郎業信を養子として「御下文幷御施行」の正文を譲与し、業信没後はその子四郎が跡を嗣ぎ、青砥氏の惣領となったとする。四郎は、正文を帯して鎌倉におり、関東の武士であったと考えられる。

管見では、応永三十一年（一四二四）六月二日の足利持氏宛行状及び同年月日の上杉憲実施行状[12]に「武蔵国青砥四郎左衛門尉跡」が見え、既述のように青砥康重の跡は「四郎」を通称とする親子が嗣いでおり、鎌倉に居住しているので、この青砥四郎左衛門尉は、業信の子四郎かその子に当たる者と推定される。その跡地は上杉禅秀の乱に関わって没収された可能性がある。

一方、芋野郷半分地頭職は、康重の後家自祐が相伝し、その跡は甥（姉の子）竹藤清詮に譲られている。しかし、系図の注記には、自祐は、応安五年（一三七二）十一月二十八日に死去し、同年十二月十日より押領されたと記されており、この相伝系図は清詮が訴える際に、訴状（五号）と共に提出されたものと考えられる。

竹藤氏は、『姓氏家系大辞典』によれば「大江姓　丹後国熊野郡の竹藤庄より起こり云々」と記し、丹後国諸庄郷保惣田数目録帳（前述の丹後国田数帳）を引用して、丹波郡三重郷・成次保・友成保、竹野郡吉沢保、熊野郡為延・吉岡・竹藤三か保の領主であった竹藤一族の存在を指摘しており、竹藤氏は丹後国の在地領主であったと考えられる。

この九通の文書のうち、年代の最も早いのは六号である。これによると、青砥康重は康永二年（一三四三）三月二十八日、芋野郷半分を自祐に後家分として譲与した。この時康重は自分が芋野郷の預所であるという足利尊氏の下文を賜わるよう訴えている最中で、これに対し幕府は、康重に「（鎮西）使節」を勤仕することを交換条件とし、その恩賞として下文を与えることとしたのである。九州では、前年の康永元年に薩摩国に渡った懐良親王が、同国谷山城に拠って南朝方の中核として活動を始めていた。

結果、二号・三号から、九州から帰った康重に対し、足利尊氏は、同年十一月六日に勲功賞として芋野郷地頭職を宛行う下文を与えたことが確認できる。尊氏は前述の芋野郷預所職ではなく、神山善太左衛門入道杲信跡の地頭職を康重に宛行ったのである。

二号は、足利尊氏袖判下文と推定される。袖判が見えないが、書写の際に落ちたのではなかろうか。(13)この写は和泉右衛門尉が書写したもので、相伝系図に記されるように自祐が所持した文書である。三号は、二号を受けた将軍家執事の施行状である。すなわち差出しの「武蔵守」は執事高師直、「山名伊豆前司」は当時丹後国の守護であった山名時氏に当たる。

七号は、貞和二年（一三四六）十月十三日に康重が再度自祐への後家分譲与（芋野郷半分）を確認したものである。六号の時、預所職が確定しておらず、「鎮西使節」の恩賞を約束されていた芋野郷半分を譲与したことから、恩賞として足利尊氏の安堵を受け、確定したことから、再確認の譲状を与えたものと考えられる。

その次の四号で、自祐が芋野郷半分地頭職に関する訴訟を起こしていたことが知られ、貞治二年（一三六三）十一月四日、幕府は服部余次の妨を退け、自祐に沙汰付けるよう丹後国の守護渋川義行に命じている。[14]差出しの「沙弥」は具体的には不明であるが、文書の内容や一行目の肩に「御教書案」とあることから、当時の引付頭人に比定できる。[15]

八号・九号は、自祐から竹藤清詮への仮名の譲状である。すなわち、康安二年（一三六二）七月一日、まず自祐は芋野郷半分地頭職のうち、半分（四分の一地頭職）を清詮に譲与した（八号）。ついで応安四年（一三七一）六月十四日に至り、残りの半分（四分の一地頭職）を譲与したのである（九号）。

その後、五号から、清詮が芋野郷半分地頭職を押領した土屋五郎右衛門尉を訴えたことが知られる。応安七年十一月十八日、幕府は同地頭職を清詮に沙汰付けるよう山名五郎（時義カ）に命じたことがわかる。差出しは、注記に「道祐」とあるので、当時の引付頭人渋川義行（法名道祐、母は高師直女）に比定できよう。『姓氏家系大辞典』によると、土屋氏は桓武平氏流相模国の武士で、建武年間の重時の時に足利尊氏から丹後国に所領を拝領し移住したとされる。土屋五郎右衛門尉は、この一族と考えられる。

注

（1）「武家百家譜」の目録は本書第三部第二章、「尊経閣文庫蔵「上杉憲英寄進状」について」注（3）を参照されたい。この「青砥康重家譜」は、『大日本史料』第六編之二十五・三十五や『宮津市史』に一部が翻刻掲載されているが、東京大学史料編纂所の影写本を底本としているためか全容が翻刻されていない。『大日本史料』には一号・四号・九号が「前田家所蔵文書（事林明証）」を出典として翻刻されている。『宮津市史』には一号・四号・五号・九号が「尊経閣古文書纂」（編年文書）を出典として翻刻されている。

（2）「尊経閣古文書纂」諸家文書（飯尾文書、五十七通）のうちの十一号文書。

（3）全五冊。延宝七年五月から翌八年四月まで、諸方より到来した書物と、貸し出した書物とを日誌のように記したもの。昭和六十三年石川県立美術館で行われた「前田綱紀展」図録参照。

（4）飯尾文書の伝来に関しては別稿を期したい。

（5）文書名に関しては、既述の『大日本史料』第六編や『宮津市史』等を参考にした。

（6）『平城京出土木簡』二所収。

（7）高山寺文書（『宮津市史』一四号文書、『鎌倉遺文』第二巻八七七号）。

（8）京都府立丹後資料館、弥栄町教育委員会の教示による。『宮津市史』別掲六三六史料では、正慶□年八月とする。

（9）「尊経閣古文書纂」諸家文書（飯尾文書、五十七通）のうちの六号文書。

（10）『改訂史籍集覧』第二十七所収。

（11）『国史大辞典』青砥藤綱の項参照。星野恒「青砥左衛門ノ其人有無」（『国史叢説』所収）。

（12）両方ともに上杉家文書（『東京都古代中世古文書金石文集成』第二巻参照）。

（13）似た形式の文書に。暦応二年八月二十六日の足利尊氏下文（山城大徳寺文書、『南北朝遺文　中国四国編』八八二号）、暦応三年三月四日の足利尊氏下文（豊後入江文書、『南北朝遺文　中国四国編』九四六号）等があり、ほぼ直後か同日に高師直施行状が出されている（『南北朝遺文　中国四国編』八八三号、九四七号）。

（14）佐藤進一『室町幕府守護制度の研究』下。

（15）佐藤進一『古文書学入門』一六四頁参照。

「青硜康重家譜」（巻子本）翻刻

凡　例

一、この家譜は、文庫所蔵「武家百家譜」のうち、二一にあたる「青硜康重家譜」（巻子本）を翻刻したものである。
二、漢字の表記は原則として常用漢字を用いたが、それ以外は正字を用いた。また、変体仮名は、現行の平仮名・片仮名に改めた。
三、人名、地名、推定年次、その他についての傍注は（　）に括って、対象語句の右あるいは左に示した。傍注における疑問符は全角カタカナ「カ」を用いた。
四、朱書は『　』に収めた。
五、巻子本と冊子本との相違点は、末尾に記載した。

一、丹後国芋野郷相伝系図

丹後国芋野郷相伝系図

青硜右衛門尉康重――四郎業信　御下文并御施行正文譲得之、依無実子、和泉右衛門子息養譲之、今者死去、――同四郎　当郷惣領也、今者在鎌倉、御下文正文帯之、

――後家自祐　帯自祐御下文案者、和泉右衛門尉自筆也、応安五年十一月廿八日死去、自同五年十二月十日押領、――清詮　母儀ハ自祐姉也、

二、足利尊氏袖判下文写

（足利尊氏花押脱カ）□

下　青砡右衛門尉康重

和泉右衛門尉手跡

可令早領知丹後国芋野（竹野郡）郷神山善太左衛門入道杲信跡地頭職事

右、為勲功之賞所宛行也者、守先例可致沙汰之状如件、

康永二年十一月六日

三、将軍家執事施行状写

丹後国芋野（竹野郡）郷地頭職事、早任御下文之□『虫損』、可打渡下地於青砡右衛門尉康重之状、依仰執達如件、

康永二年十一月六日　　武蔵守（高師直）在判

山名伊豆前司（時氏）殿

四、室町幕府引付頭人奉書写

御教書案

青砡右衛門尉康重後家尼自祐申、丹後国芋野郷半分地頭職事、訴状如此、服部余次濫妨云々、太無謂、退彼妨可被沙汰付自祐代之状、依仰執達如件、

貞治二年十一月四日　　沙弥在判

右兵衛佐（渋川義行）殿

五、室町幕府引付頭人奉書写

御教書案
竹藤宮内少輔清詮申、丹後国芋野（竹野郡）郷半分地頭職事、申状・具書如此、早停止土屋五郎右衛門尉押領、沙汰付下地於清詮、可執進請取状、若有子細者、可被注申之状、依仰執達如件、

応安七年十一月十八日　沙弥道祐（渋川義行）在判

山名五郎（時義カ）殿

六、青砥康重譲状写

青砥右衛門尉譲
譲与　後家分

壱ケ所　丹後国芋野（竹野郡）郷半分

右所者、為康重（青砥）由緒預所之由、可拝領御下文由訴訟最中也、随而被便補彼所於恩賞之間、今度使節可令勤仕之由、被仰出畢、就其者、申賜御下文、申合面々、為後家分可令知行者也、仍譲状如件、

康永二年三月廿八日

右衛門尉康重 在判

七、青砥康重譲状写

同
譲渡　所領事

丹後国芋野（竹野郡）郷半分

右所者、先年康重（青砥）鎮西使節之時、為後家分譲与畢、而彼所其時為預所未定之間、可申賜御下文之由書置畢、於于今者、以彼所為恩賞康重拝領之上者、守先年譲状、為後家分可被知行之状如件、

貞和二年十月十三日　　康重 在判

八、青砥康重後家自祐譲状写

（端裏書カ）
「青砥右衛門尉後家自祐譲状」

清詮ニ自祐譲、銘ハ安成入自筆直之、

ゆつりわたす《（譲渡）》たんこのくに《（丹後国）》いもの〻かうはんふん《（芋野郷半分）》大すかはうの事

右の所りやう《（領）》ハ、はうふ《（亡夫）》あをとゑもんのせう《（青砥右衛門尉）》やすしけ《（康重）》くんこうのしやう《（勲功賞）》として給候て、ちきやう《（知行）》さうゐ《（相違）》いなきち《（地）》なり、しかるを、こけふん《（後家分）》としてしゆう《（自祐）》になかくゆつり《（譲）》たひ《（給）》て候ぬ、ここにたけふちのくないのせう《（竹藤宮内少輔）》きよあきら《（清詮）》ゆいしよ《（由緒）》あるあいた《（間）》、たうし《（当時）》のまたく《（全）》せんかため、しゆう《（自祐）》かゆつり《（譲）》のうちをはんふん《（半分）》さきわか《（割分）》ちてなかく《（永）》ゆつり《（譲）》申ところなり、くんやくいけ《（軍役以下）》の御くし《（公事）》をまたく《（全）》して、ちきやう《（知行）》あるへし、しゆう《（自祐）》ハくんやく《（軍役）》にハいろい《（綺）》候ましく候、よて《（仍）》ゆつりしやう《（譲状）》くたん《（件）》のことし《（如）》、

かうあん《（康安）》二年七月一日　　しゆう《（自祐）》在判

九、青砥康重後家自祐譲状写

重譲状

ゆつりわたす《（譲渡）》丹後のくに《（国）》いもの〻かう《（芋野郷）》の地とうしき《（頭職）》の事

右の所りやう《（領）》ハ、こあをとゑもんのせうやすしけ《（故青砥右衛門尉康重）》はいりやう《（拝領）》ちきやう《（知行）》さうゐ《（相違）》なき地なり、しかるを、この

うちはんふん《半分》をこけふん《後家分》としてあましゆう《尼自祐》にゆつり《譲》たふ《給》あいた《間》、ちきやう《知行》さうゐ《相違》なし、とくにしゆう《自祐》一子
なきうへゆい《由》所あるあいた《間》、たけふちのくないのせう《竹藤宮内少輔》きよあきら《清詮》に、さうてん《相伝》のてつきせうもん《手継証文》のこる《残》と
ころなくあいそへ《相副》て、ゑいたい《永代》ゆつりわたす《譲渡》ところなり、このうちはんふん《半分》ハ、さきたつ《先立》てきよあきら《清詮》に
ゆつり《譲》申候ぬ、いま《今》においてハ、いちゑん《一円》にゆつり《譲》たてまつる物なり、くハしくハ、ほんゆつりしやう《本譲状》に
ミへ《見》たり、もとよりあま《尼》ハ子なきうへハ、いらん《違乱》わつらひ《妨》申もの、さら《更》にあるましく候、もしさうてん《相伝》と
かう《号》してかんそ《奸訴》を申物あらは、ほうしよ《謀書》のさいくわ《罪科》にをこなハれ候へく候、よて《仍》ゆつりしやう《譲状》くたん《件》の
こと《如》し、

応安四年六月十四日　　　　比丘尼自祐 在判

「為後証加判形候也、沙弥秀恵 在判」

右、青砥氏家譜一巻、自《手〃》加校合所○《無》相違也、就中、自祐譲状之肩書、筆者難見之由申之間、以自筆四五字書
加之畢、

于時延宝第七載菊月初七日

※冊子本の一号文書の頭に付箋があり、次の墨書がある。
「正文也、但前ニ有之正文ノ正ノ字ノ筆勢ニ可似、此所虫入、見ゑ申候様指除置申候、」
これは、同四郎の注記「正文帯之」に対するものと考えられる。

第九章　尊経閣文庫所蔵「相馬系図」について

ここで紹介する「相馬系図」は、文庫所蔵「模写本系図」[1]の三番目の一冊の内に所収される系図で、表題は「相馬・谷等系図」となっている。内容は、内題に「相馬　谷　渡辺　松平源太郎　宇都野　蜷川　山上」とあり、これらの諸氏の系図が書写され、「相馬系図」はその冒頭に収められている。

模写本は、多くの場合薄い美濃紙に書写されているが、この系図も同様で、表紙を除いて薄い美濃紙が用いられており、ほかの模写本同様透き写しされたことが窺える。内題のある内表紙の中央に「九月廿五日順理《（小瀬）》校合之、／相違之所之手ラ紀之、／十月初五日手自一校、無相違者也、系一ヶ所落書之」（／は改行）とあり、これは恐らく前田綱紀の手になるものであろう。内容は、年代は不明であるが、九月二十五日小瀬順理が校合して相違するところを記載し、十月五日には綱紀が自ら一校を加え、文字等に相違ないことを確認、落ちていた罫線を一カ所補ったという意味であろう。

小瀬順理（一六六六～九二）は、小瀬甫庵道喜から三代目にあたる人物で、通称又四郎、号は木哉、字は信夫である。実は堀部養叔の二男で、二代甫庵の後を嗣いだ。前田綱紀に仕え、その資によって木下順庵（一六二一～九八）に学び、五十川剛伯（一六四九～九九）、室鳩巣（一六五八～一七三四）と文壇に鼎立したが、元禄五年（一六九二）に三十七歳で没したという。[2]

現在確認されている史料等で、小瀬順理が書写・校合した書物は、この「相馬・谷等系図」の他に、「寛永諸家譜酒井五家」（模写甲一八二・「武家百家譜」八八、一冊、十月九日書写、三校担当）、「土屋・松前・野々山系図」（「模写系図」四・「武家百家譜」五九、一冊、九月廿五日書写、書写初校担当）、「丹羽・花房等系図」（「模写系図」七、一冊、九月廿七日書写、三校担当）、「木下・宮城等系図」（『模写系図』一〇、一冊、九月廿八日書写、再校担当）、「土屋・城・梶川・平野・杉原・佐原・島・朝比奈・柳生系図」（『模写系図』一四・『武家百家譜』七三、一冊、十月三日書写、三校担当）、「久松麿・設楽等系図」（『模写系図』一七、一冊、十月五日書写、再校担当）、「水野・土井等系図」（『模写系図』一九、一冊、十月五日書写、再校担当）、「堀氏系図」（『模写系図』二〇、一冊、十月六日書写、四校担当）、「小畠・中根・関・喜多見系図」（『模写系図』二二・『武家百家譜』六九、一冊、十月八日書写、四校担当）、「松平主殿頭系図」（『模写系図』三一、一冊、四校担当）があり、綱紀の序跋を集めた「梅墩集」（一冊）の記載の十二番目にも、「暦之記跋　甲子　陽月下浣小瀬順理撰」がある。ほとんどが系図類であった。書写の年代は、大半は不明であるが、「暦之記跋」の書写が甲子（貞享元年〈一六八四〉）であるから、この前後から没する元禄五年にかけての期間と推定しておきたい。

この系図の内容については、岡田清一が相馬氏の系図を検討しており、(3)詳細な比較はそれに譲ることにし、気がついたことだけを提示しておきたい。岡田の指摘によると、相馬氏の系図には、将門伝承を強く意識した総州相馬氏の系図と千葉常胤の子相馬師常の子孫であることを強調する奥州相馬氏の系図がある。前者は「相馬当家系図」「相馬左近大夫・民部大夫系図」などで、「寛永諸家系図伝」もこの系統である。後者には、歓喜寺所蔵「相馬之系図」、渡邉正幸氏現蔵「奥州相馬系図」などがある。ところで、本稿で紹介する「相馬系図」は「寛永諸家系図伝」に近い系図で前者に分類できる。注記などの比較からは、左記の「相馬左近大夫・民部大夫系図」に酷似している。

【将門の注記】

（上略）常陸大拯国香ニハ甥也、伯父之国香ヲ殺シテ、下総国相馬郡ニ新京ヲ立テ百官ヲ居テ平親王ト名乗給也、依之、承平年中ニ平将軍貞盛・良文勅命ヲ奉テ関東ニ下向シ誅之ヲ、其身鉄ナル故ニ不得誅スル之、然ニ藤原朝臣俵藤太秀郷廻謀ヲ雖伐之、猶東国・西国子孫多残ト云々、

【秀胤の注記】

小次郎、号ス春山、従権現様賜テ知行五千石ヲ、殊ニ高麗陣勤ム御供ヲ云々、

【政胤の注記】

相馬小次郎、大坂両御陣奉供勤、

注

（1）前田綱紀は、手許に来た典籍・文書・系図などの資料について、必要なものはまず書写するよう命じることが多かった。書写の方法も、臨写ではなく、薄い美濃紙を使った透き写し（重ねて写す方法）であったと推定される。現在、文庫には「模写本」なる分類があり、そのほとんどは前田綱紀が書写を命じたものといってよいであろう。その中に「皆川系図」「松下・間宮等系図」など「模写系図」という分類の系図三十九点がある。このうち「武家百家譜」にも含まれ重複する系図が「皆川系図」など十五点がある。

（2）『加能郷土辞彙』による。

（3）「相馬系図成立に関する一考察――諸本の異同を中心として――」（『地方史研究』第二七巻第五号、一九七七年）、「将門伝承と相馬氏」（千葉県立中央博物館『研究報告』人文科学第四巻第一号、一九九五年）、「将門伝承の成立と展開」（東北学院大学中世史研究会『六軒丁中世史研究』第五号、一九九七年）、「新出・奥州相馬系図と寛永諸家系図伝」（『季刊ぐんしょ』第五三号、二〇〇一年）、「将門伝承の伝播――下総相馬氏から奥州相馬氏へ――」（千葉県沼南町教育委員会編『沼南町史研究』第七号、二〇〇三年）。

尊経閣文庫所蔵「相馬系図」翻刻

凡　例

一、系図の翻刻にあたって、旧字体は新字体に直した。
一、系図の名、注記（改行も含め）、系線の配置は原本のままとした。
一、「桓武天皇」の上の丸と系線は朱書である。

松平大隅守祖
〃〃〃〃〃

相馬

人王五十代柏原トモ号
○桓武天皇――葛原親王　第五王子一品式部卿

高見親王　無官無位

高望親王　始テ平之姓ヲ給也、上総守ニ成レリ、以後王氏ヲ出テ
人臣列也、高望之御子、鎮守府将軍良望朝臣
後ニハ常陸大掾国香ト改名ス、国香ヨリ忠盛
迄七代也、

良将　従四位上総之介、兄弟二人子有、

将門平親王　相馬小次郎、十二人之実子有、
将門ハ高望親王之御孫也、常陸大掾国香ニハ甥也、伯父之国香ヲ殺シテ、下総国相馬郡ニ新京ヲ立テ百官ヲ居テ平親王ト名乗給也、依之、承平年中ニ平将軍貞盛・良文勅命ヲ奉テ関東ニ下向シ誅之トイエトモ、其身鉄ナル故ニ誅事不叶、然ニ藤原朝臣俵藤太秀郷廻謀ヲ伐之ト云ヘトモ、東国・西国子孫残テ、多之云々、

将国　相馬小次郎 ― 文国　相馬小太郎、常州信太住ス、

頼望　小太郎、信太居住 ― 常望　小太郎

将長　同 ― 長望　同 ― 兼頼　同 ― 重国　信太小次郎　此代ヨリ相馬ト云、

胤国　相馬小次郎 ― 師国　相馬中務大夫 ― 師常　相馬小次郎

義胤　小太郎 ― 胤継　相馬小次郎 ― 胤経　左衛門尉

胤忠　上野介、二人子有、 ― 胤長　左衛門尉 ― 胤宗　同、法名号茂林

資胤　上野介、号月桂、 ― 胤儀　左衛門尉、号在林、 ― 胤高　上野介　号崋山、

左衛門尉、号正安、　相馬小次郎、号宝珠庵

胤広　因幡守、号天桂、
　胤貞　相馬小次郎、号花桂

胤晴　同小次郎　法名号玉宗、
　整胤　同小次郎　号実山、
　治胤　左近大夫　号了山、

秀胤　小次郎、号春山、　権現様ヨリ、御知行五千石被下之、殊高麗御陣御供仕之、

胤信　信濃守　号中岩、
　盛胤　小次郎、号天崇、

政胤　相馬小次郎、大坂両御陣御供申候、

貞胤　相馬小次郎、本国下総、生国同、

桓武天皇ヨリ今代迄三拾八代也、
家紋、繋馬也、　右者系図ノ写也、
権現様(徳川家康)江天正七年己丑年ヨリ、信濃守(相馬胤信)御奉公仕候、其ヨリ相続当
御代迄四代御奉公仕候、拙者子(相馬貞胤)小平次郎歳十一ニ而御座候、
相馬小次郎(貞胤)

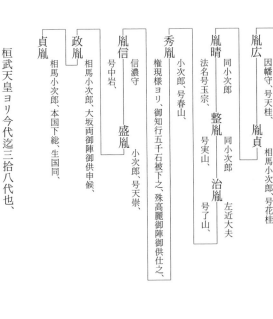

第十章　尊経閣文庫にある大坂の陣関係史料

大坂の陣は、慶長十九年（一六一四）冬、翌元和元年（一六一五）夏の二度にわたって、徳川家康が大坂城に拠る豊臣秀頼を攻め、滅ぼした戦いである。この二度の戦いには、加賀金沢藩三代藩主前田利常（本名は利光、寛永六年〈一六三九〉に改名、本稿では以降「利常」とする）が徳川方として参陣している。文庫には、この戦いに関する多くの戦記・記録・古文書・合戦図等が残っており、その一部を紹介したいと思う。

一、大坂の陣と前田利常

豊臣秀吉は、石山本願寺跡地に、天正十一年（一五八三）九月から約五年を費やして大坂城の主要部分を完成させた。ここは、東は大和川等の河川、北は淀川、西は海と、三方を天然の要害に囲まれている。秀吉は、これに石垣と壕とを組み合わせて難攻不落の大坂城を完成させようとした。秀吉没後も工事は行われていたが、その子秀頼も伏見城からここに移って居城とした。

前田家に対する豊臣氏からの最初の誘いは、慶長十九年三月十日で、大坂城の大野治長から、越中国高岡城に隠居していた二代前田利長に宛てて誘いの書状が届いた。しかし、すでに病状が篤かった利長は、その手紙を家康のいる駿府に回送し、本多政重（正信の次男）に後事を託し、五月二十日に没した。幕府の誤解を防ぐための処置であったと思われる。しかし、その後も大坂からの勧誘は続き、六月十二日には大野治長から長連龍（如庵）に宛てて利長の葬儀への不参を謝し、八月十日には秀頼が三代藩主利常に大坂方への参画を要請している。前田家ではこれに応じる姿勢は見せなかった。

利常が将軍秀忠から、大坂出陣の要請を受けたのは、江戸から金沢に帰る途中の十月十日頃、越後国から越中境にさしかかったあたりであったという。利常は金沢城に入ると、すぐに軍令を発した。そして、金沢城を初めとする諸城の留守居を定めた。この留守居については、「長和佳兵乱私記」の冒頭に記事があり、金沢城が「尾山城」と記されている。ちなみに、この私記には、慶長二十年四月二十六日に定められた軍法（夏陣）やこの時の大筒の定、冬陣・夏陣の高名・討死者の交名、頸取りの交名等が記される。

二、「大坂両陣御備図」

文庫蔵の「大坂両陣御備図」（四巻）は、宝永五年（一七〇八）六月に有沢永貞がまとめた記録で、「大坂冬陣」「大坂夏陣」の下書と清書の各二巻で構成されている。

内容は、前者の冬陣の方が、「慶長十九甲寅年摂州大坂表加能越三州之軍勢御備定」から始まり、御先手四段として、一番から四番までその構成が記されている。ちなみに一番は山崎闇斎が息大和守とともに頭を勤め、足軽頭の安原隼人・藤田八郎兵衛・堀才之助・笹島三蔵・長田市兵衛が第一列を構成し、第二列の中央に山崎闇斎、その右に小塚淡路・岡嶋備中・安見右近（鉄砲）、左に高畠左京・村井飛騨（幼少につき陣代）・津田和泉（鉄砲）が配置されている。四番の次には、御近陣組・御馬廻六組・鉄砲大将十一人・御使番十七人が並び、そのうしろに御大将（利常）が御旗や大小の馬験を掲げていた。その次に後備がおり、最後に小荷駄隊が続いている。そして末尾に、留守居と金沢出陣から帰陣までの簡単な記録が収められる。

後者の夏陣の方は、「慶長廿乙卯年五月七日摂州大坂岡山表寄手加州勢備立大概之図」から始まり、「御先手三段、但一段頭二人宛、」として、岡山口往還に沿って展開する前田軍の配置を描いている。先頭から、山崎閑斎・奥村河内・本多安房・長連龍（如庵）・横山山城の順で展開し、その後に御馬廻六組、ついで「御大将」（利常）が位置し、後備と小荷駄隊が続いている。この巻の最後に「慶長廿年五月摂州大坂御陣加陽御備定動揺之覚」と題して、夏の陣の経緯を簡単に記している。

三、その他の合戦図

文庫には、多くの合戦図（軍陣配置図等）があるが、このうち「五畿内」と大書された袋の中には、左記の合戦図が納められている。

①大阪冬御陣之図穢多城・仙波・伯楽淵・川越
②冬御陣　夜討之図
③摂州大坂冬陳寄□之図慶長十九年
④長如庵営陳図慶長十九年
⑤大坂夏御陳図
⑥安井算智方ゟ出大坂戦場絵図二枚之内
⑦夏御陳道明寺・八尾久宝寺合戦之図
⑧摂州大坂夏陣合戦之図元和元年五月六日
⑨摂州大坂夏合戦之図元和元年五月六日
⑩和泉国樫井合戦図

⑪泉州狛江合戦
⑫河州八尾・若江戦之図元和元年五月六日
⑬摂州大坂慶長十九年・元和元年
⑭摂州大坂元和元年大手門黒門幷算用丸当家中弐枚之内
⑮摂州大坂元和元年岡山当家中弐枚之内
⑯摂州大坂冬夏陣戦場之図慶長十九年・元和元年

このうち①③は、冬陣の時の全体の軍陣配置を記した図であり、②④は個々の陣立を図したもので、④は冬陣の際の長連龍（如庵）の陣の詳細を記している。⑥は裏に貼られた口上之覚によると、安井算智・同知哲が大坂久宝寺におり、当時を良く知る親類が書いた大坂城の絵図であるという。

⑦〜⑮は夏陣（一部冬陣を含む）の際の各地の戦いを軍陣の動きをふまえて描いた合戦図である。前田の関係では、⑬に「△（赤、冬陣）加賀中納言責口、十二月三日ノ夜、本多安房・山崎閣斎堀際マテ押寄雖責戦、後陣不続引取」「○（赤、夏陣）五月七日加賀手江討取首数三千二百」と記載がある。文庫には、「元和大坂役将士自筆軍功文書」、俗に夏陣の首取状といわれる藩士が戦功を書き上げた文書が四百六十二通以上残っている。⑭には五代藩主綱紀（松雲公）の識語が朱で記されている。「以別本令校合、挙其異者、朱書之訖、／于時延宝三年初冬九日」（／は改行）とあり、図中には同じ朱書が散見する。前田軍の動きと個々の家臣の戦功を検証するための作業であろうか。⑮も前田軍の動きを示すもので、各地に於ける戦功等が書き込まれている。

⑯は大坂城周辺での戦いの様子を黒の△（冬陣）と赤の△（夏陣）で区別して記載している。前田の関係では、

「△（黒）松平筑前守内本多安房守真田と迫合合戦スル所、築山ノ印今ニアリ、五月七日筑前守家中へ打捕首数三千二百」などとある。

他にも多くの合戦図が残っているが、最後に、夏陣に参加した西尾隼人（長昌）が所持していたとされる絵図を紹介して結びとしよう。この絵図は無題であるが、この絵図の納められる紙袋に西尾が所持したことが記載されている。夏陣のとき、五月六日に久宝寺に陣を敷いた利常に対し、将軍秀忠から出陣の命が下り、平野に出て平野道筋を北上して大坂城に攻め入った様子がわかるものである。西尾隼人は上述の「大坂夏陣」（「大坂両陣御備図」）にも名が見え、五月七日の岡山口での戦いでは戦功を挙げている。

第十一章　尊経閣文庫所蔵の城絵図について

文庫には、加賀前田家に伝来した多くの絵図類がある。その一つの城絵図集に「諸国居城図」（有沢永貞編、百八十五枚）がある。また、それに関係する城絵図もあり、それも含めて簡単に解説したい。なお、『尊経閣文庫蔵諸国居城図』（前田育徳会尊経閣文庫編）の巻末にその目録が掲載されている。この「諸国居城図」は約三三センチ×二四・五センチ×二〇センチの桐箱に納められており、箱書に「諸国居城幷城主記」とある。絵図は①五畿内、②東海道（前）、③東海道（後）、④東山道（前）、⑤東山道（後）、⑤東山道（後）、⑥北陸道、⑦山陰道、⑧山陽道、⑨南海道、⑩西海道に分類され、各々の分類名を墨書した畳紙に納められる。百八十五枚の城絵図は約二九センチ×四〇・五センチの統一した規格の絵図となっている。

一、「諸国居城図」の成立と伝来

江戸時代の軍学者有沢永貞（一六三九〜一七一五）は、加賀藩士孫作俊澄の子。通称は九八郎、のち改めて采女右衛門と称した。延宝五年（一六七七）家を嗣いだ。禄高は三百石である。武田流の故実を学び有沢流と称された。元禄十年（一六九七）四月小姓から御細工奉行に任じられ、宝永五年（一七〇八）九月御先弓頭に任じられるまで在職した。

永貞は江戸勤番の機会が多く、全国の城郭に関する情報を得ることが可能であった。金沢市立玉川図書館蔵加越能文庫には、有沢永貞著の「諸城主記」（延宝四年霜月六日有沢俊貞書写）が残る。これは全国の城郭を五畿七道順に配列し、各城郭の城主とその略伝を編年に書き上げたものである。同文庫にはこれに類するものとして、長久保正之が著し、有沢永貞が補ったという「諸国諸城主記」（五冊、第一冊は今枝直方の調査した城館の目録で、元禄三年に成立、第二冊から第五冊は諸城主の略伝で、貞享四年〈一六八七〉に成立という）や天正年間から慶長年間にかけて諸国の城主とその略譜を列記した有沢永貞著の「城主記附録」（元禄五年写）がある。

一方、文庫には「増補諸城主記」（二冊）がある。これは前述の「諸城主記」を増補したもので、末尾に有沢永貞による貞享四年六月七日の「諸城主記跋」があり、その次に「諸国居城之図集跋」（元禄五年正月中旬）とその凡例（元禄五年初春中旬）が記されている。「諸国居城之図集」は現在金沢市立玉川図書館に所蔵されている。この「諸城主記跋」の末尾には左記の記載がある。

（前略）夫城地ト云トモ品々不同要害ノ地アリ、不用地アリ、大守其分国ニ於テ往還自由ノ繁昌ヲ考ヘ、堅固守成ノ要害ニ依テ常ヲ全フシ、四境ヲ防クハ国家ヲ持ツノ大旨也、其取捨ニ於テ深意アリ、今論スル所ハ天下ノ諸城也、其利広大ニシテ其事繁多ナリ、天下ノ主ト云トモ先規ヨリ持来ルノ国主ニ於テ、其得替必シモ公命ニ任セス、其変異ヲ伺ヒ時節ニ応シ、新旧老若智愚ヲ計テ、年々ノ得替其主意論シ尽シカタシ、此主記始末ヲ以テ可考之也、惣テ関東八州江戸ノ近辺各其城主ハ、政道補佐ノ老中ニ預置シメ給フノ内、常州水戸ノ侯一人大禄ヲ以テ東国ノ鎮タルカ、奥羽ハ辺境不用之地也、然トモ其出ヘキノ道筋ニ於テ、堅城幾ツモ有テ、其圧トナル事全シ、京都二条ノ御屋敷、摂州大坂ノ堅城何ソ輙ク言之、元和年中ニ紀州ニ頼宣卿ヲ封シテ、既ニ天下ノ護リ三卿ノ例式有テ、今百年ノ泰平ニ帰シ、上下多クハ五世ノ静謐ニ住ス、其人代リ其法流レテ、其大本違事イカテカナカラサラン、夫扶桑ハ一小嶋也、其地狭フシテ其事少ナシ、故ニ泰平ノ功用モ亦異域ニ越ユ、国ヲ守リ兵ヲ司トルノ武将何ソ其利ヲ知サル、此主記有ト云トモ、唯ニ城主ノ姓名ヲ見テ記得スルノミナランハ、無念ノ事也、其始末変替興廃ノ跡ヲ考知テ、後昆ノ鑑ミタラン事ヲ思テ、同姓盛庸ニ談シテ是ヲ補ハシメ、後ヱニ大旨ヲ跋シ、添ルニ扶桑国都ノ諸城百四十余ノ畧図を以テシテ、近世諸家ノ譜ヲ読、老兵談士ノ言語ヲ聞テ、其本末ヲ悟リ知ノ一助ト思ニ有而巳、

于時貞享丁卯（四年）六月七日於武陽旅亭書之、

有沢永貞（印）

有沢永貞は、従前の「城主記」が城主の姓名のみが記される目録的なものなので、城の「始末・変替・興廃ノ跡」をまとめておきたいと考え、同姓の（有沢）盛庸に頼んでその補充を行い、さらに諸国の城百四十余箇所の略図を添えたと述べている。このことから、「諸城主記」と「諸国居城之図集」との関係は密接なものと推定される。後者は現在百六十四枚で構成されているが、十二枚の同じ城の城下図等を含むので、おそらくこの「諸国

の城百四十余箇所の略図」を増補したものであろう。文庫所蔵の「増補諸城主記」は前述の「諸城主記」を増補したものと考えられ、元禄九年までの記載がある。また、「宝永八年（一七一一）辛卯季春」の奥書がある「追加諸城主記」は、増補と若干の重複はあるが、それ以降宝永八年までの記載があるので、有沢永貞は最初にまとめた後も、徐々に増補・改訂を進めていたことがわかる。

次に上述の「諸国居城之図集」と文庫所蔵の「五畿七道城図」（二百十三枚）との関係をみてみよう。両者とも同じように彩色され、大きさもほぼ同じである（約二九×四一：単位センチ）。後者は明治二十八年（一八九五）に有沢家から前田家に献上されたもので、本来二百十五枚あったとみられ、文化十三年（一八一六）に有沢家で調査したとき欠けていた山陰道の出雲松江城下と、前田家に献上されたとき欠けていた西海道の筑後久留目城の二枚が現存しない。また、文庫には別の十五枚セットの「諸国居城図」があり、この中に「尾張名護屋　以正極大図縮之」（ラ三ノ九号ノ二）と「遠江浜松　以中図縮之」（ラ三ノ十七号ノ二）が存在する。両者とも後述する「諸国居城図」と構図が同じであり、前者は「五畿七道城図」と石垣の色が異なり、後者は「士」・「蔵」の文字がない。「五畿七道城図」には「尾州名護屋　以正極大図縮之」（ラ三ノ九号ノ一）と「遠州浜松　以中図縮之」（ラ三ノ十七号ノ二）があり、枝番の番号から推すと、この二枚は本来「五畿七道城図」に含まれていた可能性がある。なお、十五枚セットの中には「越前福居　以正極図縮之、貞享二年以住之図也」（テ七ノ二号ノ二）があるが、これは「極」が挿入となっており、絵図そのものも「五畿七道城図」、「諸国居城図」と構図も文字もほぼ同じである。「諸国居城之図集」と「五畿七道城図」の構成は左のようになる。

○「諸国居城之図集」　百六十四枚

①、五畿内　八枚
②、東海道前　十八枚
③、東海道後　十九枚
④、東山道前　二十五枚
⑤、東山道後　二十一枚
⑥、北陸道　十二枚
⑦、山陰道　十二枚
⑧、山陽道　十五枚
⑨、南海道　十枚
⑩、西海道　二十四枚

○「五畿七道城図」　二百十五枚（うち二枚欠）

①、日本国地畧図・一城五段之図　六枚
②、五畿内　八枚
③、東海道前　十九枚
④、東海道後　十九枚
⑤、東山道前　二十五枚

⑥、東山道後　二十一枚
⑦、北陸道　十二枚
⑧、山陰道　十二枚（一枚欠）
⑨、山陽道　十五枚
⑩、南海道　十枚
⑪、西海道　二十四枚（一枚欠）
⑫、江城之図並虎口分図　四十四枚

後者は、前者に後者の①と⑫を加えた数字とほぼ一致する。すなわち後者の②～⑪の構成は前者とほぼ同じものである。相違する点は、前者の②の部分に「名護屋城初築之図」がない点くらいであろう。さらに細かく点検すると、城の名称の表記（「福居」「大正持」等）も、元の絵図の程度を示す「粗図」「畧図」「中図」「正図」「正極図」「板行小図」「大絵図」といった記載もほぼ同じである。実際に比較してみても構図等もほぼ同じ絵図であることがわかる。とすれば、後者は前者に後者の①と⑫を増補したものと見られるのである。

次に、「五畿七道城図」と「諸国居城図」（百八十五枚）とを比較してみたい。絵図の大きさはほぼ同じである。「諸国居城図」の構成は左記のようになる。

1、五畿内　九枚
2、東海道前　二十一枚

3、東海道後　二十三枚
4、東山道前　二十八枚
5、東山道後　二十二枚
6、北陸道　十三枚
7、山陰道　十四枚
8、山陽道　二十枚
9、南海道　十一枚
10、西海道　二十四枚

すなわち、後者は、前者から①と⑫を除いた構成になっている点、「諸国居城之図集」と同じである。しかし、点数が大幅に増えている。それを細かく見てみると、左記の二十枚の絵図が追加されている。

「大坂城下　以板行図縮之」　「勢州神戸　以中図縮之」
「田原城下　以正極図縮之」　「甲府城下　以正図縮之」
「上総佐貫　以正図縮之」　「佐貫城下　以正図縮之」
「水戸城下　以正図縮之」　「高山城下　以正極図縮之」
「上州安中　以正図縮之」　「安中町之図　以正図縮之」
「三本松城下　以正図縮之」　「富山城近辺」

「伯州米子　以中図縮之」　「浜田城下　以正極大図縮之」
「明石城下　以正極大図縮之」　「岡山城下　中図」
「福山城下　以正極図縮之」　「備後福山　以正極図縮之」
「備後三原　以中図縮之」　「徳嶋城下　以正極大図縮之」

概観すると、城絵図の追加（六枚）より、城下町の絵図が大量（十四枚）に追加されている。用いられている原図の程度も「粗図」「畧図」は見えず、「正図」あるいは「正極大図」が用いられており、永貞の情報収集の程度もかなり改善されていることがわかる。

つぎに、「五畿七道城図」と「諸国居城図」の収められている同じ名称の城絵図の比較をしてみよう。原図の程度あるいは原図の相違する絵図は左記のようになる。上が「五畿七道城図」、下が「諸国居城図」である。

「五畿七道城図」	「諸国居城図」
1、「和州郡山　畧図、以別図見合之」	「和州郡山　以正図縮之」
2、「勢州津　畧図、以別図見合之」	「勢州津　以中図縮之」
3、「尾州犬山　畧図」	「尾州犬山　以中図縮之」
4、「参州田原　畧図」	「参州田原　以正極図縮之」
5、「常州水戸　以中図縮之」	「常州水戸　以正図縮之」
6、「常州笠間　粗図」	「常州笠間　以正図縮之」

7、「濃州加納　以中図縮之、以別図見合之」
「濃州加納　以正極図縮之」

8、「濃州岩村　略図」
「濃州岩村　以粗図写之」

9、「飛州高山　略図」
「飛州高山　以正極図縮之、元禄八年廃城」

10、「信州高遠　以中図縮之」
「信州高遠　以中図縮之」

11、「信州諏訪　以中図縮之」
「信州諏訪　以中図縮之」

12、「信州松本　略図、以別図見合之」
「信州松本　以正極図縮之」

13、「信州飯山　以粗図縮之」
「信州飯山　以粗図写之」

14、「信州上田　粗図」
「信州上田　以正極図縮之」

15、「信州小室　粗図、或小諸」
「信州小諸　以正極図縮之」

16、「野州壬生　略図」
「野州壬生　以粗図縮之」

17、「野州宇都宮　以中図縮之、以別図見合之」
「野州宇津宮　以正図縮之、以別図見合之」

18、「奥州二本松　粗図」
「奥州二本松　以正図縮之」

19、「奥州三春　略図」
「奥州三春　以中図縮之」

20、「奥州中村　略図」
「奥州中村　以大図縮之」

21、「羽州上山　略図」
「羽州上山　以粗図縮之」

22、「越前大野　粗図」
「越前大野　以中図縮之」

23、「越後柴田　中図（城ノ図躰長岡ニ等シ可尋之）」
「越後柴田　以粗図写之」

24、「丹波笹山　略図」
「丹波笹山　以中図写之」

25、「丹後田辺　畧図」　　「丹後田辺　以中図写之」
26、「但馬出石　畧図」　　「但州出石　以粗図縮之」
27、「雲州松江　粗図」　　「雲州松江　以正極大図縮之」
28、（「松江城下　畧図」）　　「松江城下　以正極大図縮之」
29、「石州浜田　畧図」　　「石州浜田　以正極大図縮之」
30、「石州津和野　畧図」　　「石州津和野　以中図縮之」
31、「播州明石　畧図」　　「播州明石　以正極大図縮之」
32、「備前岡山　以中図写之」　　「備前岡山　以中図縮之」
33、「備後福山　畧図」　　「備後福山　但城中大概幷城下近郷方境之図体」
34、「紀州和哥山　畧図、以別図見合之」　　「紀州和歌山　以畧図写之」
35、「阿州徳嶋　以粗図縮之、初ハ猪津ト云」　　「徳嶋城下　以正極大図縮之」
36、「予州今治　畧図」　　「予州今治　以正図縮之」
37、「予州大須　畧図」　　「予州大洲　以中図縮之」
38、「筑後柳川　本丸」　　「筑後柳川　以粗図縮之」
39、「豊後日出　畧図、擬作歟」　　「豊後日出　以中図縮之」
40、「豊後臼杵　畧図」　　「豊後臼杵　以粗図写之」
41、「日州縣　畧図」　　「日州縣　以中図縮之」

この特徴は、多少の例外はあるが、上段の「五畿七道城図」で粗図・畧図・中図であった原図が下段の「諸国居城図」では中図・正図・正極図・大図・正極大図になっている点であろう。なお、絵図の名称が変更になっているのは右記の四十一点のうち五点（15、17、34、35、37、表記の変更も含む）で、23のように誤った絵図を差し替えている場合もある。10・11・32は同じ中図、13は粗図を用いているが、構図が異なり、天地も逆になっているものもある。色が淡く、「諸国居城図」のほうがよいできである。32は構図が異なり、「岡山城下」が加えられている。38は構図が異なり、「柳川城別図　以中図縮之」が増加している。有沢永貞の改訂作業が進められていたことはこれらの点からも確認できる。

次に、「諸国居城之図集」・「五畿七道城図」・「諸国居城図」には、畧図・粗図・板行小図・板行図・中図・正図・大絵図・大図・正極図・正極大図という原図のランクが記されている。「諸国居城図」を原図のランク別にまとめると左記のようになる。

1、畧図　三十四枚

「城州淀　畧図、以別図見合之」・「摂州高槻　畧図、以中図見合之」・「摂州尼崎　畧図、以別図見合之」・「伊州上野　畧図」・「遠州横須賀　畧図」・「下総佐倉　略図、以別図見合之」・「常州下館　畧図」・「江州水口　畧図」・「信州飯田　畧図」・「上州高崎　畧図」・「野州烏山　畧図」・「奥州米沢　畧図」・「奥州福嶋　畧図」・「奥州岩城　畧図、或平トモ云」・「奥州弘前　畧図」・「羽州本庄　畧図」・「丹波福知山　畧図、以中図見合之」・「播州立野　畧図」・「防州徳山　畧図、擬作歟」・「長州府中　畧図」・「紀州和歌山　以畧図写之」・「淡州須本　畧図」・「予州松山　畧図」・「土州高知　畧図」・「豊後木付　畧図」・「豊後日田　畧図」・「肥前

佐賀　署図、擬作歟」・「肥前大村　署図、擬作歟」・「肥前嶋原　署図」・「肥前平戸　署図、擬作歟」・「肥後求摩　署図」・「日州佐土原　署図、擬作歟」・「薩州鹿児島　署図」・「対州府中　署図」

2、粗図　十八枚

「城州二条　以粗図写之」・「勢州久居　粗図」・「下総関宿　粗図」・「濃州岩村　以粗図写之」・「信州飯山　以粗図写之」・「野州壬生　以粗図縮之」・「羽州上山　以粗図縮之」・「羽州山形　粗図」・「加州金沢　此図武江ニ流布ス、元和以往ノ粗図歟」・「越後柴田　以粗図写之」・「但州出石　以粗図縮之」・「因州鳥取　以粗図写之」・「予州宇和嶋　以粗図縮之」・「筑前福岡　粗図」・「筑後柳川　以粗図縮之」・「豊前中津　以粗図縮之」・「豊後臼杵　以粗図写之」・「日州飯（飫）肥　以粗図縮之」

3、中図　六十一枚

「和州高取　以中図縮之、以別図見合之」・「泉州岸和田　以中図縮之」・「勢州亀山　以中図縮之」・「勢州津　以中図縮之」・「勢州神戸　以中図縮之」・「勢州長嶋　以中図縮之」・「尾州犬山　以中図縮之」・「参州岡崎　以中図縮之」・「参州西尾　以中図縮之、以別図見合之」・「参州吉田　以中図縮之」・「遠州浜松　以中図縮之」・「遠州掛川　以中図縮之」・「相州小田原　以中図縮之」・「武州河越　以中図縮之」・「武州忍　以中図縮之」・「常州土浦　以中図縮之、以別図見合之」・「常州完戸　以中図縮之」・「江州膳所　以中図縮之」・「江州彦根　以中図縮之」・「信州高遠　以中図縮之」・「信州諏訪　以中図縮之」・「信州松城　以中図縮之、以別図見合之」・「上州厩橋　以中図縮之、以別図見合之」・「上州舘林　以中図縮之、但旧図也」・「上州沼田　以中図縮之」・「野州大田原　以中図縮之、以別図見合之」・「奥州白川　以中図縮之」・「奥州三春　以中図縮之」・「奥州白石　以中図縮之」・「奥州岩沼　以中図縮之」・「奥州盛岡　以中図縮之」・「羽州鶴岡　以中図縮之」・「羽州窪田　以中図縮之」・「若州小浜　以中図縮之」・「越前大野　以中図縮之」・「加州大聖寺　中図」・「加州小松　中図、万治二年以往ノ図歟」・「越中富山　中図」・「越後長岡　以中図縮之」・「丹波亀山　以中図縮之」・「丹波笹山　以中図写之」・「丹後田辺　以中図写之」・「伯州米子　以中図縮之」・「石州津和野　以中図縮之」・「播州赤穂　以中図縮之」・「作州津山　以中図縮之」・「備前岡山　以中図縮之」・「岡山城下　中図」・「備中足守　中図」・「備中松山　以中図縮之」・「備後三原　以中図縮之」・「讃州高松　以中図縮之」・「讃州丸亀　以中図縮之」・「予州大洲　以中図縮之」・「筑後久留目　中図、但此城不分明」・「筑後柳川　以中図縮之」・「豊前小倉　以中図縮之」・「豊後日出　以中図縮之」・「豊後竹田　以中図縮之」・「日州県　以中図縮之」

4、正図　二十五枚

「和州郡山　以正図縮之」・「摂州大坂　以正図縮之」・「志州鳥羽　以正図縮之」・「参州苅屋　以正図縮之」・「甲州府中　以正図縮之」・「甲府城下　以正図縮之」・「上総佐貫　以正図縮之」・「佐貫城下　以正図縮之」・「常州水戸　以正図縮之」・「水戸城下　以正図縮之」・「常州笠間　以正図縮之」・「濃州大垣　以正図縮之」・「濃州八幡　以正図縮之」・「上州安中　以正図縮之」・「安中町之図　以正図縮之」・「野州宇津宮　以正図縮之、以別図見合之」・「奥州二本松　以正図縮之」・「二本松城下　以正図縮之」・「越前福居　以正図縮之、貞享二年以往ノ図也」・「越前丸岡　以正図縮之」・「丹後宮津　以正図縮之」・「芸州広嶋　以正図縮之」・「広嶋

城下　以正図縮之、城中ト別図」・「予州今治　以正図縮之」・「豊後府内　以正図縮之」

5、**大図**　三枚

「奥州中村　以大図縮之」・「鳥取城下　以大図縮之、城中ト別図」・「肥後熊本　以大図縮之、加藤氏在城ノ時ノ図也」

6、**大絵図**　四枚

「奥州若松　以大絵図写之」・「若松城下　以大絵図縮之、加藤氏在城之時之図也」・「奥州仙台　以大縮(絵)図縮之」・「仙台城下　以大絵図縮之」

7、**正極図**　二十二枚

「勢州桑名　以正極図縮之」・「参州田原　以正極図縮之」・「田原城下　以正極図縮之」・「駿州田中　以正極図縮之」・「駿州府中　以正極図縮之」・「駿府城下　以正極図縮之」・「武州岩付　以正極図縮之」・「下総古河　以正極図縮之」・「古河城下　以正極図縮之、土井氏在城ノ時ノ図」・「濃州加納　以正極図縮之」・「飛州高山　以正極図縮之、元禄八年廃城」・「高山城下　以正極図縮之」・「信州上田　以正極図縮之」・「信州小諸　以正極図縮之」・「信州松本　以正極図縮之」・「越後本庄　以正極図縮之、或村上ト云」・「播州姫路　以正極図縮之」・「姫路城下　以正極図縮之」・「備後福山　以正極図縮之」・「福山城下　以正極図縮之」・「長州萩　以正極図縮之」・「肥前唐津　以正極図縮之」

8、正極大図　十一枚

「尾州名護屋　以正極大図縮之」・「名護屋城下　以正極大図縮之」・「越後高田　以正極大図縮之、天和元年以往ノ図也」・「雲州松江　以正極大図縮之」・「松江城下　以正極大図縮之」・「石州浜田　以正極大図縮之」・「浜田城下　以正極大図縮之」・「播州明石　以正極大図縮之」・「明石城下　以正極大図縮之」・「阿州徳嶋　以正極大図縮之」・「徳嶋城下　以正極大図縮之」

9、板行小図　一枚

「江戸城下　以板行小図、畧而写之」

10、板行図　一枚

「大坂城下　以板行図縮之」

11、その他　五枚

「名護屋初築之図」・「武州江戸」・「彦根城下　以旧図縮之、城中ト別図也」・「富山城近辺」・「備後福山　但城中大概幷城下近郷方境之図体」

畧図の場合は、「擬作歟」という記載があるものが五枚にあり、また「以別図見合之」・「以中図見合之」等の他の絵図も参照したとする記述がいくつか見られるが、「写之」という記載は見られない。粗図には「写之」・

「縮之」という記載が半分ずつくらいあるが、中図以降はほとんど「縮之」となっている。これは原図の大きさによるものと考えられる。この点については原図のところで後述したい。またこの分類を「五畿七道城図」と比較すると左記のようになる。

	「五畿七道城図」	「諸国居城図」
(1) 署図	五十七枚	三十四枚
(2) 粗図	十八枚	十八枚
(3) 中図	四十九枚	六十一枚
(4) 正図	十三枚	二十五枚
(5) 大図	二枚	三枚
(6) 大絵図	四枚	四枚
(7) 正極図	十一枚	二十二枚
(8) 正極大図	四枚	十一枚
(9) 板行小図	一枚	一枚
(10) 板行図		一枚
(11) その他	四枚	五枚
合計	百六十三枚	百八十五枚

畧図が減少し、中図・正図・正極図・正極大図が増加しており、この点から見ても改訂作業が進んでいたことがわかる。全般的に見ても、「諸国居城図」のほうが線の引き方も丁寧で、彩色も淡い色で丁寧に塗りつぶしてあり、「五畿七道城図」のほうが雑な印象を受ける。前者には編者の識語も記されていない点から、「諸国居城図」は前田家への献上本と考えてよいと思われる。

二、有沢永貞蒐集の城絵図

神山仁は、「江戸時代初期の城郭絵図――正保城絵図と城郭修理願絵図の成立について――」(『城郭史研究』一七号、一九九七)の中で、現在金沢市立玉川図書館に所蔵される「盛岡城之絵図」を例に引いて、この絵図が「諸国居城之図集」の中の「奥州盛岡　以中図縮之」の原図であり、有沢永貞が蒐集した絵図であることを指摘している。この「盛岡城之絵図」は、昭和二十三年に、文庫から加賀藩の行政資料を中心とした文献が金沢市に寄贈された時、そのうちに含まれていたものである。現在文庫には、これに類する城絵図が数多く存在する。「諸国居城之図集」・「五畿七道城図」・「諸国居城図」に含まれる城絵図と構図や記載が共通しており、その原図と考えられる城絵図がこの中に存在する。『尊経閣文庫蔵　諸国居城図』(前田育徳会尊経閣文庫編)の巻末に掲載してある「尊経閣文庫城絵図目録」の大半は永貞の蒐集品と考えられるので、原図と推定される絵図を中心に紹介してみたい。

有沢永貞の蒐集品と考えられるのは、若干例外はあると思われるが、「尊経閣文庫城絵図目録」のうち、『山城諸城図』から『城図不明之分』までと考えられる。これらの中には、絵図左下に書写年代の記してあるものが若干あり、これを編年にしてみると左記のようになる。絵図名の「( )」内は推定、絵図下の『　』は目録に記される所収絵図の品名である。

○天和二年（一六八二）

「（越前藤嶋之城跡図）」（天和二暦癸亥五月図之）『越前諸城図』

○貞享元年（一六八四）

「（越前豊原城□）」（貞享元暦甲子□月作之）『越前諸城図』

「（越前一条谷古城）」（貞享□年□□月図之）『越前諸城図』

○元禄六年（一六九三）

「丹波篠山之城」（元禄癸酉仲春上旬写之）」『丹波篠山城図』

「丹後田辺之城」（元禄癸酉仲春上旬写之）『丹後宮津・田辺両城図』

「雲州松江之城図」（元禄癸酉仲春上旬写之）『雲州松江之城図』

「備後三原之城」（元禄六癸酉仲春上旬写之）『備後福山・三原両城図』

「備後福山之城」（元禄癸酉仲春上旬写之）『備後福山・三原両城図』

「勢州神戸之城」（元禄癸酉二月下旬写之）『伊勢諸城図』

「尾州犬山之城」（元禄癸酉二月下旬写之）『尾張諸城図』

「尾州大高之古城」（元禄癸酉二月下旬写之）『尾張諸城図』

「遠州勝間田之古城」（元禄癸酉二月下旬写之）『遠江諸城図』

「常州水戸之城」（元禄癸酉二月下旬写之）『常陸諸城図』

「参州田原之城」（元禄癸酉三月上旬写之）『三河諸城図』

「参州田原城下」（元禄癸酉三月上旬写之）『三河諸城図』

「越前大野之城」（元禄癸酉三月上旬）『越前諸城図』

「下野結城之城」（元禄癸酉三月中旬）『下野諸城図』

「美濃国岩村之城　霧カ城トモ云」（元禄癸酉六月廿二日写之）『美濃諸城図』

「常陸国笠間之城」（元禄癸酉六月廿二日写之）『常陸諸城図』

「遠州横須賀之城」（元禄癸酉□□下旬写之）『遠江諸城図』

「野州宇津宮之城　奥平氏居住　寛文以往之図也」（元禄癸酉□月中旬）『下野諸城図』

○元禄七年（一六九四）

「奥州二本松之城」（元禄甲戌中秋写之）『奥州諸城図』

○元禄八年（一六九五）

「奥州中村之城」（元禄乙亥季夏写之）『奥州諸城図』

「奥州田村郡三春之城」（元禄乙亥季夏写之）『奥州諸城図』

「備中松山之城図」（元禄乙亥季夏下旬写之）『備中松山城図』

「豊後臼杵之城」（元禄乙亥季夏写之）『豊後諸城図』

「筑後柳川城図」（元禄乙亥季夏写之）『筑後柳川城図』

「豊後日出之城」（元禄乙亥初秋廿日）『豊後諸城図』

○元禄十年（一六九七）

「和州郡山之城図」（元禄丁丑仲秋中旬）『大和諸城図』
「勢州津之城図」（元禄丁丑仲冬中旬）『伊勢諸城図』
「信州小室之城図」（元禄丁丑仲冬中旬）『信濃諸城図』
「但馬豊岡・出石両城方角之図」（元禄丁丑仲冬下旬）『但馬豊岡出石両城図』
「但馬出石之城図」（元禄丁丑仲冬下旬）『但馬豊岡出石両城図』
「羽州上山之城図桐山之城トモ」（元禄丁丑臘月上旬）『羽州諸城図』
「遠州高天神古城之図」（元禄丁丑臘月中旬）『遠江諸城図』
「（伊予大洲城）」（元禄丁丑臘月中旬）『城図不明之分』
「参州田嶺図」（元禄丁丑□□）『三河諸城図』
「石州津和野之城図」（元禄十年写）『石州津和野城図』
○元禄十一年（一六九八）
「武州岩付城図」（元禄戊寅初春下旬）『武蔵諸城図』
「阿州渭津城図徳島トモ云」（元禄戊寅季春下旬）『阿州渭津城幷城下図』
「阿州渭津城下之図」（元禄戊寅孟夏上旬）『阿州渭津城幷城下図』
「□（下）野宇都宮之城図　寛文三年」（元禄戊寅仲夏写之）『下野諸城図』
○宝永三年（一七〇六）
「河内国石川郡千早古城之図」（宝永三年八月写之）『河内千早城図』
○享保九年（一七二四）

「志州鳥羽城之図」（享保九庚申年林鐘写之）『志州鳥羽城図』

右記の書写年代の記されている城絵図は、元禄六年（一六九三）から十一年にかけてのものが大半を占めており、これらは有沢永貞が「諸国居城之図集」をまとめた元禄五年（一六九二）以降の書写であることがわかる。

右のうち最も早い天和二年・貞享元年書写の三点は戦国期の城で、「諸国居城図」には含まれていない。元禄六年書写の城絵図の十八枚のうち、「諸国居城図」の段階で改訂されたものが「丹波篠山之城」・「丹後田辺之城」・「雲州松江之城図」・「備後福山之城」・「参州田原之城」・「越前大野之城」・「美濃国岩村之城　霧カ城トモ云」・「野州宇津宮之城　奥平氏居住　寛文以往之図也」・「常陸国笠間之城」の九枚、追加されているものが「備後三原之城」・「勢州神戸之城」「参州田原城下」の三枚、構図がほぼ同じものが「常州水戸之城」の一枚であり、他の五枚は未収載か絵図の構図の異なるもの（原図ではないもの）である。

同様に、元禄七・八年書写の七枚でみると、「奥州二本松之城」・「奥州中村之城」・「奥州田村郡三春之城」・「備中松山之城図」・「豊後日出之城」・「豊後臼杵之城」・「筑後柳川城図」の七枚が改訂されている。元禄十年写の十枚では、「但馬出石之城図」・「羽州上山之城図桐山之城トモ」・「信州小室之城図」・「勢州津之城図」・「和州郡山之城図」・「石州津和野之城図」・「（伊予大洲城）」の七枚が改訂され、他の三枚は未収載のものである。翌十一年の四枚では、「武州岩付城図」・「阿州渭津城図徳島トモ云」・「□《（下）》野宇都宮之城図　寛文三年」が改訂され、「阿州渭津城下之図」が追加された。下って、宝永三年（一七〇六）書写の「河内国石川郡千早古城之図」は未収載のもの、享保九年（一七二四）の「志州鳥羽城之図」は構図が異なるものである。

以上のことから、有沢永貞の改訂作業は元禄十一年までは行われていたことが確認できる。すなわち、元禄五年に「諸国居城之図集」を作製した永貞は、同十一年頃まで改訂作業を進め、これ以降ほど遠くない頃に「諸国居城図」を完成させ、前田家（当時は五代藩主綱紀）に献上したのではなかろうか。

次に、書写年紀のない城絵図と「諸国居城図」との関係を見てみよう。まず、これら城絵図集の原図と推定されるものを挙げておこう。簡単なコメントを付したが、それは「諸国居城図」との比較である。

（1）「大和高取之城図」
構図は同じ。記載は詳しい部分がある。

（2）「泉州岸和田之城図」
構図はほぼ同じ。多少雑。

（3）「摂州尼崎ノ城」
構図はほぼ同じ。石垣・砂州等の記載方法が違う。

（4）「勢州亀山城之図」
構図は同じ。中図にあたるか。文字の記載は多い。

（5）「勢州久居」
構図は同じ。文字の記載が多少多い。粗図にあたるか。

（6）「勢州桑名城之□」
構図は同じ（航路も同じ）。描く範囲は広い。記事は詳細。正極図にあたるか。

（7）「勢州長嶋之図松平数馬居城也」

構図は同じ。天地を切る。文字は多い。東西と南北の記載が違う。中図にあたるか。

(8)「志州鳥羽城之図」(イ八号)

構図はほぼ同じ。正図にあたるか。文字の記載多し。矢倉は絵を入れる。周囲の説明多し。

(9)「尾州名護屋之城図」

構図は「諸国居城図」の「名護屋初築之図」と同じ。右下に「慶長拾五年尾州名護屋御普請書付二月より十二月廿三日迄」とある。記事は詳細、各大名の担当部分が記載される。

(10)「三州岡崎之城」

構図はほぼ同じ。西部分がない(松葉橋まで)。中図にあたるか。

(11)「遠州浜松城図」

構図はほぼ同じ。中図にあたるか。

(12)「掛川城絵図」

構図はほぼ同じ。中図にあたるか。

(13)「遠州掛川城」

構図はほぼ同じ。上記「掛川城絵図」のコンパクト版。やや粗雑。

(14)「駿府御城之図」

構図は同じ。文字は詳細。正極図にあたるか。

(15)「駿州府中図」

構図はほぼ同じ。若干記載表記の相違あり。

(16)「駿河田中之城図」
構図は同じ。文字は詳細。正極図にあたるか。
(17)「甲州府中之城図」
構図は同じ。正図にあたるか。石垣・塀等の寸法の記載あり。
(18)「武州川越」
構図は似る。門・櫓等絵を描く。
(19)「上総佐貫之城」
構図は同じ。正図にあたるか。
(20)「江州膳所の城之図」
構図は同じ。中図にあたるか。城部分の文字が情報多い。
(21)「濃州郡上八幡城之図」
構図はほぼ同じ。「諸国居城図」は東部分を切る。表記は、宗祇屋敷→宗祇屋布、追手門→大手門、法花寺→法華寺等の相違あり。
(22)「大垣之図」（美濃大垣之城）
構図は同じ。正図にあたるか。天守・櫓等は絵で描く、門二カ所変更の貼り紙あり。寛永十八年二月五日の老中連署状（改築許可）を載せる。
(23)「信州諏訪之城」
構図は同じ。「諸国居城図」は西の部分と東の町部を追加。

(24)「奥州白川城図」
構図は同じ、文字で侍屋敷等を示す、堀幅等の情報あり
(25)「奥州会津若松之城之図」
構図は、城部分が同じ。抜き書きしたものか。
(26)「奥州岩沼城図」
構図は同じ。中図にあたる。
(27)「奥州仙台之城図」
構図は同じ。大図にあたる。「諸国居城図」の「奥州仙台」と「仙台城下」はこれをもとにする。
(28)「越前丸岡城図」
構図ほぼ同じ(「諸国居城図」の東・西・北部分は他図で補う)。記載は詳しい。正図にあたるか。
(29)「越後高田之城図」
構図は同じ。記載は詳しい。正極大図にあたる。
(30)「丹後宮津之城図」
構図は同じ。正図にあたる。町屋の文字多い。
(31)「因幡鳥取城図　松平相模守居城」
構図は「諸国居城図」の「鳥取城下」とほぼ同じ。大図にあたるか。
(32)「伯州米子之城図」
構図は同じ。中図にあたる。

(33)「播州姫路之城図」
構図は同じ。正極大図にあたる。「諸国居城図」の「播州姫路」はその中心部分を載せる。「姫路城下」は全体を載せる。
(34)「長州阿武郡萩之城図」
構図は似る。町場・記事は異なる。他の絵図も参照したか。
(35)「讃州高松之城図」
構図は同じ。中図にあたる。
(36)「讃岐国丸亀之城図」
構図は同じ。中図にあたる。記事は多い。
(37)「伊予之今張城図」改訂
構図は似るが。若干記載が相違する。他の絵図を参照か。
(38)「筑前福岡之城図」
構図はほぼ同じ。別図を参照か。
(39)「豊前小倉城図」
構図は同じ。中図にあたる。記載は若干多い。
(40)「豊前中津城図」
構図は同じ。中図にあたる。記載は若干多い。
(41)「豊後府内城之図」

構図は同じ。正図にあたる。城周辺の記事細かい。

(42)「肥前嶋原之城図」

構図は同じ。記載は多い。

(43)「肥後熊本城之図」

構図は同じ。大図にあたる。

(44)「(筑後柳川城)」

構図は同じ。粗図にあたるか。南部分を欠く。

(45)「(常陸完戸城)」

構図は同じ。中図にあたるか。右側を欠く。

これらの中で改訂に用いられた絵図は23と38の二枚、追加に用いられたものは19・32の二枚である。それ以外の四十一枚は「五畿七道城図」と同じ原図を用いていると考えられる。ちなみに、「五畿七道城図」の中で、「諸国居城図」の改訂以前の絵図の原図と思われる城絵図は「常州笠間之城図　蒲生源左衛門縄張」・「信州飯山之城図」・「信州高遠城之図」の三枚が確認できる。他の多くは改訂された際廃棄されたのであろうか。

以上、金沢市立玉川図書館にある「盛岡」と前述の年紀のある絵図と合わせると、百八十五枚のうち、七十九枚(この内改訂分二十六枚、追加分六枚)の原図が確認できたことになる。

前述したように「諸国居城図」には、略図・粗図・板行小図・板行図・中図・正図・大絵図・大図・正極図・正極大図という原図のランクが記されている。次にこのランクのわかる原図について見ておきたい。なお、三枚ある「五畿七道城図」の原図は（五畿）を付してある。

（1）　畧図　二枚

「摂州尼崎ノ城」・「肥前嶋原之城図」

（2）　粗図　十枚

「常州笠間之城図　蒲生源左衛門縄張」（五畿）・「信州飯山之城図」（五畿）・「勢州久居」・「美濃国岩村之城霧カ城トモ云」・「羽州上山之城図桐山之城トモ」・「但馬出石之城図」・「筑前福岡之城図」・「（筑後柳川城）」・「豊前中津城図」・「豊後臼杵之城」

（3）　中図　三十一枚

「信州高遠城之図」（五畿）・「大和高取之城図」・「泉州岸和田之城図」・「勢州神戸之城」・「勢州津之城図」・「勢州亀山城之図」・「勢州長嶋之図松平数馬居城也」・「三州岡崎之城」・「遠州浜松城図」・「掛川城絵図」・「遠州掛川城」・「武州川越」・「（常陸完戸城）」・「江州膳所入城之図」・「信州諏訪之城」・「奥州田村郡三春之城」・「奥州白川城図」・「奥州岩沼城図」・「越前大野之城」・「丹波篠山之城」・「丹後田辺之城」・「伯州米子之城図」・「石州津和野之城図」・「備中松山之城図」・「備後三原之城」・「讃州高松之城図」・「讃岐国丸亀之城図」・「（伊予大洲城）」・「筑後柳川城図」・「豊前小倉城図」・「（盛岡城之絵図）」

（4）　正図　十四枚

「和州郡山之城図」・「志州鳥羽城之図」・「甲州府中之城図」・「上総佐貫之城」・「常州水戸之城」・「濃州郡上八幡城之図」・「大垣之図」（美濃大垣之城）・「野州宇津宮之城　奥平氏居住　寛文以往之図也」・「奥州二本松

之城」・「奥州二本松之城下」・「越前丸岡城図」・「丹後宮津之城図」・「伊予之今張城図」・「豊後府内城之図」

（5）大図　四枚

「奥州中村之城」・「奥州会津若松之城之図」・「因幡鳥取城図　松平相模守居城」・「肥後熊本城之図」

（6）大絵図　一枚

「奥州仙台之城図」

（7）正極図　十一枚

「勢州桑名城之□」・「参州田原城下」・「参州田原之城」・「駿府御城之図」・「駿州府中図」・「駿河田中之城図」・「武州岩付城図」・「信州小室之城図」・「播州姫路之城図」・「備後福山之城」・「長州阿武郡萩之城図」

（8）正極大図　四枚

「越後高田之城図」・「雲州松江之城図」・「阿州渭津城図徳島トモ云」・「阿州渭津城下之図」

（9）その他　二枚

「尾州名護屋之城図」・「□（下）野宇都宮之城図　寛文三年」

城絵図の内容は、前掲書の各々の個別絵図の解説を参照していただくとして、ここでは原図の大きさについて見てみたい。

前述したように畧図の場合は単に「畧図」と注記するだけであるが、粗図では「写之」・「縮之」という注記が半分ほどあり、中図以降は「縮之」という注記がほとんどである。このうち畧図については、六九×六九、八三×一五六（単位センチ、ミリ以下は四捨五入した、以下同じ）というように、絵図の大きさではなく、内容に則した記述になっていると思われる。注記のないものと「縮之」・「写之」が混在する粗図の場合も、注記のないものの大きさは三五×二八、二九×四一、二九×四〇と小さいが、「写之」の注記のあるものは五四×七九、五四×七九、「縮之」は八〇×五四、四九×七一、四一×四一、四二×五六、四一×五四となっており、あまり統一した基準は感じられない。これも絵図の内容によるものであろうか。

大図は八一×一二〇、九二×一三〇、九三×八八、一四二×一六五、大絵図は一七五×一六九、正極大図は一二三×九八、一三四×一四二、五四×一〇〇、九四×一三三と大きいものがすべてであるのは当然であろう。

正極図・正極大図は、描く範囲が広く、記事が詳細なものが多く、絵図の程度による分類と思われる。中には「参州田原之城」・「参州田原城下」のように城下と城中を分けて描いたものや、一枚の城絵図から「諸国居城図」で二枚の絵図を作成しているものもある。「雲州松江之城図」からは「雲州松江」と「松江城下」が、「播州姫路之城図」からは「播州姫路」と「姫路城下」が作成されている。

なお、「武陽江城虎口之図」（三十六枚）は薄い美濃紙に描かれたスケッチのようなもので、「五畿七道城図」の⑫江城之図並虎口分図（四十四枚）や「江戸御城郭内幷升形之図」（四十枚）の最初の頃の調査の際の備忘ではないかと思われる。延宝五年（一六七七）冬に津田光吉が相模の鎌倉付近で書籍等の捜索をおこなった時の記録である「相州鎌倉書籍等捜索書」（『松雲公採集遺編類纂』所収）にも

覚

一、水打美濃紙　　百枚

一、きうち美濃紙　　同

但、つよく打不申候ヲ

一、真書筆　　二対

右之通御越可被下候、以上

十一月廿三日　　津田太郎《光吉》兵衛

と、江戸に要望した筆記用具の中に見えており、この時期模写されたものの多くが美濃紙を使用していた。これは、現在文庫に残る模写本からも確認できる。

三、その他の城絵図

その他の城絵図は多くは江戸城と金沢城に関するものが大半を占める。その中でも「前田貞醇献」とされる絵図が多く見られる。この前田貞醇（天保十三年〜明治四十二年）は、代々家老の家柄であった前田利家の六男利貞の子孫である。明治になってその家蔵の絵図類を前田家に献上しそれが文庫に残ったものである。今回の目録には記載しなかったが、江戸屋敷関係の絵図にも「前田貞醇献」がある。

「江州安土古城図」は、左記の正徳四年（一七一四）の前田綱紀の識語があるもので、その原図は貞享四年（一六八七）に描かれたものという。

甲午之夏以江州総見寺所蔵之本模写之訖、

時

正徳四年六月二日　　菅原綱紀拝書

「金沢御城内外御建物絵図」（四十二枚）は、天保年間の金沢城の様子を描いたものである（『絵図でみる金沢城』、二〇〇八年）。その描く範囲は総構と蓮池亭・竹沢御殿を加えたもので、一枚を除いて、各絵図の縮尺（一〇〇分の一）が同じで、絵図の端に絵の記号の割符があり、それを合わせると一枚になるものである。

「金沢御城御普請之絵図幷奉書之写」・「金沢御城御二丸石垣御普請之奉書之写其節被上候絵図之写」・「金沢御城御普請之絵図幷奉書之写」は、各々寛文二年（一六六二）・同七年・同十一年に金沢城の修理許可を幕府に申請したときの写と見られる。文庫には、金沢城の修築を許可する寛文七年五月二十八日付と同十一年六月二十九日の幕府老中の連署状が残っている。

なお、写真、目録等は、『尊経閣文庫所蔵　諸国居城図』（新人物往来社、二〇〇一年刊）を参照されたい。

第十二章　「職人歌合」成立の背景

「職人歌合」としては今日、「東北院歌合」・「鶴岡放生会歌合」・「三十二番歌合」・「七十一番歌合」の四種が知られている。これらは、諸種多様な職人を網羅しその風俗を主題として描いた「職人尽絵」の一種で、各々の職人の絵にその職人の詠んだ和歌を添え、それを歌合の対の形式として配置したものである。そこでここでは、最初に歌合が盛んになった経緯と職人の変遷とについて述べ、その上でこの両者が「職人歌合」としてまとめられた経緯を考えたいと思う。

一、大和歌から歌合へ

和歌は、大和歌ともいい、文字のない時代から歌われた日本人固有の歌謡のひとつである。「古事記」「日本書紀」のなかに記載されているものは「記紀歌謡」といわれ、本来は民間に伝えられた民謡であったものが、登場する神や個人の読んだ歌として、神話の世界に取り入れられたものが多い。和歌は後世「万葉仮名」といわれる一字一音式の仮名が用いられている。素戔嗚尊が結婚し、新居で読んだ歌とされる「八雲立つ　出雲八重垣　妻籠みに　八重垣作る　その八重垣を」も出雲地方に伝わった民謡のひとつであったと考えられる。

八世紀末頃に成立した「万葉集」は、これに先行する「古歌集」「柿本朝臣人麻呂歌集」等を参考にして成立した古代の歌の集大成である。歌人は天皇以下の支配者階級から一般庶民までに及び、生活に密着した歌が多く含まれる。内容は、「相聞」といわれる恋歌、「挽歌」といわれる死者を悼む歌、それ以外の天皇の行幸や宴会などに歌われた「雑歌」に分類される。その中でも、中央から遠く離れた地で、過酷な労働や重い税金を課された東国の無名な庶民が素朴な心情を歌い、民間に歌い継がれた「東歌」や、東国から遠く離れた九州の地で、三年交替で辺境を守備した防人の周囲の人々が歌った「防人歌」は、この時代の庶民の歌として得意な存在であろう。

平安時代に入ると、九世紀前半は漢詩文（唐風文化）の時代であったが、九世紀末頃から国風（日本文化）が尊重されるようになり、和歌が公の場に姿を見せ始める。この時期から六歌仙（僧正遍昭、在原業平、文屋康秀、喜撰法師、小野小町、大伴黒主）が活躍し、「伊勢物語」に代表される歌物語が作られた。十世紀はじめには最初の勅撰集である「古今和歌集」が完成している。これに続く十世紀中頃には歌物語「大和物語」、第二の勅撰集「後撰和歌集」が、十一世紀前半には「源氏物語」と第三の勅撰集「拾遺和歌集」が生まれている。これら三つの勅撰集は「三代集」と称された。ただ、三代集には庶民の歌は見られなくなり、六歌仙や勅撰集の撰者等、公家や女房、僧侶等の支配者に属する人々の詠歌に限られてくる。

歌合は、国風文化が盛んになるのとほぼ同じ頃に発生している。記録上最も古いものは、仁和三年（九八七）に行われた「民部卿（在原行平）家歌合」である。基本的な形式は、左右一首ずつの和歌を合わせ、判者の批評で優劣を競う文学的なゲームである。ただ、この背景には、光孝・宇多両天皇の時代における朝儀励行・和歌再興の文化政策があり、前者の相撲・騎射・競馬等の行事様式（一対を競わせる）に和歌が結びつけられ、和歌に対する批評、競争意識を高めるものとして成立したと考えられている。また、勝ち負けのゲームだけではなく、勅撰和歌集を編纂するための準備という意味合いもあった。

以降三百年にわたる平安時代には、四百七十二度におよぶ歌合が記録に残り、その形式も一番二首の最小規模から、百番二百首を越える大規模なものや、三首鼎番の変則形式も見られ、盛行していった。この間、「古今和歌集」から鎌倉時代前期の「新古今和歌集」まで、「八代集」と呼ばれる勅撰集が編纂されている。

平安時代末の源平合戦の頃、歌合は、実際に行われる歌合だけではなく、文芸評論を専らにする書巻上の行為としても作成されるようになる。こうして、架空の歌合に仮託した「六百番歌合」（「左大将（九条良経）家百首歌合」）や「千五百番歌合」等の大きな規模の歌合が作られた。前者は建久三年（一一九二）に企画され、十回以上に分けて披講されて評定を重ね、判者藤原俊成が後日判を加えたもので、翌年か翌々年に完成したという。

一方、平安時代末期から鎌倉時代にかけて歌合絵が生まれ、十三、十四世紀には盛んに行われた。これは、歌合の本文に歌人の姿を描いたり、歌題を描いたものであった。鎌倉時代中期頃に制作されたという佐竹本「三十六歌仙絵」は、左右に十八人ずつを配し、それに住吉の景色を加えた三十七図からなるものであり、鎌倉時代後期の永仁三年（一二九五）に制作された「伊勢新名所歌合絵巻」は伊勢の新名所十カ所を描く。ちょうどこの頃に、最初の「職人歌合」である「東北院歌合」と「鶴岡放生会歌合」が生まれている。

二、工人、職能民から職人へ

「職人」を手元にある辞典で引いてみた。すると『広辞苑』には「①自分の手の技術によって物を製作することを職業とする人。たくみ。工匠。職工。」という現代の意味と、「②中世以来の手工業組織のギルド・座などで、親方の下で生産と徒弟の教導とに従事した一人前の技術者。」という中世以降の意味が記されている。一方『日本国語大辞典』には「①伝統工芸や手工業的製造業の技能者。大工、左官、植木屋、仕立屋などのように、自分の身につけた技術で物を造ることを職業としている人達の総称。」「②工場の現場従業員。職工。工員。」「③窃盗の常習者をいう。盗人仲間の隠語。」と現代の職人の意味が記され、最後に［補注］として「わが国では、古代の品部や朝廷への貢納品を製作した手工業業者にはじまり、中世には分業化がすすみ、土木建築業者、鋳物師などに分業化し、絹座・紙座・桶座・釜座などの座を構成した。近世には幕府・諸大名に結びついた御用聞職人と、市中の平職人とに分化した。」と、日本における職人の歴史が簡単に説明されている。

しかし、これらに解説されている職人は、手工業に関わる職人に限定されており、後述する「職人歌合」に描かれる諸種多様な「職人」すべての解説には当てはまらないようである。それでは、そこにはどのような事情があったのであろうか。古代以来の通史を概観してみよう。

原始時代、石器・土器・骨器などの道具が作られ狩猟や漁撈に用いられていた。稲作が始まると銅器や鉄器が道具として生産され、その有無が社会的にも、経済的にも、あるいは政治的にも優劣を規定していった。

日本の古代には、部民や品部、雑戸といった工人が現れる。彼らは、手工業的な技術に巧みな人達で、農閑期に豪族のために使役される存在で、社会的には不自由な隷属的地位に置かれていたと考えられている。自立した職人ではなかったのである。

日本の律令国家では、上記の品部、雑戸といった工人たちを編成し直してそれぞれの官司に付属させ、その中から常勤の官吏を採用した。その中には技術を指導する技術者もいれば、作業をまとめていく地位にある指導者もいたのである。このように手工業の工人が一次的生業（農業や漁撈等）と未分化であった日本の社会では、意識的に官人に採用し、組織的に技術を伝習・継承させる必要があったと考えられている。

九、十世紀に入ると、官司請負制が形成されてくる。これは中央の官司をはじめ地方の国衙にも見られる現象で、ある特定の職能的な氏族が、特定の官司とその業務を世襲的に請け負うという体制のことで、平安時代末期の十一、十二世紀頃に固まってくる。具体的には、官司運営を家業と見なし、太政官の事務は史を世襲する小槻氏（官務家という）が、典薬寮は丹波氏や和気氏が、陰陽寮は安部氏や賀茂氏が世襲するといった例がある。

武士については、近年、武芸をもって支配階級に仕える職能人あるいは職能集団と規定する考え方があり、その発生についても弓箭の芸に秀でた狩猟の民を想定し、彼らが清和源氏や桓武平氏等の軍事貴族と結びついて集団化したとする考えが有力になっている。

このように、十二世紀後半の天皇を頂点とする朝廷では、蔵人所（檜物師・鋳物師等）・御厨子所（蛤売・桂女等）・主殿寮（続松・炭売等）・典薬寮（地黄売）・内蔵寮（櫛引・火鉢売等）・神祇官（轆轤師〈木地屋〉）等の官司を通して職能人をその管理下に置いていた。もちろん院（上皇）や近衛・九条などの摂関家、さらには有力寺社に所属した職能人も数多く存在していた。

彼ら職能民は、神や仏、それに準じる天皇など、人の力を越えた存在に奉仕する「奴婢」であることいよって権威づけられた人々であり、供御人（天皇の直属民）・神人（神の直属民）・寄人（仏等の聖なるものの直属民）などと呼ばれ、各々の職能をもって天皇家や摂関家、有力寺社に属していたのである。

彼らが活動する場所は、山野河海、道路、市場、河原といった一般民衆（平民百姓）の日常世界を超えた世界（いわば神仏の世界と世俗の世界との境界領域）であり、一般民衆がそうした場所で活動する人々（職能民）を尊敬し怖れる感情を持っていたと考えられる。

南北朝時代の戦乱を経て十五世紀に入ると室町幕府が確立し、天皇家を頂点とする公家の権力は衰え、その権威も失墜していった。また、南都北嶺といわれて怖れられた有力寺社に関しても、その実力は衰えていった。そのため神仏等の聖なるものの権威は失われていき、社会全体も、職能民の活動を世俗的な観点から評価するようになっていったと考えられている。その結果、神人や寄人等と称していた職能民は、職能そのものによってみずからを表現するようになる。こうした流れのなかで、職能民のなかには社会から異端視、あるいは卑賤視されて、差別されるようになる人々も生じてきた。こうした傾向は、室町後半に成立した「三十二番職人歌合」や「七十一番職人歌合」に描かれた職人の様子にも現れてくるのである。

三、「職人歌合」の成立と変遷

前述したように「職人歌合」とは、諸種多様な職人を描いた「職人尽絵」の一種で、各々の職人の絵に和歌を添え、それを歌合の対の形式としたものである。「番」とは「つがう」の意味で、各職人が左右に対で描かれ、各々がその職業にちなむ和歌を詠って優劣を競う形式をとっている。「職人歌合」成立の背景には、歌合の盛行と歌合絵の誕生があったことは確実であろう。最初の「職人歌合」である「東北院職人歌合」に取り入れられた和歌は、職人みずからが詠んだものではなく公家たち支配者階級に属する人々の詠んだ歌であった。それではなぜ公家たちが職人を読み込んだ歌を作り、なぜ諸種多様な職能民を歌合の画材に取り上げられたのであろうか。ここでは、今日知られている「東北院職人歌合」（五番と十二番）・「鶴岡放生会職人歌合」・「三十二番職人歌合」・「七十一番職人歌合」の四種を紹介しつつこの点を考えてみたい。

・「**東北院職人歌合**」

これには五番本と十二番本の二種類がある。東北院とは、御堂関白藤原道長（九六六〜一〇二七）が建てた法成寺（京都市上京区にあった）の東北の一部に、その娘上東門院彰子（彰子、一条天皇中宮）の発願によって建てられた三昧堂である。九月十三日に行われた念仏会には多くの都人が群集したという。この歌合は、建保二年（一二一四）九月十三日の念仏会の晩に道々の者（職能民）が集まって「月」と「恋」とを題として歌合を催したという設定になっている。京都の曼殊院旧蔵（重文、東京国立博物館保管）の一巻が最も古く、花園天皇の宸筆と伝える。五番本は、一番が医師と陰陽師、二番が鍛冶と番匠、三番が刀磨と鋳物師、四番が巫と博打、五番が海人と買人で、判者は経師である。十二番本は、五番本を増補したものと推定され、十二支か阿弥陀の十二光仏にちなんだものと推定されている。

・「**鶴岡放生会職人歌合**」

「鶴岡放生会」とは、毎年八月十五日に鎌倉の鶴岡八幡宮で行われた放生会（魚鳥等の生き物を放つ仏教的な行事）のことである。この歌合は、上述の「東北院職人歌合」を意識していたことがその詞書から知られ、題は同じ

「月」と「恋」で設定も放生会の夜に集まった職人たちによって歌合が催されたことになっているが、判者は神主で、詠者の職人はまったく「東北院歌合」と重複せず新規の職人たちによって構成されている。

詠者は、一番が楽人と舞人、二番が宿曜師と算道、三番が持経と念仏者、四番が遊君と白拍子、五番が絵師と綾織、六番が銅細工と蒔絵師、七番が畳差と御簾編、八番が鏡磨と筆生、九番が相撲と博労、十番が猿楽と田楽、十一番が相人と持者、十二番が樵夫と漁父である。これらの職能民は、鶴岡八幡宮と深い関係があった者たちであった。絵師や銅細工などのように社殿の調度品に関わる職人や、楽人・舞人などのように神事に関わる職人も多く含まれていた。

この歌合は、将軍宗尊親王が御息所（近衛兼経女）とともに、鶴岡八幡宮放生会に参詣した弘長元年（一二六一）八月の時のものであり、詠者は将軍を含む鎌倉の歌人たちで、判者は藤原光俊であったと推定されている。

以上二種は、鎌倉時代に成立したものである。前者は東北院の念仏会、後者は鶴岡八幡宮の放生会と、神仏の行事に関わって作成されたことになっており、この時期の職能民が神仏の権威と不可分の関係にあったことを示している。公家たちが「職人歌合」を作成した背景には、浄土思想や末法思想を背景として、こうした人の力を超えたものへの恐れやあこがれがあったと考えられる。

・「三十二番職人歌合」

明応三年（一四九四）の成立とされる。前述の二種歌合の題が「月」と「恋」であったのに対し、これは「花」と「述懐」であり、詠者も「道々の者」ではなく「賤しき身品」と称する人々とされ、判者は勧進聖である。鎌倉時代成立の「職人歌合」とはまったくその性格を異にしていることがわかる。

描かれている職人を見てみても、「桂女」（「東北院職人歌合」十二番本）と「算置」（「鶴岡放生会職人歌合」）が重なるだけで、他は全く重複していない。職種を見ると、雑芸能者（千秋万歳法師・絵解・獅子舞等）、聖（虚無僧・荒野聖・巡礼等）、雑労務者（鷲飼・鳥刺・庭掃等）、行商人（竹売・火鉢売・菜売等）に分けられるが、典型的な職人である番匠や医師の姿は見えない。なお、表補絵師の歌の詠者は三条西実隆であり、他の「職人歌合」と同様に公家の手によるものと考えられる。

・「七十一番職人歌合」

「職人尽歌合」とも呼ばれ、明応九年（一五〇〇）の成立とされる。歌題は鎌倉時代成立の二種と同じ「月」と「恋」であるが、神仏に仮託した設定にはなっていない。詠者も「をろかなる草のむしろ」であり、描かれる職人の数も百四十二人と大幅に増えている。

具体的に見ると、「東北院職人歌合」と重なる「陰陽師」「鍛冶」等十三の職種と「鶴岡放生会職人歌合」と重なる「絵師」「樵夫」等十種の職種を除けば、百十九種の職種が新たに登場している。行商人や商人が多く見られ、とくに女性の行商人、製作に関わる女性の姿などが多く見られる。なお、実際の詠者として飛鳥井雅康（一四三五〜一五〇九）が加わっていたことが確認されており、これも公家の手によるものであろう。

以上三種は、室町時代後期に制作されたものであり、職人の数の増加は職種の分化を示している。描かれた職人の姿にも変化が見られる。「三十二番職人歌合」では大部分の人が座像ではなく遍歴する姿で描かれている。それが「七十一番職人歌合」になると動的な作業をする姿で描かれるようになっている。

一方、「三十二番職人歌合」には「賤しき身品」、「七十一番職人歌合」には「をろかなる草のむしろ」と詠者を表現するように、職人に対する賤視が始まっていることが示されており、それは烏帽子姿の男性の減少や、着ている衣裳の上にも反映していることが見て取れるようである。

四、尊経閣文庫の「職人歌合」

文庫に伝来する「職人歌合」には「鶴岡放生会歌合」（一巻）と「七十一番歌合」（二部、各三巻）の二種三部がある。

・「七十一番職人歌合」（三巻）

この絵巻は「七十一番歌合」の優品で、慶安元年（一六四八）三月に後水尾院から三代藩主前田利常が拝領したものである。利常は同年七月にこの絵巻を高岡の瑞龍寺（兄二代藩主利長の菩提所）に寄進したが、明治になって瑞龍寺から前田家に戻され、前田家から文庫に寄付されて伝来した。

詞書きは、上巻（一番～二十三番）が藤原（高倉）永慶（一五九〇～一六六四）、中巻（二十四番～四十六番）が藤原（飛鳥井）雅章（一六一〇～七九）、下巻（四十七番～七十一番）が源（白川）雅陳（一五九一～一六六三）の筆になり、江戸時代初期に写されたものと推定されている。

この絵巻を納める「蒔絵蓮図箱」は、初代五十嵐道甫の作である。道甫は利常によって寛永年間に京都から招かれ、清水九兵衛とともに加賀蒔絵の基礎を築いた。蓋表には中央上部に金文字で「職人歌合」と書き、下から右上部にかけて、主に金高蒔絵で、蓮の花・葉・茎などを描いている。蓋裏には利常の奉納銘が金文字で記されている。

・「七十一番職人歌合」(三巻)

金沢所在の公益財団法人成巽閣寄託品。この絵巻は、貞享元年(一六八四)に五代藩主前田綱紀(松雲公)が、瑞龍寺にあった後水尾院からの拝領品をもとに描かせたもので、「松雲公本」とも呼ばれる。箱書きでは模写とされるが、筆跡・文字遣い等多くの部分に違いがあり、綱紀が模写させた他の書物と比較しても、忠実な模写本とは言えない。絵の筆者は不明であるが、職人の衣裳の紋様に梅鉢(前田家の家紋)が多く使用されており、前田家のお抱え絵師と推定される。

・「鶴岡放生会歌合」(一巻)

これも前田綱紀が延宝六年(一六七八)に書写させたものである。旧松下幸之助所蔵本と比較すると、描かれた職人の輪郭も、使用される文字遣いや筆跡・改行等も同じであり、彩色を除いて正確な模写本といえよう。

なお、写真、目録等については、『前田育徳会尊経閣文庫蔵　七十一番職人歌合』(勉誠出版、二〇一三年五月)が刊行されているので、参照されたい。

第十三章　尊経閣文庫蔵後藤家刀装具のコレクション

文庫には、後藤家初代祐乗作の「牡丹獅子造小さ刀拵」(国指定重要文化財)をはじめとして、左記の後藤家の初代から九代にかけて(八代即乗を除く)の刀装具コレクションが伝来している。

一号、後藤祐乗作（武器類小道具部貴由一）　十重
二号、後藤宗乗作（武器類小道具部貴由二）　十重
三号、後藤乗真作（武器類小道具部貴由三）　五重
四号、後藤光乗作（武器類小道具部貴由四）　五重
五号、後藤徳乗以下作（武器類小道具部貴由五）　四重
六号、赤銅色絵住吉田植小柄（武器類小道具部貴七―一一）　一点
七号、四分一菊紋象眼木瓜形鐔（武器類小道具部貴八―三）　一点
八号、三所物（小道具部上三）　五重

また一～五号には、附属の書物（二冊、後述の①等）があり、各々の極書が箪笥（箱入り、箱の表題「小道具折紙入箪笥」、箪笥の表題「御小道具之折紙箱」）に納められている。ちなみに、六号の小柄の裏には「後藤光治（花押）」と彫られており、七号には初代前田利家の佩刀のものとの伝承のある鐔である。八号は、梅鉢をデザインした刀装具で、五重のうち三～五重は現在空である。

そこで、前田家と後藤家、前田家と後藤家刀装具コレクションの関わりなどについて紹介してみたい。

一、後藤家との縁

前田家と後藤家の出会いは、織田信長、ついで豊臣秀吉に仕えた前田家初代の利家（一五三七～九九）の時に遡る。後藤祐乗（一四四〇～一五一二）の玄孫である琢乗（四代光乗の甥、喜兵衛家）は、利家に招かれて禄を与えられ、

能登国所口（七尾）ついで加賀国金沢に在住し、のち帰洛したと伝え、二代藩主利長もその子覚乗を召し出したという。

三代藩主前田利常（一五九三〜一六五八）は、兄利長の後嗣として、慶長十年（一六〇五）襲封した。利常は、同十九年十一月の大坂冬の陣、翌年五月の大坂夏の陣に参戦して戦功を挙げ、参議に任じられた。

しかし、寛永八年（一六三一）、徳川幕府に謀反の疑いをかけられた、いわゆる「寛永の危機」後、利常の行動は慎重になり、その政策を大きく転換していった。同十年には、嗣子光高に家光の養女（水戸の徳川頼房の娘阿智子、光圀の姉）を娶って徳川家との接近をはかり、幕府の信用を回復する努力を惜しまなかった。また、前田氏の本姓を藤原姓から、積極的に菅原道真の後裔と称して菅原姓を主張した。利常は「武」の氏族である源平両姓を避け、「文」の神の子孫と称することで天下への野望はないことを暗に示し、武備よりも文化的施策や産業育成に政策の重点を移していったのである。

こうした利常の考え方の背景には、後水尾天皇（一五九六〜一六八〇）を中心とした宮廷文化の影響があった。具体的には、茶道では小堀遠州との親交があり、工芸では京都から刀装具の後藤家や蒔絵五十嵐派の道甫を招くなどして細工所を充実させた。その他建築・刀剣・能・絵画等の分野でも京都から工匠を招いて技術向上に力を注ぎ、また海外との交易地長崎を通して舶来の名物裂などの文物を蒐集させている。

後藤家との関わりでは、寛永年間、在京する七代後藤顕乗（一五八六〜一六六三、理兵衛家祖）を金沢に招いて禄百五十石を、上後藤の勘兵衛家初代覚乗（〜一六五六）に俸禄三十人扶持を与えた。二人は隔年交替で金沢に下向し、前田家御用品の製作や細工所の職人の育成に力を注いでいる。「後藤家旧記」（金沢市立玉川図書館所蔵「加越能文庫」所収の「先祖由緒書」によれば、覚乗は部屋住の頃より召し出され在京しての奉公を許されたという。史料からも、寛永十一年頃より本格的に活動している様子が知られる（「加賀中納言様被為仰付候御道具覚」〈「後藤家旧記」所収〉など）。

これがきっかけとなり、顕乗の子九代程乗（一六〇三～七三）は、父を継いで隔年金沢に下り、五代藩主前田綱紀（一六四三～一七二四）より蓮池庭内西北部南寄りに屋敷（細工場）を賜った。これは程乗屋敷と称されたという。兼六園の夕顔亭の露地に残る坪野石の大手水鉢は程乗の作と伝える。これは中国の琴の名人伯牙が、よい聴き手であった友人鐘子期が没してから琴を弾くことはなかったという故事から、伯牙が琴を枕に伏す姿を浮き彫りにしている。綱紀が程乗に、彫刻の材料を尋ねた時、程乗は「自分は金工であるので彫る材料は金・銀・赤銅に限る」と答えたところ、綱紀は「それは不自由なことだ」と述べた言葉に発憤し、この大手水鉢を彫り上げたと伝える（「東北遊記」）。これ以外にも、兼六園の南隣、公益財団法人成巽閣の飛鶴亭の庭にある「六地蔵の手水鉢」や尾山神社庭園にある「ふくろうの手水鉢」などが程乗の作と伝えられており、後藤家の中でも程乗が加賀に残した足跡が大きかったことを示している。

悦乗（理兵衛家）は程乗の次子で、父の跡を継いで百五十石の禄を給され、覚乗の子演乗（一六四一～九三）と隔年交代で金沢に在住していたが、のち江戸に下向した。その弟光悦は金沢に住み、弟子福井市左衛門とともに名手と称された。また、後述するように、演乗は明暦元年（一六五五）父に従って下向し、小松で前田利常に謁し、その後扶持を与えられた。

なお、五代藩主綱紀の時代、数人の書物奉行を置き、各地に書物調奉行（一名書物方覚奉行）を派遣し、図書の探索・蒐集にあたらせている。具体的には、家臣の津田光吉を鎌倉や京都等に派遣して書物等の所在確認やその貸借の交渉にあたらせ、一方、京都の公家や寺院に対しては、在京する後藤演乗やその子達乗（～一七〇九）に仲介を依頼し、蔵書の貸借交渉にあたらせたこともあった。「後藤家文書」（金沢市立玉川図書館所蔵「加越能文庫」）には、その時の書状が若干収められており、また文庫内で書物を見ていると、間々付属する演乗の自筆書状を見ることがある。

演乗の子達乗は、父の没した元禄七年（一六九四）江戸に下向し、藩主綱紀に父の遺品を献上、扶持を継承した。演乗・達乗ともに京都留守居役を務めたと伝える。達乗の子真乗（～一七一九）は、宝永六年（一七〇九）弟実乗（～一七四二、病身の兄に代わり勘兵衛家を継ぐ）と共に金沢に下り、藩主綱紀に父の遺品を献上した。実乗は、綱紀から家の継承を認められて扶持を与えられ、彫物御用、御為替御用、御書物御用等を命じられた。その子玄乗（～一七七七）は、父の没した寛保二年（一七四二）四月、金沢に下って六代藩主前田吉徳（一六九〇～一七四五）に謁し、父同様勤めるよう命じられた。玄乗は、十一代藩主前田治脩《はるなが》（一七四五～一八一〇）まで六代の藩主に仕え、安永六年（一七七七）に没した。その跡は子可乗（～一八〇五）、次いで東乗（～一八六二）、源実が継ぎ、扶持を支給され、明治に至った（以上、「先祖由緒書」〈「後藤家旧記」所収〉）。

一方、下後藤家の顕乗の弟子には、加賀後藤と称された後藤市左衛門、桑村盛良、水野好栄らがおり、子孫は金沢に在住して名工を輩出した。このため金沢は、意匠の斬新さや技法の優秀さで有名な加賀象嵌の生産地として知られるようになり、現在もその伝統が守られている。

二、後藤家の刀装具の道具帳

次に文庫所蔵の後藤家刀装具コレクションの伝来について概観してみよう。このうち、国指定の重要文化財である後藤家初代祐乗作の「牡丹獅子造小さ刀拵」は、室町将軍家の伝来の宝器と伝え、豊臣秀吉からその子秀頼に渡り、大坂冬の陣後に、和議成立の謝礼として本多正信に贈られ、その次男政重から三代藩主利常に献上されたものといわれる。

文庫に残る刀装具関係の主な資料（由来帳、道具帳、目録等）には、左記のものがある。

①御土蔵作之彫物出所由来帳（延宝六年〈一六七八〉十一月二十八日）
②彫物御道具帳（延宝六年後藤演乗指上ル御帳面之写、宝暦八年〈一七五八〉書写）
③宝暦八年四月後藤勘兵衛ニ吟味被仰付候、御拝領等御刀御脇指之御指合御目貫御小柄笄等記帳（宝暦八年五月）
④宝暦八年後藤勘兵紙面写之帳（宝暦八年五月）
⑤宝暦八年作彫物後藤勘兵目利覚写帳（宝暦八年五月）
⑥江戸御土蔵ニ御座候御三所物御二所物等作付無之品々不残書出申候（享保六年〈一七二一〉十月）
⑦七月二日拝領御道具品々帳等（延宝頃か）

このうち最も古いのものは、「後藤家刀装具」に附属する①で、これに「後藤家彫物代々見分之事」（元和六年〈一六二〇〉、一冊）も附属している。②は①の写しで、後藤玄乗（達乗の曾孫）が宝暦八年（一七五八）に書写したものである。右記の資料によると、前田家では、所蔵する刀装具の確認を後藤家に命じて行っていたことがわかる。前述の「先祖由緒書」（「後藤家旧記」所収）によれば、演乗は、明暦元年（一六五五）二月、父覚乗と共に小松の隠居前田利常に御目見えを済ませたが、その時御道具の出所由来等を父から相伝するよう命じられたという。このことは①の奥書にも記されている。すなわち前田利常が、金沢に下向した後藤覚乗父子に、父覚乗は年を取ったので、

「御彫物名物幷出所由来」を子の演乗に相伝するよう指示したのである。演乗は、小松城の霞嶋御書院で奉行九里永正、別所重照ら立ち会いのもと、刀装具を数日拝見した。その後覚乗の覚書をもとに突き合わせを行い、延宝六年二月にその結果をまとめ、提出したのが①であるという。

その後、宝暦八年四月には、演乗の控帳をもとに、後藤玄乗によって、滝之間で道具改めが行われた。文庫には、その異同を朱で記して提出された彫物御道具帳以下の帳面が残り（②③④⑤）、「後藤家旧記」にもその時の記録が残っている。この時の道具改めについては、多少史料もあり、次節で触れてみたい。

⑥は、享保六年十月朔日に提出された帳面で、内容は、当時江戸上屋敷土蔵に保管されていた刀装具について、後藤理兵衛に吟味（鑑定）を依頼し、浜名五兵衛、永原左六郎、上村次太夫の三人が担当して作成した報告書である。後藤理兵衛の判断は朱筆で記されている。

⑦は、表納戸に収蔵された道具類の目録で、内容が「御拝領御道具品々帳」・「名物御道具品々帳」・「名物御刀脇指」・「名物御目貫・笄・小柄之帳」・「名物ニ可準御道具帳」・「名物ニ準可申御目貫・笄・小柄之帳」・「上御道具帳」・「上之御脇指」・「上之御目貫・笄・小柄之帳」に分けられているもので、いわば等級別に目録が記されており、刀装具も三段階に分類して記載される。いずれにしても、江戸時代の目録は覚乗の覚書が基本に置かれ、その異同を記す形で管理されていたと考えられる。

三、後藤玄乗の道具改め

宝暦八年（一七五八）四月の後藤玄乗（当時三十六歳）による御道具改めに関する史料には、前述の②③④⑤があるが、「後藤家旧記」所収の覚書の中にこの時の日記の一部が記載されている。これを参照しつつ、この時の作業を見ていくことにしたい。

作業は四月六日から始まった。玄乗は、朝五つ半時（午前九時頃）迎えに来た足軽の案内で、裏付き上下（晴着）を着用し登城した。お供は手代や挟箱持など数人であるが、家来は戻され九つ時（正午頃）に迎えに来ることになった。

まず表小将遠田三郎大夫自邇《よりちか》から、奥御納戸奉行田中三郎大夫に紹介され、御道具改は滝之間で行われることになった。そこに御使番富永数馬全昌《まさよし》が来て、御道具改を行うようにとの、十代藩主前田重教《しげみち》の命が申し渡されている。この日の作業の内容は、帳面へ作者別に御道具を記録することで、弟子彫・町彫の道具は記帳しなかったという。九つ頃仕事を仕舞い、初日であるので遠田以下所々に挨拶を行い、退出した。

七日・八日は、五つ半時頃登城し、九つ半時頃に退出している。八日には奥御納戸にあった御道具の改めは終了し、南御土蔵奉行吉田藤蔵・黒川平左衛門景明や奥御納戸奉行平松伊兵衛慶明《やすあき》に会っている。

九日は、前日の御道具を確認し、奥御納戸に預けられていた少量の表御納戸御道具を点検し、帳面に記した。次に刀剣に附属する目貫を見分するよう指示があり、笄や小柄も見分し、帳面に記載した。十日は前日の御道具の再確認を行っている。

なお、宝暦八年の「御道具御改扣幷作附覚帳」（「後藤家旧記」七所収）によると、同七日条の冒頭に金倶利伽羅龍三所物（祐乗作、御笄祐乗作顕乗〈覚乗光昌〉）の記載があり、以降箇条書きに、点検、確認した刀装具の名称とその裏彫銘が記されている。同九日は南御土蔵と御差料の刀装具、同十日条には表御納戸の分、同十九日、二十日条には表御納戸御道具帳に記載のないものが確認されている。恐らく見分した日時に従ってまとめて記載したものと考えられる。

十一日は、見分の御道具の包みを確認し、六日より見た御道具の内、洗う必要のあるものを洗っている。まず、小盥と袋に入れた藁の灰を準備し、灰汁出し鉢に御道具を浸け置き、再見の分を目録に記した。この日は、南御土蔵の再見分や洗う分を済ませ、八つ時（午後二時頃）に退出している。

翌十二日は、五つ半時から仕事を始め、まず前日の分を再見し、留書衆に目録を書き渡した。ついで程乗作の小柄を洗い、九つ時に大小の刀が出され、それを見分、八つ時過ぎに明日十三日から改める帳面を調べている。

日記の記載はここまでである。その後、四月十五日に二ノ丸において平松伊兵衛に提出した宝暦八年の「彫物御道具御改帳」（「後藤家旧記」七所収）があり、これは奥御納戸の役人衆の扣帳で、五月朔日に本目録を上進した時に返却されたものという。内容は、最初に奥御納戸に納められた刀装具である「延宝六年御道具帳之内」、「御道具帳之外」、「御指料之分」、「南御土蔵之分」が列挙され、続いて「表御納戸之分」、「御拵御道具之分」が箇書きになっている。奥書には、城内滝之間にて、延宝六年の目録（①）と引き合わせ、その結果をまとめたという経緯が記されている。

同年の「彫物御道具御改帳扣」は前述の本目録にあたるものと考えられ、ほぼ同じ内容である。但し、五月三日までの見分された分が増補されており、末尾に「御笄」、「御三所物」、「御二所物」、「御目貫」、「御目貫・御小柄」、「御金具」等の目録が記載される。

こうして見分確認作業は五月三日まで行われた。内容は、基本的に目録記載の道具と現状の異同の確認であるが、中には洗うものがあり、錆があって手入れのされてないものの修復も行われた。また対象は刀装具として管理されていたものだけではなく、拝領の刀・脇差等に付随する刀装具も含まれていた。

四、近代の刀装具管理

最後に、近代になってからの前田家の刀装具の管理を目録から見てみよう。明治十五年（一八八二）五月、前田家十六代当主利嗣は、家法条目を制定、翌年三月には編輯所を設置して加賀藩史の編集を始め、三十二年に『加賀藩史稿』が完成している。一方、同二十一年四月には世襲財産を創設し、前田家所蔵の典籍・什器等の調査も進められた。

刀装具についても、明治に入ると新しい形式の目録が作られるようになる。明治十二年御道具根帳（一冊、附録一冊）は、同年七月から十二月にかけて調査したときの記録である。これによると、第七百三十四番長持に刀装具が収納され、現在と同じ重箱の形で保存管理されていたことが確認できる。附録は根岸別邸に保管されていた刀装具の目録で、その多くは刀・脇差・小刀の付属物である。調査の対象に刀剣等も含まれており、この時調査の中心となったのは、次の場合と同じ本阿弥家であったと考えられる。

明治十七年（一八八四）頃からは、本阿弥長識による刀剣・刀装具の調査が行われている。現在文庫に残る目録は、表紙に「本阿弥長識草稿」という記載のある「小道具」と題する冊子四冊で、各冊の内容は、①「従第壱号至第四号」（後藤元祖祐乗ヨリ四代光乗マテ之御作）、②「従第五号至第六号」（後藤五代徳乗ヨリ拾一代通乗マテ幷同苗共作之御作）、③「従第七号至第十一号」（無作上棟之御作ヨリ同中等下之御作迄）、④「従第十二号至第十六号」（同前）である。①には、冒頭部分に、丸に「延」の記号は「延宝六年後藤勘兵衛書上帳引合書入之印」、丸に「宝」の記号は「宝暦八年（一七五八）後藤勘兵衛目利覚書写帳引合書入之印」と朱字で記載があり、本文中の該当箇所に前述の記号が記され、延宝あるいは宝暦の帳面の内容が書写、記載されている。

文庫に現蔵する重箱（冒頭の目録参照）の中身と比較すると、①に記載される一号〜四号はほとんど現状と同じであり、②記載のものについては、五号は第一重・第三重、第五重、第六重（七重のうち四重分）が文庫に残っており、③④記載のものは現蔵していない。

一号、後藤祐乗作（武器類小道具部貴由一）　十重
二号、後藤宗乗作（武器類小道具部貴由二）　十重
三号、後藤乗真作（武器類小道具部貴由三）　五重
四号、後藤光乗作（武器類小道具部貴由四）　五重
五号、後藤徳乗以下作（武器類小道具部貴由五）　四重

昭和十二年（一九三七）に行われた「旧大名某大名家御蔵品入札」の目録には刀装具の記載もあり、重箱に入った刀装具の写真が三頁にわたって掲載されている。刀装具は、戦前は前田家の所有であり、これ以外にも贈答や引き出物に用いられたもの、売却されたものなどがあったと思われる。

あとがき

前田育徳会尊経閣文庫に就職したのは、平成三年（一九九一）四月であった（当時四十三歳）。この前年の同二年五月頃だったか、当時常務理事であった橋本義彦先生から一度尊経閣文庫（以下「文庫」と略す）に来て欲しいという連絡があり、文庫に伺ったところ常勤職員として手伝って欲しいとの話であった。二十年以上前のことで、内規も簡単なものしかない時代で、勤務時間・給料の内示、その他条件が示されただけだった。丁度長男の満一歳の誕生日が過ぎた頃であり、愚妻や周囲の方々にも相談して受けることにした。当時の尊経閣文庫主幹は飯田瑞穂先生で、中央大学教授も兼務されており、多忙な方であった。そのためすぐにでも常勤として勤務して欲しいという要請があったが、これ以前から手がけていた仕事もあり、常勤は翌年の四月からと決まった。しかし、早く仕事を覚えてもらいたいという要望があり、同年七月から嘱託として週二日勤務することになった。最初は事務手続きを覚えることから始まった。飯田先生の指示で、事務所所在の書類を全部目を通すこと、不明な点は、長華子学芸員に教えを受けたことを記憶している。この年末までに、ほぼ全部を見終えることができた。その次は、蔵品に関する勉強である。主に図書の出納をするための準備が主であった。閲覧表に架蔵番号を書き込むため、図書目録の内容に通暁する必要があり、図書目録と格闘していた。美術品等に関しては、飯田先生より、自分が収蔵庫に入る際に従うよう指示すると話があり、私はただ先生に付いて蔵に入り、先生の作業を見ていたことを覚えている。

翌年四月、常勤になった当座はのんびりと仕事を覚えればよいと考えていた。ところが一カ月もしない頃、飯田先生が急逝された。まったく予想だにしないことで、晴天の霹靂とはまさにこのことであった。四月は、大学の新学期、文庫は決算の時期であり、他にも先生は心労が重なってのことだったように思う。

以降、その後の五年間ほどは私にとって大変な時期であった。当時の吉岡理事長の指示で最初に行ったのが、戦時中、前田邸が中島飛行機に売却された際に運び込まれたとおぼしき品々が収蔵庫の一階部分に入っており、これを庭に出し、前田家分と文庫分に分類することであった。用務員の岩佐正巳氏の協力を得て、前田家分の処理が終わると、収蔵庫内の蔵品の配置の確認を行った。これは収蔵庫の中に前田家の所有物がないことを証明できるようにするために行われた作業である。書庫は閲覧を担当していた長華子氏に教示を受けられたが、美術品庫内の配置はまったく分からず、事務の蔵品目録や過去の展示に出品した際の文書や明治時代の目録などから推定して確認していった。橋本先生には様々な場面で叱咤激励を受けたことが思い出される。ものによっては写真を撮りながらの作業で、いくらやっても時間が足りなかったのを覚えている。約十年ほどかけてようやく大まかな分類の確認が終わり、さらに細かい蔵品の調査へ進んでいった。

この間、同三年七月には橋本先生の推薦で尊経閣文庫主幹に就任し、退職時まで在任した。二年後の同五年六月には財団法人前田育徳会評議員に、蔵品の整理の終わる頃、同十五年三月には財団法人前田育徳会理事に選任されている。就職時は、石川県からの寄付があり、当時の長期国債の金利が七%程度であったため、財団の財務自体は良好であった。私が採用された背景には、こうした経済上の余裕もあったのである。しかし、この後徐々に金利が減少していった。平成七年には長期国債が数%になっており、基本財産の運用について様々なシミュレーションをした結果を報告し、当時の吉岡理事長から了承を得たことを思い出す。現在、長期国債の利率は〇・三％前後であり、財団の運営には大変きびしい時代ではなかろうか。

就職して二年後の平成五年（一九九三）から、「尊経閣善本影印集成」第一輯（儀式書、八木書店）の刊行が始まった。この事業は橋本・飯田両先生の企画で、「尊経閣叢刊」以来の伝統の事業を引き継いだものである。私が採用されたのは、両先生がこの事業を担当し、一般業務を私に担当させるためだったと聞いている。飯田先生の急逝によって多少遅れたが、橋本先生が全般を統括し、私が撮影・校訂・校正等を手伝うことによってこの事業は開始された。第一輯（儀式書）・第二輯（類書）は橋本先生が解説を執筆し、外部に原稿を依頼せずに進められたが、第三輯（字書類）はさすがにそれが出来ず、築島先生に構成・解説等の担当をお願いすることになった。以降、外部の先生方に輯の構成や解説等をお願いすることになる。

この仕事は、史料翻刻の経験が主であった私に勉強する機会を与えてくれた。最初は、写真を撮ってそれを印刷し本にまとめていけばよいだろうという安易な考えがあった。しかし、実際に撮影の準備から撮影方法、カラーポジフィルムからモノクロデータへの変換、版面の確定や柱などの付き物等々、相互の作業の確認方法や情報の共有など、橋本先生はじめ、担当の金子氏やカメラマンの森氏などから教わることが多かった。この経験は、『前田利家関係蔵品図録』（前田育徳会編）、『尊経閣文庫所蔵「諸国居城図」』や『七十一番職人歌合』、さらに「国宝シリーズ」等の編纂に役立った。

平成十三年（二〇〇一）の大河ドラマは「北条時宗」で、翌年は「利家とまつ～加賀百万石物語～」であった。私は院政期から鎌倉時代の政治史を研究の主な対象としており、北条氏研究会の代表でもある。この前年の暮れに北条氏研究会編『北条時宗の謎』（新人物往来社）、正月に同編『北条一族』（別冊歴史読本）を刊行することができた。その翌同十四年の大河ドラマについても、同十三年の暮れには『前田利家の謎』（新人物往来社）、『前田一族』（別冊歴史読本）のお手伝いをし、翌年にかけて多くの出版社から執筆の依頼を受け、執筆に多忙であったことを思い出す。自著である『図説　前田利家――前田育徳会の資料にみる――』（新人物往来社）が刊行できたのは同十四年の十二月であった。前田利家等関連の写真をふんだんに掲載したもので、写真の掲載謝金を考えると今後このような本は刊行出来ないであろう。また後述するように、本書にこの時の著作が数多く含まれているのは、大河ドラマのおかげである。

この間、文庫の蔵品の紹介も進めていた。本書の第三部の多くがそれに含まれる。最初は、平成四年（一九九二）三月の「財団法人前田育徳会所蔵の『吾妻鏡』の古写本について」（平成元～三年度科学研究費補助金研究成果報告書『『吾妻鏡』の総合的研究』所収）であるが、対象が国指定文化財であり、本書への掲載謝金が多額になることもあり割愛した。その後、平成八年の「尊経閣文庫所蔵「天野系図」について」（『季刊ぐんしょ』三三号）と「尊経閣文庫所蔵『上杉憲英寄進状』について」（『埼玉地方史』三五号）であった。前者は能登天野氏に伝来した系図で、天野氏の一族に鵜沼氏がおり、福島金治『金沢北条氏と称名寺』（吉川弘文館）によって、この鵜沼氏が鎌倉時代の金沢流北条氏の被官であることの指摘があったのは翌年のことである。後者は「旧武家手鑑」所収の古文書で、深谷上杉氏の祖憲英の発給文書である。私も埼玉県史の調査に同伴した一人であるが、この調査の際気付かなかった古文書である。

さて、平成十一年（一九九九）秋頃から、加賀金沢藩藩主の日記を翻刻する企画を立案していた。続群書類従完成会の「史料纂集」古記録編の一冊として刊行することをめざしたのである。これ以前より、『金沢市史』の編纂が進められており、時折長山直治氏が上京し原本校正を行っていた。その中には十一代藩主治脩の「太梁公日記」も含まれていた。そんな折、この企画をお話しし内諾をいただいていた。また、石野友康氏には五代綱紀関係の記録をまとめる相談をし、こちらも内諾を得ていた。謝礼等条件について理事長の決裁を得た後、この年十二月、金沢に伺い、正式に委嘱状を手渡すことができたのである。結果、現在までに『太梁公日記』一～五まで刊行されている。ただ残念なことに、昨年夏長山先生は他界されてしまった。

平成十二年（二〇〇〇）十月三十一日、検査のため文部省生涯学習局社会教育課の方が来訪した。その折り指摘された案件のひとつに、「寄附行為」に事務所に備え付けるべき書類と公開する書類の規定を記載するようにとのことであった。今思うとこのあたりから公益法人改革に向けての準備が始まったように思う。提供されたマニュアルを見ながら、私が担当者として諸規程の原案を作成し、年度末の理事会で承認されている。

平成十八年五月、私は、当時の金田理事長の要請と前任の橋本先生の推挙を受けて常務理事に就任する。約三年間、同二十一年六月まで在任した。この間、祖霊社問題や自主展示の問題、石川県との展示契約と謝金、公益法人申請と認可など、様々なことがあった。

退職の直前、『籠手田文書』（「史料纂集」古文書編、八木書店、二〇一三年三月）が刊行された。この文書は、九州松浦氏の家臣籠手田氏の武家故実に関する文書群で、五代藩主前田綱紀（松雲公）が収集したものである。調査を進めると、文庫蔵の武家故実書とともに伝来したことがわかり、興味深いものである。古文書については、尊経閣文庫主催の古文書輪読会がある。文庫蔵の石清水文書の輪読から始めた研究会で、毎年夏には原本の検討会を行っていた。今年初めには、『尊経閣文庫所蔵石清水文書』（「史料纂集」古文書編、八木書店、二〇一五年二月）として結実している。石清水文書の次には、鎌倉時代の古文書を輪読し、『鎌倉遺文研究』に二三～三四号（二〇〇九年四月～二〇一四年十月）まで十二回に渉って、史料紹介を行っている。

財団からは、退職後も事業の協力を依頼されており、委嘱状も受けて仕事を続けている。『太梁公日記』五（八木書店、二〇一四年八月二十日）、現在進行中の『松雲公記録』一（八木書店）などはその一つである。本書をまとめる契機も、こうした考えに基づくものであり、財団支援のためと言ってよいであろう。

常務理事在任時に新たに始めたのは「国宝シリーズ」（勉誠出版）の刊行である。一般向けの本で、図版を多く収載し見やすく読みやすくすることをメインにした。これは、職員のスキルを上げることやこれによって経済的な収入がどのくらい得られるかどうか様子を見ることが目的であった。しかし、私が退職後、後継者がおらず中断していることは残念である。職員の身の丈に合った企画を進めることを推奨したい。とりわけ、最後に企画した初代前田利家～五代綱紀の図録は、数冊になるとおもうが、徐々に進めて欲しい。

最後に、本書の構成と元原稿の関係を説明して結びとしたい。

第一部は、「尊経閣文庫伝統の事業」と題し、尊経閣文庫伝統の事業が成立する過程を記述した部分で、江戸時代から代々積み上げてきた伝統を述べ、最後に現在行われている事業を説明した。このうち、第一章は左記の旧稿⑥をベースにして旧稿①～⑤を加味してまとめたものである。第二章は、⑦⑧をベースとして明治以降～現在に到る文庫の事業変遷を説明した。

①「前田育徳会の多彩な事業」（週刊朝日百科『日本の国宝』96、朝日新聞社、一九九八年十二月）
②「加賀は天下の書府なり　百万石の文化政策」（「前田家三代　加賀百万石の野望と処世」、『歴史と旅』二七巻四号、秋田書店、二〇〇〇年三月）
③「前田綱紀の図書蒐集、文化あふれる加賀藩の至宝」（「前田一族」、『別冊歴史読本』、新人物往来社、二〇〇二年正月）

④「前田家の図書蒐集——保存と編纂——」(『ふるさと石川歴史館』、北国新聞社、二〇〇二年六月)
⑤「前田綱紀の図書収集」(『よみがえる金沢城——四五〇年の歴史を歩む』、北国新聞社、二〇〇六年三月)
⑥「尊経閣文庫について」(古書店「鏡文庫」ホームページ「窓」に掲載)
⑦「前田利為の文化事業」(石川県立美術館「前田利為展」図録、一九九八年十二月)
⑧「前田育徳会の刊行事業」(『季刊悠久』一〇三号、二〇〇五年四月、鶴岡八幡宮)

第二部は、「前田家の歴史とエピソード」と題し、前田家のルーツから書き始め、前田利家夫妻以来の前田家の歴史を中心に、具体的なエピソードを配列した。第一～二章は、左記の旧稿①で分担執筆したものを基本に据え、旧稿②～⑤を勘案してまとめたものである。第三～八章は、左記の旧稿⑥～⑪をもとに加筆・訂正した。ここから、外様大名の筆頭に位置する前田家が、なぜ御三家に次ぐ地位を維持できたのか見えてくるように思う。

①『前田利家の謎』(新人物往来社、二〇〇二年十二月)
②『前田利家関係蔵品図録』(前田育徳会編、一九九九年三月)
③「前田利家関連蔵品あれこれ」(『図説　前田利家公』、尾山神社、一九九九年四月)
④「利家の槍・甲冑・陣羽織」「尊経閣文庫」(『前田利家の時代』、日本放送出版協会、二〇〇一年十二月)
⑤「末森赴援画巻」「利家の武具」「利家とまつの遺品」(歴史群像シリーズ『奮闘　前田利家』、学習研究社、二〇〇二年正月)
⑥「まつの江戸下向と人質生活」(「利家とまつをめぐる女たち」、『歴史読本』四七巻九号、新人物往来社、二〇〇二年九月)
⑦「保科正之と前田家」(福島県立博物館「保科正之展」図録、二〇一一年十月)

⑧「前田綱紀の参勤交代と書物探索――武蔵国北部（現埼玉県域）を中心に――」（『埼玉地方史』五七号、二〇〇七年四月）
⑨「「相州鎌倉書籍等捜索書」について」（『季刊ぐんしょ』五四号、二〇〇一年十月）
⑩「加賀金沢藩主と下屋敷――参勤交代や遊山などを通して――」（板橋区立資料館「特別展中山道板橋宿と加賀藩下屋敷」図録、二〇一〇年二月）
⑪「明治天皇の本郷邸臨幸」（『石川県史だより』四二号、二〇〇三年二月、石川県立図書館）

第三部は、「尊経閣文庫の蔵書・蔵品」と題し、文庫の蔵品について書いた旧稿を配列したものである。尊経閣文庫の蔵品を中心に紹介するというコンセプトでまとめた部分で、最初に古文書館関係（第一～四章）、次に古記録（第五～六章）、次に系図（第七～九章）、その他（第十～十三章）を配した。特に、『松雲公採集遺編類纂』は、森田平次（柿園）が前田家の旧蔵書をもとに編纂したものであり、尊経閣文庫の蔵書を考える上で重要な史料が含まれていることを示している。各章の初出は左記の通りである（①～⑬が対応する）。

①「尊経閣文庫所蔵文書と『鎌倉遺文』」（『鎌倉遺文研究』一四号、二〇〇四年十月）
②「尊経閣文庫所蔵『上杉憲英寄進状』について」（『埼玉地方史』三五号、一九九六年六月）
③「『松雲公採集遺編類纂』所収「持明院家文書」について」（『國學院雑誌』一〇六号、二〇〇五年四月）
④「「中外抄」の紙背文書」（尊経閣文庫善本影印集成『中外抄』解説、八木書店、二〇〇八年一月）
⑤「尊経閣文庫所蔵「為房卿記」逸文について」（『季刊ぐんしょ』五九号、二〇〇三年正月）
⑥「嘉元の乱に関する新史料について――嘉元三年雑記の紹介――」（『北条時宗の時代』、八木書店、二〇〇八年五月）

⑦「尊経閣文庫所蔵「天野系図」について」(『季刊ぐんしょ』三二号、一九九六年四月)
⑧「尊経閣文庫所蔵「青砥康重家譜」について」(『季刊ぐんしょ』四四号、一九九九年四月)
⑨「尊経閣文庫所蔵「相馬系図」について」(相馬市教育委員会『「相馬岡田文書」修理事業報告書』、二〇〇七年三月)
⑩「前田家　大坂の陣関係史料」(「図説　家康の江戸」、『別冊歴史読本』、新人物往来社、二〇〇二年九月)
⑪「尊経閣文庫所蔵「諸国居城図」」(新人物往来社、二〇〇〇年十月)
⑫「「職人歌合」成立の背景」(「歴史の中のサンカ・被差別民」、『別冊歴史読本』、新人物往来社、二〇〇四年六月)
⑬「前田家と後藤家刀装具のコレクションについて」(佐野美術館「特別展戦国武将のよそおい――異形兜から祐乗目貫まで――」図録、二〇〇六年正月)

本来平安時代末から鎌倉時代を専門とする私が、右記のような様々な原稿を書くことができたのも尊経閣文庫の伝統そして蔵品に触発されたからである。ただ残念なのは、本書に蔵品の写真が掲載できなかったことである。翻刻掲載料を支払うことだけでやっとであった。写真の掲載される単行本や雑誌、展示等の図録についてはできるだけ情報を記載したので、御海容願いたい。

本書をまとめるに当たり、様々支援してくれた文庫の方々、そして家族に感謝したい。また最後まで、編集の支援をいただいた勉誠出版、とりわけ吉田祐輔氏に御礼を申し上げて結びとしたい。

平成二十七年十一月吉日

菊池紳一

武蔵武士を歩く
重忠・直実のふるさと　埼玉の史跡

北条氏研究会 編・本体二七〇〇円（＋税）

武蔵武士ゆかりの様々な史跡を膨大な写真・図版資料とともに詳細に解説。史跡や地名から歴史を読み取るためのコツや、史跡めぐりのルート作成方法を指南。

吾妻鏡地名寺社名等総覧

菊池紳一・北爪寛之 編・本体各三八〇〇円（＋税）

『吾妻鏡』に記載される地名や寺社名などを網羅的に抽出し、記事本文とともに分類・配列。日本中世史の根本史料を使いこなすための必携書。

前田育徳会尊経閣文庫所蔵
七十一番職人歌合

公益財団法人
前田育徳会尊経閣文庫 編・本体二五〇〇〇円（＋税）

諸種多様な職人の風俗を絵画と和歌で描き出し、中世日本の人々の営みを伝える最善本を全編フルカラーで紹介。当時の歴史・文化・技術・風俗研究における貴重資料。

◎国宝 **土佐日記** ◎国宝 **万葉集** ◎国宝 **宝積経要品**
◎国宝 **名物大典太・名物太郎作正宗・名物富田郷**〈刀剣三振〉
◎国宝 **水左記**

公益財団法人前田育徳会 編・本体各八〇〇円（＋税）

加賀藩主前田家所蔵の国宝ほか関連する収蔵品をカラー図版と共に解説。蔵品の図録としてだけではなく、歴史資料としても活用できる。文化を知り、国宝を知る。

著者略歴

菊池紳一（きくち・しんいち）

1948年　山形市に生まれる。
1974年　國學院大學文学部史学科卒業
1982年　学習院大学大学院人文科学研究科（史学専攻）博士課程満期退学
その後、角川文化振興財団編集室、埼玉県史編さん室調査委員、国士舘大学非常勤講師を経て、
1991年　財団法人前田育徳会尊経閣文庫文庫員、財団法人前田育徳会尊経閣文庫主幹、その後、財団法人前田育徳会評議員、財団法人前田育徳会理事、財団法人前田育徳会常務理事を兼務し、
2012年　公益財団法人前田育徳会を定年退職した。
この間、国士舘大学非常勤講師、埼玉大学非常勤講師、早稲田大学第一文学部非常勤講師、聖心女子大学非常勤講師等を兼任し、
現在　聖心女子大学大学院非常勤講師、埼玉県立文書館『埼玉県史料叢書』編集企画委員。
主な著書・論文・史料紹介等に、『吾妻鏡地名寺社名等総覧』（共編、勉誠出版、2015年6月）、『図説　前田利家—前田育徳会の史料にみる』（新人物往来社、2002年12月）、『前田利家の謎』（編著、新人物往来社、2001年12月）、「鎌倉時代の天野氏の系図について」（『吾妻鏡人名総覧』所収、吉川公文館、1998年2月）、「鎌倉時代の天野氏について」（『鎌倉遺文研究Ⅱ　鎌倉時代の社会と文化』所収、東京堂出版、1999年4月）、「九条兼実の知行国について」（『「玉葉」を読む—九条兼実とその時代』所収、勉誠出版、2013年3月）、「武蔵国留守所惣検校職の再検討—「吾妻鏡」を読み直す—」（『鎌倉遺文研究』25号、のち戎光祥出版株式会社『シリーズ・中世関東武士の研究　第7巻　畠山重忠』所収）等があり、『鎌倉室町人名辞典』（新人物往来社）、『吾妻鏡人名総覧』（吉川弘文館）、『北条氏系譜人名辞典』（新人物往来社）等の編集・執筆を担当した。

加《か》賀《が》前《まえ》田《だ》家《け》と尊《そん》経《けい》閣《かく》文《ぶん》庫《こ》
——文化財を守り、伝えた人々

著者　菊池紳一
発行者　池嶋洋次
発行所　勉誠出版㈱
〒101-0051　東京都千代田区神田神保町三-一〇-二
電話　〇三-五二一五-九〇二一㈹

二〇一六年一月十五日　初版発行

印刷　太平印刷社
製本　若林製本工場

ISBN978-4-585-22117-3　C3021

人名索引

【あ】

【い】

【う】

【か】

【き】

【さ】

【し】

【す】

【せ】

【そ】

【た】

【な】

【に】

【ぬ】

【ね】

【の】

【は】

【ひ】

【へ】

【ほ】

【ま】

【み】

【む】

【め】

【も】

【や】

【ゆ】

【よ】

【ら】

【り】

【る】

【れ】

【ろ】

【わ】